World as a Perspective

世界做為一種視野

傅柯

Michel Foucault

Didier
Eribon

迪迪耶·艾希邦
著

尉遲秀
譯

獻給歐利維・榭居黑（Olivier Séguret）

目次

第三版序（二〇一一年） 7
初版前言（一九八九年） 11

第一部　心理學在地獄

1「我出生的城市」 21
2 黑格爾的聲音 39
3 梧爾木街 51
4 瘋人嘉年華 79
5 史達林的鞋匠 93
6 愛情的不協和音 109
7 烏普薩拉、華沙、漢堡 129

第二部　事物的秩序

1 詩人的才華 173

2 書和它的分身 197

3 貴公子和改革 217

4 剖開軀體 237

5 資產階級的堡壘 253

6 外海 279

第三部　「法蘭西公學院的抗爭者兼教授」

1 插曲：凡森大學 299

2 特技演員的孤獨 315

3 來自黑暗的教訓 331

4 人民正義與工人記憶 351

5 我們都是被管治者 391

6 赤手空拳的造反 421
7 爽約 447
8 禪宗與加州 467
9 「生命作爲一件藝術品」 483
附錄一：文學博士學位主要論文付印許可申請報告書 康紀言 509
附錄二：爲法蘭西公學院教席遴選而編寫的小冊 傅柯 517
附錄三：創設思想體系史教席報告 維耶曼 525
附錄四：關於傅柯的著述 維耶曼 537
附錄五：〈自由的思想〉 布迪厄 545
注釋 555
資料來源 595
譯名對照 615

第三版序（二〇一一年）

本書的初版於一九八九年問世，一年半之後出了第二版，放在弗拉馬利翁出版社（Flammrion）的口袋本「領域」（Champs）書系出版，我做了若干修訂，加上此前不曾出版的幾份文獻和幾篇文章作為附錄。很快的，這本書被迻譯為多種語言，繼續在國際間延續它的生命。

好一陣子以前，他們告訴我這本再刷多次的書又快要售罄，出版社準備加印，一股慾望在我心底油然升起，但也伴隨著猶豫：我是否該藉此機會修訂這些在一九八〇年代中後期寫就的文字，並且補上一些最新的資料？

讓我這麼想的第一個理由是：在我後來的其他作品裡，我為這部傳記做了一些補充，讓這部傳記變得更清楚，重新解釋了一些事情；我研究了在這部傳記出版之後才發表的一些訪談紀錄，因而得以更清楚地認識或闡明我試圖理解的某些時期——我想到的是阿圖塞（Louis Althusser）的自傳或書信集這樣的作品。我在一九九四年出版的《傅柯與他的同代人》（*Michel Foucault et ses contemporains*）或是一九九九年的《同性戀問題反思》（*Réflexions sur la question gay*）當中專為「傅柯的異托邦（*hétérotopies*）」而寫的第三部，都是這樣的例子。我至少可以將這些成果的一部分整合到我舊作的修訂本當中吧？噢，當然是的！我沒打算全部重來，我已經不是當年的我，傳記寫作這件事也已被我拋在腦後。而且真要重寫恐怕得耗時數年，其他工作已經在召喚我了（當時我正在撰寫即將成為《重返漢斯》〔*Retour à Reims*〕的這本書，同時也投入日後將由這部「自我分析論文」延伸出來的其他寫作計畫）。不，我要的只是維持這部傳記的骨架和敘事的內在連貫，然後補充一些新的元素。

另一個在我心底浮現的理由也很理所當然：傅柯在這二十年間也有了很多變化！總而言之，他的作品集快速增生、變厚：《言談書寫集》（*Dits et écrits*）集結了過去散落四處，有時甚至不為人知的文章；傅柯去世之後，著作也以穩定的節奏陸續出版，特別是一系列的《法蘭西公學院課程》（*Cours au Collège de France*）。

我是否非得投身於某種「增訂版」的整理工作？我感到猶豫，躊躇再三，終於做出決定。我問自己：這樣的工作是否會讓我修正過去對傅柯的看法？我是否該呈現另一個傅柯？他的身影和容貌是不是應該出自一個應該帶我走得更遠，比我當初設想的進行得更久、更複雜的工程？我很驚訝，事實剛好相反，從前我為傅柯其人及其著作所繪製的這幅肖像不僅得到肯定，更因為如今可得的文獻而更具說服力。或許是因為我與傅柯為時短暫但卻相當頻繁密切的往來，讓我有一種感知、一種直覺，得以探索傅柯思維進程之所繫——也就是主宰他寫作計畫的衝動與激情，我相信，我的書成功重建了這個部分。

*

傅柯不斷將他理論的實際建立過程根植於他的個人經驗（甚至宣稱他的每一本書都可以當成一個「自傳片段」來閱讀）。他在一九七八年的一場演講裡探討「管治術」（art de gouverner）[a]的發展，他的解釋是，在十五至十六世紀的西方，人們參與了「何謂管治？」這個問題的普遍化。但是，他補充說，這個問題跟站在它對面的另一個質問不能分開來談，那就是：「如何不被管治？」這個短句的意思不應該理解為：完全不被管治。而是：不被如此管治，不是因為某些原則，不是因為某些目的且透過某些程序而受到管治……。傅柯說，這是我們可以用「批判態度」指明的。他接著評論：

「如果管治化（gouvernementalisation）就是在某種社會實踐的現實中，透過以真相自居的權力機制，讓個體臣服的這個過程，那麼我會說，批判，就是主體賦予自己權利，向真相質問其權力的效應，向權力質問其真相論述的這個過程；批判，是自主決定不屈服，反思之後不順從的技藝。

a. gouverner 一詞在傅柯著作現有中譯裡多作「治理」，本書譯為「管治」，係因「治理」通常指涉較宏觀的公共事務，而傅柯的 gouverner 涵義更廣，還包括個人生活。編按：以小寫英文字母標號的隨頁注皆為譯注。

在我們或可簡單謂之為真相政治的遊戲當中，批判的根本功能是去除臣服。」[1]

這種「自主決定不屈服，反思之後不順從」的概念，換句話說，就是將自身視為分析對象的這種「不順從」，這樣的概念讓我們更能理解傅柯在強調他的個人經驗和他的理論研究之間的緊密關係時想說的是什麼。因為毋庸置疑的是，當他談到「思想就是批判行動」，甚而界定批判的特質並非理論或教條，而是一種「精神特質」（éthos）時，他描述的是他自己的計畫，是他全心投入的事。不順從世界的現狀，倔強地面對權力與規範（這兩者箝制著主體性的自由與可能），這是歷史與政治分析的出發點，也是歷史與政治分析存在的必要條件。所以，「反思之後不順從」，這觀念對傅柯來說，不過是以另一種方式表明他的每一本書都是一個自傳片段。我們也可以理解，為什麼他可以將哲學家的角色定義為從事「現時的診斷」（diagnostic du présent）的人，同時也是為了改變這個現在而從事歷史批判研究的人——這樣的研究可以說明，我們的樣貌是歷史的產物，而且也可以被歷史改造。同時，當他提及自己因為「我們自身的存有論」之所需而長年穿行於浩瀚的知識之中，沉浸於文獻的汪洋之中，我們可以立即感受到，他的漂亮語句也將他自己完整涵括在內：「一份耐心的苦工，讓我們對自由的迫不及待具體成形。」[2]

二〇一〇年十一月二十二日於巴黎

初版前言（一九八九年）

死亡並未隱藏任何祕密，也沒有開啟任何一扇門。死亡是一個人的終結。存活下來的，是這個人曾經給予其他人的東西，留在他們記憶裡的東西。

——愛里亞斯（Norbert Elias）

替傅柯寫一本傳記，此事似乎有些矛盾弔詭。傅柯不是多次擯棄作者的概念，因而排除了傳記研究的可能性嗎？當我著手進行本書的寫作時，有好些人（我的朋友、傅柯身邊的親友）都提醒我這個問題。不過，儘管反對的意見看似中肯，但卻難以成立。傅柯曾對作者的概念提出質問？是的。那麼他的質問想表達什麼？他讓我們知道，在我們的社會裡，論述的傳播不得不屈從於作者、作品、評論這些形式的束縛。儘管如此，他也無法自絕於他所生活的社會——他和所有人一樣，都受到他所描述的這些「功能」的限制。所以他為自己的作品署名，他透過一篇篇序言、文章和訪談，將這些書一本本連結起來，盡力重現他每一階段的研究的連貫性和原動力；他接受評論的遊戲規則，參加為他的研究舉辦的研討會，回應反對的意見，回應批評，回應誤讀也回應正確的解讀。簡而言之，傅柯是一位作者，他完成作品，作品受到評論支配。直到今天，不論是法國或其他地方，都還在舉辦各種關於傅柯的專題研討會與座談會；我們收集他在世界各國出版的文字，為的是集結成一套完整的「言談和書寫」；我們討論是否該出版這些或那些不曾發表的文字，討論是否該將他在法蘭西公學院的課程錄音編輯成書。那麼，為何只有傳記始終是禁區？因為不時有人聲稱，傅柯一向拒絕提供生活細節？錯了。傅柯曾在多次訪談中提供大量的清楚說明，除此之外，他還同意讓《傅柯訪談錄》（*Colloqui con Foucault*）在義大利出版，那是一系列的訪談，裡頭有一大部分在回顧他的智識歷程。他還在一九八三年提議要我跟他一起做另一本比較完整、「文字比較講究」的訪談錄，放在幾位學者回憶自己的養成教育和研究緣起的書系裡。

反對傳記的真正原因或許並不在此，而是因為直到今天，提及同性戀依舊會引起爭議。在我進行訪查期間，總是不斷有人對我提出相同的問題：「這本書會寫到同性戀嗎？」有些人擔心這會遭到誤解；有些人則很驚訝，都一九八九年了，竟然還有人會為坦然談論此事感到猶豫。顯然，這本書注定會激起對立的反應，一方會認為同性戀的部分我講得太多，另一方則會遺憾細節太少或描述不夠生動，譬如傅柯在美國的生活。我能怎麼回應？我覺得，或許我跟第二種看法比較接近。我不想讓抱持第一種看法的人覺得不舒服。我不希望歪曲事實，我不打算憑感覺寫書。要找到平衡並不容易。我想要抵抗隨時準備出手的軟性鎮壓和審查，我想要抵抗，更因為這是一本關於傅柯的書，而他的所有作品都可以當作對於「規範化」（normalisation）權力的反抗來讀。可是，炫示和暴露不正是承認了這些權力，也承認了這些權力容許的偷窺癖所擁有的力量嗎？為了繞過這塊雙重暗礁，我的決定是，如果在理解傅柯的某些特定事件或學術生涯、作品、思想、生命（和死亡）的某些特定面向時必須陳述這些事實，那麼我會將這些事實放在現實的背景裡陳述；如果有些事實僅牽涉到每個人都會在私人生活裡為自己保留的祕密版圖，我會默默走過。然而有一點是應該說清楚的：傅柯自己曾在法國或國外接受若干同性戀期刊訪談時侃侃而談。希望那些醞釀著要為我的「揭露」而憤怒的人能明白，這些「揭露」經常只是一些翻譯和引述。

傅柯很喜歡引用夏赫（René Char）的這句話：「發展你們正當的怪異。」我們就拿它作為本書的標誌吧。這本為傅柯而寫的書，寫作緣起僅僅是因為對於一個人及其著作的崇敬——這個人和他著作的光芒不斷啟迪法國和國外的知識活動，至今近三十年。

*

剩下的就是進行訪查時遭遇的困難了。首先是必然會在這類調查時出現的障礙：受訪者的記憶有可能因為時日久遠而衰敗，要經歷一次又一次的訪談和討論，才會緩緩爬升至回憶的表面，結果得到的經常是彼此矛盾的敘述，還得去尋找其間的交匯之處。還有就是文獻遍尋不獲，或是藏在重重管制的檔案裡，得通過重重的官方許可，或是要靠層層的關係出手相助方能得見。為了蒐集這些資料，為了和這些受訪者談話，我必須四處旅行：這個研究帶著我從突尼斯（Tunis）到普瓦提耶（Poitiers），從里爾（Lille）到舊金山，從克雷蒙費弘（Clermont-Ferrand）到烏普薩拉（Uppsala）或華沙（Varsovie）。我也必須在一個非常異質的文化空間裡移動：從科學史學者（索邦大學〔Sorbonne〕退休的名譽教授）到《解放報》（*Libération*）的總編輯；從瑞典外交官到前衛作家；從法國前總統府祕書長到凡森大學（université de Vincennes）創校時期的極左派人士等等。其後必須做的，是拿著書面資料和我收集到的所有家人、朋友、同事、學生、反對者的訪談紀錄進行比對。

不過，關於傅柯，還有一些特殊的困難之處。他是個多重面向的複雜人物。「他戴著面具，而且一直在換。」杜梅齊勒（Georges Dumézil）這麼說，他比任何人都瞭解傅柯。我不曾試圖揭露傅柯「唯一」的真相，因為在面具之下，總是有另一副面具，我不認為在重重的偽裝之下，可以發現人格的真相。傅柯不只一個？有上千個傅柯，一如杜梅齊勒所說？是的，或許如此。就我所見，我將這些傅柯呈現出來，他們經常和我在一九七九至一九八四年間所認識的傅柯非常不同，不過我盡量避免評判，避免建立某種好惡的排序。

然而最大的阻礙是更隱蔽、更潛藏的。光是為了確立事實，首先就得擺脫所有包圍傅柯的神話。這些神話緊緊黏附在他的身上，有時形成屏障，遮蔽了來自文件和訪談的明顯事實。傅柯自一九六六年《詞與物》（*Les mots et les choses*）出版之後，就占據了公眾舞臺的前緣，但他的名望很快就跟他在七〇年代的政治活動重疊在一起。從那時開始，寫到傅柯的文字，經常都帶有遲遲才被建立的「入世哲學家」（philosophe engagé）的形象印記。這樣的印記似乎反過頭來修改了傅柯此前的一切。

請不要誤解我的用意：雖然這本書致力於重建歷史事實，對抗層層沉積的傳說，但並不是要剝除傅柯作品的創新、耀眼和豐富，而是相反，要將這些光采全數還給他的作品。過去四十年，傅柯的作品有非常多的解讀，這些解讀遭到遺忘、壓抑、忽略。這些解讀消失了。讓傅柯的作品從單一、殘缺的面貌中脫離出來，並不是在傷害他的作品。讓傅柯的作品回歸其歷史脈絡，重現其多重力量，其實是讓傅柯的作品變得更強大。

*

述說一個人的生命，確實是一件永無止境的工作。就算花上二十年去說，還是一直會出現待人發掘的東西。就算寫上十部，還是得再多寫一部補記。舉例來說，我們不可能在這裡為傅柯在一九七〇至一九八四年間簽署過的請願書建立完整的目錄；我們也無法想像要如何重述他參與的每一次抗爭行動。克洛德．莫里亞克（Claude Mauriac）在他十卷的日記《靜止的歲月》（*Le Temps immobile*）裡花了數百頁的篇幅述說這些事，即便如此，他也只是提到其中幾場抗爭行動。我們也不可能回顧傅柯在世界各地的大學校園所做的每一場演講，或列出他接受過的所有報章雜誌訪談的清單。我也無法逐一提及傅柯見過的每一個人，這些名字非常多，經常是一些私交，沒什麼特殊的影響，或是友誼深重，不容置喙。此外，傅柯跟許多人的關係，對他們來說意義重大，但是，既然我寫的是傅柯的傳記，就應該關注對傅柯而言重要的那些關係，而不是去關注傅柯對他們而言意義重大的那些人。

書中提到的事件、文本和時期，也有所取捨。我給某些事的篇幅比其他的多，是因為我覺得這些事更有意義；我引用某些文本的篇幅長過其他文本，是因為我覺得這段文字最適於表達傅柯某個時期的思想，或是因為資料已經不易取得了，也可能只是因為某些文本並沒有法文版。

書中觸及的每個時期，我都試著重建傅柯身處其中的知識風景。顯然，沒有一種哲學是配備著全副的概念與創見，在一個醉心於思想演練的孤獨心靈裡誕生的。要理解某種知識藍圖及其發展，只能參考某種理論的、制度的、政治的空間，也就是布迪厄（Pierre Bourdieu）所說的「場域」（champ）。所以，我嘗試將某些哲學家的見證集結融合在這本書裡，這些哲學家或曾在傅柯的學術生涯裡與他同行或交會，或曾看著他的作品成形，或曾跟隨他的演變。我和他們見面、提問，一連數小時，通常要訪談好幾次，這些人包括：古義耶（Henri Gouhier）、康紀言（Georges Canguilhem）、阿圖塞、勒布杭（Gérard Lebrun）、帕希雍特（Jean-Claude Pariente）、德松提（Jean-Toussaint Desanti）、德勒茲（Gilles Deleuze）、德希達（Jacques Derrida）、維耶曼（Jules Vuillemin）、塞荷（Michel Serres）等等。還有一些人則是將各種見證、記述、相關資料，或是極重要的文件和文章交付給我，列居首位的是杜梅齊勒，當然也少不了維納（Paul Veyne），還有李維史陀（Claude Lévi-Strauss）、布迪厄、拉比諾（Paul Rabinow）、卡斯特（Robert Castel）、帕瑟宏（Jean-Claude Passeron）、馬提厄・藍東（Mathieu Lindon）、龐格（Maurice Pinguet）等。我無法在此列出所有曾經提供我協助的人，完整的名單將置於書末。他們的人數太多了，因為本書最重要的期望是成為一部集體的歷史，不是某個時期的肖像（一如人們提到傳記時經常說的），而是以好幾個時期、好幾種文化調性為輪廓的一幅畫像：戰後巴黎梧爾木街（rue d'Ulm）的高等師範學院（École normale supérieure）、六〇年代的法國文學、結構主義論戰、一九六八年後的極左陣營、法蘭西公學院（法國學院生活的獨特機構）等等。

*

有幾次，我也涉入或出現在我所報導的這些事件中。我一向避免以第一人稱發言，僅有極少數例外——我想是兩次——理由是我很難不這麼做。通常，我會以其他在場者或同樣擁有這項資訊的人代替我做見證。

*

這本書是一部傳記。所以，這本書不是傅柯作品的研究。然而，之所以要寫一部傅柯的傳記，正是因為他寫了一些書。我試著介紹傅柯的重要著作，並將這些著作嵌入它們誕生的時期。我忠實對待文本，避免加以評論。相對的，我用了很多篇幅去談每一個文本如何被接受，如何被理解，這是這些著作的歷史的一部分。作品後續的迴響有時就構成了這段歷史本身，《瘋狂與非理性》（*Folie et déraison*）正是這樣的例子。

為這些歷史寫歷史，這項計畫或許比我們所想的更接近傅柯的精神：傅柯提到賓斯萬格（Ludwig Binswanger）時曾寫道：「思想的原初形式就是它們自身的導讀——它們唯一認可的注解形式是它們的歷史，唯一認可的評論形式是它們的命運。」

第一部

心理學在地獄

1「我出生的城市」

幾行字，寫在明信片的背面：「這是我出生的城市：被斬首的聖徒，手持經書，守護公平正義被奉行，守護堅固城壘，守護靜謐花園的祕密不被孩子發現。這是傳承給我智慧的源頭。」[1]傅柯喜歡如此描述普瓦提耶，他的童年和青少年歲月在那裡度過。這個外省的城市，散落著幾座羅馬式教堂和一座十五世紀的法院，而今此處的幾座雕像都斷了頭。這城會讓人以為是從巴爾札克（Balzac）的小說裡搬出來的。美麗。或許沉悶，但是依然美麗。古城高懸在河谷的崖上，似乎無畏逝去的時光和隨之而來的動盪。

為了不讓時光流逝——或許是出於這個原因，傅柯家族總是給男孩取相同的名字，父子相傳：祖父是保羅．傅柯；父親是保羅．傅柯；兒子是保羅．傅柯。然而，面對夫家強制的傳統，傅柯夫人沒打算完全讓步。兒子一定要叫保羅，那就算了，但她要在後頭加上連接號和第二個名字「米歇爾」。在學校註冊之類的正式文件上，他就叫作「保羅」，沒有別的。而當事人自己後來的做法恰好相反：只留下「米歇爾」。而對傅柯夫人來說，他永遠都是「保羅米歇爾」（Paul-Michel），直到她過世前不久，當她回憶起兒子，用的還是這個名字，而整個家族直到今天都還講「保羅米歇爾」。那他為什麼要把名字改掉？「因為他的名字縮寫是P.-M. F.，跟法國前總理皮耶・孟戴斯・弗朗斯（Pierre Mendès France）一樣。」傅柯夫人這麼說。這是兒子給她的解釋。但是他對朋友的說法完全不同：他不想再背負父親的名字，青少年時期的他恨透了父親。

保羅・傅柯，這是父親的名字，他是在普瓦提耶執業的外科醫生，也是當地醫學院的解剖學教授。他是在楓丹白露（Fontainebleau）執業的外科醫生之子，娶了普瓦提耶的外科醫生兼醫學院教授的女兒安・馬拉佩（Anne Malapert）為妻。他們婚後住進岳父馬拉佩醫師在一九〇三年建造的這幢白色大宅，房子本身毫無特色，但是離市中心很近。大宅的牆外就是阿圖宏克街（rue Arthur-Ranc）和凡爾登大道（boulevard de Verdun），這條大道由高城往下，直奔克蘭河谷（vallée du Clain）。保羅・傅柯醫師和他的妻子生了三個孩子：大女兒芙蘭欣（Francine），然後是十五個月後出生的保羅，確實的日期是一九二六年十月十五日，第二個兒子德尼（Denys）則在幾年之後出生。三個孩子都將過著外省資產階級的生活。他們的家境富裕，傅柯夫人在離城二十公里的旺德弗赫杜普瓦圖鎮（Vendeuvre-du-Poitou）有一棟房子，那是一棟富麗的大宅，公有林園環繞，她還有一些土地、農場和田地。傅柯醫師是享有盛名的外科醫生，成天都在普瓦提耶的兩家醫院開刀。他是當地的名流。總之，傅柯一家人不缺錢。一個保姆照顧小孩，一個廚娘負責家務，後來甚至還有司機。

他們的教育頗為嚴格，不過傅柯夫人也秉承其父馬拉佩醫師的格言：「最重要的是自我管治（se gouverner）。」她不會去主導或指引孩子們的閱讀。至於宗教，家裡似乎沒有瀰漫這方面的氣息。當然，星期天大家都會去市中心的聖波榭赫教堂（église Saint-Porchaire）望彌撒，不過傅柯夫人沒把這事放在心上也不只一次了，通常是她的母親（也就是芙蘭欣、保羅米歇爾和德尼的外祖母）帶他們去的。傳統使然，有一段時間保羅米歇爾都在教堂擔任輔祭小童。後來，很久以後，米歇爾・傅柯在某次訪談中說，他們家其實是反教權的。尊重習俗和遠離信仰，這兩個面向在傅柯家應該是並存的。

而保羅米歇爾之所以在耶穌會士的關照下開始他的學業，只能說純屬偶然，或者說單純就是歷史使然——這兩者經常是同一回事。因為亨利四世高中（lycée Henri-IV）附設「幼兒班」和「初等教育班」，所以會收年紀很小的孩子。學校位在路易荷納街（rue Louis-Renard），校舍是一棟曾經隸屬耶穌會的古老建築。這是一所公立高中，可是緊挨著一座禮拜堂，它的規模與莊嚴的外觀看起來都像一座修道院。第一次走進這棟建築的方形中庭時，傅柯醫師的這個兒子才不到四歲。內側大門的上方，數世紀的歷史凝望著進出的孩童——一幅「創始王」亨利四世的肖像，另一幅「賢明王」路易十四的肖像，都刻在石頭上。王者的肖像或多或少在這些最年幼的學生心裡留下深刻的印象。當時，保羅米歇爾根本還不到法定入學年齡，但他不想和姊姊分開。傅柯夫人和女老師商談之後，得到非常親切的回覆：「您可以帶他過來，我會給他幾枝彩色鉛筆，讓他坐在教室後面。」一九三〇年五月二十七日，保羅米歇爾就帶著彩色鉛筆坐到教室後頭。「不過他趁這機會學會了認字。」這是傅柯夫人的注解。他念了兩年「幼兒班」，直到一九三二年，接著上附設的「初等教育班」，直到一九三六年。這一年，他進入初中部，真正成為這所高中的學生。[a]一九四〇年，他在九月開學時離開了亨利四世高中，轉學到聖史塔尼斯拉斯中學（collège Saint-Stanislas），[b]因為他前一學年的表現太差了。

此前，他的課業幾乎沒有問題。保羅米歇爾．傅柯在數學方面的表現不是很傑出，但他的法文、歷史、希臘文或拉丁文成績拿來彌補這缺陷綽綽有餘，所以他經常拿下「優等獎」。初中四年級[c]的時候究竟發生了什麼事，導致他的成績一落千丈？傅柯夫人提出一個解釋：亨利四世高中的校長腦中風，加上戰爭帶來了新的情勢，導致他無力再治理校務。世道確實遽變，當地人口因為逃難人潮不斷湧入而膨脹，城裡的學校必須接待來自巴黎的學生和老師，亨利四世高中負責收容一部分從巴黎撤來普瓦提耶的鍾松高中（lycée Janson-de-Sailly）[d]師生。普瓦提耶原本平靜安穩的學習環境因此受到嚴重干擾，階層關係也出現了。米歇爾．傅柯日後曾對一位友人提起當年他所經歷的惶惑——他一向都是班上第一名，或至少是前幾名，結果卻被新來的同學超越、取代。另一解釋來自傅柯當年的幾位同學：法文老師紀佑（Guyot）對他很有敵意。這位老師不太喜歡來自資產階級家庭的孩子，他思想激進，推崇伏爾泰，非常「第三共和」，他幾乎毫不掩飾自己對於名流子弟的輕蔑。這一切都讓這位老師對那些從巴黎高級住宅區來到他班上的孩子充滿厭惡。他還認為他在普瓦提耶的孩子裡發現了這個可恥階層的幾名代表，並將他們納入他的重重憎恨之中。保羅米歇爾．傅柯惶然不安，不知所措，他覺得學校堅實的地面在腳下塌陷了。他的成績因此嚴重退步，每一科都是如此，只有拉丁文翻譯課例外。校長在學年結束時做出決定：「十月進行補考。」可是在傅柯夫人看來，這簡直是讓人無法接受的判決。傅柯夫人寧可先發制人，她替兒子註冊了一所教會學校——當年位於尚裘黑斯街（rue Jean-Jaurès）和舊劇院街（rue de l'Ancienne-Comédie）轉角的聖史塔尼斯拉斯中學。這不是城裡一般認為最好的教會學校。聖約瑟夫中學（collè ge Saint-Joseph）的名聲比它好多了，而且是耶穌會士主持的，收的學生多半出身當地的上層資產階級和貴族家庭。聖史塔尼斯拉斯中學的檔次低了一級，就讀的多半是大生意人和小工廠主之子，教學品質遠不及眾人公認的聖約瑟夫中學。聖史塔尼斯拉斯中學自一八六九年起就由基督學校修士會（Frères des Écoles chrétiennes）主持，一般也稱他們為「無知修士會」（Frères ignorantins）。保羅米歇爾·傅柯入學的時間是一九四〇年九月。這時的普瓦提耶已被德國人占領數星期，自由區在二十公里之外，分界線的另一頭幾乎是另一個世界，要有安全通行證才能進入。高一的學生太年輕，不會被徵召去德國服勞動役，可以繼續念書，頂多就是被徵調去「農村服務」——暑假期間去做六週農務，其中最大宗的勞動就是消滅馬鈴薯葉甲蟲。在所有令人印象深刻的老師當

a. 亨利四世高中設有高中部和初中部。

b. 依年月及前後文所述，傅柯轉學是升上高一，或許是為收容巴黎來的高中生，聖史塔尼斯拉斯中學和後文提到的聖約瑟夫中學都設有高中部。

c. 法國的小學是五年制，初中四年級相當於臺灣的國中三年級。

d. 鍾松高中是巴黎地區規模最大、最負盛名的高中之一，位於巴黎十六區（高級住宅區）。

中，全部的畢業生都記得這位怪異的歷史老師德孟薩貝神父（père de Montsabert），他是利圭杰修道院（abbaye de Ligugé）的本篤會僧侶，是附近的小村莊克魯泰勒（Croutelle）的本堂神父。他不論到哪都是步行，人們經常見他走在普瓦提耶通往利圭杰的路上，手拄朝聖者手杖，身穿棕色的粗呢袍子，寬寬鬆鬆，油油膩膩。雖然他的髒汙令人生厭，但人們還是會停下車載他一程。「我載過他一次，」傅柯夫人說：「結果滿車都是跳蚤。」這個怪人也是博學之士，他總是斜背一個褡褳，裡頭裝滿了書。他的歷史課是這些中學生經歷的重大時刻。以下是一位畢業生在一九八一年出版的一本回憶文集裡提到的：「他的課令人難忘。他對歷史事件和人物瞭若指掌，他的論點辛辣卻又不乏輕佻的言語。他忘情地投入正在講述的主題，激情的思維與鮮明的意象四射，他總是無可避免地引起哄堂大笑，最後全班鬧成一團。等他覺得場面失控，無法恢復秩序了，他就會哭著離開教室，像個孩子似的，對大家說：『我可憐的孩子們，我受不了了，我受不了了。』可是只要我們保證已經鬧完了，不會再鬧了，他就會回來，在一片寂靜之中，輕聲細語地講回他剛才講的課。他會再次忘情地投入他的主題與激情，他的聲音會漸漸拉高，然後因為幾個奇特的語句，再度引發哄堂大笑。」[2] 根據傅柯夫人的說法，他可能是唯一對保羅米歇爾多少有過些許影響的老師。保羅米歇爾・傅柯從小就對歷史感興趣，他興致勃勃地閱讀邦維勒（Jacques Bainville）的《法國史》（*Histoire de France*），裡頭的插畫讓他留下非常強烈的印象。這個孩子最著迷的人物是查理曼（Charlemagne）。傅柯夫人說他從十二歲就開始教歷史課了，幫他的弟弟和姊姊上課。總之，德孟薩貝神父的課注定是他會喜歡的，而且這段學習歷史的經驗充滿軼聞趣事和譏諷的言語，所有學生都聽得津津有味。前文提到的見證者以這番見解為他的敘述作結：「用這種方法教的歷史是忘不掉的。」

保羅米歇爾就這樣在尚裘黑斯街的中學讀完高一、高二和高三的課程。他的成績相當令人滿意。學年結束頒發獎項的時候，他一向名列前茅，譬如高一那年，他的法文作文是第三名，法國文學史第二名，希臘文第二名，英文第二名，拉丁文翻譯第二名，拉丁文學第一名，歷史第一名。可是幾乎每一門學科都有一位同學兼好友贏過他，這個人叫作皮耶．希維業（Pierre Rivière）。三十五年後，當哲學家傅柯從沉睡的檔案中挖掘出一個「十九世紀的弒親者」的回憶錄，加上評論，收在如今已成名著的《我是皮耶．希維業，我殺了我母親、我姊姊和我弟弟》（*Moi, Pierre Rivière, ayant égorgé ma mère, ma sœur et mon frère*）裡一起出版，那時他是否有某種自得其樂的快意？誰知道呢？無論如何，儘管這兩個男孩在班上是競爭對手，他們的關係還是很密切，兩人對知識和閱讀都有強烈的渴望。後來城裡有個怪人為他們提供了精神食糧，這個人就是艾格漢神父（abbé Aigrain），人稱「普瓦提耶的皮寇．德拉．米蘭多拉（Pico dela Mirandola）」。[e] 他是昂杰天主教大學（Université catholique d'Angers）的教授，為幾本期刊寫樂評，家中藏書非常可觀。他會讓一些大學生和高中生來家裡，他會推薦書並且借書給他們，特別是歷史和哲學方面的書。「傅柯跟我一樣，一天到晚去艾格漢神父家，」希維業說：「神父的這些藏書對我們來說意義重大，因為都是學校

e. 皮寇．德拉．米蘭多拉是文藝復興時期的義大利哲學家，以博學早慧著稱，因議論不見容於教廷，流亡法國。

課程之外的讀物。」課程之外的讀物，噢，多麼吸引人啊！這或許也是博雄（René Beauchamp）提供給保羅米歇爾．傅柯的東西。他是傅柯家的朋友，也是非常早期的佛洛伊德追隨者，對於將精神分析引進法國出力甚多。

高二的時候，傅柯的成績非常優異。一九四二年他升上高三，準備要認識哲學了。原本該教他的老師是一位傑出的人物，連大學教授也會毫無猶豫來找他請益，所有學生都很期待可以和他共度的這一年。可是這位名叫杜黑（Duret）的座堂司鐸（chanoine）因為參加地下反抗組織，在開學當天早上遭蓋世太保逮捕，從此再也沒人見過他。另一位老師接替他的工作，但是沒幾天就生病了，最後來執教哲學課的是利圭杰修道院的一位修士。傅柯醫師跟修道院的好幾位修士相熟，第一次世界大戰期間他們一起在東方軍團（armée d'Orient）服役。傅柯夫人當然毫不猶豫就向他們求助，請他們派一位可以勝任哲學教學工作的人來聖史塔尼斯拉斯中學。修道院院長把這項任務交付給皮耶侯修士（Dom Pierrot）。他只講解課本，盡可能不超出課程範圍，因為他必須為學生準備全國高中畢業會考，也就沒打算多做別的，不過他還是喜歡在課外時間跟學生聊天。皮耶侯修士結束了「代課」工作之後，「少年傅柯還是會騎腳踏車到利圭杰去找他，一起談論柏拉圖、笛卡兒、巴斯卡、柏格森（Bergson）。皮耶侯修士對這個學生的記憶鮮明：「我認識的這些讀哲學的學生，我把他們分成兩類：一種是永遠把哲學當成一個好奇的對象，想要學習偉大的思想體系、偉大的作品，諸如此類的知識。另一種則是傾向把哲學當成屬於個人的焦慮，屬於生命的焦慮的問題。前者的代表是笛卡兒，後者的代表是巴斯卡。傅柯就是屬於第一類的，從他身上可以感覺到對於知識的巨大好奇心。」

由於聖史塔尼斯拉斯中學的哲學課依舊風波不斷，傅柯夫人於是拜託一位文學院教授幫她找個學生給兒子當家教。吉哈（Louis Girard）是哲學系二年級的學生，有一天，他來到阿圖宏克街十號，摁了傅柯家的門鈴。「我一個禮拜去三次，」他說：「我在學校學到的是一種相當模糊的，十九世紀布特胡（Boutroux）[f]風格的康德思想，我教給他的就是這樣的康德哲學。我幫他上課的時候還滿有活力的，因為我那時候二十二歲，不過我自己還沒有真的讀過太多哲學。」他對他的學生留下什麼印象？「他的自我要求很嚴格。我後來教過一些在我看來更聰明的學生，但是沒有人可以像他一樣，這麼快就抓到重點，而且思緒的結構這麼嚴謹。」

神學院教授呂熹揚神父（père Lucien）接手哲學課，但後來也落入跟杜黑座堂司鐸相同的悲劇命運。學年結束時，保羅米歇爾・傅柯拿到哲學科的第二名，第一名是皮耶・希維業，他後來成為法國最高行政法院的成員。傅柯的地理、歷史、英文、自然科學都拿了第一名。

雖然我們提到的兩位哲學老師都被德國人送進了集中營，但請不要想像聖史塔尼斯拉斯中學是「抵抗運動的堡壘」，這裡還是掛著貝當（Pétain）元帥的肖像，和所有學校無異，必須遵循所有規範。而且，學生們還得在操場上集合，齊聲高唱「元帥放心，我們在這裡」，如果沒有投入足夠的熱情，還會遭到訓斥。有人說這所中學籠罩著一種「維琪政權的氛圍」，儘管有些抵抗運

f. 布特胡是法國哲學家，柏格森與涂爾幹都是他的學生。

動的地下組織似乎不時會以這裡作為會合地點，交換身分證件或復員證明書，後來還有好幾個學生被捕。

米歇爾．傅柯後來曾在數次訪談中透露少年時代的種種，其中一次，他憶起這個艱困難熬的時期，他說：「今天當我試著重溫這些印象的時候，令我驚訝的是，幾乎所有情感上的回憶都會連結到政治情勢。我記得很清楚，奧地利總理鐸爾福斯（Dollfuss）被納粹暗殺，是我最早體驗到的巨大恐怖經驗之一。我想那是一九三四年的事。這一切現在距離我們都很遙遠了。很少有人記得鐸爾福斯的暗殺事件，可是我還記得自己因為這件事而受到的驚嚇。我想我因為這件事，第一次感受到對於死亡的龐大恐懼。我也記得西班牙難民來到普瓦提耶的情景；還有我在班上和同學爭辯衣索比亞戰爭的事。我想，我們這一代的男孩與女孩的童年都受到這些大型歷史事件的形塑。戰爭的威脅是一塊黑底畫布，是我們生命的畫框。然後戰爭結束了。相較於家庭生活的場景，這些和世界息息相關的事件更是構成我們記憶的重要物質。我說「我們的」記憶，是因為我幾乎可以確定，大部分那個年代的法國少年和少女都有這種相同經驗。這些事將一種真實的威脅沉沉地壓在我們的私人生活上。或許正因為如此，我才會對歷史，對個人經驗與我們身處其中的事件之間的關係如此著迷。我想，我理論慾望的核心就在這裡。」[3]

一九四三年六月，全國高中畢業會考的最後階段登場了（當年的會考資格分兩階段取得）。高二課程結束時，學生們要先通過法文、拉丁文、希臘文的考試；高三課程結束時則要考哲學、語言、歷史和地理。傅柯在一九四二年六月通過第一階段的考試，得到「中等」（assez bien）的評等。他通過第二階段考試的時候也得到同樣的評等。他的歷史成績是8／10（總分十分，得到八分），自然科學7／10，可是哲學只有10／20（總分二十分，得到十分）。

中等教育結束之後要做什麼？傅柯醫師選了一條路，要他兒子踏進去，也就是他自己走過的那條路——保羅米歇爾應該要當醫生。問題是，保羅米歇爾並不想。他早就決定要讓父親失望了。他對歷史、文學充滿熱情，想到要讀醫科他就害怕。他宣布自己的決定那一天，家裡的討論帶著些許暴風雨的氣息。他的父親並未掩飾自己的失望，他試著要帶這個年輕人走回理智之路。可是傅柯夫人一向謹守她父親「自我管治」的格言，她干預了，她對丈夫說：「拜託，請別堅持。這個孩子讀書很認真，我們得讓他去做他想做的事。」傅柯醫師並沒有堅持很久，後來看到次子進了醫學院，心裡也得到了安慰。這個兒子後來成為外科醫生。於是保羅米歇爾終於可以走上自己選擇的道路：準備位在巴黎梧爾木街的高等師範學院的入學考試。為此，他必須去讀兩年的「預備班」，[g] 這種課程的目的是為了給學生必要的教育，讓他們可以通過這場入學考試。他得當一年的「次坎涅」（hypokhâgne），再當一年的「坎涅」（khâgne）。[h] 理想狀況當然是去巴黎找一家以高錄

g. 預備班是專為法國菁英教育體系「高等學院」（grande école）而設的課程，學生參加高中畢業會考後，須讀兩年預備班始能參加諸如高等師範學院等「高等學院」的入學考試。

h. 「次坎涅」（hypokhâgne）是文科預備班一年級生的別稱，「坎涅」（khâgne）是文科預備班二年級生的別稱。

取率聞名的明星高中所開設的預備班就讀，可是因為戰爭，傅柯夫人很難將十七歲的兒子送去首都，於是保羅米歇爾重回普瓦提耶的亨利四世高中註冊預備班。此前三年的宗教插曲在他心裡留下一段可悲的回憶，他討厭這所天主教學校彌漫的氣氛，他討厭那裡教的課，他討厭宗教和那些修士、修女。「他講起來總是滿懷憤慨和厭惡。」當年的一位好友這麼說。

就這樣，一九四三年九月開學時，保羅米歇爾・傅柯重回城裡的高中，進入「次坎涅」班，開始準備巴黎高等師範學院的入學考試。預備班的「次坎涅」和「坎涅」兩班共有三十名學生，在這兩年期間，傅柯興致勃勃地聆聽歷史老師戴茲（Gaston Dez）和哲學老師莫侯赫貝（Jean Moreau-Reibel）的課。莫侯赫貝是巴黎高等師範學院的畢業生，曾經在克雷蒙費弘高中（lycée de Clermont-Ferrand）任教，同時在史特拉斯堡大學（université de Strasbourg）文學院開課（當時這所大學遷至歐維涅大區〔Auvergne〕的首府克雷蒙費弘）。他講話沒什麼條理，漫無章法，聽起來話多又不連貫，剛開始的時候學生有點摸不著頭緒。露榭特・哈巴特（Lucette Rabaté）記得一九四三年九月最初的幾堂課讓她感到困惑，不過漸漸的，學生們愈來愈喜歡他們的老師，也愈來愈明白他講的課了。這個混亂的表象當然逃不過總督學的督導，他來聽了莫侯赫貝的課。督學在一九四四年三月二日的報告裡以相當嚴厲的措辭提到傅柯的這位老師：「我聽的這堂課屬於『社會意志與價值』的系列課程，主題稍嫌模糊，相應講述推演亦有某種程度的混亂。莫侯赫貝老師措辭輕率，或許他也放任自己的這種輕率。課程的主導概念似乎淹沒在講述推演之中；課程的結構應該更扎實，更嚴謹。課程細節不夠明確。提到太多描述不清的理論。莫侯赫貝老師若能更嚴格要求自己，減少隨興發揮，應可有所改善。」無論如何，傅柯開始進入狀況，他對這位沒什麼條理的老師教授的這門課愈來愈感興趣，也開始讀他引用的作者：莫侯赫貝老師最欣賞的是柏格森，還有柏拉圖、笛卡兒、康德、斯賓諾沙。露榭特．哈巴特表示，由於莫侯赫貝喜歡以對話形式授課，他會挑跟他最有話講的學生和他對話，這個學生就是保羅米歇爾．傅柯。「其他人都有點失落感。」她加上這麼一句。

另一位對傅柯影響很大的老師是戴茲，他是「馬雷－伊薩克版」[i]的中學一年級歷史課本的共同撰寫者，也定期為西部考古學會（Société des antiquaires de l'Ouest）的學報寫稿，並且在一九四二年和其他作者一同撰寫了《普瓦圖面面觀》（*Visages du Poitou*）文集。他的教學方法和那位教哲學的同事截然不同，他逐字逐句讀講稿，讀得非常慢，而由於他並沒有規劃進度，結果有可能出題的遼闊課程範圍，他只講完一小部分。學生們只好設法找來前幾年的課堂筆記。傅柯不僅弄到了這些筆記，他還抄了一份，大方地借給同學。

一九四三到一九四五年間，毫無疑問是個困頓動盪的時期。冬天，暖氣的問題讓人待在學校教室的時間非常難熬。有些寄宿生趁夜冒險去學校旁的軍營偷木柴。為了保護受到懷疑的同學，

i. 馬雷－伊薩克版（Mallet-Issac）是二十世紀上半葉法國通用的中學歷史課本。

哈巴特和傅柯跑去找校長，簽下一份保證書表示木柴是他們提供的。事情就這樣不了了之。「幸好，」哈巴特說：「沒人問我們木柴是哪裡來的。不然我也不知道該怎麼回答。」儘管生活條件經常很困苦，班上卻洋溢著某種「大學生的歡樂」。學生們會到市立劇院去看每個月例行上演的「早場古典劇」。不知是這些戲演得太爛，還是這些學生實在太需要找樂子？這些悲劇總是引來陣陣狂笑。「《安德洛瑪克》（*Andromaque*）[j]演出的時候，」哈巴特回憶道：「傅柯一直開玩笑，笑個不停。」當時大家或許是有點強顏歡笑，但無論如何，哈巴特說：「我們會避免談到重大議題，我們會避免討論政治問題，因為同學們的出身背景差異很大。譬如我們班上有個女孩子的父親和哥哥都死於集中營，另一個同學的父親則是在法國光復後遭到槍決。所以，大家彼此多少都有點不信任。」而且，傅柯也滿孤僻的，他整天都在讀書，跟其他人很少往來。「有一次，在入學考試前不久，我跟他一起去城裡的大學詢問一些事。我們一起走了一刻鐘，他對我說：『這是我今年第一次做的休閒活動。』一刻鐘的休閒活動！」

最嚴重、最危險也最嚇人的是空襲，普瓦提耶的城區也無法倖免。英國空軍的目標是車站和鐵路。學生們在警報聲中奔跑，躲進防空洞。一九四四年七月，車站附近有好幾個街區都因為預防措施而將居民疏散，阿圖宏克街也在疏散範圍內。於是傅柯一家人搬去旺德弗赫鎮度過整個夏天。其實這一年，學校很早就停課了：一九四四年六月六日，學校的門房先生在走廊上一邊跑，一邊大吼：「他們登陸了，他們登陸了。」盟軍部隊剛剛踏上諾曼第的海灘。學生們走出教室，歡聲雷動。當然，已經沒有人想上課了。幾天後，當地全面陷入戰火，所有學校都停課了。接下來是一整年的動盪，幾乎沒有稍緩。

學生們還是為入學考試做了準備，普瓦提耶學區的十四名考生出現在鏈街（rue de la Chaîne）的弗帽樓（hôtel Fumé）門口，這裡是法學院的校舍，他們來參加一九四五年五月二十四日到六月五日之間舉行的考試。後來法文考試因為不同的違規事件而兩度取消。第一次是因為在巴黎，有一名索邦大學的教授在考前幾天將試題洩露給學生。第二次是因為試卷未在同一時間送達各地。所有考生都得重考這個科目，結果一共考了三次，每次六個小時。筆試成績於七月十六日揭曉。普瓦提耶有兩名學生達到錄取標準。可是傅柯不在其中，他的筆試成績是一百零一名，而只有一百名考生可以參加口試。保羅米歇爾進不了梧爾木街的高等師範學院。他拚命讀書，結果還是差了一步。他失望透了，但是並沒有氣餒，他決定第二年捲土重來。不過，他在普瓦提耶的校園生涯就此結束。一九四五年的開學將是他生命中的一次關鍵轉折——他離開故鄉，在巴黎住了下來。

*

j.《安德洛瑪克》是十七世紀法國劇作家拉辛（Jean Racine）所寫的一齣悲劇。

普瓦提耶：一個沉悶的城市。這個說法在所有關於這個年代的訪談中一再出現。傅柯的一個朋友這麼說：「我想，整個童年都在這種氣氛中度過，應該是很可怕的。」他是在一九四四年來到普瓦提耶的。有些想要逃離這個城市的人則說：「這個城市狹隘又平庸。」一九四五年秋天，傅柯離開了普瓦提耶，不過他從來不曾和這個承載自己少年時光的城市徹底斷絕關係。理由很簡單，因為他不會徹底斷絕和家人的關係。他不怎麼喜歡父親，大家都知道，而傅柯醫師似乎也很少把時間花在孩子身上，他整個白天加上一部分的夜晚時間都在工作，鮮少出現在家裡。要說有什麼斷裂的話，那當然是發生在他和父親之間。米歇爾·傅柯日後回憶時曾提到有些「衝突關係發生在很明確的點上，但這些衝突所體現的，是我們無法擺脫的一個關注焦點」，即便已經離開了家庭。[4]相反的，傅柯終其一生都非常依戀母親。在巴黎讀書的那些年，每逢放假他就會回普瓦提耶，畢業後也定期回去探望雙親。一九五九年傅柯醫師過世後，保羅米歇爾的母親搬回她在旺德弗赫鎮的鄉下房子，他每年暑假都會來看她。「他總是把他的八月留給我。」傅柯夫人說。而且經常不止如此：聖誕節或是春天，他有時會來住上幾天。他在這裡有個房間，在樓下，是類似獨立小公寓的空間，他喜歡在那裡工作。他通常是一個人來，或是跟一個朋友一起來，但這樣的情況很少。傅柯夫人記得曾經接待過羅蘭·巴特（Roland Barthes）。後來，在一九八二年，米歇爾·傅柯想在附近買一棟房子。他和弟弟騎著腳踏車在鄉間四處尋覓，在每個村子停下來，看遍所有可能要「出售」的房子。最後他在距離旺德弗赫鎮幾公里遠的維墟村（Verrue）看上一棟漂亮的大房子，那是當地本堂神父的舊宅。傅柯總是笑說，這是「維墟村的本堂神父住所」（cure de

Verrue）。[k]這個命名讓他很樂。他買下這棟房子，並且開始進行必要的修繕，可是他來不及住進去了。

k. 法文cure兼有「本堂神父住所」和「溫泉水療地」二義；verrue首字母大寫是地名「維墟村」，小寫是普通名詞「疣」。cure de verrue亦可理解為「疣的溫泉水療地」。

2 黑格爾的聲音

巴黎的先賢祠（Panthéon）後方，聖艾蒂安杜蒙教堂（église Saint-Étienne-du-Mont）旁，有另一個亨利四世高中，這是法國最負盛名的高中之一，多年來一直是「坎涅」菁英的集中地。傅柯夫人遇到一位普瓦提耶大學的教授，這位教授直截了當跟她說：「有人聽過城裡哪個學校的學生考上『高等師範』嗎？」於是他們很快就做了決定：保羅米歇爾要再試一次運氣，不過這次他會有萬全的準備。

一九四五年的秋天，傅柯抵達巴黎，進入這座聖殿，它高聳的塔樓和它在高等師範學院入學考試的持續成功傲視著拉丁區。這個年輕的「外地人」——班上同學是這麼看待他的——衣著怪里怪氣，腳上穿著怪異的木底皮面套鞋，戰爭一結束就來到巴黎。當時的生活非常不易，物資問題（食物之類）一直揮之不去。而且，傅柯也不是滿懷熱情來到這裡長住的。由於巴黎的生活條件過於艱困，傅柯對於即將來臨的新生活無法心生嚮往。傅柯夫人在巴黎買不成也租不到公寓。

保羅米歇爾．傅柯先是在哈特（Maurice Rat）的家裡住了幾天（哈特來自旺德弗赫鎮，是傅柯家的朋友，也是鍾松高中的文學老師），之後住進哈斯拜大道（boulevard Raspail）上的一家小學的女校長租給他的房間。這使得他的狀況在其他學生眼裡看來頗為怪異。勒華拉杜里（Le Roy Ladurie）回憶說，那個年代巴黎預備班的學生分為兩種「基本類型」：一是「非寄宿生」，他們是巴黎資產階級家庭的子弟，每天晚上都可以回家，另一種是「寄宿生」，他們來自外省，根本無法想像可以在城裡分租一個房間。[1] 保羅米歇爾享有如此的特殊待遇，他的父母手頭寬裕，不想讓這個脆弱又不穩定的青少年受到團體生活的衝擊，畢竟他曾明白表示極度痛恨團體生活。當然，他不時也會遇到暖爐無法好好運作，連幾平方公尺的住處都暖不起來的情況，但他至少是獨自一人生活。這也強化了他這樣的形象：一個自我封閉、孤僻、神祕的男孩。這個形象出現在所有的訪談當中。此外，他這一年在巴黎的活動，說真的非常有限，頂多是跟他也住到巴黎來的姊姊去看了幾場電影。他們一直很喜歡美國電影，可惜戰爭斷了他們的片源。其他時間，他都像瘋子似地拚命準備考試。

亨利四世高中的「坎涅一班」（K1）有五十人在準備這場入學考試。五十人！這個數字超過錄取名額：梧爾木街的高等師範學院總共只錄取三十八名文科學生，而且還要算上「坎涅二班」（K2）的學生，他們的人數和第一班相當。由此可見競爭之激烈，再加上巴黎還有一家知名高中「路易大帝」（Louis-le-Grand），這個鄰近的競爭對手也汲汲於打破自家錄取名額的歷史紀錄。在這學年之初，和傅柯一起站在小小的克洛維街（rue Clovis）的校門口的這四十九名男孩當中，有多少人會在明年夏天出現在最後的錄取名單上？一整群傑出的老師全心全力，讓他們為考試做好準備。同一年進入「次坎涅班」的勒華拉杜里曾如此描述他的歷史老師（也是傅柯的歷史老師）阿爾巴（André Alba）：他標榜自己「色彩鮮明的共和思想，從資產階級的立場反對教會干預公共事務」，他吸引了左派和極左派的學生，換句話說就是絕大多數的學生。他似乎「在第一次大戰期間受了重傷；一道深凹的疤痕橫過前額，令人難忘」。事實上，他「臉上的這道刀疤來自年少時的一次外傷」。[2] 他過去的學生們說，傷口再深一點的話，簡直可以「看到大腦在顫動了」。

傅柯也上狄翁尼（Dieny）老師的課，他是古代史的老師。從他的口中，這些年輕的學生第一次聽到有個叫作杜梅齊勒（Georges Dumézil）的人，當時他的名聲才剛開始從專家的圈子向外溢出。還有文學老師布杜（Jean Boudout）以淵博的學識澆灌這些小門徒，他侃侃而談，從中世紀到二十世紀，一直講到阿波里奈爾（Apollinaire）的詩作，而那個年代其實少有人在課堂講授當代的作家。

不過，對這群學生影響最深刻的，是負責替他們準備哲學考試的老師。他叫作伊波利特（Jean Hyppolite），我們會在傅柯走過的路上不只一次碰到這個名字。比傅柯早兩年來這家高中的端木松（Jean d'Ormesson）曾經描繪這個「站在講桌後面的圓滾滾」男人：這人說話「帶著笑意，貌似困惑，若有所思，靦腆，語尾總是拖著悲愴的氣音，他抗拒滔滔雄辯，語句卻因此更有說服力」，[3] 這位大名鼎鼎的老師很喜歡「引用〈年輕的命運女神〉（*La Jeune Parque*）和〈擲一把骰子從來不會廢除偶然〉（*Un coup de dés jamais n'abolira le hasard*）[a]來解釋黑格爾思想。[4]而端木松的評論是：「我完全聽不懂。」跟他一樣的人應該為數眾多吧。不過伊波利特確實讓學生們非常著迷，在普瓦提耶受夠了那些乏味的課程之後，這種偏向華麗、神祕、高妙的修辭從老師的口中流瀉而出，對傅柯來說簡直是棒透了。哲學令人入迷，這是時代使然。別忘了當時是一九四五年，一如端木松所寫，「戰爭剛結束，一連好幾年，哲學的威望無與倫比。我不知道有沒有辦法以冷靜的外部角度來述說當時哲學對我們的意義。十九世紀或許是歷史的世紀，二十世紀中葉看來是屬於哲學的……文學、繪畫、歷史研究、政治、戲劇、電影，全都掌握在哲學的手裡。」[5]

伊波利特為學生講解黑格爾的《精神現象學》（*Phénoménologie de l'esprit*〔*Phänomenologie des Geistes*〕）和笛卡兒的《幾何學》（*Géométrie*），不過真正打動聽者並且在記憶中留下刻痕的還是講黑格爾的那些課。傅柯沒逃過這樣的吸引力，相反的，或許這是第一次，熱愛歷史的他為了哲學揮之不去的誘惑而苦惱。展現在他面前的恰恰是一種述說歷史的哲學，講述著理性降臨的漫漫長路。整個歷史都囊括其中，而且是具有某種意義的歷史。伊波利特無疑是傅柯的啟蒙者，引領傅柯走向即將到來的命運。傅柯從來不曾停止公開表示自己對他的感念，若干年後，他將在高等師範學院和他重逢，其後，他將繼任他在法蘭西公學院的教席。伊波利特於一九六八年過世時，傅柯回顧了這個「發現」的時刻：「戰爭剛結束時的那些坎涅都記得伊波利特先生教的《精神現象學》：這聲音彷彿在它的起伏之中沉思，不斷重啟話頭，我們聽到的不只是一位老師的聲音，我們聽到的是某種黑格爾的聲音，甚至或許是哲學自身的聲音。我不認為有人忘得了這種臨在（présence）的力量，還有他如此耐心乞靈而得的臨近（proximité）。」[6]

黑格爾的聲音，哲學的聲音！這位如有神啟的傑出教師激發了年輕學生的狂熱，這很容易理解，而正因如此，他也進入了坎涅老師的偉大傳統——這當中最有名的代表人物一直是哲學家阿蘭（Alain）。西里內利（Jean-François Sirinelli）在他關於「兩次大戰之間的坎涅和師範學生」的研究中稱這些坎涅老師為「啟發者」，他恰如其分地強調了，在法國特有的教學機構「高等學校預備班」裡，這種類型非常特殊的老師所扮演的角色非常重要。[7]

不過傅柯後來公開表示他對恩師的感念，遠不止於單純感激伊波利特在他告別青少年的時刻讓他發現人生志業。傅柯在一九六〇年完成博士論文時，將這部後來名為《古典時代瘋狂史》（*Histoire de la folie à l'âge classique*）的作品歸功於幾個人的庇佑。他感謝的這些啟蒙者包括：杜梅齊勒、康紀言（Georges Canguilhem）和伊波利特。[8] 寫完此書的十年之後，傅柯在法蘭西公學院進行首場講座，他再次向這位坎涅老師致上更深的敬意。有些人認為這些話作為一場正式演講的結尾，只是對公學院慣例的尊重罷了：因為傅柯繼任的是伊波利特的教席，而依照傳統，新任教授要頌讚過世或因退休而離開的前任教授。但是傅柯將這堂課的整個結尾都獻給了伊波利特，而其實他只要用幾個字或幾句話帶過就可以了。不僅如此，他還說要將自己未來的研究放在「他的標記之下」。[9] 一九七五年，也就是伊波利特死後七年，他寄給伊波利特的妻子一本《監視與懲罰》

a. 前者是法國詩人梵樂希（Paul Valéry）的詩作，後者是法國詩人馬拉美（Stéphane Mallarmé）的詩作。

（*Surveiller et punir*），書上的題獻是：「獻給伊波利特夫人，紀念賜給我一切的那個人。」雖說題獻的語言經常會有些誇張——尤其是出自傅柯之手——但這段題獻所表達的感念之情是實實在在的，毋庸置疑。

今天我們或許會對傅柯一直以來如此看重昔日這位老師感到驚訝，畢竟他為傅柯授課的時間非常短暫，因為他只在一九四五至一九四六這個學年之初，在亨利四世高中教了兩個月的課。其實伊波利特是沙特（Sartre）和梅洛龐蒂（Merleau-Ponty）的同代人和朋友：他生於一九〇七年，沙特是一九〇五年，梅洛龐蒂則是一九〇八年。他們都是梧爾木街的高等師範學院前後期的同學，沙特在一九二四年入學（同屆還有雷蒙・艾宏〔Raymond Aron〕、尼贊〔Paul Nizan〕、康紀言等），伊波利特是一九二五年，梅洛龐蒂則是一九二六年。但是這三位名人的聲望實在不太能相提並論：伊波利特不是沙特和梅洛龐蒂那種意義的「哲學家」，也就是說，他不是觀念領域裡的創造者、生產者，而比較是一個研究哲學史的史學家，一個擺渡者，一個「代人說項的人」。但若更貼近觀察，我們必須承認他的影響力遠超過一般人所見。理由很簡單，在法國的哲學課堂還少有人提起黑格爾的年代，他已經用法文翻譯了他講授給學生聽的這部《精神現象學》；他從此成為這位海德堡（Heidelberg）思想家的注解者與代言人（或者該說是耶拿〔Jena〕的思想家，畢竟伊波利特最感興趣的，都是這位德國哲學家青年時期的作品）。他翻譯的《精神現象學》分兩冊於一九三九和一九四一年由歐畢耶出版社（Aubier）出版，這個譯本為此前對這部作品幾乎一無所知的讀者打開大門，讓他們得以接觸這部即將成為法國哲學研究基本參考架構的作品。後來，他的博士論文《「精神現象學」的起源與結構》在一九四七年進行答辯並且出版，極受矚目。一九四八年，凱瓦（Roland Caillois）在《現代》（*Les Temps modernes*）期刊上發表書評，文中特別強調這部作品的重要性：「我們不乏這樣的思想家，他們相信黑格爾學說是最重要的主題：攸關哲學的生與死。哲學本身在這裡成為探討的主題。正因如此，伊波利特的論文才值得我們特別留意。這不僅是一位嚴謹的史學家的研究成果……這也是一個關鍵問題：哲學研究是否具有正當性？」[10] 誠如凱瓦所言，二次大戰結束時，確實「不乏這樣的思想家」要為黑格爾樹立雕像。十年的光景裡，黑格爾學說在法國的地位徹底改變了。

當然，這樣的翻轉，伊波利特並非唯一的推手。自一九二九年起，尚．瓦勒（Jean Wahl）發表了《黑格爾哲學中的不幸意識》（*La Conscience malheureuse dans la philosophie de Hegel*）一書，當時即已引起人們對於黑格爾的注意，依照凱瓦的說法，瓦勒在書中呈現的是一個「神祕的黑格爾」。一九三八年，列斐伏爾（Henri Lefebvre）編輯出版了列寧（Lénine）的《黑格爾辯證法筆記》（*Cahiers sur la dialectique de Hegel*）。伊麗莎白．胡迪涅斯寇（Élisabeth Roudinesco）曾比較黑格爾學說和精神分析引介到法國的歷程，套用她的說法，這般緩慢的「反芻」歷經許多階段，其間的進展與阻力綿延不斷。[11] 而且兩股運動在各自有所突破的重要時刻交匯了，那是因為科耶夫（Alexandre Kojève）開設在高等研究應用學院（École pratique des hautes études）的專題研討課開始了。這些在一九三三至一九三九年間出現在他課堂的聽眾，其中有幾位即將享有盛名，常被引用，這些名字包括：夸黑（Alexandre Koyré）、巴代伊（Georges Bataille）、克洛索夫斯基（Pierre Klossowski）、拉岡（Jacques

Lacan）、雷蒙・艾宏、梅洛龐蒂、韋爾（Éric Weil），還有上課沒那麼勤奮的布賀東（André Breton）。[12] 一九四七年，伊波利特的博士論文答辯之年，格諾（Raymond Queneau）——他也是這個萬中選一的聽眾群當中的一員——編輯出版了他在科耶夫課堂上做的筆記，書名是《黑格爾導讀》（*Introduction à la lecture de Hegel*）。這份由「學生」將科耶夫的課程內容謄錄而成的文本，對於法國的黑格爾詮釋帶來長期的深刻影響。黑格爾學說在哲學界引發的風潮如此強大，康紀言甚至在一九四八年寫下：「在世界革命與世界大戰的年代，法國發現了——在『哲學』一詞的嚴格意義下——與法國大革命同代的哲學，而這種哲學在很大程度上是大革命意識的實現。」[13]

伊波利特因而成為黑格爾學說在戰後法國贏得這場勝利的領導者之一，這場勝利又因為存在主義的風潮而更加鞏固。伊波利特說他和存在主義非常親近，一九五五年十二月，他在瑞典烏普薩拉的「法國之家」（Maison de France）的一場演講中特別提及這一點，當時的法國之家主任是傅柯，伊波利特的講題是「當代法國思想中的黑格爾與齊克果（Kierkegaard）」。[14] 在一個長久以來一直對「這種提出太多問題的怪異哲學」不感興趣的國家來說，這次黑格爾思想大爆發的關鍵點就在這裡：從此我們讀黑格爾的時候，不再將他視為「教授們的教授」、「體系的創造者」，而是視他為一套作品的作者，我們會拿他的作品跟他的後繼者做對照：費爾巴哈（Feuerbach）、齊克果、馬克思、尼采等等。簡而言之，我們讀黑格爾的時候，將他視為哲學現代性的奠基者。梅洛龐蒂對此有很好的表述，他在評論一九四七年二月伊波利特以黑格爾哲學中的存在主義為題的演講時寫道：「黑格爾是一個世紀以來，一切哲學的重要發展的源頭——諸如馬克思主義、尼采、德國的現象學與存在主義、精神分析；他開啟先機，嘗試探索非理性，並將之納入一種擴大的理性之中，而這依然是我們這個世紀的課題。」[15] 他接著說：「有時黑格爾的後繼者強調的是他們拒絕了哪些黑格爾的遺產，而不是他們從黑格爾那裡得到了什麼。」梅洛龐蒂的結論是，就文化而言，沒有什麼工作比「將這些忘恩負義的學說跟它們刻意遺忘的黑格爾起源重新連結起來」更迫切了。[16]

若要更清楚地理解這個「發現黑格爾」的重要性，就得將這個發現和黑格爾的後繼者當中的一條支脈連結起來——在當時的看法下成立的親緣關係——那當然就是馬克思主義。一九五五年十二月，也是在烏普薩拉的法國之家，伊波利特自己在另一場演講提及這個不一致的進程：「我們很晚才接觸黑格爾學說。除了法國之外，黑格爾學說早已征服整個歐洲，不過我們接觸黑格爾學說是透過《精神現象學》這部青年時期最不為人知的作品，而且是因為黑格爾與馬克思之間的潛在關係才接觸到。法國一直都有社會主義者和哲學家，但馬克思和黑格爾還沒進入法國的哲學領域。如今此事告成，關於馬克思主義與黑格爾學說的討論已成為當代的議題。」[17]

哲學領域的這場徹底轉變，影響極為巨大：馬克思主義從此取得正當性，隨後以風火雷電之姿，成為沙特在《辯證理性批判》（*Critique de la raison dialectique*）中所說的「我們時代不可踰越的地平線」。總而言之，在第二次世界大戰結束後的三十年間，這是眾多知識分子的地平線。

伊波利特因而成為某種化身，開啟了傅柯同代人熱情所繫的一切事物：馬克思，當然還有尼采和佛洛伊德。基本上，傅柯的看法和梅洛龐蒂相去不遠，他在一九七〇年法蘭西公學院的首講中追憶他的老師時曾說：「不論是透過邏輯還是認識論，不論是透過馬克思還是尼采，我們整個時代都試圖逃離黑格爾……但是，真要逃離黑格爾，必須確切評估擺脫他的代價；這意味著我們必須知道黑格爾究竟跟我們走到多近（或許是不知不覺地）；這意味著我們必須知道，在我們據以反對黑格爾的思想當中，有哪些仍是出自黑格爾；我們也必須衡量，我們對黑格爾的反對當中，有哪些或許仍是他為我們設下的誘餌，最後他還是在那裡靜候我們到來。不過，我們當中之所以有不少人對伊波利特懷抱謝意，那是因為他孜孜不倦地為我們先行踏勘了這條路——先是背離黑格爾，保持距離，繼而以不同的方式被帶到他身邊，然後又不得不再次離開他。」[18] 梅洛龐蒂為哲學指派了任務，要將忘恩負義的學說和它們的黑格爾起源重新連結起來，而從指派任務的時刻，到傅柯在一九七〇年提及伊波利特確實完成了這項工作——在廣泛受他培育的一整個世代哲學門徒的眼前——前後超過了二十年。

一九六八年十月，伊波利特辭世未久，阿圖塞（Louis Althusser）在梧爾木街的高等師範學院為他舉辦了追思會，傅柯的致辭刊登於一九六九年的《形而上學與道德期刊》（*Revue de métaphysique et de morale*），他說：「我們所有的問題——我們這些昔日的學生或近在昨日的學生——所有的問題，都是他為我們確立的，是他清楚陳述的〔……〕，是他在《邏輯與存在》（*Logique et existence*）這部當代的偉大著作裡明確提出的。戰爭剛結束時，他教導我們思考暴力與論述之間的關係；昨日，他教導我們思考邏輯與存在之間的關係；就在此刻，他仍然要我們思考知識的內容與形式的必要性之間的關係。最終他教導了我們，哲學思想是永無止境的實踐；哲學思想是某種運用非哲學（non-philosophie）的方式，但是要始終處於最貼近非哲學之處，貼近非哲學與存在連結之處。」[19]

傅柯還寫了另一篇向伊波利特致敬的文章，收錄在他編輯出版的一冊文集，這部文集的作者包括：格胡（Martial Gueroult）、塞荷（Michel Serres）、康紀言、拉普朗虛（Jean Laplanche）、蘇珊・巴舍拉（Suzanne Bachelard）、帕希雍特（Jean-Claude Pariente）。[20] 傅柯那篇文章如今眾人皆知，標題並不令我們驚訝，叫作〈尼采、系譜學、歷史〉（*Nietzsche, la généalogie, l'histoire*）。

*

一九四五年這個秋天，「黑格爾的聲音」在亨利四世高中的五十個男孩耳邊突然響起，在他們心裡激起真正的知識衝擊——或許得說是存在衝擊。但是這位「伊帕」（Hippal），這位「伊帕老師」（傅柯後來喜歡這樣暱稱他）被找去康紀言任教的史特拉斯堡大學文學院。這些學生只聽他上兩個月的課，他就離開了，在一片讚嘆聲中丟下了這些學生。傅柯還得等上幾年，才會在索邦大學和師範學院跟他重逢。接替伊波利特的人非常清楚，要和這位以哲學史詩震懾整個教室的前任老師相提並論實非易事。這五十位學生以某種殘酷而且非常無理的方式公開嘲笑這位老師，根據好幾位見證者的說法，這位老師上課除了冗長無趣之外，幾乎沒有任何特色。他常引述布特胡和拉舍利耶（Jules Lachelier），課程和正在重新開創的哲學現代性相距甚遠。無可避免的結果就是，永遠都有人在起鬨。有一天，這位德雷弗斯勒法耶（Dreyfus-Lefoyer）老師終於完全崩潰，他大喊：

「我知道我比不上伊波利特，可是我已經盡一切努力要幫你們通過考試。」莫可奈何的情緒和憤怒沙啞了他的聲音。

至於傅柯，他對哲學產生了濃厚興趣，熱切投入。他的成績大幅躍進，第一學期（trimestre）[b]結束時，他的哲學測驗成績是九．五分，在班上排名二十二（不過還附帶這樣的評語：「程度遠比成績好——應避免晦澀的傾向——思考嚴謹；兩道哲學申論題的成績是十四分和十四．五分」）。到了第二學期結束時，他的模擬考排名是二十二，成績也沒變；但是到了學年結束時，他拿到十五分，成了第一名，還得到老師如此讚美的評語：「菁英學生」。

他不僅在哲學科是「菁英」，在歷史科也一樣：他第一學期的成績是十三分，排第七名，得到這樣的評語：「表現優良。成績非常令人振奮。」學年結束時，他成了第一名，十六分，評語如下：「成績非常優良。」所有老師對傅柯的表現看法完全一致。「思維敏捷，展現文學品味。」法文老師布杜在成績單上這麼寫著。拉丁文寫作，傅柯從第三十一名「成績尚可」進步到第十名的「優秀學生」。希臘文，他是第四名。於是校長為成績單上這一連串的評語做了如此的總結：「成功在望。」

b. 依法國學制，一學年分為三學期：暑假後開學至聖誕節前為第一學期，聖誕節後至復活節前為第二學期，復活節後至暑假為第三學期。

3 梧爾木街

這一次，障礙毫不費力就跨過了，筆試不過是形式上的程序而已。保羅米歇爾・傅柯通過初試，於是在一九四六年七月的一天，他可以在梧爾木街高等師範學院二樓的論文答辯廳（salle des Actes）面對兩位哲學系的口試主考官：土魯斯大學文學院教授舒勒（Pierre-Maxime Schuhl）和法國哲學界的卓越學者康紀言——他在史特拉斯堡大學文學院教授科學史。這是傅柯第一次面對這位小個子的男人，他暴躁的態度和他的南方口音形成一種奇特的反差，因為後者會給人一種真誠而熱情的感覺。這是第一次，但絕不是最後一次。因為這一天和傅柯相約的，不僅是梧爾木街和這座令人肅然起敬的學術機構要提供給學生的承諾，某種意義上來說，和他相約的是他的未來：他認識了一個注定要在他的學術生涯和人生故事上扮演關鍵角色的人物。傅柯將在數年後參加教師資格考（agrégation）的口試時與康紀言重逢，而且他對這兩次初相見留下非常糟的記憶。傅柯後來得為自己的博士論文《瘋狂史》找指導教授時，他又找上了康紀言，兩人之間深刻的情誼和敬重就是從這段插曲開始的。不過故事現在還沒進展到那裡，此刻，在一九四六這年，康紀言對傅柯而言只是決定考試結果的兩人當中的一人，只是一個令人印象深刻的教授，「兩眼圓睜，幾乎是用瞪的，像是要看透一切」，康紀言的一位學生如此描述。[1] 一般的風評是，他對考生非常嚴厲。傅柯還不到二十歲，他只有不到一小時的時間說服主考官，他有資格當師範生。

幾天之後，一群考生在親友陪伴下，挨擠在梧爾木街的校門口查看榜單，氣氛緊張到近乎荒謬。這些十九、二十歲的男孩像瘋子似地用功了兩、三年，投注了一切，就等今天。對他們來說，這已經不只是面對真相的時刻，而幾乎是攸關生死了。裘黑斯（Jean Jaurès）、布魯姆（Léon Blum）、埃希尤（Édouard Herriot）、侯曼（Jules Romains）[a]、沙特這些人的身影在他們的頭頂盤旋，每個人都感覺自己的社會存在與知識存在就繫於此刻：不是全有，就是全無。一張張長方形的白紙貼在門房的玻璃窗上：第一張，黑蒙．威爾（Raymond Weil）；第二張，紀．帕勒瑪德（Guy Palmade）；第三張，尚克洛德．希加（Jean-Claude Richard）。第四張，保羅．傅柯……。傅柯幾乎沒再順著自己的名字往下看，他全然沉浸在興奮之中，反正他還有很多時間可以知道同學是誰：莫希斯．阿居隆（Maurice Agulhon）、保羅．維亞蘭內（Paul Viallaneix）、侯貝．牟茲（Robert Mauzi）、尚．柯納普（Jean Knapp）等等，他將和這些人共度幾年的生活，其中有幾位，日後還會在他學術生涯的舞臺上扮演或輕或重的角色。

他們合計三十八人，在秋天住進高等師範學院的老舊建築。校舍是自成一派聖俗並濟的「共和修道院」風格，六名來自亨利四世高中的「新兵」選了樓下的一間學生宿舍作為住處：那是一間長方形的房間，從門口到窗戶，一邊依序是尚・帕朋（Jean Papon）、紀・德真（Guy Degen）、紀・維黑（Guy Verret），另一邊則是侯貝・斯特列雷（Robert Strehler）、莫希斯・伍澤婁（Maurice Vouzelaud）和傅柯。

傅柯的新生活開始了，這是他難以忍受的一段人生。他是不愛交際的孤僻男孩，很難跟人相處，經常跟人發生衝突。在學校強迫安排的混居環境裡，他當然覺得非常不自在。再加上梧爾木街就是個會讓人生病的地方，不論在個人層面或是知識、政治層面，它都是一切荒謬怪誕至極的行為的溫床。因為師範學院首先就是這種發光發亮、獨特不群的命令的化身；為了服膺這道命令，為了與眾不同，為了裝模作樣散發未來的榮光，所有方式都是對的。很多人在三、四十年後回想起他們的師範歲月，心裡的感受是怨恨或厭惡。「在師範學院的時候，所有人都展現出他最陰暗的一面。」日後成為索邦大學教授的德普杭（Jean Deprun）這麼說。「每個人都有他的精神官能症。」傅柯多年的室友德真補上這麼一句。傅柯無法適應共同生活，無法屈從於師範學院內部組織所需的這種交際能力。有一次他向龐格（Maurice Pinguet）吐露，他在梧爾木街度過的這些年「有時令人無法忍受」。傅柯封閉在自己的孤獨裡，只有在取笑別人的時候才探出頭來。他嘲笑起別人毫不留情，很快就惡名遠播。他永遠都在訕笑、嘲諷他嫌惡的某些同學，替他們取一些惡毒可笑的綽號，他會當眾羞辱這些人，特別是在平日吃午餐與晚餐的學生餐廳舉辦的小酒會上。他

a. 裘黑斯、布魯姆、埃希尤都是法國重要政治人物。侯曼是法國作家。

跟所有人都吵架——他易怒，攻擊性非常強，炮火四射，而且狂妄自大的個性相當明顯。傅柯對自己的才華知之甚明，而且也樂於刻意展現，於是，很快的，他幾乎成了大家一致厭惡的對象，認為他處於半瘋狂的狀態。當年認識他的這些人的敘述若合符節，描繪出一個既好鬥又脆弱，既討人厭又惹人憐的人物。可是我們在這人物背後看到的，難道不能就只是一個鬱悶的年輕男同性戀者的典型姿態嗎（他也確實被逼到了極限）？不少傳聞說的都是他怪異的行徑：有一天，師範學院的一位老師發現他躺在教室的地上，他剛用刮鬍刀的刀片割破自己的胸口。還有一次，有人看到他深夜手持短刀，追趕一個同學。一九四八年他試圖自殺時，大部分同學都認為此舉證實了他們的想法：他的心理平衡不只是脆弱而已。某位從當年就一直和他相熟的人士認為，「終其一生他都瀕臨瘋狂」。一九九二年，阿圖塞死後兩年出版的自傳《來日方長》（*L'avenir dure longtemps*）也印證了這一點。總之，至少這段師範歲月是這樣的：阿圖塞在自傳中提及他和傅柯在同樣往瘋狂迫近的這條路上非常接近，他述說自己如何一步步陷入非理性的黑夜，終至成為「消逝之人」，而傅柯則是多少走了出來，甚至後來還覺得自己「痊癒了」。[2]

進入師範學院兩年後，傅柯來到巴黎的聖安娜醫院（hôpital Sainte-Anne），出現在法國精神醫學權威德雷（Jean Delay）教授的辦公室裡，帶他來的是他的父親傅柯醫師。這是他和精神醫學機構的第一次接觸，也是第一次接近這條難以捉摸卻劃分著「瘋人」與「健康的人」，劃分著「精神病患」與「心智健全者」的界線，而這種劃分或許並不如我們以為的那麼徹底。無論如何，這段痛苦的插曲給了傅柯一項令眾人羨慕的特權：師範學院醫務室的一個房間。這樣他就可以跟其他人隔離，隨時都可以安安靜靜地讀書。這個醫務室的房間，後來他在一九五〇至五一年間第二度準備教師資格考的時候又派上用場，再來則是他教書的時候，不過，這次只是圖個方便。在這段期間，他前後數次意圖自殺或自殺未遂：「傅柯對此念頭深深執迷。」這是他的一個朋友的見證。有一次他問傅柯：「你要去哪裡？」他答說：「我要去市政廳百貨公司（BHV）買繩子上吊。」另一位師範生被他的回答嚇了一跳。師範學院的校醫以醫療隱私為由不願多說，只說了「這些混亂來自非常難以承受的同性戀因素」。確實，傅柯去他經常造訪的那些豔遇地點或同性戀酒吧進行夜間探險，回來之後總是因為羞愧而感到苦惱、頹喪，意志消沉好幾個小時。艾提彥醫師（Dr Étienne）經常得去關心他，避免他鑄成憾事。

一九七六年，傅柯向一位二十歲的年輕人渥爾澤勒（Thierry Voeltzel）提問，渥爾澤勒為傅柯描繪了一九六八年之後「性愛自由」的圖像，畫面多少有點神祕化，總之有點美化。傅柯問這位年輕人（問題顯然跟他自己的過去有關）：「那你告訴我，你有沒有見過那種所謂有問題的男孩子？也就是說，他們表現出的精神官能症、憂鬱症等等癥候，或是一些自殺行為，會讓心理學家、精神科醫師、精神分析師認為是跟他們的性生活有關，你有沒有遇過像這樣的例子？這樣的例子後來怎麼了？舉個簡單的例子來說，一個男人有性生活，有愛情，有偷情，結果還是沒辦法，他毀了，進入一段所謂的憂鬱期，這種事會怎麼樣？」[3]

實情是，在那個年代，傅柯的同性戀生活並不好過。一九五〇年進入高等師範學院的費儂德茲（Dominique Fernandez）述說了那個年代的同性戀者會遭遇何等悲慘的處境。「那是個充滿恥辱的地下年代」，每個人都得把那些罪惡的快感，那些見不得光的快感，驅趕到夜生活的陰暗地帶之中。費儂德茲如是總結他脫離童年之後的感覺：「我猜想：一、我會離群獨自長大，因為我對一些不能跟身邊任何人提起的事感興趣；二、這樣的處境或許會是苦惱的根源，永無止境；三、但這也標記著上帝神祕又神奇的揀選。驕傲和恐懼混雜在一起——我的心境就像加入了共濟會這種遭到公眾嚴厲譴責的祕密組織——奪走我青少年的歲月。」[4] 費儂德茲回想當年費盡心力蒐集關於這種「境況」的藏書時，他寫道：「一九五〇年，以及其後的十年或十五年，我蒐集的這些書告訴我的盡是創傷、精神官能症、天生的自卑、厄運的召喚。透過藏在這些文字之中的無數案例，我能為自己描繪的肖像就是一個注定要受苦的低等生物。」[5] 有多少人曾遭受這種既來自社會也來自言語的暴力壓抑之害？說謊，有時甚至得對自己說謊，這樣的情況得延續多久？傅柯也是這樣的人，有不少師範生到後來才知道他是同性戀者，或者他們只是懷疑過，或是偶然發現。或者因為他們自己就是同性戀者，所以知道傅柯也是。所有人，不論知不知道他心理混亂的深層原因，都記得傅柯從來不曾遠離在瘋狂中擺盪的處境。而所有人也都用這種方式來解釋他對心理學、精神分析、精神醫學狂熱糾結的興趣。「他想要理解那些與私生活（le privé）相關，與剝奪（le privatif）相關的事。」一位師範生這麼說。「他對心理學的興趣非常明顯，這應該和他個人的生平有關係。」另一位這麼說。也有人說：「《瘋狂史》出版的時候，所有認識他的人都知道，這跟他個人的生命史息息相關。」他當年的一位好友則說：「我一直認為有一天他會寫到性（sexualité）的主題，他必須在他的作品當中賦予性一個中心地位，畢竟這是他生命的中心主題。」還有：「他最近的幾本書有一點他個人倫理學的意味，是他自己身體力行的。沙特從來沒寫過他的《倫理學》，可是傅柯這麼做了。」還有：「傅柯在《性史》(*Histoire de la sexualité*) 中回到古希臘，找到他自己的考古學的基石。」總而言之，所有人都同意將傅柯的作品與研究繫於這段師範歲月經歷的悲劇處境。傅柯自己後來也強調《瘋狂史》和他自己在性方面遭遇的困境關係密切。一九七六年，在他與渥爾澤勒關於新世代如何面對性的對話中，他提及自身的經驗，公開表示：「對上個世代的人來說，發現自己是同性戀，一直是生命裡一個莊嚴的時刻，既是某種啟迪也是斷裂，是某種狂喜，這天我們發現事情就是這樣，歡愉，同時也感覺到我們被烙上印記，我們是異類，直到生命的盡頭，事情都會是這樣。」渥爾澤勒則描述了進入同性戀意謂著什麼：「二十歲的時候，我們開始真的和一些已經過著同性戀生活的人做愛，和一個年紀比你大十歲、十五歲、二十歲的人做愛，要跨過這一步已經是極其困難了，而且就這樣，你被登錄在某種共濟會的名冊上，這個團體既封閉又祕密，還背負著一點詛咒。」傅柯似乎對這位年輕人說的話很感興趣，他接著說：「對我這種比你老一個世代的人來說，令我驚訝的是，這種與性之間的關係，看起來真的是……我不會說是更單純，而是……總之真的更加清晰，更加快樂。」[6]在一九七五年的一次訪談中，傅柯答覆一個關於《瘋狂史》的誕生問題時也曾公開表示：「在我個人的生命裡，自從我在性方面甦醒之後，我有時會覺得被排除在外，不是真的被棄絕，可是我屬於社會陰暗面的這個部分。當我們發現自己是這個樣子的時候，這個問題帶來的衝擊終究還是很大。很快的，問題轉變成某種精神病的威脅：如果你不是跟所有人一樣，那你就是反常，如果你反常，那你就是有病。」[7]一九八一年，傅柯拓寬了這個見解的範圍，他說：「我每次嘗試進行的理論工作，都是從我自身的經驗出發：一直都和我在身邊所見的一些事的進程如何發展有關。這是因為我相信在我所見的事物裡，在我打過交道的機構裡，在我和其他人的關係裡，我可以在光滑的表面上勘測出一些裂紋，一些無聲的震動，一些功能失調，因為我做的就是這樣的工作——某種自傳的片段。」[8]這當然不是試圖「透過」傅柯的同性戀去「解釋」他所有的作品，如同某些制式哲學的信徒對我的愚蠢指責（對這些人來說，一部理論作品不該跟作者的人生有所牽扯，而且，也不該跟一般意義的人生有任何關係）！而是很單純的，我們可以看出一個知識性的構想如何誕生於一種或許必須界定為「生命的」（甚至是「原初的」）經驗中：一場知識的冒險如何在個人生活與社會生活的戰鬥之中創造出來，不是為了一直深陷其中，而是為了思考這些戰鬥，超越這些戰鬥，將之化為問題意識，以諷刺的方式反詰提出問題的那些人（特別是精神科醫師和精神分析師）：你們真的知道自己是什麼嗎？你們對於你們的理性、你們的科學觀念、你們的感知範疇如此確定嗎？傅柯讀過精神醫學家的著作，他和心理學家一起做過研究，他原本應該成為他們當中的一員。或許是他的同性戀因素阻斷了他的這條路？一如費儂德茲後來說的：「當時是精神醫學和精神分析的年代，醫生接替了神父和警察的工作，為同性戀的境況做出判決，聆聽判決的人更多了，因為這些判決來自於一種貌似『科學的』權威，同時也流露出一種父權的恩慈。每次有精神分析師寫道：『我從來不曾遇過快樂的同性戀者。』我就會把這種判決當成不容置疑的真理，然後又更蜷縮在我的厄運意識之中。」[9]直到「賤民」起身抗暴的那天，直到拒絕的聲音響起的那天。對傅柯來說，這種拒絕必須透過文學和理論的雙重迂迴才得以發出。一方面他對那些研究「踰越」（transgression）、「界限經驗」（expérience limite）、過度（excès）與耗費（dépense）的作家十分著迷；他在閱讀巴代伊、布朗修（Maurice Blanchot）、克洛索夫斯基（Pierre Klossowski）並發現「瘋狂哲學家的可能性」的時候，有著激昂狂熱的感受，書中火焰般的話語徹底燃燒辯證法與實證性——這是他在〈踰越序言〉（Préface à la transgression）[10]裡的說法。另一方面，他也對於從歷史的角度去探究心理學、醫學見解乃至整體人文科學的科學地位深深著迷。

傅柯的苦悶也可以解釋他為何想要出走（這也是許多同性戀者的人生常見的樣態），為了逃離那些讓他感到封閉的困局：總而言之，傅柯在一九五五年前往瑞典，對於提及這段往事的見證者而言，這似乎理所當然就是他離開的理由。要等到六〇年代，精神的去殖民化於彼時展開，傅柯才得以脫離種種規範編織而成的壓抑之網，漸漸解放出來。或許在費儂德茲看來，這樣並不夠，他嚴厲指責羅蘭．巴特和傅柯在他們不再被迫沉默的時刻，依舊對他們的同性性傾向保持沉默。諾貝爾文學獎得主杜．加爾（Roger Martin du Gard）曾試圖掩飾，甚至不惜放棄出版一部主角都是同性戀者的小說，這或許是「正當的謹慎」。可是羅蘭．巴特！他在一九七五年出版的《羅蘭．巴特論羅蘭．巴特》（*Roland Barthes par Roland Barthes*）只給了「H女神」這麼一段，他以非常中性的方式說：「倒錯的歡悅力量一向是被低估的（這裡指的是兩個H：同性戀〔homosexualité〕和大麻〔haschisch〕）。」真是怯懦！這是費儂德茲的評語，他也對傅柯做了同樣的批評：「他也一樣，他從來不曾下定決心現身說法。」[11] 事實並非如此。不過，確實，對於經歷過先前那般處境的人來說，要跟上「後六八」世代所進行的「文化大革命」，顯然經常是困難的。舉一個例子就可以說明這種情況：一九八一年，波德希（André Baudry）因為「同性戀運動」喧鬧的戰鬥性而感到困惑，決定停止他從一九五四年開始主持的《世外桃源》（*Arcadie*）月刊發行以及同名的運動組織，這份刊物和這個團體透過低調、體面和波德希所說的「尊嚴」的方式不斷努力，在過去三十年間一直是讓世人「接受」同性戀的希望所在。這一切都是以匿名方式進行的。可想而知，一旦受到激勵要大聲向世人說出他們這麼多年來被迫噤聲的一切，不少人都會感到相當困擾。尚保羅．艾宏（Jean-Paul Aron）臨終前想在《新觀察家》週刊（*Nouvel Observateur*）的「頭版」宣告他感染愛滋病，同時也公開「告解」他是同性戀者，[12] 我們聽到的便是這種內心騷動的悲愴回音。他批評傅柯隱瞞自己罹患的是什麼疾病，他也藉此機會譴責傅柯試圖逃避這種「告解」。可是，傅柯憎惡的，不正是這種「告解」的概念嗎？這種憎惡或許可以詮釋為是在抵抗某種過去的認同被投射在新的脈絡之中（「後六八時期」的脈絡），我們也可以在他七〇年代的文章所展現的一切努力之中找到這種憎惡的痕跡，這些文章拒絕聽命去述說，去談論，去讓人談論。彷彿在日常生活的粗暴經驗之中，我們又看見了某種歷史觀點形成和某種理論研究的源頭。[13]

同屆同學的回憶裡，不約而同出現一位怪異難纏的傅柯，他們也一致描述傅柯是拚命用功的學生。他整天都在讀書，光是讀書還不夠，他還做資料卡，細心整理，分門別類放在一些盒子裡。

他甚至還費勁找到裝訂成冊的手抄筆記，是以前的學生在柏格森的哲學史課堂上做的筆記。傅柯因為深具文化素養、研究能力，加上關注各種主題，他在同學眼中是個與眾不同的人。他什麼都讀：古典哲學，當然不在話下，柏拉圖、康德，還有黑格爾——這是一九四九年六月他取得高等教育學位文憑的論文答辯主題。畢業論文的題目是：〈黑格爾《精神現象學》裡的歷史超驗性的建構〉（La constitution d'un transcendantal historique dans la *Phénoménologie de l'esprit* de Hegel）。他讀馬克思，理所當然，畢竟全世界都在讀他。稍後，他也讀胡塞爾（Husserl），並認真研究海德格（Heidegger）。一九四二年，德・威隆（Alphonse de Waelhens）介紹海德格哲學的書出版了，年輕的哲學家們透過他的注解開始研究海德格的思想。為了直接閱讀海德格的作品，傅柯開始認真學習德文。閱讀海德格對傅柯來說非常重要：「我最早是讀黑格爾，後來是馬克思，我在一九五一或一九五二年的時候開始讀海德格；然後在一九五三或是一九五二年的時候，我已經記不清楚了，我讀了尼采。」他在人生後期回憶自己這些年的哲學養成：「我還留著我讀海德格的時候做的筆記——我有一大堆——分量比我做的黑格爾或馬克思的筆記還多。我所有的哲學發展都是由我讀的海德格確定的，不過我承認，後來是尼采占了上風〔……〕。我對尼采的認識遠勝於我對海德格的認識；儘管如此，他們兩個都是我最重要的經驗，如果我沒讀海德格的話，很可能也不會去讀尼采。」[14]

傅柯稍後確實會熱中於尼采。此刻他非常感興趣的是精神分析和心理學：他讀佛洛伊德，有很長一段時間佛洛伊德都在他偏愛的作者名單裡，是他最愛的話題之一，是他最關注的主題之一；不過他的書單裡還有克拉夫特－艾賓（Krafft-Ebing）、瑪麗・波拿巴（Marie Bonaparte）等。他非常推崇波利查爾（Georges Politzer）的《心理學原理批判》（*Critique des fondements de la psychologie*），這本書影響了當時的整個世代，書出版於一九三八年，已經絕版，僅存可得的一冊在師範生之間狂熱地傳閱。後來對傅柯產生影響的作品還有：卡狄納（Abram Kardiner）的《個人及其社會》（*L'Individu et sa société*）和《社會的心理邊界》（*Les Frontières psychologiques de la société*），其中提到的「基礎人格」概念，還有幾篇論及個體行為及其所屬文化之間的關係的論文，都為傅柯日後的思考提供了養分。傅柯也對瑪格麗特・米德（Margaret Mead）和她對原始社會的性別區分頗感興趣；還有關於性行為的《金賽報告》（*Kinsey Reports*）。傅柯當然也讀加斯東・巴舍拉（Gaston Bachelard），他的作品對傅柯非常重要。不過傅柯也是文學作品的重量級消費者：他讀卡夫卡（Kafka）——整個世代都對這個發現充滿狂熱——而且是用德文讀的，因為他想要熟習這個語言。他也讀福克納（Faulkner）、紀德（Gide）、儒昂多（Jouhandeau）和惹內（Jean Genet）。而且我們可以想像，惹內的那些小說會掀起何等的風暴，我們也可以想像，沙特在《聖徒惹內》（*Saint Genet*）裡宏偉華麗的評論會在五〇年代初期帶來何等的快樂——沙特認為，從普魯斯特（Proust）到惹內，我們已經從一種被當作厄運來經歷的同性戀過渡到一種要所有人正視的選擇。傅柯也讀薩德（Sade），讀得津津有味，甚至還公開宣稱他看不起「非薩德門徒」。

*

高等師範學院的學生很少去上索邦大學的課。傅柯也沒失了他的身分。當然，他們必須在附近這所古老的學校取得學士文憑（licence），但是他們通常不會去上文憑範圍以外的課，他們只會在期末考的時候出現。傅柯倒是為了聽拉葛許（Daniel Lagache）和亞朱利亞格拉（Julian de Ajuriaguerra）闡述精神醫學相關知識的課而去索邦大學，他也去旁聽了幾堂古義耶（Henri Gouhier）的十七世紀哲學。然後，從一九四九年起，他當然又去上了伊波利特的課，這一年他剛接受巴黎大學文學院的聘任。

傅柯特別喜歡高等師範學院這邊開的幾門課。他固定會去聽博弗黑（Jean Beaufret）的課，他是海德格《關於人道主義的信件》（*Lettre sur l'humanisme*）的通信對象。博弗黑評述康德，特別是《判斷力批判》（*Critique de la faculté de juger*），不過他也經常提到海德格，他是海德格最忠實的門生之一，也是將海德格引介到法國的人。博弗黑的哲學課對傅柯影響相當大，傅柯日後常向朋友提起。當時也有尚．瓦勒的課，他對著加爾迪（Jean-Louis Gardies）、柯納普和傅柯這三名學生講解《巴曼尼德篇》。然後還有德松提（Jean-Toussaint Desanti）的課，這位虔誠的共產黨人在那個年代致力於調和馬克思主義與現象學。這是戰後法國哲學的一大問題：越南哲學家陳德滔（Tran Duc Thao）以同樣的觀點出版了一本書，在哲學界引起相當大的迴響。德松提是一位非常傑出的教授，他對高等師範學院的學生影響非常深遠，他讓加入共產黨成了迷人的事。

不過讓這些年輕學生印象最深刻的，當然還是梅洛龐蒂的課。存在主義和現象學正值光榮的頂峰，可是師範學院就像阿圖塞的自傳《來日方長》所說的，那裡「流行的是擺出一副瞧不起沙特的樣子——當時沙特正在浪頭上，一副高高在上，君臨一切思想的架勢」，阿圖塞的遺著為當年知識界的氛圍提供了重要的見證。學生們多半是崇拜梅洛龐蒂，因為他比較學術，比較嚴謹，比較不「時髦」，更重要的是，他做的事更大膽，他試圖打開哲學的大門，接受人文科學的挹注。在梧爾木街這裡，對於沙特，對於梅洛龐蒂（「完全是另一種深度的哲學家」，語出阿圖塞）的態度，阿圖塞描述得很好：「我們都知道沙特的特質，他擅長當廣告商和爛小說家，他有良善的政治意圖，他非常誠實，非常獨立，更不用說他還是『我們的盧梭』，至少是我們這個時代的盧梭。我們給梅洛龐蒂更高的哲學評價，儘管他是超驗的理想主義者，信奉世俗的宗教狂。」不過阿圖塞的頌詞之中仍有幾分保留：「但是他實在太學術了，所以如果要通過教師資格考的論說文寫作，只要用《知覺現象學》（*Phénoménologie de la perception*）的文體，用那種一本正經的方式去寫，就會成功。」[15]「一九四七至一九四八」和「一九四八至一九四九」整整兩個學年，傅柯沒有缺過任何一堂梅洛龐蒂在師範學院開的課。這些課談到《馬勒布宏胥、緬恩·德·畢宏和柏格森作品中的身心結合》（*L'Union de l'âme et du corps chez Malebranche, Maine de Biran et Bergson*），[16]也談到了語言。梅洛龐蒂非常熱中語言問題，他試著向這些師範生闡述索緒爾（Saussure）的著作。來聽課的人為數眾多，這是在巴黎唯一可以聽到《知覺現象學》作者講課的地方——這位作者當時還是里昂大學的教授。不過梅洛龐蒂後來被索邦大學聘任為兒童心理學教授，於一九四九年秋天的新學期到職。他的忠實聽眾於是來到索邦大學的階梯講堂聽他講課。梅洛龐蒂講的是「意識與語言的習得」，或是探討「人文科學與現象學」之間的關係。他講完課之後，《心理學學報》（*Bulletin de psychologie*）

幾乎就會緊接著立刻出版講稿，毫無疑問傅柯由此受益良多。[17]譬如「一九五一至一九五二」這個學年講授關於「人文科學」的課，梅洛龐蒂花了很長時間闡述胡塞爾、考夫卡（Kurt Koffka）和郭爾斯坦（Kurt Goldstein）的理論，傅柯顯然對這門課非常感興趣，當時他開始教書，授課的主題與此完全相同。

另一位受到梧爾木街師範生矚目的人物是一位學長，他在一九四八年被聘任為哲學系的「凱門鱷」，[b]也就是要負責協助即將參加教師資格考的人準備考試。他接替此前一直負責這項工作的古斯朵夫（Georges Gusdorf），因為他要去史特拉斯堡大學任教。這位受人矚目的學長，我才剛剛引用了他在一九九二年問世的自傳，出版時間在他死後未久（一九九〇年過世）：他的名字是阿圖塞。那些年——直到六〇年代中期——要是出了拉丁區，根本沒人知道他是誰，但是在他學生的小圈子裡，他帶來相當大的影響。阿圖塞於一九四八年通過教師資格考，當時他三十歲。他其實老早就進了師範學院，他是在一九三九年通過入學考的，但因為被徵召上戰場，之後又成為戰俘，在德國的戰俘營裡度過五年時間，直到戰爭結束才重返師範學院，並且通過教師資格考。他的成績是第二名。第一名是德普杭。教師資格考的錄取名單上還有德勒茲（Gilles Deleuze）、夏特

b.「凱門鱷」（caïman）是巴黎高等師範學院的學生用語，用以稱呼輔導學生準備教師資格考的「輔學講師」（agrégés-préparateur）。

列（François Châtelet）等。從一九四八年秋天開學起，阿圖塞接下了「輔學講師」的職務，所有人都對他的教學能力稱讚有加。第一年，他讓學生們讀柏拉圖，事實上他教的課很少。很快的，由於受到嚴重心理問題的衝擊，他授課的情況變得很不穩定。他經常無故離校，一走就是幾個星期。不過他和自己負責輔導的年輕人交情很好，他花很長的時間在辦公室跟他們談話，一個接著一個，傾聽他們的問題，給他們一些建議、一些非常有用的竅門，教他們如何在教師資格考這種規格化又充滿儀式性的考試中面對主考官。

傅柯後來和阿圖塞結下深刻的情誼。傅柯生病時，是阿圖塞建議他拒絕住進精神病院。此外，傅柯日後加入共產黨，很大部分也是受到阿圖塞的影響。阿圖塞接下「輔學講師」的工作時還不是共產黨員，他甚至還會參加師範學院天主教團體的聚會。他先前其實是非常虔誠的天主教徒，但是來師範學院任教時已經沒那麼虔誠了。他曾經是天主教哲學家拉夸（Jean Lacroix）與吉東（Jean Guitton）的學生，和他們一直維持非常良好的關係。阿圖塞轉向馬克思主義和共產主義的同一時刻，幾乎整個師範學院和大半個法國知識界也都在這麼做。馬克思主義與加入共產黨，這兩者縈繞在法國學院人士的腦海裡，成了揮之不去的良心問題。我們經常可以看到，在法國，哲學與知識分子的議題老是受到政治訴求的強烈影響，但似乎從來不曾像在二次大戰剛結束的那些年那麼明顯。當然，師範學院不可能置身於這種現象之外，他們所做的是更強化這個現象，將它推到極致。從一九四五年起就是如此，到了一九四八年風潮更盛，共產黨在梧爾木街站穩了地盤。勒華拉杜里引述何威勒（Jean-François Revel）的說法：戰爭剛結束，何威勒就進入師範學院就讀，他指出，一九四五年，共產黨的影響還很有限，但是等到冷戰進入高峰期，一九四七年大罷工爆發的時候，每個人都被迫要「選邊站」，師範學院全速政治化了，換句話說，師範學院選了「勞動者的陣營」，也就是共產黨的這一邊。[18] 威亞蘭內克斯敘述他見證了「貨真價實的改宗現象」，從前在「坎涅」時代對政治無感的一些人，如今都慷慨激昂，成了激進的革命行動派。曾在捷克斯洛伐克待過一段時間的勒高夫（Jacques Le Goff）所做的提醒也緩和不了這些同學對於馬克思主義熾烈的熱情。狂熱至此，今日甚至有歷史學家探討「共產黨世代」師範生這個主題。[19] 有多少人是？這很難有精確的答案，畢竟「入黨」有可能只是有遙遠縹緲的好感，也可能是最狂熱、最宗派主義的積極參與。勒華拉杜里於一九四九年進入師範學院，幾乎立刻就當上校黨部書記，他說當年有四分之一或五分之一的師範生，也就是「在總數兩百的學生當中，有四、五十人」是共產黨員。不過他也說到，只有大概二十人會來開會。梧爾木街的共產黨人當中，有幾位特別醒目的名人：克魯杰（Michel Crouzet）、朱岡（Pierre Juquin）、柯溫格（Maurice Caveing）等。為什麼有這麼多的知識分子加入共產黨？首先必須說的是，在這些年裡，有五百萬法國人在全國選舉中投票給這個政黨，超過選民總人數的二五%。其次，誠如阿居隆所言：「不曾在這個年代生活過的人，無法想像共產黨以『抵抗運動』為主題進行政治宣傳的那種規模、氣勢、力量，還有——說得難聽一點——那種無恥的方式。共產黨的政治宣傳說：『在這場愛國的戰役之中，我們人數最多，行動力最強，最有用，最真誠，我們的烈士名單最長，我們最有資格得到被槍決者之黨的美名……』

共產黨是當年捍衛純正愛國精神的勇猛衛隊。承認吧，我們的批判精神被淹沒了，而且，十八歲、二十歲不是一個人的批判精神發展得最好的時候，更何況還有人迎面撥弄著朦朧的罪咎，讓人悔恨自己不曾在抵抗運動之中參與戰鬥，結果是一種彌補的渴望，大家都想加入這些政治人物的抵抗運動，因為他們自稱延續了二戰時期的抵抗運動。」[20]

於是相當大量的年輕師範生加入了共產黨，儘管人數並不如這個政黨的宣傳所呈現的那樣——這個長期以知識分子團體自居的「智識黨」，甚至企圖掌握、控管、網羅一切研究和思想。現實完全不是這麼一言堂。不過話說回來，四或五位師範生當中就有一個是共產黨員，持續了將近十年，這樣的數字還是相當可觀。

整個師範學院的生活都浸染在政治之中，校園裡的爭論激烈無比。共產黨員讓校園裡彌漫著非常沉重的「智識恐怖」氣氛。凡是路線不正的，就會被除籍，被揭露罪行。校黨部書記勒華拉杜里是毒性最強的人物之一，他是這個「宗教法庭」不折不扣的法官，他下達命令，不論何時、何事都由他裁奪，師範生的正確思想路線主要也由他決定。

當然也是有個社會主義者的小團體，不過他們顯得非常老派，而且聚集不了多少人。這個小團體裡頭有：葉哈爾（Jean Erhard），後來當了希雍鎮（Riom）的鎮長，還有宏凱尤婁（Marcel Roncayolo）、帕勒瑪德等等。也有人加入了曇花一現的「革命民主聯合」（Rassemblement démocratique révolutionnaire）——這是沙特和胡榭（David Rousset）於一九四八年發起的組織，被說成是「師範人的黨」實在有點輕率，因為師範生加入的其實不多。必須說的是，除了這麼幾位前後期的師範生之外，「革命民主聯合」從來不曾集結過很多人。信仰基督宗教的學生則是集合在祂拉團（groupe tala，也就是那些會去望彌撒的），[c]他們還分成左翼和右翼（非常少數）。為數較多的「進步基督信徒」也受到共產黨的吸引。他們主張的理念是：傳道的教會，應該走向最貧困的人。貝達希達（François Bédarida）是「祂拉王子」，他從進入師範學院的第二年起（一九四七年）就成為這個天主教團體的領導人。他和傅柯同屆，非常年輕就參與了抵抗運動，和《基督信徒見證》（*Témoignage chrétien*）[d]走得很近。他是「進步分子」，所以也受到共產主義的吸引，他說：「進步思想——也就是共產主義——彌漫在時代的空氣裡。」信奉共產主義的基督信徒：佛胡（Roger Fauroux）是另一個例子，他當過國家行政學院（École nationale d'administration）校長之後，成為法國的工業部長。

學校裡當然也有「一小撮」師範生屬於對立的陣營，屬於被嘲諷詆毀的右派，這些人覺得梧爾木街籠罩著「左派陳規」的氣氛，令人窒息。他們扮演的角色有點像是「怪人」，而且經常被當成「法西斯」。這些人包括：端木松，還有後來成為戴高樂閣員的夏邦內勒（Jean Charbonnel），還有後來成為第戎（Dijon）市長的蒲賈德（Robert Poujade）等。這個小團體在戴高樂的政黨「法國人民聯合」（Rassemblement du peuple français）當中十分活躍，他們「最感興趣的是戴高樂派知識分

c. 祂拉（tala）的意思是奉行教規的天主教徒。
d. 《基督信徒見證》是法國抵抗運動團體於德國占領期間創辦的週刊。

子期刊《精神自由》（*Liberté de l'esprit*），克洛德・莫里亞克和克拉維勒（Maurice Clavel）都在上頭寫文章」。[21]

一九四八年，阿圖塞加入法國共產黨。他在一封寫給瑪麗亞安托涅塔・馬裘基（Maria-Antonietta Macciocchi）的信裡解釋了他「入」黨的理由：「高中和大學時期，我是『天主教行動』（Action catholique）[e]的活躍分子。面對「社會主義」思想的影響力，教會在三〇年代組織了自己的青少年團體，這真是幫了我們的大忙。我們都是一些小資產階級家庭的小孩，我們的指導神父跟我們談到『社會爭端』，這幫我們省了一些時間。這是『歷史的詭計』，當年我那些天主教的弟兄們大部分都成了共產黨員。人民陣線（Front populaire）、西班牙內戰、反法西斯戰爭、抵抗運動，這些事讓我們在近距離觀看『社會爭端』，我們也因此得知它真正的名字是：階級鬥爭。一九四八年，我成為哲學教授，也加入了法國共產黨。一九四九年的復活節，我來到義大利〔……〕。我做我的工作，我也試著做共產黨人。做一個哲學上的共產黨人，就是一個馬列思想的哲學家。成為一個馬列思想的哲學家並不容易。」[22]

阿圖塞還要過好一陣子才成為馬列思想的哲學家，他「重讀」《資本論》，將這部「革命理論」的解經者們動員到他名字的周圍，在一九六八年的運動之前、期間、之後，將「革命理論」翻新。話雖如此，四〇年代末的阿圖塞已有足夠強大的影響力，足以推動幾名師範生追隨他的入黨行動。傅柯就是其中一名，他在一九五〇年入黨。

一九五〇年，意思是傅柯在師範學院已經待了四年，卻還沒做出很多同學已經完成的這個舉動。不過必須說明的是，從進入師範學院的第一年，也就是一九四七年的春天，他就想要入黨了。阿居隆還記得傅柯想要加入共產黨的行伍，但這次嘗試沒成功：傅柯想要積極投入校黨部的政治活動，而不是待在學生聯合會裡。在負責審查入黨申請的共產黨員眼裡看來，這根本是不可能的，結果他的申請案就被退件了。所以在就學期間，傅柯一直沒有投入政治活動，總之，所有的組織名冊都沒有他的名字。不過他和法國共產黨的關係很密切，當年與傅柯經常來往的雅克・普魯斯特（Jacques Proust）說得很清楚。關係密切，但是對於共產黨知識分子型的檯面人物還是維持非常批判的態度，像是葛侯迪（Roger Garaudy）。而且當時傅柯算是黑格爾的門徒而不是馬克思的信徒。為了他的學位，他花很多功夫研究《精神現象學》，他和阿圖塞在這方面很有共鳴，數年前，阿圖塞也以研究黑格爾的論文拿到學位，他的好友馬當（Jacques Martin）也是，阿圖塞後來將他的《保衛馬克思》（*Pour Marx*）題獻給馬當，同樣以黑格爾為學位論文主題的還有拉普朗虛。

一九五〇年不只是傅柯加入共產黨的一年，也是他教師資格考失利的一年。而且，他選擇的是以四年時間來準備考試（因為師範學院提供了這樣的可能性），而不是像大部分的師範生以三年的時間做準備。一九五〇年春天，他參加筆試的時候必須回答這個問題：「人類是不是自然的

e. 天主教行動是二十世紀天主教會以「社會天主教」（catholicisme social）為本，針對社會特定領域發起的各種運動的總稱，一九二四年成立的「基督工人青年會」（Jeunesse ouvrière chrétienne）是代表性的例子。

一部分？」然後還要論述孔德（Auguste Comte）的作品。成績差強人意，他的名字和另外七十三名考生一起出現在口試名單上，而最初參加筆試的有二百一十九人。傅柯不知道的是，他的排名是二十九，這是很難跨越的障礙，因為最後會錄取的只有前十五名。當年的口試分兩階段：先是「小口試」，當場抽題目試教一堂課，然後是「大口試」，再考四項：試教一堂課，還要解釋三個法文、拉丁文、希臘文的作品。不過第一場口試是淘汰制，傅柯在這個階段就陣亡了。他栽在一個幾乎無法激發他任何靈感的課程主題：「假說」。這其實是個歷史悠久的題目，該如何安排課程早有正解，可是傅柯卻陷入柏拉圖《巴曼尼德篇》中關於假說的長篇論述，而完全忽略了科學領域的假說概念。宣判的結果是：米歇爾．傅柯不在二十名留下來進入第二輪口試的考生之中。口試委員會由索邦大學文學院院長達維（Georges Davy）、舒勒以及總督學布希杜（Bridoux）組成，他們責怪傅柯沒有引述貝爾納（Claude Bernard）。「我忘了講兔子尿尿。」傅柯後來冷嘲熱諷地提起貝爾納最著名——而且是口試委員們期待——的實驗。口試委員會主席為這位落榜考生所寫的報告頗具說服力，我們在這裡讀到的是達維院長親手寫的：「該生確實學養出眾，失敗或可視為意外。然該生筆試成績未臻理想，繼而於口試犯錯，在正統的課上過度專注於展現博學，忽略了授課主題。」這一年通過教師資格考的人有：歐班克（Pierre Aubenque）、菲耶（Jean-Pierre Faye）、李歐塔（Jean-François Lyotard）、拉普朗虛等。落榜的有：圖尼埃（Michel Tournier）、布鐸（Michel Butor）……

傅柯這次落榜還是招來了議論。所有人都以為他會名列前茅，高分錄取。大家都認為他是師範學院最傑出的學生之一，沒有人能理解，他竟然會被這樣「砍掉」。有人甚至認為他是因為政治因素才被拒絕的。不過這種看法還是很難得到見證者一致認同。話雖如此，這類說法在那個年頭確實流傳甚廣。譬如在一九五一年，《新批評》（*La Nouvelle Critique*）[f]就報導了一位哲學系口試委員的說法：「今年，沒有任何共產黨人會被錄取。」可以確定的是：傅柯因為落榜非常痛苦，因此阿圖塞囑咐拉普朗虛和他年輕的妻子多關心傅柯，要盯著他免得他做出「傻事」。傅柯又再度過了一段心理的劇烈波動，這次的期間很短，傅柯很快就振作起來，繼續準備第二年的考試。他跟尚保羅．艾宏組了一個讀書小組，艾宏並非師範生，他是來師範學院修課的，因而跟傅柯結為好友。傅柯做了幾十種授課計畫，涵蓋所有可能的口試主題。他知道口試是他的罩門。

一九五一年六月，他已經準備好再度挑戰教師資格考的筆試。他必須以七小時的時間完成這個問題的論述：「經驗和理論：有哪些哲學推論是來自定義此二者與構思此二者之間關係的方式」，然後再花七小時去論述「感知活動與智識」。最後，是以六小時的時間進行最後一場考試，他得去想像柏格森和斯賓諾莎在「純粹記憶的沉睡國度」相遇，他們「進行了一場關於時間與永恆的對話，為的是界定哲學在這兩個概念上應該有什麼樣的思考」。他的表現非常好，再次進入口試名單，於是他面對了一個和去年的組合不盡相同的口試委員會。委員會主席還是達維，不過今年伊波利特也加入了，副主席則是康紀言，他成了中等教育總督學。康紀言一直想把提供給考生的主題調整得比較現代化一些，他應該是經歷了一番苦戰，不過，他總算成功把「性」（sexualité）之類

f.《新批評》是法國共產黨於一九四八年創辦的期刊，設定讀者群為知識分子。

的主題加了進去。「他們都在讀佛洛伊德，總之，他們談的都是這個。」委員會的主席有點頑固，康紀言用這樣的說法向他強調這些主題的重要性。而傅柯抽到的恰巧就是這個主題。德普杭去旁聽了傅柯試教的這堂課（因為傅柯當年在師範生中已經頗有名氣），他還記得那是一次非常經典的闡述，重點有三：自然層面的性、文化層面的性、歷史層面的性。歷史在這裡是指個體的歷史，因為傅柯受到他在心理學和精神分析領域的閱讀非常強烈的影響。

這次傅柯錄取了。他是第三名，並列第三的也是一名師範學院的學生：米盧（Jean-Paul Milou）。第一名是和傅柯同屆的師範生布黑斯（Yvon Brès），他因為自己排名在前而向傅柯致歉，他覺得這並不公平。口試委員會的報告還提到傅柯感到不自在：「考生確實學養豐富，表現優異，但似乎因二度赴試而心懷憂懼甚或成見。」達維院長如是寫著。成績公布後，傅柯因為自己不是第一名錄取非常氣憤，他跑去找康紀言抱怨他的口試主題。到底在想什麼啊，怎麼會問考生關於性的問題！他對康紀言說的大致如此。

通過資格考之後，必須執教，既然這項考試理論上是為中等教育而設，而在這個年代，至少要在一家高中待得夠久，才能開啟通往大學教職之門，這個過渡階段被師範生視為不折不扣的煉獄。傅柯因為健康狀況非常不穩定，得以免除兵役，赴高中任教的問題因此迫在眉睫。獲得教師資格的人必須在一家高中申請教職，為此，他們必須和總督學會面。於是傅柯去見了康紀言，跟他說他不想教書：因為他錄取的成績非常好，所以可以選擇進入提耶赫基金會（fondation Thiers）。這個機構非常特別，一八九三年由提耶赫（Adolphe Thiers）的小姨子兼財產繼承人創立。基金會每年都會甄選幾名學生（只限男生），按月提供獎學金，讓他們在舒適的生活條件下準備學位論文。戰後，基金會的定位有點改變：用於保障基金會存續的遺產基金大幅貶值，基金會改由法國國家科學研究中心（CNRS）監管，於是每月撥發獎學金的是這個國立機構，而領取者還得再將半數獎學金繳交給基金會，因為食宿都是由基金會提供。獲得獎學金的人同時可以取得國家科學研究中心「專案研究員」（attaché de recherche）的頭銜，不過只有住在基金會的這段期間才能保有這個頭銜。長久以來，獎學金名額都是每年五個：文學、法律或醫學。一九五〇年秋天，獲得獎助的有六個人，其中包括牟茲、威亞蘭內克斯、加爾迪。一九五一年是十人，除了傅柯之外，還有：夏邦內勒、歐班克、德真、黑蒙（Jean-Bernard Raimond）等。

基金會這棟十九世紀的大宅邸在巴黎的十六區，鄰近王妃門（porte Dauphine）一帶，坐落於今日的艾德諾總理廣場（place du Chancelier-Adenauer）。如何進入這棟古怪的房子？首先，申請者必須由他畢業的學院的主管推薦，然後再去見基金會主席。當年的主席是古希臘學者瑪宗（Paul Mazon）。最後，基金會雖然是由國家科學研究中心監管，但還是跟過去一樣，繼續由組成法蘭西學會（Institut de France）[g]的各個學院管理，所以申請者還得去見每一個學院派任在理事會的代表。法蘭西學院（Académie française）的代表是作家杜亞梅勒（Georges Duhamel）。和傅柯同年來到基金

g. 法蘭西學會成立於一七九五年，下轄法蘭西學院（Académie française）、法蘭西文學院（Académie des inscriptions et belles-lettres）、法蘭西科學院（Académie des sciences）、法蘭西藝術院（Académie des beaux-arts）、法蘭西人文院（Académie des sciences morales et politiques）。

會的夏邦內勒講到他去拜訪杜亞梅勒院士的經驗：「我依照慣例去見他的時候，他用那種莫里亞克式的細嗓子對我說：『我告訴您，年輕人，我不知道您將來會不會感受到光榮是怎麼回事，不過我可以告訴您我自己感覺到的一個瞬間，那是有一次我的孫子放學回家的時候，他大聲喊著：今天的聽寫裡面有爺爺。』」[23]每一個申請人都聽到這位小說家說了同樣的故事。

一連串的奔走與拜會之後，幸運的錄取者終於可以住進夏邦內勒描述的「這棟令人敬畏的宅邸，雖然陳舊過時，但是完全奉獻給崇拜知識的宗派，整體來說非常迷人。有一位管家，有漂亮的家具、一個撞球檯、一架鋼琴，還有一個大花園。屋裡的陳設富麗堂皇，可是我們的收入微薄……我們就這樣走進現代科學，像進入宗教似的。我們得立下安貧的誓願，還有……單身的誓願」。[24]傅柯去拜會瑪宗的時候，提到他的兩項研究主題：一是「後笛卡兒哲學家的人文科學問題」（我們可以感覺到梅洛龐蒂對青年傅柯的影響！），另外就是「當代心理學裡的文化概念」。「我覺得第一個主題特別讓我感興趣，」傅柯離開基金會之後，瑪宗在工作報告上這麼寫著：「這個主題要探討的是笛卡兒思想在外國──義大利和荷蘭──的影響下如何演變，這些演變又對馬勒布宏胥（Malebranche）和貝爾（Bayle）的著作帶來什麼影響。」[25]事實上，傅柯去見了古義耶，請他指導關於馬勒布宏胥的補充論文。主要論文則如瑪宗所說，是要針對文化問題，研究當代心理學如何分析文化問題。傅柯開始投入研究工作，和往常一樣拚命。他就是在這個時期養成了每天到國家圖書館報到的習慣，這個習慣維持了好幾年，直到遠赴瑞典才告一段落，後來他一回法國就又重拾這個習慣。國家圖書館可說是傅柯一生度過最多時間的地方之一。

不過傅柯只在提耶赫基金會待了一年，而非獎學金條例預定的三年。他很難忍受團體生活，梧爾木街的生活已經讓他倒盡胃口。當然，在基金會，每個人都有自己的房間，所以生活上相對獨立。儘管如此，那裡畢竟是供膳的宿舍，必須跟二十個人一起生活起居，因為除了一九五一年的十位獎學金得主，還有前兩屆的人，每一餐都得跟這些人一起用膳。這次也一樣，傅柯讓自己成為眾人一致厭惡的對象。他以言語挑釁所有人，製造事端，引起爭吵。傅柯和其他住宿學人的關係基本上就是不斷的衝突。最後引發悲劇的原因，是他和一位住宿學人的戀情出了問題。傅柯被懷疑偷了信件格子櫃裡的信。他不太想再待下去，基金會的人也不想再讓他留下來。

一九五二年秋天開學時，他找到新的落腳處：他成了里爾大學（université de Lille）的助教。

4 瘋人嘉年華

傅柯剛到梧爾木街的時候，哲學科的輔學講師是古斯朵夫。今天大家都知道他那一系列關於西方思想史的著作，[a]可是當年他算是還沒出版過任何作品。古斯朵夫對心理學非常感興趣，在一九四六和一九四七年間，他和醫生好友竇梅宗（Georges Daumézon）為學生們籌劃了一套精神病理學的入門課程，包括在聖安娜醫院介紹病患，和一系列的演講。來到師範學院的講者除了竇梅宗本人，還有其他幾位精神科醫師，名字是拉岡（Jacques Lacan）、亞朱利亞格拉⋯⋯。古斯朵夫繼續深化他提供給學生的經驗，由於他和竇梅宗交情匪淺——「我們兩人都是新教徒」——靠著這樣的情誼，他每年都帶一群師範生去竇梅宗擔任院長的精神病院。這家醫院位於弗勒希列奧布

a. 「西方人文科學與思想」（Les sciences humaines et la pensée occidentale）書系，全套共十三冊，拜佑出版社（Payot）出版。

黑鎮（Fleury-les-Aubrais），離奧爾良市（Orléans）不遠。一整個星期，這些年輕人聽著這些醫生和助理們講解，在醫院的圍牆內散步。弗勒希列奧布黑的精神病院一點也沒有監獄的樣子，幾棟樓閣散布在一座森林裡，在一片遼闊的空間裡。

阿圖塞接任古斯朵夫的職務之後也帶學生去聖安娜醫院，他們在那裡聽另一位頂尖的精神科醫師艾伊（Henri Ey）講課。因為竇梅宗和艾伊的關係，傅柯很早就接觸了精神醫學的改革派思潮；他也和名為《精神醫學策進會》（*Évolution psychiatrique*）的期刊與團體的相關人士來往，這些人正嘗試以非常自由的方式重新思考他們專業領域的知識與實踐。傅柯當時所見的精神醫學並不具任何「壓抑」或「懲罰」的性質，不見絲毫陳腐落後，而是完全相反。然而，這或許正是他日後指稱的，關於瘋狂的「科學」獨白所用的例子。

傅柯從進入師範學院的頭幾年，就對心理學產生濃厚的興趣。一九四八年他在索邦大學得到哲學學士文憑之後，[b]就著手努力要拿到心理學的學士文憑。所以他去修了拉葛許開設在文學院的普通心理學和社會心理學課程，也得去上心理生理學的文憑學程開設在理學院的課。不過這一次他就沒那麼勤奮了：他跟維杰（André Vergez）和瑪佐希克（Louis Mazauric）組成筆記小組，輪流去上課。傅柯在一九四九年得到這張學士文憑，同年六月，他還多了一張巴黎心理學研究中心（Institut de psychologie de Paris）的證書，教授依舊是拉葛許。

拉葛許是戰後法國心理學界的一號重要人物。他是高等師範學院一九二四年入學的那一屆，同期的有艾宏、康紀言、尼贊和沙特。他通過哲學科的教師資格考，但是想要往臨床心理學發展。他在史特拉斯堡大學任教多年，才在一九四七年應聘至索邦大學，他首講的第一堂課非常轟動，主題是「心理學的統合」，重點在於將精神分析整合到臨床的科學，課程內容於一九四九年編輯出版。同時他也開始在心理學研究中心教授心理學的課程。

傅柯對拉葛許的課相當熱中，因為心理學是他選擇的路，他甚至打算從此開始修一些醫學的課。傅柯後來去請教拉葛許：要專精心理學，是不是必須成為醫生？拉葛許聽到這個問題並不驚訝。「當年，不少轉向心理學、精神醫學或精神分析的哲學家都在跟這個問題搏鬥。」翁基厄（Didier Anzieu）這麼說，當年他也轉向精神分析，不過他自己並沒有痛下決心去成為醫生。唯一這麼做的似乎只有拉普朗虛。傅柯也在門檻前彳亍不前：拉葛許不建議傅柯跨過去，他的建議一如他習於對所有問他這個問題的人的答覆：「如果是在美國，那就一定要，但是在法國，不必。」傅柯藉著這次會面向拉葛許這位大名鼎鼎的精神科醫師提出其他問題：他想要問他關於自己在精神方面的困擾。不過拉葛許拒絕把兩件事混在一起，他不想同時兼任學生的教授和心理治療師，所以他給了傅柯一位精神分析師的地址。不過這個推薦暫時沒被傅柯採納。後來傅柯終於投入了「治療」的冒險之旅，但是為期不過三個星期。到底該不該去做精神分析？這個問題將困擾傅柯多年。

b. 依照法國學制，修完大學第三年課程，授與學士文憑（licence）。

通過教師資格考之後，傅柯並未中斷他的科學課程，寄宿在提耶赫基金會期間，他努力要取得心理學研究中心的另一項證書。一九五二年，他修完波耶（Georges Poyer）和德雷兩位教授的課，還有在聖安娜醫院的階梯講堂透過「病人介紹」進行的「臨床課」，以及本納西（Maurice Benassy）講授的一堂「精神分析理論」（還是一樣在聖安娜醫院，因為心理學研究中心沒有自己的教室），之後才取得病理心理學的證書。要取得這張證書，「實務工作」是必修的，負責開設這項課程的皮修（Pierre Pichot）還記得他不太喜歡這個學生。他想讓學生們熟習心理測驗的技術，但他認為傅柯的「師範人」習氣太重，太理論了，對於心理學的實驗性格相當抗拒。傅柯曾於一九五三年，在他最初發表的幾篇文章當中，以充滿敵意的方式影射他與純粹「科學的」心理學的主張者之間的糾葛。他在文中提及他剛來到這個實驗心理學的洞穴時就被問到的問題：您想做的是科學的心理學還是像梅洛龐蒂先生那種心理學？傅柯語帶諷刺寫道：「值得關注的，不該是我們拿來定義什麼是『真正的心理學』的教條，而是問題本身帶來的混亂和根本的懷疑態度。如果一位生物學家說：您想做的生物學研究是科學的還是不科學的？這是很嚇人的。」傅柯還將題目倒過來：「我們對心理學研究提出質問時，不能像質問其他形式的研究那樣，從它們如何嵌入某種科學的發展或某種實際應用的要求之中開始提問：我們必須對研究提出質問，質疑其所選擇的理路；我們必須在這樣的基礎上對研究質疑——我們已經知道，這個基礎並不是科學構成的客觀性……」[1]

然而，傅柯長久以來對於心理學的技術與實驗其實非常熱中，他甚至還買了材料來做羅夏克墨跡測驗（test de Rorschach）。必須說，他跟對了老師，拉葛許是這種研究方法最早期的信徒之一，也是將這種方法引介到法國的專家之一，日後法國羅夏克團體（Groupement français du Rorschach）成立時，他還當了榮譽主席。傅柯在師範學院的時候，很喜歡找同學來做這項「試驗」：讓受測者對不同色卡上的墨跡進行自由聯想，再依據這些回應，提出受測者的深層人格詮釋。「這麼一來，我就知道他們的腦袋裡在想什麼了。」傅柯對逃過這項實驗的龐格這麼說。很多師範生都記得他們曾被傅柯這樣「測試」過，傅柯對羅夏克墨跡測驗的熱情延續多年，不論在克雷蒙費弘還是在突尼斯都一樣，他在課堂上花很長的時間進行這項測驗，而在其他同行的眼裡，這不過是一種消遣。

賈克琳・維鐸（Jacqueline Verdeaux）也很熱中於羅夏克墨跡測驗。這位女士在傅柯的學術養成過程中扮演非常重要的角色，她和傅柯家族頗有淵源，她的父母很久以前就是傅柯家的朋友了。二戰期間，賈克琳的父親將她和弟弟送去普瓦提耶避難。賈克琳・維鐸慢慢成了傅柯醫師的麻醉師助理，當時傅柯醫師在城裡繼續執行外科醫務，德軍勢如破竹入侵法國北方時，他也負責主持設在耶穌會大書院的臨時醫院，救治戰爭中的傷者。德國軍隊兵臨普瓦提耶時，年輕的賈克琳・維鐸就離開了。若干年後，和平重新降臨，傅柯夫人託她照顧北上巴黎求學的兒子。傅柯經常去維鐸夫婦位於維列瑟克塞勒街（rue de Villersexel）六號的家裡晚餐，那是一條通往聖傑曼大道（boulevard Saint-Germain）的小街，離國民議會不遠。賈克琳・維鐸已轉向心理學，和丈夫喬治・維鐸（Georges Verdeaux）一起工作，她的丈夫剛通過博士論文答辯，指導教授是拉岡。他們夫妻倆在聖安娜醫院成立了腦電圖實驗室。德雷幫他們弄到幾個可以工作的地方，都是醫院閣樓上的房間，他們和杜馬（Georges Dumas）從前的學生翁布赫旦（André Ombredane）都待在這裡做研究。翁布赫旦才剛譯完一本關於心理診斷的書，由於賈克琳・維鐸精通德文，翁布赫旦請她將這個譯本轉呈給當時赫赫有名的瑞士精神科醫師庫恩（Roland Kuhn）。翁布赫旦還借給她一本庫恩寫的《面具現象學》（*La Phénoménologie du masque*〔*Über Maskendeutungen im Rorschachschen Versuch*〕）。維鐸讀了這本書並前往瑞士圖爾高邦（Turgovie）的明斯特林根（Munsterlingen），小城就在康士坦茨湖畔。她將翁布赫旦的譯本拿給庫恩看，同時也提出一項個人的請求：她覺得《面具現象學》非常迷人，她想要自己來翻譯這本書。庫恩同意了，還附加一項提議：何不也翻譯另一位精神科醫師的著作，他在三公里外執業，名叫路德維希・賓斯萬格（Ludwig Binswanger），是克羅伊茨林根（Kreuzlingen）美景療養院（clinique Bellevue）的院長。他的叔父奧圖・賓斯萬格（Otto Binswanger）正是尼采當年療養的所在地耶拿療養院的院長。維鐸去見了賓斯萬格，她對這間「療養院」的組織方式極為讚嘆，建築物散布在一大片公有的林園裡，繽紛的玫瑰花叢點綴其間。賓斯萬格問了她很多問題之後才打定主意，去書房的架上找出他希望看到最先以法文出版的那份文稿：那是一篇長文，標題是〈夢與存在〉（Traum und Existenz）。

賓斯萬格發展他稱為「存在分析」（analyse existentielle）的概念已經很久了。他曾是佛洛伊德、榮格（Carl Jung）、雅思培（Karl Jaspers），還有海德格的朋友，特別是海德格，對他的影響很大。賈克琳・維鐸回到巴黎，要傅柯協助她的翻譯工作，這對傅柯來說並未偏離本行，因為賓斯萬格的作品充滿哲學語彙。結果他們一起工作，完成了法文版。賈克琳・維鐸每天都來師範學院找傅柯，他在那裡有間研究室，因為他在阿圖塞的要求下，已經開始授課了——當時是一九五二年。他們一起討論將某些概念從一種語言轉換到另一種語言的最佳方式。有一天晚上，工作完畢之後，維鐸帶著這位年輕的工作夥伴去拜訪加斯東·巴舍拉——他是賓斯萬格虔誠的讀者，後來還和賓斯萬格維持了一段書信往來。

賈克琳·維鐸和傅柯也去了瑞士好幾趟，為的是和庫恩與賓斯萬格碰面，給他們看看刻正進行的翻譯的不同階段。他們的討論主要針對海德格的重要詞彙。一連數小時相互質問，為的是翻譯Dasein一詞。最後，他們選的是「在世的存在」(présence au monde)，取代原本習用的「此在」(être-là)。翻譯完賓斯萬格的文稿後，賈克琳·維鐸對傅柯說：「如果您喜歡這本書，就替它寫個序吧。」傅柯面對困難沒有退縮，他很快就動手寫了。

過些時候，賈克琳·維鐸和夫婿去普羅旺斯(Provence)過復活節，她在這段假期收到一封厚厚的信。「這是您的復活節彩蛋。」傅柯的短箋伴隨一篇長文，也就是序文。維鐸看到稿子的頁數先是吃了一驚，因為這個序文的篇幅似乎比作品本身還要長。事實也確實如此。接下來她讀了序文，欣喜萬分。「棒透了。」她心裡這麼想。

他們一起去見賓斯萬格，讓他看譯稿和序文。賓斯萬格對兩者都非常滿意。問題是必須說服一家出版社，就算心懷疑慮，只要願意出版這個怪異的合體就好。序文這麼長，署名的還是一個名不見經傳的傢伙，書又這麼薄，作者的知名度也跟寫序的人不相上下——至少在法國的情況是如此。但是在賈克琳·維鐸多方奔走之下，夙願終於得償，這本書於一九五四年出版，收錄在僕威出版社（éditions Desclée de Brouwer）的「人類學作品與研究」書系。傅柯在書的開頭摘錄了一段出自詩人夏赫〈形式的區分〉（Partage formel）的文字：「成年的時候，在生死分界的牆垛，我望見一道漸形赤裸的梯子升起並茁壯，它被賦予獨特的萃取力量：那便是夢……。此刻幽暗消散，生活在某種蘊含寓意的嚴厲禁慾形式下，化成對於超凡力量的征服，我們感受到豐沛的力量穿透，但我們只能殘缺地表述，因為我們欠缺忠實，欠缺嚴酷的識見和堅持。」傅柯的序文始於夏赫的詩，結束時也長篇引用〈形式的區分〉，這組詩文似乎給了他最美好的鎖鑰，讓他理解夢為何物。

傅柯的序文筆力遒勁、火光四射。賓斯萬格的作品吸引他的地方在於賓斯萬格調和並且超越佛洛伊德與胡塞爾的方式。但是傅柯也提出了他自己關於夢的觀點：「無論如何，死亡是夢的絕對意義，」他寫道，而且正是在死亡的夢裡，「存在可以習得它自身最根本的特質。」[2]「對於具體的人的人類學認識來說，夢的優先性是絕對的」，這個概念正是源自於此。不過傅柯也作出結論，認為超越這種優先性是必然的——「是一項道德任務，也是歷史的必然」。值得注意的是，傅柯引用了閔可夫斯基（Minkowski）的作品、巴舍拉的《空氣與夢》（*L'Air et les songes*）、梅蘭妮．克萊恩（Mélanie Klein），還有……拉岡醫師。傅柯從那時就是拉岡的讀者了，當時帕瑟宏（Jean-Claude Passeron）剛開始以「鏡像」為題攻讀學位，傅柯曾極力推薦他去讀拉岡刊登在一九三八年的《法國百科全書》（*L'Encyclopédie française*）的文章〈家庭情結〉（Les Complexes familiaux）。

一九五二到五三年間，賈克琳．維鐸和傅柯在瑞士見了庫恩和賓斯萬格好幾次。第一次去，他們剛好在封齋節（mardi gras）的前一天到庫恩執業的明斯特林根醫院。依照傳統，病人要在這天準備好服裝和面具。易容扮裝的醫生、護士和病人齊聚在宴會廳，到了晚會最後，所有人都把面具丟到火裡，跟獻祭的人偶一起燒掉。傅柯被這詭異的儀式震懾了：「這場瘋人的慶典比較像是死者的慶典。」傅柯對他的女伴坦言。

傅柯和他喚作「我的女人」的賈克琳——這是同性戀的幽默！——還一起去拜訪正在瑞士德欣邦（Tessin）布里薩戈湖（lac de Brissago）畔度假的賓斯萬格。這兩位心意相通的好友先在佛羅倫斯碰面，在威尼斯待了幾天，才驅車前往賓斯萬格的夏日別墅。去瑞士之前，他們悠閒地造訪了諸多教堂和博物館。「他熱愛繪畫，」賈克琳．維鐸說：「在佛羅倫斯，是他讓我看懂了馬薩喬（Masaccio）的壁畫。」相反的，傅柯厭惡大自然，維鐸對這方面的記憶也一樣清晰。她曾在陽光下，指著波光粼粼的湖面美景給傅柯看，傅柯卻轉身往馬路走去，裝模作樣地說：「我啊，我是不會正眼看這種東西的。」他們在賓斯萬格的陪伴下待了幾天，這位精神科醫師數度帶他們去朋友家喝茶，此人名叫茲雷哉（Szilazyi），是研究海德格的哲學家，傅柯後來在〈引言〉（Introduction）裡引用了他的看法。他們談話的主題圍繞著海德格，圍繞著現象學，圍繞著精神分析——同時也觸及這個大哉問：精神分析是一門科學嗎？這正是賓斯萬格終其一生致力要證明的。傅柯則是抱持較為懷疑的態度！

親炙賓斯萬格本人及其著作，這件事在傅柯的生涯中扮演極重要的角色。當然，傅柯日後會擺脫這種「現象學派精神醫學」（psychiatrie phénoménologique）的形式，不過賓斯萬格的分析確實讓他發現了瘋狂的某種深層現實。「閱讀我們定義為『存在分析』或『現象學派精神醫學』的作品對我的影響之大無可否認，」傅柯後來這麼說：「當時我在精神病院工作，試圖在那裡找出不同於傳統醫學框架規範的東西，找出一種抗衡的力量。確實，這些絕妙的描述是極具關鍵性的，它們將瘋狂視為獨特的、無可比擬的基本經驗。我也相信，連恩（R. D. Laing）同樣對這一切留下深刻的印象：他也長期採用存在分析（他算是沙特那一派的，我算是海德格這一派的）……我相信，存在分析對我的幫助是，讓我可以將學院的精神醫學知識當中有可能沉重得讓人透不過氣的部分劃定界限，並且勾勒出更清楚的輪廓。」[3] 無論如何，傅柯寫的一百二十頁序文是他當年知識取向的最佳反映，不過，更深層來看，要理解傅柯關注的面向，要理解他當時和日後提出的問題，要從最初的起點去理解傅柯作品的誕生（如果可能的話），這是極為重要的文本。一九八三年，傅柯在他為美國版的《快感的運用》（*L'Usage des plaisirs*）所寫的第一個版本的序文裡，提到賓斯萬格對他的諸多影響，以及他如何背離賓斯萬格：「以此種方式在他們的歷史裡研究經驗的形式，這是源自我早期計畫的一項主題：將存在分析的方法運用在精神醫學的領域和精神病的專業。基於兩個並非各自獨立的原因，我並不感到滿意，因為：這項計畫在理論面不足以發展經驗的概念，此外，這項計畫和精神醫學的某種實際運用關係曖昧，卻又一面忽略此種運用、一面視之為理所當然。要解決第一個困難，我們可以援引一種普遍的人類理論；第二個問題的處理方式就完全不同了，可以求助於老生常談的『經濟與社會脈絡』；我們可以用這樣的方式去接受哲學人類學和社會史在當時所形成的兩難困境。可是我沒有採用這種處理方式，而是自問，是否真的無法思考經驗形式的歷史性本身。」經過一段長時間的醞釀所展現出的歷程，讓傅柯得以界定自己的任務是去「清楚呈現經驗形式的形成、發展和轉化可能發生的領域；也就是說，一段思想的歷史」，他還說：「可以猜想，在五〇年代初期，對尼采的閱讀如何引領人提出這樣的問題，讓人與現象學與馬克思主義的雙重傳統決裂。」[4]

傅柯也和賈克琳·維鐸一起在聖安娜醫院做心理學家的工作，他的地位相當不明確：他是「實習生」，這個頭銜沒什麼意義，只能說明他沒有正式職位，而且沒有薪水。不過這段時間，他先是住在提耶赫基金會的宿舍，繼而在里爾大學當助教，所以他在腦電圖實驗室「實習」，並不是為了賺錢維持生活所需。他協助賈克琳·維鐸進行測試和實驗。在這裡，最主要的業務是測量：測量腦波，測量手掌皮膚的電阻，測量呼吸的節奏。實驗對象要坐在一張扶手椅，被套上「鞍具」，被綁在那裡，頭上、腳上、手上都是一些電極。這套設備可以讓心理學家記錄整個人體的神經反應。傅柯有時也會去當「實驗對象」，不過他最常做的還是幫忙準備實驗和閱讀數據。心理學家兼音樂學家弗杭榭斯（Robert Francès）也來實驗室規劃一些關於聆聽音樂的測試，後來他找了德普杭來當他的白老鼠，當德普杭發現傅柯在實驗人員與技術助理的名單當中，他非常驚訝。

這個實驗室的宗旨顯然不是為了做純研究和好玩的實驗，它由德雷管轄，屬於醫院體系的一部分，維鐸夫婦的首要任務是為聖安娜醫院的住院病人建立「長期追蹤紀錄」，並且提出診斷。

傅柯在一九八二年的一場訪談中，以這樣的說法提及這項工作：「心理學家當時在精神病院裡並沒有明確的地位，而我作為研究心理學的學生，在那裡的地位非常怪異。主任醫師對我很好，讓我做我想做的事〔……〕。我處在病人和醫生之間的中介位置，不是因為什麼特別的長處或什麼特殊的姿態，而是我這種曖昧不明的地位，迫使我和醫生們保持某種距離。我知道這不是因為我有什麼長處，因為在那時候，這一切讓我有一種不自在的感覺。直到幾年後，我開始寫一本關於精神醫學史的書，這種不自在，這種個人經驗，對我來說，才成為某種歷史批判或結構分析的形式。」而面對以下這個問題：「聖安娜醫院是不是會讓它的員工對於精神醫學產生特別負面的印象？」傅柯的回答是：「啊，不會。這是一家典型的大醫院，就跟大家想像的一樣，我必須說，這家醫院比我後來有幸造訪過的大多數外省大醫院都好。這是巴黎最好的醫院之一。不會的，這家醫院沒有什麼可怕的地方，而這正是最重要的一點。如果我在一家外省的小醫院做這種工作，說不定我會認為這些缺陷都源自它的地理位置，或是一些特殊的問題。」[5]

傅柯不只在一家精神病院做心理學家的工作，他還在一所監獄裡做同樣的工作。因為一九五〇年衛生部請維鐸夫婦在法國監獄總醫院的所在地弗瑞涅（Fresnes）監獄設立一個腦電圖實驗室。這個位於巴黎南郊的實驗室肩負兩個功能：接受醫生的要求，為罹病的受刑人做檢查，檢測潛在的顱部創傷、隱性癲癇、神經方面的問題等，還有進行各種測驗，引導受刑人進入諸如默倫（Melun）印刷廠之類的監獄學校。賈克琳．維鐸每個星期都會過去，也帶著好友傅柯一起去。在兩年的時間裡，她教傅柯進行一些比較容易的檢查，也教他如何解讀檢查結果，她把一些助理的工作交付給他。他們會一起討論個案，為每一位受檢測者撰寫病歷。

於是在這個時期，傅柯時時刻刻沉浸在實驗心理學的專業環境裡，他的學習從此脫離正規的學院框架。民族學家會說，傅柯所在之處是「田野」，他直接面對疾病的現實與病人的存在。他浸潤在兩種拘禁形式的現實裡，一種是「瘋狂」，一種是「罪犯」。而他自己則是屬於「觀看」、「檢查」、「觀察」的一員，儘管他模糊曖昧的地位讓他和他學著演練的心理學家這一行隔開了一點距離。

5 史達林的鞋匠

傅柯受聘到里爾大學之前，已經開始在高等師範學院教授心理學了。當然，這是阿圖塞的要求，傅柯一通過教師資格考，阿圖塞就堅持要他來授課。傅柯的課在星期一晚上，上課地點是小小的卡瓦耶斯講堂（salle Cavaillès），從一九五一年的下半年開到一九五五年的上半年。就師院的情況來說，上課的人數算是相當多，在十五到二十五人之間，通常其他課程來聽課的學生很少超過五、六人。所以傅柯的學生人數不少，而且非常投入。有一天帕瑟宏聽了其中一堂課，走出教室時驚嘆：「太棒了。」維納（Paul Veyne）今日的評論是：「他的課很有名，去上課就像去看表演。」德希達（Jacques Derrida）則說：「我跟很多人一樣，對他的口才感到驚訝。他雄辯滔滔，權威，才華洋溢，令人留下深刻的印象。」傅柯這個時期的重要主題不只出現在他的課堂上，也出現在他當時發表的文字裡：一九五三年，于斯蒙（Denis Huisman）想要將艾弗列·韋伯（Alfred Weber）的《歐洲哲學史》（*Histoire de la philosophie européenne*）翻新，他請傅柯撰寫一八五〇到一九五〇年的心理學概況，而傅柯自己的第一本書《精神疾病與人格》（*Maladie mentale et personnalité*）差不多也在這個時期寫就。

傅柯延續傳統，一樣會帶學生去聖安娜醫院聽病患介紹。譬如帕瑟宏就聽過竇梅宗的講解。德希達則是對這些相當悲愴的課程留下非常鮮活的記憶：「傅柯帶我們三、四個人一起去。我們去的是竇梅宗的診間，他經常讓學生們做一些臨床練習。他會找來一名病人，交由一位年輕的醫師問診和檢查。我們看到的就是這樣的過程，非常震撼。年輕的醫師隨即離開，整理好病歷之後，會以講課的方式向竇梅宗進行報告。」

在這個時期，傅柯成了一幫共產黨員師範生的中心，甚至可以說是他們的「頭兒」。這幫人包括維納、帕瑟宏、哲內特（Gérard Genette）、龐格、莫林諾（Jean Molino）、凡赫傑莫帖（Jean-Louis Van Regemorter），最後這位簡直是傅柯的死忠支持者。這些人都比傅柯小個三、四歲，都對他崇敬有加。他們都是共產黨員，但不算是真正的信徒，其他正統的共產黨員師範生說他們是「土風舞隊」，甚至說他們是「馬克思主義的聖傑曼德普雷」。[a] 他們可以在學校的門廳或校園裡一連高談闊論幾個小時。這些人暱稱他們的大哥為「傅克斯」（Fuchs，德文的「狐狸」），而「傅克斯」只要出現在梧爾木街，就會跟他們耗上很長的時間。他在莒散講堂（salle Dussane）樓上已廢棄不用的音樂圖書館裡整理出一間辦公室，命名為「心理學實驗室」，裡頭的設備其實只有一隻老鼠關在一只鞋盒裡。「這就是我的實驗室。」傅柯指著鞋盒，邊笑邊對訪客們說。固定在牆上的層架依舊堆滿七十八轉唱片，由於密紋唱片的普及，這些七十八轉唱片已無用武之地，只能放在架上蒙塵。他在這裡跟學生和朋友見面，常來此處跟他閒聊的還有他當年的知交龐格——若干年後他寫了一本好書，名為《日本的自願式死亡》（*La Mort volontaire au Japon*）。

一如所有「土風舞隊」的成員，傅柯也加入了共產黨。後來他幾乎不願多提這段插曲。譬如一九七八年他接受圖隆巴多利（Ducio Trombadori）訪談時，提到這個時期的政治處境，他是這麼說的：「戰後二十歲的這些人，他們沒有參與這場戰爭，卻要忍受這齣悲劇，當他們要在史達林的蘇聯和杜魯門的美國之間選邊站，或是在老派的工人國際法國支部（SFIO）和基督教民主主義之間，在諸如此類的事物之間做出選擇，對他們來說，政治究竟意謂什麼？許多年輕的知識分子，包括我自己，都認為資產階級的職業前景實在無可忍受，無論是教師、記者、作家或其他。經驗本身已經證明，實現一個新社會是必要而迫切的，這個社會必須徹底不同於我們生活於其中的舊社會：它曾經讓納粹主義孳生，它曾經將自己出賣給納粹，之後又全面倒向戴高樂。面對這一切，大部分法國年輕人的反應是全面拒絕……」[1]對傅柯而言，說這些話的目的不是要解釋他為何加入共產黨，而是他為何……對尼采和巴代伊產生興趣，而疏遠了黑格爾學說和現象學所代表的傳統形式的哲學。圖隆巴多利被這樣的回答嚇了一跳，他繼續追問關於當年馬克思文化的問

a. 聖傑曼德普雷（Saint-Germain-des-Prés）是塞納河左岸的街區，二次戰後漸成巴黎文人匯聚之處，著名的雙叟咖啡館、花神咖啡館皆在此地。文中的綽號是將街區名稱擬人化，諷喻傅柯一幫人只會坐而空談。

題，傅柯答道：「對我們這些年輕的知識分子來說，對我們當中的很多人而言，對尼采或對巴代伊有興趣，並不代表這是一種遠離馬克思主義或共產主義的方式。相反的，這是唯一的一條路，讓我們可以溝通，可以走向我們心裡所相信的，對於共產主義應該抱持的期待。全面拒絕我們理應生活於其中的世界，黑格爾的哲學當然無法滿足這樣的要求。再者，我們也在追尋其他的知識道路，我們想要到達的就是這樣的地方，在那裡似乎有什麼完全不一樣的事情正在實現，或者已經存在了：也就是說共產主義。我對馬克思的認識不深，拒絕了黑格爾的學說，而存在主義的種種局限又讓我感到不舒服，於是我決定加入共產黨。時間是一九五〇年：成為『尼采式的共產主義者』！這真是有點難忍受，或許還有點可笑，我自己也心知肚明。」[2]

傅柯大量重構甚至重新創造自己的知識與政治旅程，這似乎是很明顯的事，因為他加入共產黨確實不是因為尼采的學說。他讀尼采是後來的事，總而言之，依照當年的見證者所述，尼采對傅柯產生決定性的影響，時間應該是在一九五三年。龐格說起這段在一九五三年夏天度假時，傅柯在義大利的海灘上發現尼采的故事：「黑格爾、馬克思、佛洛伊德、海德格，在一九五三年，這幾個人是他的座標軸，他和尼采的相遇就是在這時候發生的：我彷彿又看見傅柯在奇維塔韋基亞（Civitavecchia）海灘上，在陽光下讀著尼采的《不合時宜的考察》（*Unzeitgemäßen Betrachtungen*）。」[3] 維納也說：他在一九八三年曾與傅柯長談，並在日記中記錄了此事，傅柯明確告訴他，自己開始讀尼采的時間是一九五三年。他也對他宣稱：「我在共產黨的時候，覺得馬克思主義是符合常理的教義。」

而且只要看一下傅柯在這個時期發表的文章，就知道其中完全沒有「尼采學說」的身影，雖然不可能將傅柯定位成純粹的馬克思主義者，然而馬克思主義的詞彙和主題卻經常出現在他的文章裡。譬如，在初版的《精神疾病與人格》裡就可以看到，細節我們稍後再談。不過必須指出，傅柯參與共產黨的方式和很多師範學院的同學不太一樣，他極少參加黨部會議。「不過我還記得，」龐格寫道：「有一天晚上他在護牆廣場（place de la Contrescarpe）一家小咖啡館的二樓，他突然很激動地發言，反對《煤鋼條約》。」[4]不過傅柯從不參與積極的行動。從來沒有人看過他兜售《人道報》（*L'Humanité*），也沒人見過他發傳單，或參加示威活動。只有一次例外，加爾迪清楚記得，在《人道報》被查封的期間，有一天他和傅柯還有其他幾人相約在這份共產黨機關報的所在地集合，要去拉丁區發《人道報》。「不過，」他說：「他和我都不是這塊料，我們沒有戰鬥的天分。」無論如何，我們不可能將傅柯和那些自稱「史達林派」的政治人物或知識分子並列。勒華拉杜里的說法相當可信，畢竟他是最激烈的這些人當中的一員，他在回憶錄裡寫著：「比起其他人對史達林主義的過度狂熱，傅柯當年的投入是少得多。」[5]

不過，帕瑟宏和馬特宏（Alexandre Matheron）記得傅柯參加了在費胡街（rue Férou）上，離聖敘爾比斯廣場（place Saint-Sulpice）不遠的文學之家（Maison des Lettres）舉辦的一系列演講：「準備參加哲學教師資格考的共產黨人在當時組了一個讀書小組，」馬特宏說：「有不少共產黨的哲學家（德松提、凡爾農〔Jean-Pierre Vernant〕等等）都答應來演講。傅柯當時在里爾大學當助教，也在師範學院教課，有一天他來講了巴夫洛夫（Pavlov），」報告的內容集中在精神醫學方面，後來成了《精神疾病與人格》的第七章。當然，帕瑟宏補充說，傅柯的報告並不符合當時正統馬克思主義的標準路線，不過還是有在報告中提到史達林。傅柯在演講結束時引用了一句史達林說酗酒的窮鞋匠打老婆和小孩的話，用以說明精神病是苦難和剝削的結果，唯有徹底改變生活條件才能終結這些問題。這樣的引用是否如帕瑟宏所言，是對在場的「土風舞隊」成員「眨眼睛」？還是單純因為舉凡共產黨主辦的演講，不論任何主題，都不能遺漏史達林的名字，就連享有一點特殊地位的傅柯也無法倖免？事實上，沒有人責怪過他經常缺席黨部的會議，甚至他和凡赫傑莫帖一起嘲諷《人道報》上關於蘇聯的文章，這麼嚴重的事也沒有人譴責過他。

依當年所有的見證看來，傅柯當時並非狂熱的積極參與者，甚至可以說，距離相當遙遠。那麼克洛德．莫里亞克在他的日記裡轉述的這段奇怪對話又該如何解釋？背景是一九七一年，傅柯對帕瑟宏說：「你還記得我們在《新批評》雜誌幫人捉刀寫稿的事嗎？還有那篇我們談了很久的〈該跟梅洛龐蒂算總帳了〉（Il faut régler son compte à Merleau-Ponty），那時候用的是這樣的句子。我記得這篇文章根本沒寫出來。不過我們真是幫《新批評》當了不少頁文章的作者。」莫里亞克也加入對話，他在日記上寫著：「我問說：這些文字的署名該不會剛好就是尚．卡納帕（Jean Kanapa）吧？」[6] 卡納帕是《新批評》的總編輯，這位史達林派的「高幹」在一九五四年的《現代》期刊上被沙特稱為「傻子」。所以傅柯是不是替他捉刀寫了幾篇文章？總之，傅柯沒有否認。他只是說了更多細節（根據莫里亞克在《靜止的歲月》更後面的一卷提供的記述）：「我沒有幫卡納帕寫他所有的文章，頂多兩、三篇而已，我必須承認……」傅柯的句子沒有說完，因為莫里亞克打斷了他，他只是要讓傅柯知道，他沒有對先前出版的那一卷裡頭提到的那句話做過任何回應。[7]

一旦進入這段故事的細節，事情就很難說清楚了。首先因為卡納帕身邊的親友都公開表示，他不是那種需要找影子寫手的人。當年參與《新批評》編輯委員會的戴克斯（Pierre Daix）斬釘截鐵地說：卡納帕寫文章的時候，對遣詞用字的細節非常用心也非常精確，沒人可以插手他的寫作。頂多「有可能幫他修改某些句子，但是要經過好幾個小時的討論」。後來卡納帕的兒子在七〇年代遇到傅柯，傅柯知道他的來歷，他隻字未提這段往事。而且，傑宏・卡納帕（Jérôme Kanapa）把他遇見傅柯的事告訴他父親，可是尚・卡納帕沒有提起他和傅柯的任何關係，也沒提起他過去曾和傅柯有任何往來。至於德松提，他聽到人家問他這個問題時總是哈哈大笑：「這可能只是傅柯的惡作劇吧。」另一個似乎比較說得過去的假設是：會不會是傅柯以假名寫了幾篇文章？《新批評》當年的編輯委員會和工作人員，不論是安妮・克里格爾（Annie Kriegel）、德松提、柯恩（Francis Cohen）、勒杜克（Victor Leduc）或吉蓓特・侯特利格斯（Gilberte Rodrigues，她是編輯部的祕書，也是長期跟卡納帕一起工作的同事），這當中沒有任何人記得當年看過傅柯或聽人提起過傅柯，也沒有任何人相信傅柯參與過這份雜誌的工作。哲學家維黑（Michel Verret）是一九四八年入學的師範生，當年固定為《新批評》雜誌寫稿，他完全同意這些人的說法，他覺得傅柯用假名發表是不可能的，更何況假名是保留給行政官員、高階公務員或軍職人員使用的，維黑強調。他自己寫的文章一般就是掛他的名字，譬如一九四九年讚揚阿哈貢（Louis Aragon）的小說《共產黨人》（*Les Communistes*）的文章，還有跟馬特宏和傅黑（François Furet）共同撰寫和署名，為《德蘇互不侵犯條約》辯護的文章。(值得一提的是，傅黑其實是虔誠的史達林信徒，而且可以說是始終如一，即便他後來變成大家都知道的右派人物，他還是保留著教條獨斷與狹隘排外的心理結構，而且對他在共產黨學到的威權暴力政治手段情有獨鍾。)另一位師範學院的共產主義旗手柯溫格也不認為傅柯有可能以這樣的方式在共產黨的知識分子期刊上寫稿，他還說，總之，這一點都不符合傅柯本人的脾性。校黨部書記克魯杰也承認他不曾聽聞此事。剩下還能做的，就是去問莫里亞克轉述對話的另一位當事人帕瑟宏了。他說他從來不曾以任何頭銜幫《新批評》寫過稿子，他也不太相信傅柯寫過。他說，只是有一些師範生做的簡短筆記，一些草稿，可能對《新批評》那些大牌作者寫的文章有些幫助。那個時期的《新批評》雜誌在最後幾頁也會刊登一些短文，敘述一些發生在拉丁區或師範學院的事。這些文章多半沒有署名。不過，帕瑟宏認為，不論是哪一種情況，傅柯都不可能是作者。絕對不可能：阿圖塞也如是斷言：「我想，傅柯的意思是：我們都得為『卡納帕主義』負責。」

所以呢？莫里亞克只回答說，傅柯確實在他面前說了這些話。此外，西里內利為了一項關於戰後共產黨員師範生的研究，於一九八一年向傅柯提問，他說傅柯跟他提過，師範學院的學生經常幫《新批評》寫稿，這群人似乎也包括傅柯(我們當然不會稱讚這位歷史學家，他當時竟然沒請傅柯再說清楚一點！)。而在二〇〇四年出版的一份一九七五年的錄音訪談當中，傅柯自己也確確實實提到了莫里亞克轉述的這段引人注目的經歷，他提及大學和共產黨在功能方面的相似，他的措辭是「同樣的階層關係，同樣的強制力，同樣都強調正統」。他說：「寫一篇論述文給教師資格考試委員會的主席看，或者，**像我遇過的那樣**，寫幾篇由某位共產黨領導署名的文章，這根本是同一回事！」[8]不過他所指的究竟是哪幾篇文章？而師範學院的學生又是透過什麼管道貢獻他們的文字，進而成為那些雜誌高層署名的文章？或許永遠不得而知了。唯一似乎可以確定的是，傅柯曾經和這份共產黨的知識分子刊物合作過。另外就是，傅柯曾經為共產黨的學生報《光明報》（*Clarté*）寫過一篇關於笛卡兒的文章，邀稿人是當時的總編輯維黑。不過，根據編輯委員馬特宏的說法，編委會認為這篇「耀眼的」文字「對學生群眾而言太過艱澀」，所以，儘管馬特宏和維黑都持贊成意見，最後這篇文章還是沒有見報。

然而，根據所有見證者的說法，傅柯的黨員位置其實相當「邊緣」，傅柯本人後來也對西里內利這麼說，還說他作為黨員的時期相當短暫。不過短暫歸短暫，傅柯逗留在共產黨的日子比起他願意說的更具分量，總之，比起他後來估計的時間要更長。他告訴過別人的說法有三個月、六個月、十八個月等等。無論如何，傅柯離開共產黨是一九五三年的事。當然，離開的原因很複雜。首先，不可忽視的一點是：共產黨排斥同性戀而且視之為資產階級敗德的惡習、墮落的象徵，在這樣的政黨裡，傅柯應該會感到極不自在。傅柯覺得他的同性性傾向讓他受到排擠。同一時期還有其他人因為這個理由被逐出黨部。有個地位特別的見證者讓這個解釋更為有力，那就是阿圖塞。被問到傅柯為何離開共產黨，阿圖塞的回答沒有半點遲疑：「因為他是同性戀。」

傅柯也提出另一個理由：蘇聯的「醫生案件」讓他心裡很亂。一九五二年，史達林的幾位醫生被控謀殺「偉大的、親愛的人民之父」，事件散發著反猶太的氣息。不過法國共產黨的所有黨員，包括傅柯，都強迫自己相信蘇聯官方的說法。傅柯如何經歷這段歷史，他是這麼告訴圖隆巴多利的：「我離開法國共產黨是在著名的史達林醫生案件發生之後，也就是五二年的冬天，離開是因為始終有一種不自在的感覺。史達林過世前不久，消息傳來，有一夥醫生想要謀害他。烏姆塞赫（André Wurmser）在我們學生黨部召開一場會議，說明這個陰謀的來龍去脈。儘管我們不是很信，我們還是全都強迫自己相信剛才聽到的事。這也屬於我會界定為災難性的一種心態，不幸的是，這是我的心態；這是我在共產黨的存在方式：被迫支持一件完全不可信的事，這恰恰屬於那種『解消自我』的演練，屬於尋求某種成為『他者』的方式。於是我們相信了烏姆塞赫的說法。可是，史達林死後三個月，我們得知醫生們的這個陰謀根本是捏造出來的。到底發生了什麼事？我們寫信給烏姆塞赫，要他好歹來見我們一下，跟我們解釋這個陰謀究竟是怎麼回事。我們沒有得到回應。您會說：他們行事一向如此，這種小事，不意外啊……結果是，從那時候開始我就跟法國共產黨漸行漸遠了。」[9]

由於史達林是在一九五三年三月五日過世，我們可以推算傅柯疏遠法國共產黨的時間始於同年夏天或秋天。尚保羅・艾宏說到一則軼事，證明傅柯在一九五三年四月仍然是共產黨員：當時，同一位烏姆塞赫在里爾召開一場會議，這次抨擊的主題是：畢卡索畫的史達林肖像背後的真相。這幅肖像刊登在法國共產黨的文化報刊《法蘭西文學》（*Lettres françaises*）的頭版，當時的總編輯是阿哈貢。米歇爾・西蒙（Michel Simon）和傅柯都出席了這次會議。烏姆塞赫向他的門徒公開表示，「這幅畫像遭到多列士（Maurice Thorez）[b] 的譴責，這幅畫像自取滅亡，它死於自身的謬誤，或者死於自身的惡意，結果都一樣。」根據艾宏的說法，傅柯因為這樣的說法而「開始動搖」。[10]開始！總之，他還是出席了烏姆塞赫發表演說的會議。由於傅柯在一九五〇年入黨，算起來他在共產黨待了三年左右。至於和馬克思主義的關係，傅柯的脫離更加緩慢。米歇爾．西蒙記得他曾於一九五四年聽到傅柯對一幫共產黨員學生公開表示「馬克思主義不是一種哲學，而是正在走向某種哲學的一個實驗」。師範學院的共產黨員韋爾雷（Étienne Verley）則是和傅柯一起參加過一場由阿圖塞主辦的會議，目的是要組成一個小組，負責製作一本馬克思主義心理學的教科書。根據他的說法，會議的時間在《精神疾病與人格》出版之後未久，也就是一九五四年的春天。

我們可以說：傅柯離開了共產黨，也在一九五五年夏天赴瑞典之前告別了馬克思主義。不過，他和阿圖塞的關係還是很好。「我離開共產黨的時候，他沒有任何惡言，他不希望破壞我們之間的關係。」[11]傅柯和阿圖塞的這段情誼顯然對兩人而言都非常重要。一九六五年，《閱讀資本論》（*Lire le Capital*）出版時，阿圖塞在書中向傅柯致意，他提到「這些大師引領我們閱讀知識的作品，對我們來說，過去是巴舍拉和卡瓦耶斯（Jean Cavaillès），如今是康紀言和傅柯」。傅柯口中的「圖斯」（le Tuss）或「老阿圖」（le vieil Alt），也就是阿圖塞，他在他的學生出版最初的著作時反應非常興奮。傅柯的《瘋狂與非理性》（*Folie et déraison*）及《臨床的誕生》（*Naissance de la clinique*）於一九六一年和一九六三年出版，而阿圖塞自己在當時幾乎沒有出版任何著作。他寫了幾封充滿熱

b. 多列士是一九三〇至一九四六年間的法國共產黨總書記。

情的信給傅柯，在信裡提到「開創性的作品」和「解放」。不過一九六六年傅柯在《詞與物》（*Les mots et les choses*）當中對馬克思主義惡言相向，這位「梧爾木街的凱門鱷」就無法視若無睹了，當時他剛開始陸續出版作品，而且引起相當程度的迴響。傅柯在書中嘲諷理論的暴風雨撼動著孩童的戲水池，所有人都明白這是暗指師範學院的中庭。[12]所以阿圖塞在一九七〇年的《閱讀資本論》英文版裡加上一條關於傅柯的注解，看起來像是某種預防措施：「他是我的學生，我的研究裡有些東西也進入了他的研究，包括我的某些表達方式。不過，在他的思維和他的筆下，就連他從我這裡借用的詞語的意義也轉變了，和我當初賦予的意義有極深刻的差異。」[13]阿圖塞和傅柯謹慎而堅定地展現了理論上的這些分歧，儘管如此，他們一直都是朋友。傅柯始終非常尊重阿圖塞，也對他抱持極高的敬意。後來風向改變，馬克思主義退了流行，傅柯對於挖苦他老師的那些人，言詞都非常嚴厲。[14]

傅柯之所以能說他曾經是「尼采式的共產主義者」，是因為當時他還處在由現象學和馬克思主義所界定的理論空間內部，那時傅柯發現了幾位偉大的當代作家，深受震懾，他對這些作家極為認同，不放過每一個可以引用的機會：像是巴代伊和布朗修，因為他們，傅柯終於斷絕了他和既有的哲學與政治場域一直維持著的連結。儘管當時的這個發現是透過沙特一九四八年出版的《處境．第一卷》（*Situations I*）——沙特長篇大論的文學評論集裡，有兩篇是獻給這兩位作家。「我們經由沙特來到巴代伊和布朗修，我們閱讀他們來**反對**沙特。」德希達如是說。總之，對傅柯而言，他們成了真正通往「尼采學說」的道路，傅柯後來有好幾次這麼說。他也發現了詩人夏赫（取代了此前佩斯〔Saint-John Perse〕在他心中極其崇高的地位）和貝克特（Beckett）的作品。貝克特的《等待果陀》（*En attendant Godot*）於一九五三年首演，「是一場令人屏息的演出。」[15]

傅柯深受文學震懾的時期就此展開，直到六〇年代末期才讓位給某種看待事物更加政治性的觀點。傅柯談到五〇年代的時候，有一次曾對維納說：「那個時候，我夢想成為布朗修。」他告訴維納自己已經熱切地讀完這位作家從一九五三年一月起定期發表在《新法蘭西評論》（*Nouvelle Revue française*）的專欄文章。值得一提的是，一九五三年十月，布朗修為貝克特的《無法稱呼的人》（*L'Innommable*）寫了一篇評論長文，分析「我」和「作者」於此文本中的崩解。[16]或許傅柯是因為布朗修才發現了他後來經常引用的這部小說——譬如一九七〇年他在法蘭西公學院的首講。他放在引號裡面引用，不過作者的名字他完全沒提。

同樣在一九五三年，雅思培討論史特林堡（Strindberg）、梵谷、賀德林（Hölderlin）和史威登堡（Swedenborg）的著作《史特林堡與梵谷》的法文譯本用布朗修的文章作為序文。傅柯長期以來都非常留意雅思培的著作，他早期發表的文章也經常提到雅思培的《普通精神病理學》（*Allgemeine Psychopathologie*），而眾所周知，這本書對沙特有極大的影響。在《史特林堡與梵谷》一書中，雅思培大筆勾畫瘋狂的形式：「我們或許會認為，如同歇斯底里與十八世紀之前的時代精神之間可能存在某種親緣關係，這種親緣關係也可能存在於精神分裂與我們的時代之間。」[17]布朗修的序文標題是〈典型的瘋狂〉（La Folie par excellence），文中可以讀到：「科學透過原因（causes）所解釋的東西，其實並沒有被理解。理解尋求的是它無法掌握的東西，理解奮力且持續地向前行，一直到理解不再可能的那一刻，到了此刻，現象的絕對具體實在將變得晦澀難解。」[18] 要瞭解傅柯往後幾年的研究與寫作，布朗修肯定是根本的源頭之一。

至於夏赫的詩，我們在傅柯的很多文章裡都看得到，從最早期到後期的都有：從一九五三年傅柯替賓斯萬格的《夢與存在》所作的序就可以看到，後來是在一九六一年的《瘋狂與非理性》，傅柯宣稱：「在規則與方法上，我只謹守一項，它出自夏赫的一篇文章，我們也可以在其中讀到真相最緊迫也最謹慎的定義：『我取下事物造來防範我們的幻象，把事物讓予我們的部分留給事物。』」[19] 序言以另一段夏赫的詩句作結，三行文字置於引號內，不過這一次傅柯並未附上出處，甚至也沒提到作者的名字：「悲愴的同伴們喑啞低語，燈火滅盡，請你們繼續前行，歸還珠寶。新的奧祕在你們的骨子裡吟唱。發展你們正當的怪異。」[20] 一九八四年，我們在傅柯後期著作《快感的運用》和《關注自我》（*Le Souci de soi*）的封面上再度發現夏赫。維納說，五〇年代初，夏赫的詩句傅柯熟記在心，時不時就會引用幾句〈鯊和海鷗〉（Le Requin et la Mouette）。數年之後，在瑞典，傅柯會要求他的學生和朋友進入他家之前先朗誦夏赫的詩句。

然而奇怪的是，傅柯後來認識（或遇過）這麼多人，卻從來沒有遇過他的這些偶像。巴代伊在傅柯回到法國未久就過世了。他和布朗修及夏赫也都不曾有過往來。布朗修在傅柯過世之後出版的《我所想像的米歇爾．傅柯》（*Michel Foucault tel que je l'imagine*）裡提到，他們在一起說到話就那麼一次：「我一直和傅柯沒有私交。我從來沒遇過他，只有一次，在六八年五月那陣子，在索邦大學的中庭，可能是六月或七月（不過有人跟我說，他不在那裡），我跟他說了幾句話，不過他不知道跟他說話的人是誰。」[21]布朗修後來在《瘋狂史》出版時，在《新法蘭西評論》的專欄上發表了評論，兩年後，他也評論了傅柯的《黑蒙．胡瑟勒》（*Raymond Roussel*）。傅柯於一九六六年的一篇長文〈外邊思維〉（La Pensée du dehors）中分析了布朗修的作品。所以他們唯一的對話就是在彼此之間用文章和書本來來去去進行。「我們都思念對方。」[22]布朗修還這麼說。不過，也或許他們想要的其實就是這樣的關係？

至於夏赫，傅柯和他也從來不曾謀面。和這兩位都有交情的維納說，傅柯甚至沒有打過電話給夏赫。一九八〇年的某一天，維納和傅柯「密謀」將夏赫送進法蘭西公學院。這項密謀不是很成功：他們隨即發現這位詩人已經……超過退休年齡。在夏赫那方面，他十分看重這位哲學家，也很推崇《瘋狂史》，甚至在傅柯過世時，將他後期的一首詩題贈「給傅柯」，不過這首詩起初並非為傅柯所寫。〈克勒茲的微光〉（Demi-jour en Creuse）的創作時間是一九八四年六月二十一日，傅柯死前四日。夏赫和維納在法國南部鄉下的住處相鄰不遠，他只是將這首詩的手稿送給維納，撫慰他慟失摯友的悲痛。不過，當維納讀到：

> 一對狐狸驚動了雪地，
> 踟躕於愛巢的邊境；
> 向晚，苦戀在他們身畔洩漏

灼人的渴，於斑斑血跡。

他的淚水忍不住泛上眼眶，他告訴詩人：「當年我們都叫傅柯『傅克斯』。」夏赫補上的題贈由是而來，後來在旺德弗赫杜普瓦圖鎮的傅柯葬禮上也才會朗讀這首四行詩。夏赫和傅柯之間除了在傅柯死後發生的這個巧合之外，沒有更近的距離了，然而普遍流傳的說法卻與此大相徑庭。「我會很樂意相信這樣的傳說。」維納在他關於夏赫的著作中如是說。不過「謠言還是要一刀斬斷才是誠實的」。[23]

6 愛情的不協和音

在五〇年代初期，里爾大學只有三、四位哲學教授。在法國的大學裡，教師這一行也還不像十五、二十年後那樣。不過由於沒有人喜歡或想要教心理學，波朗（Raymond Polin）、拉孔布（Olivier Lacombe）和貝拉瓦勒（Yvon Belaval）於是決定找個人來負責這份差事，也讓他們得以卸下這個擔子。他們開出要找的人的理想條件：一位對心理學有興趣的哲學家，而非這門學科的技術專家。有一天，波朗在巴黎對一位同行維耶曼（Jules Vuillemin）提到這個問題，維耶曼向他提起傅柯這個名字。維耶曼在傅柯的學術生涯裡扮演重要的角色，後面我們還有機會再遇到他。此刻我們只需要知道他是阿圖塞的好友，而且也在梧爾木街教書。他就是在梧爾木街認識了傅柯。維耶曼同時也在位於聖克盧（Saint-Cloud）的男子高等師範學院授課，他在那裡認識也在聖克盧教書的波朗。圈子就這樣兜了起來：波朗和傅柯聯絡，也見了面。傅柯向他說明自己正在準備一份關於「心理學的哲學」博士論文。這位教授高興極了，他很開心，因為傅柯的名聲極佳，他收到來自各方的正面評價，儘管關於傅柯心理狀態脆弱的傳說也令他憂心。

傅柯於是在一九五二年十月受聘為里爾大學的心理學助教，不過他並未在里爾「定居」。他跟其他教授一樣，把課程集中在兩、三天，住車站附近的一家小旅館，每週通勤。

文學院是一棟灰石砌成的大樓，位於里爾市中心的奧古斯都翁傑利耶街（rue Auguste-Angelier），就在里爾美術宮（palais des Beaux-Arts de Lille）後方。大樓的正面是華麗的三角楣飾，入口的門廳前有兩排圓柱。這是個威嚴、壯麗又陰森的場所，傅柯在此教授心理學及其歷史。他闡述各家理論，評析作者，論及精神病理學，也談到完形（Gestalt）心理學或羅夏克墨跡測驗……他拿童話故事《驢皮公主》（*Peau d'âne*）來作為精神分析的引論，學生一頭霧水。不過接下來他花很長的時間講佛洛伊德，還建議來聽課的學生閱讀《精神分析五例》（*Cinq Psychanalyses*）。[a] 他也在「存在精神醫學」（psychiatrie existentielle）的研究和庫恩、賓斯萬格的著作停留很久。然後他提到巴夫洛夫學派的蘇聯生理學家，為一年的課程作結。「我所聽到的非常明顯具有馬克思主義傾向。」德勒茲聽過他的一堂課，就那麼一次，而且只是碰巧。德勒茲當年在亞眠高中（lycée d'Amiens）任教，來里爾拜訪他的朋友邦貝傑（Jean-Pierre Bamberger）。邦貝傑帶他去聽傅柯的課。這是他們第一次相遇：邦貝傑邀他們兩人一起去他家吃飯。這頓晚餐沒有特別成功，德勒茲和傅柯不太合拍，要過好幾年，他們的道路才會再次交會。

傅柯的教學極其自由。波朗只在學年開始時問他打算教哪些主題，之後就完全放手，讓他盡情發展他的課程。這是最好的運作方式，畢竟這個系上的教授和他們的心理學助教之間的關係多少有點緊張。不過，傅柯的教學成果相當顯著，讓他在一九五四年四月獲得文學院院長公開正式的讚揚：「充滿活力的年輕助教，規劃科學的心理學課程足見其才華，確實有資格晉升。」年輕助教，沒錯：別忘了，傅柯被聘用為助教那年才二十六歲，而他辭職遠赴瑞典的時候是二十九歲。

傅柯在里爾和幾位高等師範年代的朋友重逢了：他們是一九四七年進入哲學系的米歇爾・西蒙，他被里爾的費戴爾布高中（lycée Faidherbe）聘用，還有尚保羅・艾宏，他獲得圖匡高中（lycée de Tourcoing）的教職。一九五四年，訥沃（Marcel Neveux）也到了費戴爾布高中，他是傅柯在「坎涅班」和亨利四世高中的同學。一起吃午餐成了這個小圈子的習慣：一邊用餐一邊暢談政治（訥沃和西蒙是共產黨員），不過也談文學。西蒙偏好斯湯達爾（Stendhal），傅柯和艾宏比較喜歡巴爾札克（Balzac）。所有人的回憶裡都留著傅柯聲嘶力竭替另一位作者夏赫東（Jacques Chardonne）辯護的記憶。「《克萊兒》（*Claire*）是一部大師之作。」他一再對朋友們這麼說。

傅柯在里爾的時間從一九五二年十月到一九五五年六月，在這個時期的最後，他也常談到尼采，以及想為他的哲學新歡寫書。不過在這次一見鍾情的熱戀之前，他關注的重心基本上還是傾向心理學。

心理學家傅柯？心理學的哲學家傅柯？為了說明自己在一九五二至一九五三年間進行了什麼

a. 集結佛洛伊德五個案例分析的法文譯本。

樣的研究，傅柯列出一份清單，清楚呈現他的研究範圍：包括他進行的研究和計劃中的研究。以下就是傅柯親筆寫下的這份清單，收藏在里爾大學的檔案室裡：

五二至五三年的寫作：

一、《精神疾病與人格》。完稿（付印。法國大學出版社〔PUF〕）。
二、〈心理學史概要〉（Eléments pour une histoire de la psychologie）。為艾弗列．韋伯的《歐洲哲學史》改版而寫的文章。完成。付印。
三、《精神醫學與存在分析》（*Psychiatrie et analyse existentielle*）（補充論文）。完稿（付印。戴斯克雷〔Desclée〕出版社）。
四、翻譯維薩克（Victor von Weizsäcker）的《完形循環》（*Gestaltkreis*）。七月出版。
五、為《夢與存在》（*Traum und Existenz*）作序。七月應該會由戴斯克雷出版社出版。

這兩頁清單並沒有標示日期。根據一切可能的推敲，可能寫於一九五二至一九五三這個學年結束之際，也就是一九五三年的五月或六月，或者，最遲有可能是下個學年的開學時期，也就是同年九月或十月。無論如何，裡面提到的一些出版日期並不正確：《精神疾病與人格》出版於一九五四年，賓斯萬格的《夢與存在》加上傅柯的序文也在這一年出版。而維薩克的《完形循環》則要到一九五七年才得見天日，關於心理學史的那篇文章也是。至於清單上的第三條，儘管上頭寫著「付印」，但是根本不曾出版，也沒有任何人聽過這個「補充論文」。傅柯在為賓斯萬格的書所作的序文中清楚提到「之後將寫一本書，將存在分析置於當代關於人的反思的發展歷程之中」，[1]不過這個「續集」始終未見天日。再者，他是在一九六一年才進行「補充論文」的答辯，當時他已經完成主要論文《瘋狂與非理性》了，而且這個「補充論文」的主題也不是心理學和精神醫學方面的問題，而是康德的《人類學》（*Anthropologie*）。何以如此？或許我們得用非常謹慎的方式來看這樣的清單，說不定傅柯將同樣一篇為賓斯萬格寫的序算了兩次，刻意讓這份清單變長，事實上，這個長篇的序文確實是一份全面性的研究，主題是「精神醫學與存在分析」，研究的範圍「在《夢與存在》之外」。[2]

儘管有一本傅柯宣稱已完成的書必須從「里爾清單」刪去，不過在這麼短的時間裡寫出這麼大量的文字，終究還是令人印象相當深刻，也充分顯示出傅柯驚人的工作能量：他閱讀，寫作，教學……就這一點而言，傅柯幾乎終生都沒有改變。

除了關於尼采的作品前面已經提過，其他關於寫書的想法不久之後也會誕生。傅柯要去瑞典的時候，心裡已經有新的計畫了。賈克琳·維鐸——又是她，一直都是她——帶著這位年輕的哲學家去拜訪任職於圓桌出版社（éditions de la Table Ronde）的柯蕾特·杜亞梅勒（Colette Duhamel），杜亞梅勒向傅柯邀稿，請他寫一本關於精神醫學史的小書。

*

一九五一年七月底，在已經轉型為文化中心若干年的華攸蒙修道院（abbaye de Royaumont）裡，一位名叫布列茲（Pierre Boulez）的年輕作曲家參加了在此地舉辦的音樂節，歷時十日。一天晚上，他坐到鋼琴前面彈了一首莫札特的奏鳴曲。圍繞在他身邊的一小群人聽得非常感動。當時布列茲在巴黎音樂圈已經是重要人物。傅柯跟尚保羅・艾宏都在現場，此外還有阿圖塞和幾位師範生。因為這位師範學院的「凱門鱷」習慣在學生通過教師資格考的筆試後，帶他們來這個讀書的好地方，讓他們可以在極佳的環境準備口試。傅柯是第二次來這裡準備資格考最後階段的考試。艾宏上回也考砸了，雖然他不是師範生，但是因為和傅柯的交情，這個小組也讓他一起加入。他在他的《現代人》（*Les Modernes*）一書講述了布列茲和傅柯的初次相遇：「我聽到一個年輕人在說話，眾人簇擁著他，他以憤怒的語氣談論文學，談到前一年才過世的紀德，還羞辱他。這個暴躁的傢伙說話斬釘截鐵有如鍘刀，自信有如先知，而且很沒教養。有人告訴我他叫作布列茲，在他的圈子裡頗有名氣，年紀輕輕就發表了《四重奏之書》（*Livre pour quatuor*）和兩首鋼琴奏鳴曲，梅湘（Messiaen）公開說他是頂尖之中的頂尖。一九四五年後，巴黎音樂學院崛起，宣稱他們承繼維也納音樂學院，將歐洲音樂界的佼佼者，諸如史托克豪森（Stockhausen）和澤納基斯（Xenakis）等等匯集到法國來。確實，在這樣的氛圍裡，二十七歲的布列茲有充分理由覺得自己得天獨厚，高人一等〔……〕」。在自我質疑的時期，布列茲會在華攸蒙修道院找到新的精神指引，也是很自然的事。這兩位精神導師是夏赫和馬拉美（Mallarmé）。不久之後，布列茲將兩份重要的樂譜題獻給他們；一九五五年的《無主之槌》（*Le Marteau sans maître*），靈感來自夏赫的舊詩作；一九六〇年的《層疊相依》(*Pli selon pli*),源自馬拉美的著名詩作。這次接觸對傅柯日後發展的影響重大。音樂一直是傅柯的弱項。他透過言說去理解音樂。布列茲是他和音樂之間的中介,之後他也認識了布列茲身邊的一幫人,包括日後早逝的巴拉凱(Jean Barraqué),還有范諾(Michel Fano)、艾米(Gilbert Amy),後來隨著『音樂天地』(Domaine musical)[b]的盛衰起落,這幫人也散了。」[3]

其實,艾宏的敘述誇大了布列茲對於傅柯的養成過程的影響,他的說法顯然源於自己的怒氣與怨懟,而非基於他對真實性的關注。因為布列茲在七〇年代末期之前,和傅柯並沒有往來,也就是說,他們的互動幾乎是三十年後的事了。而且,他們之間的關係從來就不是非常密切。當然,一九七五年布列茲獲選進入法蘭西公學院,傅柯是最初的推手——不過當傅柯打電話給布列茲,說要推薦他的時候,他們已經二十年沒見了。而正式的遴選報告則是勒華拉杜里寫的。布列茲在一九七八年辦了一場研討會,與會者有羅蘭・巴特、德勒茲和傅柯。一九八三年,布列茲和傅柯在龐畢度中心的期刊上發表了關於音樂的對話。[4]不過,這差不多就是他們所有的互動了。總之在五〇年代初期,他們幾乎沒有什麼來往。布列茲與傅柯的老交情根本是純然虛構的,儘管這樣的印象到處流傳,而且不斷擴散。再者,布列茲從來不曾附和這樣的印象,他提到這個時期是這麼說的:「我們就是見到、碰到對方,不算認識。」他對於艾宏敘述的華攸蒙修道院場景記憶清晰,不過差不多也就是這麼一個畫面。若不是巴拉凱的緣故,布列茲幾乎沒再見過傅柯,他們的見面

b.「音樂天地」是一九五四年布列茲成立的音樂會社團,於一九七三年解散,對當代室內樂影響巨大。

次數寥寥可數，時間也很短促，而布列茲之所以在《夢與存在》出版時就讀了這本書，是因為巴拉凱把書借給他。事實上，對傅柯無比重要的作曲家不是布列茲，而是巴拉凱，他也是梅湘的學生，在他音樂生涯的初期，經常被視為布列茲的對手。

巴拉凱生於一九二八年，二十歲那年開始在巴黎音樂學院修梅湘的音樂分析課。一九五一到一九五四年間，他跟布列茲和伊薇特·格希牟（Yvette Grimaux）一起在「當代音樂研究小組」（Groupe de recherches sur la musique contemporaine）實習。一九五二年完成《鋼琴奏鳴曲》（*Sonate pour piano*）。他就是在一九五二年和傅柯相遇的。他們的關係一開始似乎只是友情，後來才漸漸演變成風狂雨暴的戀人關係。一九五二年五月，他們剛認識的時候，傅柯在一封寫給朋友的信中如此描述巴拉凱：「很可愛，醜得像隻小蝨子，風趣無比，他的那種博學，像一個壞孩子碰上百科全書。此刻我不知所措，我感覺受到他的邀請，邀我去探索我一無所知的世界，我將帶著我的痛苦在那裡散步。」[5]

從一九五二到一九五五年，他們身邊聚集了一小幫人，其中包括范諾和他的妻子。傅柯會在梅湘的課結束之後去找他們——對這些年輕的音樂家來說，梅湘的課根本就是一場神聖的禮拜儀式——然後一起去吃午餐或晚餐。他們很少討論到嚴肅的問題，經常只是在說笑，耍嘴皮，哈哈大笑，遊戲。「我們在一個永遠都在演出的劇場裡。」范諾這麼說，他還記得傅柯對他們所代表的這種新音樂沒什麼興趣。他喜歡的是巴哈，經常和他一起去聽音樂會的賈克琳·維鐸也這麼說。不過這位年輕音樂家和這位年輕哲學家發展出來的關係，對他們兩人的作品和生命都將留下深刻的影響。他們似乎擁有相當近似的世界觀。因為對巴拉凱而言，音樂「就是悲劇，是悲愴，是死亡。是完整的一局遊戲，顫慄直到自殺。如果音樂不是如此，如果音樂不是超越直到極限，音樂就什麼也不是了」。[6]傅柯讓巴拉凱讀了赫曼．布洛赫（Hermann Broch）的《維吉爾之死》（*La Mort de Virgile*）——這部德文小說的法文譯本出版於一九五五年初。巴拉凱後來受這部小說啟發，譜寫了好幾部作品：《時光重建》（*Le Temps restitué*），第一版完成於一九五七年，還有一九六一年的《言說》（*Discours*），一九六六年的《歌聲連綿》（*Chant après chant*）。其後，他著手創作一部抒情風格的作品《躺臥的人》（*L'Homme couché*），依舊是赫曼．布洛赫的主題，後來因為他過世而中斷。他在一九五五年將尼采的詩放入他的作品《序列》（*Séquence*）之中，這些詩也是傅柯讓他讀的：

你僵直停步，
你望向後方，多久了。
所以你瘋狂
想逃離世界……在冬季降臨之前？
世界……一扇開啟的門
開向千百座喑啞寒冷的沙漠。

那人已迷失我所迷失的東西。[c]
他無處停留。

你蒼白停步，
注定在隆冬漂泊
一如雲煙尋覓更寒冷的天空〔……〕

對傅柯而言，他在這個時期所發現的音樂，也對他產生了決定性的影響。他接受瑞根斯（Stephen Riggins）訪談時公開表示（刊登於一九八三年的《思潮》〔*Ethos*〕季刊）：「我有個朋友是作曲家，他現在過世了。因為他，我認識了整個布列茲的世代。對我來說，這是非常重要的經驗。」[7] 再回頭談他在一九八二年寫的〈談到布列茲〉。這篇關於布列茲的文章寫於一九八二年，為的是慶祝巴黎秋季藝術節的十週年，傅柯每一行都在講巴拉凱，儘管只是隱藏在字裡行間，並沒有提到名字。譬如，文章的整段開頭召喚的身影是巴拉凱，而不是我們以為的布列茲。我們可以來看看：「你們問我因為機遇，因為有緣相識的情誼，我得以在近三十年前的音樂之中瞥見了一點什麼？我在其間只是一個過客，之所以駐足，只因為眷戀，因為某種騷動的心緒，好奇，因為參與某種我幾乎無能與之同代共存的事物而帶來的奇異感覺〔……〕。我依然和當時一樣，沒有談論音樂的能力。我只知道我當時可以明白——而且多半是經由另一人的居中引介——布列茲在做什麼，這讓我感覺到自己在思想的世界裡是個異鄉人，而我在那裡受教育，我一直屬於那裡，對我和許多人而言，這個世界一直是不證自明的〔……〕。當年，我們被教導的是意義、實際經驗、肉體、原初經驗、主觀意涵或社會意義的優先性，而跟布列茲和音樂的相遇，是以一個不熟悉的角度來看待二十世紀：這是一場長期的戰鬥，圍繞著『與形式有關的事物』（le formel）；這是要去認清，在俄羅斯、在德國、在奧地利、在中歐，與形式有關的創作如何透過音樂、繪畫、建築、哲學、語言學和神話，挑戰了舊有的問題，撼動了思考的方式。」[8]

音樂打碎了傅柯此前安心擁抱的文化價值，當時，音樂可說是一個斷路裝置，讓他拉開與所有事物的距離，繼而得以逃脫現象學和馬克思主義的影響。正是在這層意義上，傅柯才會在一九六七年回答卡魯索（Paolo Caruso）：對他而言，音樂扮演的角色跟閱讀尼采一樣重要。當時，為了讓這個說法有血有肉，他還提到自己把尼采的詩拿給巴拉凱讀，「他是我們當代最有才華也最被埋沒的音樂家之一。」[9]

在他和巴拉凱交往的兩、三年間，傅柯浸潤在這種帶著些許狂熱的藝術創新環境裡，在這種質疑既有事物的興奮氛圍中，人物開始出現，作品開始成型。毫無疑問，他瘋狂愛上了巴拉凱，而我們在讀他寫給巴拉凱的信件時也會得到這樣的印象：他在巴拉凱身上看到一個與他心意相符的性伴侶，他願意臣服於對方。一九五五年八月，傅柯即將遠赴瑞典，他寫信給巴拉凱傾訴他時

c. 尼采德文原詩為「你所迷失的東西」。

時刻刻對他的渴望，信中提到「最後一週」迫近，他十分恐懼，他說現在他明白屬於另一人，被另一人擁有，成為另一人的歡愉是怎麼回事了。他還跟他說，他的一生已鑽入他雙臂交織而成的「緯線之中」，宛如「一縷紅毛線織繡在大壁毯裡」，在他的快樂、美麗和力量之中。信末他表明，他已全部付出，無法再給予了：你儘管予取予求，為了你的歡愉，你自己的歡愉，毋須在乎我的慾望。這就是「我的祕密」，傅柯說，他已經一次說完，希望他永遠不會忘記。八月二十七日，傅柯抵達烏普薩拉的第二天，他寫信給巴拉凱回憶他們「最後一夜」的「幸福」，他對他說：「這裡的一切都讓我想起你的不在。」八月二十九日，他寫信告訴他，他唯一的願望就是論文有足夠的進展，讓他可以回法國。「我們的生命只有一次，」他對巴拉凱說，「而且可能是兩人同命。我們只有別人一半的權利可以浪費生命，糟蹋生命。」九月一日，他告訴巴拉凱，寄信和收信（「這些信一起寄到，有如姊妹，宛如孿生，它們是一體的」）已經成了「我的儀式，是一週當中僅有的祈禱」。然後，如果巴拉凱想要的話，傅柯強調，他可以從明年五月起，返回法國定居。到了十月，傅柯嚷著，他對他「愛到無可自拔」。書信一封又一封，一封又一封……這麼多的書信，如此美麗，如此動人，始終以一種相當隱晦，甚至怪異的風格寫成，「放逐」的感覺（多重意義的「放逐」）揮之不去，像是害怕自己會「迷航」，還有夜裡的恐慌，擔憂自己「又陷入舊時的噩夢」——如果他緊緊攀附的巴拉凱的「堅實穩健」不在身旁。

一九五五年十二月和一九五六年一月期間，傅柯回法國過寒假。他在普瓦提耶的父母家度過一部分時間，然後回到巴黎。不過他和巴拉凱見面的時候，情況變得很糟。巴拉凱的《序列》於一九五六年三月十日和十一日在「小馬希尼劇場」(Petit Marigny)演出，傅柯因為無法到場而感到抱歉，過了幾個星期，巴拉凱寫了一封分手信給他：「我不想再有『十二月』了；我不想再當這場墮落演出的演員或觀眾了。我已經走出這種瘋狂的眩暈。」巴拉凱寫了一封信給一位好友，這位好友在回信中給他的建議是：「您的問題都是一些假問題，或者更精確地說，那些問題都與您無關，那是傅柯這位哲學家的問題，而不是您這位音樂家的問題。請不要讓這個人在毀滅自己之後，也將您毀滅。我不相信他可以將您毀滅，因為您很堅強。」

一九五六年五月，傅柯做了最後一次努力：他說他要回法國度假，他問巴拉凱：我們要一起度過之前說好一起過的夏天嗎？他得到的答覆是不要。[10]不過，巴拉凱並沒有忘記傅柯。在巴拉凱罕見的照片當中，有一張一九六六年在他的巴黎公寓拍攝的照片出現了傅柯的身影。他的書櫃層板上有一份攤開的報紙，上頭有一張大尺寸的傅柯照片跟《詞與物》的書評一起刊登出來。他當然也記得不少這位舊友所說的話。一九六九年，巴拉凱在一次訪談中說：「有一次，有人不斷對我重複惹內的這句話：『天才，是在絕望之中依舊嚴謹。』」[11]我們很難不在其中聽到傅柯從遠方傳來的聲音。

*

一九五五年的這個時間，傅柯正準備離開法國好幾年，當時他在做什麼？他寫了兩篇長文，收在他跟其他人共同出版的合集裡，還為賓斯萬格的書寫了一篇序，他也出版了自己的第一本書《精神疾病與人格》。不過這本書算是差強人意：一九五四年出現在法國大學出版社的「哲學入門」書系裡，主編是拉夸。事實上，是拉夸這位天主教思想家的好友阿圖塞要他出版的。《精神疾病與人格》是這個書系的第十二冊，第一冊是古斯朵夫的《話語》（*La Parole*），我們也可以看到第六冊是涅東謝勒（Maurice Nédoncelle）的《美學導論》（*Introduction à l'esthétique*），第八冊則是貝傑（Gaston Berger）的《個性與人格》（*Caractère et personnalité*）。

依照書系的規則，書沒有超過一百一十四頁。傅柯開宗明義寫道：「我們想要證明，精神的病理學所需的分析方法不同於器官的病理學，只有透過某種語言的手段，才能將相同的意義提供給『身體的疾病』和『心靈的疾病』。」[12] 這段陳述必須理解為對於郭爾斯坦的理論的批評——他的理論當年不只啟發了梅洛龐蒂，也啟發了康紀言。接著，傅柯在「存在分析」理論花了相當長的時間，他探討「存在分析」的方式比較友善，在他眼裡，「存在分析」讓精神醫學跨出了一大步。相對的，他對精神分析的批評就相當嚴厲了。他指責精神分析「將人與其環境（milieu）的關係非現實化」。這時就輪到巴夫洛夫和他的理論上場了。傅柯寫了一整章，內容遠遠不只是關於當年風行的生理學的一份參考資料，而是貨真價實的政治標記，因為當時共產黨殷切期盼「唯物主義心理科學」得以創建，而所有的嘗試都集結在巴夫洛夫這面旗幟之下。《理性：科學的精神病理學筆記》（*La Raison. Cahiers de psychopathologie scientifique*）這份由馬克思主義心理學者創辦的期刊，編輯委員會主席是瓦隆（Henri Wallcn），總編輯是勒吉雍（Louis Le Guillant），他們所呈現的就是這樣的走向，大部分都在反對精神分析。在第一期的目次裡，我們可以看到一篇巴夫洛夫的〈精神醫學與童年〉（La psychiatrie et l'enfance）和一篇佛林（Sven Follin）的〈巴夫洛夫對精神醫學的貢獻〉（L'apport de Pavlov à la psychiatrie）。第一期的社論於一九五一年刊登在《新批評》，我們可以在這篇文章裡讀到一段對於「巴夫洛夫卓越的研究及其後繼者們」的頌詞，之後是這樣的句子：「人是一種社會生物，其社會生活無時無刻不與發生在他身上的事——特別是疾病——息息相關。」接著是清楚的解釋，指出社會生活就是：「物質與意識形態的現實」，也就是說「愈來愈貴的麵包，愈來愈低的薪水，愈來愈確定的戰爭……」[13]

傅柯書裡的用語和這篇社論相似得驚人。譬如，在「衝突的心理學」這章，他介紹完巴夫洛夫的論文之後是這麼寫的：「當環境的條件不再允許刺激與抑制的正常辯證關係，某種防禦的抑制就會建立起來〔……〕。疾病是一種防禦的形式。」[14] 這不啻是說，「不是因為我們病了，所以我們精神錯亂了（aliéné），而是因為我們異化了（aliéné）[d]，所以我們才病了。」在這本書的前面幾頁，傅柯援引了庫恩和賓斯萬格提出的個案研究，彷彿只是為了以馬克思主義的透視法重新描繪一次：「疾病之所以在矛盾舉止的交纏之中找到一種特別喜愛的表達方式，並非因為人的潛意識裡原本就有一種讓矛盾因素並列的天性；而是因為人將人變成一種矛盾的經驗；在競爭、剝削、帝國主義戰爭和階級鬥爭的形式下，現時的經濟所決定的社會關係提供給人一種經驗，那就

d. 原文為aliéné，兼有「精神錯亂的」與「被異化的」二義。

是：人文環境裡永遠充斥著矛盾。」[15] 於是他給精神疾病下了這樣的定義：「社會矛盾的結果——人在這些矛盾之中，歷史性地精神錯亂／異化了。」[16] 因此，將治療法導向新的道路也是必然的：我們可以「假設，一旦病人不再承受異化（aliénation）的命運，就有可能面對疾病在某種人格之中的辯證關係」。[17] 傅柯的結論是：「痊癒的方式無他，只有實現病人與環境的新關係〔……〕。倘若心理學確實如同所有關於人的科學，應該以讓人脫離異化（désaliéner）為目標，那麼真正的心理學就該擺脫心理主義（psychologisme）。」[18]

這裡要順帶一提，「考古學」（archéologie）一詞在此首度出現，傅柯提及精神分析所謂的個人發展的「早期階段」：「精神分析相信，透過成人病理的製作，可以寫出兒童的心理狀態。〔……〕每個原慾發展階段（stade libidinal）都是一種潛在的病理結構。精神官能症是一種自發的原慾（libido）的考古學。」[19]

傅柯不希望《精神疾病與人格》重新出版。於是在《瘋狂與非理性》出版之後，他於一九六二年為《精神疾病與人格》出了一個新的版本，書名是《精神疾病與心理學》（*Maladie mentale et psychologie*）。在這個版本裡，最後的部分整個都改掉了。巴夫洛夫被扔到一旁，取而代之的是一份摘要，摘自傅柯在瑞典所寫的、才剛通過博士論文答辯的長篇大作。第二篇原先的標題是「疾病的現實條件」，現在變成「瘋狂與文化」。而原本第二篇裡的「精神錯亂的歷史意義」和「衝突的心理學」兩章，變成「精神疾病的歷史構造」和「瘋狂的整體結構」。[20] 但是這個新版本的結構實在太混亂，傅柯後來也禁止出版社加印此書，而且還試圖阻止這本書譯成英文，但是沒有成功。

傅柯後來完全不承認這本書：日後在訪談中提到自己的「第一本書」，傅柯說的都是《瘋狂史》，於是這本一九五四年的小書和它在一九六二年的新版，都被打入歷史的冷宮……或者，從此它們的存在範圍被圈限在圖書館的目錄裡（至少傅柯是這麼相信的，畢竟出版社在他死後若干年，推出了口袋本的《精神疾病與心理學》）。[21]

一九五四年，這本書出版的時候，傅柯經常跟伊波利特討論心理學的問題。伊波利特在這一年成為高等師範學院的校長，他和當時許多哲學家一樣，經常思考心理學的問題。事實上，「精神錯亂」（aliénation）這個傅柯作品的核心主題，也是當時主導這些哲學討論的主題之一。伊波利特十分熱中精神醫學，他跟了一整年巴胡克（Henri Baruk）教授在沙宏通療養院（asile de Charenton）的會診。在一九五五年的一場演講裡，這位黑格爾的法文譯者述說這次經驗讓他「心裡確信，關於瘋狂——以這個詞的深層意義來說，就是精神錯亂——的研究是某種人類學，某種對於人的研究的中心。療養院是已經無法（或是我們已經無法讓他們）在我們的人際環境裡繼續生活下去的那些人的庇護所。所以這是一種間接理解的方法——理解這個環境，理解這個環境不斷對所謂正常人造成的問題。」[22]伊波利特也參與拉岡的研討課，這位精神科醫師從一九五一年開始在自家公寓開講，起初只有幾位聽眾，不過在一九五三年便換到聖安娜醫院，開放給更大的聽眾群。一九五四年，拉岡和伊波利特兩度在公開場合討論黑格爾哲學和語言學，這些時刻對於拉岡學說走向成熟有重大影響。[23]依照龐格的說法，傅柯「每星期」都去聽這位當年尚未成名的精神科醫師講課。在圖隆巴多利的訪談裡，傅柯似乎說他不曾上過拉岡的研討課。事實上，如果我們參照原始的錄音，他在一九七八年回答提問時，說的其實是他上拉岡的課上得不夠多，所以沒辦法好好理解他，這也支持了龐格的說法。無論如何，傅柯從一九五三年就知道拉岡的名字，他閱讀拉岡，引用拉岡……這其實沒什麼好奇怪的，一如我們先前看到的，傅柯當年本來就經常出入聖安娜醫院。傅柯於一九六一年出版《瘋狂與非理性》時，提及對他造成影響的一些人，除了布朗修、胡瑟勒和杜梅齊勒，他也提到拉岡的名字。

回頭來談伊波利特：為了落實他對精神醫學和精神分析的關注，他試著創立一個由哲學家和心理學家組成的思考團隊。一九五五年二月五日，成立大會在師範學院召開。布黑斯記得這個日期：那是法國總理孟戴斯．弗朗斯下臺的日子。參加會議的有：翁布赫旦、弗杭榭斯、傅柯等。

不過傅柯即將離開法國。他或許還不知道自己將完成一項為心理學設定的計畫——他在為《學者提問》（*Des chercheurs s'interrogent*）這部合集所寫的文章裡闡述了這項計畫，文章發表的時間和《精神疾病與人格》相去不遠，但調性迥異。傅柯反對實證主義心理學（psychologie positiviste）：他們相信科學的年代已然到來，因為他們做了大量的實驗，發展了大量的調查方法。傅柯提醒，這種技術上的精細發展只是「一個訊號，告訴我們事情剛好相反，心理學遺忘了人的否定性（négativité），而這正是心理學的原鄉」。心理學遺忘了「精神病理學之所以一直是而且依然是心理學實驗的一個根源，並不是因為精神疾病點出了一些隱藏的結構〔……〕，換個說法，不是因為人在精神疾病之中更容易辨認出自身的真相的面貌，而是恰好相反，因為人在其中發現了這個真相的黑夜及其矛盾的絕對要素。疾病是健康狀況的**心理學真相**（*vérité psychologique*），恰恰是因為疾病是健康狀況的**人性矛盾**（*contradiction humaine*）」。面對這個遺忘了起源的心理科學，必須提醒的是，心理學的志業「永遠在地獄」。傅柯的結論是：「只有回到地獄，心理學才能自我拯救。」[24]

7 烏普薩拉、華沙、漢堡

「您的高中畢業文憑是何時取得的？」杜梅齊勒問道，他刻意模仿「打倒頭銜」那種儀式的語氣。當他發現自己取得文憑的年代明顯比對話者早很多（早了三十年），就對這個小老弟說：「我們說話的時候就用『你』吧。」於是傅柯舉起手上的瑞典烈酒（那裡可沒有蜂蜜淡酒）對他說：「*Tack ska du ha*」（「感謝」）。傅柯這年二十九歲，而這位偉大的印歐神話專家已經快要六十歲了。不過在瑞典，只要進了學院，不論年齡和職級，是可以用「你」互稱的（在普遍「以你互稱」的改革開始之前已經是如此）。只要比較「老」的那位先開始。

我們確實是在瑞典。故事發生在斯德哥爾摩（Stockholm）北方約七十公里的烏普薩拉，時間是一九五六年的春天，登場的是這位著名的學者，也是法蘭西公學院的教授，還有這位未來的哲學家，也是《瘋狂史》的作者，他們兩人之間極有默契的關係就此展開，始終不渝。傅柯是透過杜梅齊勒的引介，才在一九五五年八月來到瑞典的這個小小的大學城。其實，這趟旅程的緣起可以上溯至非常遙遠的年代。我們得回溯到一九三四年。是的，一九三四年。傅柯當時才剛滿八歲，不過杜梅齊勒已經出版第三本書：《烏拉諾斯－婆羅那》（*Ouranos-Varuna*）。列維（Sylvain Lévi）邀請他到印度文明研究所（Institut de civilisation indienne）發表他的研究成果，那裡每星期四都有一場討論會。演講廳裡有來自史學、文獻學或語言學領域的代表人物：儒勒．布洛赫（Jules Bloch）、葛蘭言（Marcel Granet）、班維尼斯特（Émile Benveniste）等。班維尼斯特當年非常反對杜梅齊勒的論點，而杜梅齊勒自己也在若干年後拋棄了這些論點。這場辯論的言詞交鋒非常激烈，最後在散場時，有一名學生停下腳步與演講者談話。這名學生叫作居希耶勒（Raoul Curiel），日後成為著名的考古學家。一開始他只是和演講者聊著下午爭論的幾個重點，而由於兩人都是同性戀者，他們很快就「辨認」出對方，從而發展出一段長久又密切的友誼。

杜梅齊勒在海外遊歷多年之後返國。他在土耳其六年，在瑞典兩年，一九三一到一九三三年在烏普薩拉大學擔任負責法文教學的外籍講師。他和北歐的朋友們一直保持聯繫。二次世界大戰結束後他經常回到瑞典，他的研究工作在那裡有過戲劇性的突破。所以這樣的事並不讓人意外：在他初次旅居瑞典的二十年後，羅曼語言研究所的所長伐勒克（Paul Falk）教授寫信向他請教，是否能推薦一位可以勝任法語教學工作的人選？時間是一九五四年的十月，杜梅齊勒沒認識什麼新世代的師範人，若非居希耶勒向他提到一位自己剛認識而且有過一段短暫關係的年輕哲學家，他也只能向伐勒克教授說抱歉了。「他是我認識的人當中最聰明的。」居希耶勒這麼告訴杜梅齊勒。杜梅齊勒記得他當時是這麼說的，他也信任這樣的評價——在「同性戀次文化」裡經常看到這種互助現象——他提筆寫信給伐勒克說：我終於找到適合這個位子的人了。他也寫了一封短信給傅柯：「先生，親愛的校友（因為他們兩人都曾經是高等師範學院的學生），隨信附上的是我今晨收到的烏普薩大學羅曼語教授伐勒克的來函。請不要問我為何想到您。幾位友人跟我提過您，他們的好評讓我相信您在烏普薩應該會非常愉快。」（法文說「烏普薩」〔Upsal〕，瑞典文說「烏普薩拉」〔Uppsala〕。）他向傅柯盛讚那裡的物質生活條件（「一間在『法國之家』的公寓」）、圖書館（「新卡洛琳娜圖書館〔Carolina Rediviva〕是歐洲最佳圖書館之一」）、風景（「出城兩百公尺就是森林」），還有「迷人的瑞典青年」——這個密語的性意涵不難解讀。[1] 傅柯很快就回信了。他向「教授先生」說，這些關於烏普薩的描述讓他深受吸引，接著又說：「我擔心的只有一個問題，就是做研究的條件（不是書的問題，您已經提到那座圖書館了，而是可以運用的自由時間）。我的博士論文現在已有相當進展，我渴望將它完成。除了這個問題，其他一切看來都很美好。」[2] 杜梅齊勒此刻正在英國的威爾斯「遊蕩」（他喜歡這個說法），他為這封信留下的筆記是：「十月二十五日於班格爾（Bangor）收信。二十五日覆信，請他附三份履歷，請他放心，自由的時間沒有問題。」傅柯則於十月二十九日回信給他：「讀完您給我寫的信，對於烏普薩和瑞典，我怎能還有絲毫的猶疑？只剩下唯一的擔憂：如果文化交流處不同意任用我，我會非常失望。」傅柯附上一式三份履歷：他在履歷裡寫著，他的主要論文（他說已有相當進展的那份論文）題目是：「現象學的『世界』概念及其對人文科學的影響之研究」；補充論文是：「信號的心理物理學與感知的詮釋」。杜梅齊勒似乎在傅柯動身之前就見過他（不過在傅柯過世時，杜梅齊勒憶及這段往事的敘述並非如此），而且在家接待過他，至少一次（或許是兩次），向他描述烏普薩拉的樣貌和瑞典的生活，並且「指點他如何在複雜的學界行走」（他邀傅柯來家裡的時候是這麼說的）。[3]終於，在一九五五年二月，傅柯寫信告訴杜梅齊勒自己錄取了。當然還有其他應徵者，包括羅蘭．巴特！[4]不過杜梅齊勒的影響力是決定性的因素，而且傅柯也完美符合求才的條件：他有伐勒克第一封信裡要求的所有「頭銜」（「譬如，教師資格」），而且還更優秀（「要相對年輕：大約三十到三十五歲」），當時他才二十八歲。他於一九五五年八月二十六日到任新職。[5]

「我一直很難忍受法國社會生活與文化生活的某些樣貌。這是我在一九五五年離開法國的原因……個人生活方面的自由在這裡受到極大的限制。」傅柯在很久以後為他的離去提出解釋。他還說：「在那個年代，瑞典被認為是一個比較自由的國家。我很快就發現某些自由的形式跟壓抑的社會一樣，有相同的約束效果。[6]」事實上，雖然他想遠離法國，藉此逃避他的不自在和深層的不安，但他在烏普薩拉的這三年對他來說還是非常辛苦。首先是因為氣候，他非常不適應北歐冬季的嚴寒。他對一起受凍的同伴們說：「我是二十世紀的笛卡兒，我會在這裡掛掉。幸好這裡只有冬天，沒有克里絲蒂娜女王。」[a]還有這裡的夜，十一月的時候，下午三點天就黑了，十二月是兩點。對於所有不是從小就習於這種日照方式的人來說，這會讓人情緒不安，無法擺脫沮喪的感覺。還有烏普薩拉大學的生活——這是北歐最負盛名的大學之一，學校卻小得要命，大學城也是：當年的居民是七萬人，有六、七千名學生。這裡的氣氛非常嚴肅，甚至古板拘謹：空氣中嗅得到路德派的清教徒思想極其沉重的氣息。傅柯安頓好沒多久就寫信給巴拉凱說：「烏普薩拉的生活很痛苦，很像在大學裡。」如果傅柯曾經夢想在瑞典找到一個在法國還不曾存在的精神出口，他應該已經幻滅了：同性戀在烏普薩拉被接受的程度並沒有比巴黎好，說不定還更糟。傅柯覺得難受，但他還是留下來了。所以他在抵達烏普薩拉數月之後，才有機會更進一步認識杜梅齊勒這位了不起的大學者。白一九四七年起，杜梅齊勒每年結束法蘭西公學院的課程後，都會來瑞典做兩、三個月的研究工作。烏普薩拉大學提供一間小公寓讓他使用。傅柯在烏普薩拉的這三年經常去找他，在他那裡待的時間也很久。傅柯原本就對杜梅齊勒的作品懷抱深切的仰慕之情，現在他要有系統地研讀杜梅齊勒近期發表的豐富著作，補齊對他作品的認識。他也會對這個人懷抱相同的仰慕之情。杜梅齊勒可說是他的某種榜樣：做研究時嚴謹和耐性的榜樣，也是興趣廣泛這方面的榜樣，以及對檔案縝密關注的榜樣。毫無疑問，杜梅齊勒對傅柯思想的發展有極其重要的影響。一九五七年，傅柯就在一篇關於「人類學」的文章裡提到這位導師的研究，文章是為了在一個介紹「法國科學」的德國電臺節目，以朗讀方式播出而寫的：當然，文章裡談到李維史陀（Claude Lévi-Strauss）的篇幅長得多，不過傅柯在他的文章最後強調，「杜梅齊勒修復了印歐神話的偉大建築，樹立了帶給人類學諸多貢獻的作品，比梅洛龐蒂對反射生理學的貢獻還大。」[7] 後來他一再提及杜梅齊勒對他的幫助有多大。他在《瘋狂與非理性》的序文裡公開表示：「在這注定

a. 笛卡兒於一六四九年十月應克里斯蒂娜女王之邀造訪瑞典，依女王作息於每日清晨五時前赴國家圖書館討論哲學，笛卡兒因此染上肺炎，於次年二月病逝當地。

難免孤獨的工作裡，我得感謝這一路幫助過我的人，杜梅齊勒先生是這份名單上的第一人，沒有他，這本書的寫作是不可能的。」[8]這或許可以視為某種單純合乎時宜的人情：確實是因為杜梅齊勒，傅柯才享有這些條件，可以著手寫這本書。不過這本書出版的時候，傅柯在《世界報》（*Le Monde*）的一篇訪談中強調（刊登於一九六一年七月二十二日）杜梅齊勒對他在智識方面的深刻影響。採訪中問到有哪些人對他造成影響，傅柯說了布朗修、胡瑟勒，然後是拉岡，他還加上：「不過最主要還是杜梅齊勒。」採訪者驚訝地說：「研究宗教的史學家如何啟發瘋狂史的研究？」傅柯的解釋是：「透過他的結構概念。一如杜梅齊勒研究神話的方法，我試著去發現經驗的結構形式，它們的框架有可能帶著一些不同層次的變化出現。」[9]傅柯在法蘭西公學院的首講中又提到杜梅齊勒的恩澤，而且遣詞用字的力道更強，他說：「我相信，杜梅齊勒先生對我的幫助確實很多，是他，在我還相信寫作是一種樂趣的年紀激勵我寫作。不過，他的作品對我的幫助也很大〔……〕。是他教我如何分析一段論述的內在布局，方法完全不同於傳統的釋義學或語言學的形式主義；是他教我在一段又一段的論述裡，透過比較的遊戲，辨認出功能相關性的體系；是他教我如何描述一段論述的轉化及其與制度的關係。」[10]直到生命的最後，傅柯都一直認真閱讀杜梅齊勒的作品。一九八三年一月，傅柯在法蘭西公學院的課上花了很長時間評論杜梅齊勒的《發出聲響的阿波羅》（*Apollon sonore*）。一九八四年，傅柯最後講授的兩堂課上，分析的是杜梅齊勒剛發表的關於「蘇格拉底最後話語」的文章。[11]

不只是思想上的強烈影響，也是歷久不衰的友誼，歷時將近三十年，「沒有陰影也沒有裂痕」

（這是杜梅齊勒的說法），直到傅柯辭世才中斷。這份情誼在傅柯學術生涯的發展上扮演一定的角色——何等重要的角色！——尤其是在法蘭西公學院教授遴選的時候。

兩人在瑞典第一次碰面的地點是烏普薩拉的法國之家。這位外籍法文講師同時也負責主持這個文化中心的活動，機構的規模雖小，但已經在這個大學城裡存在多年，功能跟其他文化中心一樣：透過演講、對談、娛樂活動等，讓大家認識法國的語言和文化。不過在烏普薩拉，整個法國之家就在位於聖約翰路（rue Saint-Johannes）二十二號四樓的一間公寓裡，一條貴族的街道，一棟十九世紀的資產階級建築，距離將城市一分為二的菲里斯河（Fyris）只有數步之遙：一邊是大學城，另一邊是住宅區。這棟建築物的牆面，底層是紅色石塊砌的，樓上則是玫瑰色的石頭。一頭獅子高踞在入口門廊上方。四樓的公寓分成兩邊：幾個公共用途的空間構成嚴格意義上的法國之家，也就是一間圖書館、一間音樂圖書館、一間會議室，另外就是兩個「私人使用」的房間，供中心的主任使用：傅柯旅居瑞典時就住在這裡。儘管這座城市——北歐的迷你劍橋——如此淒涼，傅柯還是在這裡漸漸安頓了他的新生活，過著盡可能舒適的生活。剛到的前幾天，他就認識了一位跟他同時抵達的年輕法國生物學家米格勒（Jean-François Miquel），而且很快就決定一起吃他們的每一頓飯。後來他們的雙人組又有一個人加入，他叫帕培列頻（Jacques Papet-Lépine），是研究暴風雨和閃電的物理學者，正在寫博士論文，題目很妙：《數學對於雷擊理論的貢獻》（*Contribution mathématique à une théorie du coup de foudre*）。[b] 他們在聖約翰街輪流做菜。經常加入他們的還有外籍義

b.「雷擊」（coup de foudre）常用於形容「一見傾心」。

大利文講師寇絲坦莎・帕斯夸利（Costanza Pasquali），大家都叫她「咪咪」，還有外籍英文講師斐森（Peter Fyson），他是歐洲詩學專家，也是歌劇的超級愛好者。這個小團體會在星期五晚上和星期天中午進行他們每週兩次移師城內的活動，到城裡他們特別鍾愛的「市集」（Forum）餐廳。有一次，他們在那裡宴請雪佛萊（Maurice Chevalier），因為傅柯和米格勒去聽了這位歌手在斯德哥爾摩的個人演唱會，演出結束之後他們跑到後臺找他講話……結果他們就和這位歌手一起去吃晚餐了。為了「回請」，傅柯和米格勒邀請這位明星來到烏普薩拉。他們為他導覽這座城市，然後帶他去「市集」餐廳吃午餐。

只要杜梅齊勒一出現在他們的小天地，他們就會在這家餐廳為他們的精神導師接風和餞行。對傅柯來說，這是一次實實在在的群體生活，是他第一次心甘情願接受的。而且是他讓這樣的生活成形，因為他正是這個朋友圈的中心。法國之家很快就成為一個聚會所，大家都喜歡在下班或週末的時間來這裡。

在這個團體組成之後未久，有兩個新人物熱熱鬧鬧進入了他們的群體生活，掀起一陣歡樂又混亂的旋風。他們的出現令傅柯非常開心，快樂極了。第一個新登場的人物是從法國回來的年輕瑞典學生歐貝里（Jean-Christophe Oberg），他的父親在巴黎的瑞典大使館工作，所以他在鍾松高中完成學業。他來烏普薩拉讀法律，打定主意要進入外交界。後來他也確實成功成為瑞典外交政治界的一號傑出人物，於越戰期間在河內擔任大使，之後又派駐阿爾及爾與華沙擔任大使。他來到烏普薩拉的這個時候才十八歲，也成為傅柯在法國之家的祕書。第二年他引薦了一位法國女性朋友達妮（Dani），傅柯立刻就聘用這個女孩子，而且非常喜歡她。歐貝里漸漸把他的位子讓出來給達妮，於是她也成了法國之家的祕書。傅柯和他們兩人相處得很愉快。有一次，傅柯跟歐貝里一起去斯德哥爾摩買車。他們開著一輛豪華的米色積架（Jaguar）跑車回來，讓習於樸實無華的烏普薩拉社會非常驚訝，特別是看到一位外籍講師——在非常嚴苛的學院階層體系裡排在最低一級——如此炫富，大家都不知該如何反應。而且杜梅齊勒也很喜歡重提這段往事：傅柯當年並不缺錢（因為他家一直都在支助他），他根本不是後來人們經常描述的那種苦行者，那種僧侶。他喜歡在餐廳盡情饗宴的感覺，他喜歡喝酒，當年在他身邊的友人常說起他令人難忘的「喝掛」事蹟，像是有一天，他在晚餐結束時起身舉杯，結果跌到地上，醉得不省人事。他也曾裝扮成司機，載達妮去市區購物。他的積架跑車成了所有認得這輛車的烏普薩拉人心裡的一則傳奇。所有人都說他開車的時候很瘋。杜梅齊勒還記得有一次他們開進水溝裡，大家的回憶裡也留存著不少這類的事故，幸好都不嚴重，然而地上若是有積雪或結冰，這些意外都有可能釀成悲劇。

不過烏普薩拉對傅柯來說，最重要的還是工作。他的職務分成三類。首先，他得履行外籍法文講師的職責，這個部分他做得非常出色。杜梅齊勒和他推薦的這位年輕人在瑞典碰面時，對他的成功留下非常深刻的印象：他的公眾課程吸引了一大群熱情的聽眾。城裡有文化素養的人士對這個課程趨之若鶩，據說有些貴婦還會帶適婚年齡的女兒出席。傅柯週四晚間六點在大學的中央大樓開講，教室面對的是紅色石塊砌成的那座大教堂，演講的主題卻不是非常正統。傅柯講的是

「法國文學裡的愛情：從薩德侯爵到尚．惹內」。可想而知，這當然會騷亂烏普薩拉大學社群嚴格的新教精神（就在同一年，波維〔Jean-Jacques Pauvert〕才因為在法國重新出版薩德的著作而被起訴）。之後幾個學期，傅柯的演講主題還有「當代法國戲劇」和「法國文學裡的宗教經驗：從夏多布里昂（Chateaubriand）到貝爾納諾思（Bernanos）」。[12]

傅柯每星期授課六小時（另外再加上四小時的「會話課」），其中有三小時是開給初學者和各科系想要開始學法文的學生，另外三小時則是文學課。文學課除了那堂著名的公眾課程之外，有兩小時是開在羅曼語言研究所的研討課，對象是主修法文的學生。一九五六至一九五八年間，這些文學課的主題是「法國當代戲劇」、「十八世紀法國文學」、「一八五〇至一九〇〇年的法國文學」、「當代文學」。他的「作品講解」用的是拉辛（Jean Racine）的《安德洛瑪克》——《瘋狂史》裡提到俄瑞斯忒斯（Oreste）發狂的那幾頁，應該是由此而來——他也講到莫里哀（Molière）的《偽君子》（*Le Tartuffe*）。儘管星期四公眾課程的聽眾可以多達甚至超過百名聽眾，這堂開給學生選修的課所吸引的人數卻明顯少得多。事實確是如此，所有的訪談見證都一再提及：來聽課的學生當中，聽得懂這位外籍哲學家講師所言何事的實在不多，或許是因為他的哲學家氣息太重，不是一名合適的外籍講師。儘管學校的老師們很欣賞這位年輕的同事，儘管法國文化協會（Alliance française）的主任說她在星期四的演講中獲得「知識的喜悅」，還是有些學生覺得傅柯的教學像一場神祕晦澀的長篇演說。試想這些十八歲或二十歲的大學生，對於法文其實只有一些基本的認識，卻被迫接受一些令人暈眩的詮釋，講的都是薩德的作品或拉辛書寫的瘋狂！有好幾位當年的學生在今日提起這些課的時候，聲音裡還是透著怒氣。「根本是要讓人討厭法文」，「去上課真的很痛苦」，當中有幾位這麼說。不過也有人還處在受到衝擊的狀態，提起傅柯時充滿孺慕之情。學生們聽不懂，這些課程和研討課的上課人數在一年內確實明顯減少了。傅柯的同僚見到自己的學生對他不滿，有點不好意思，不過他們其實也使不上力。傅柯自己也覺得困擾，甚至惱火，但是這並沒有讓他改弦更張。實際的情況是，他只管少數幾個聽得懂的學生，至於其他人，他冷嘲熱諷依然故我。

不過傅柯的工作不只是教學，他還得讓法國之家活絡起來。剛到烏普薩拉的時候，傅柯曾向當地媒體《烏普薩拉新報》（*Uppsala Nya Tidning*）的記者提出他規劃的幾個大方向（傅柯第一次接受訪談！還附一張照片，傅柯在照片裡打著領結），過了一陣子，在一九五六年二月，他還向大使館呈交一份數頁的報告，更為詳細地說明他的各項計畫。他在報告中先是做了現狀盤點，接著提出他未來努力的方向。他在報告中提到，學期剛開始的時候，每星期只有幾個學生來法國之家，現在常來的學生大約是三十至三十五人。不過在他看來，相較於學生的總數，這個數字還是差太遠了，他的建議是：

一、藉由增加藝文活動（電影放映會、唱片聆賞會……）提高學生對法國之家的興趣，物資的需求（唱片、書籍……）必須向部裡提出；

二、把法國之家布置得像學生宿舍：有一個空間已經整理成研究室，已訂閱更多報紙和期刊。法國之家每週都有若干次的晚間開放，盡可能邀請瑞典學生於演講和藝文活動結束後以法語進行討論；

三、發展圖書館的業務。

傅柯還說法國之家在烏普薩拉接觸的群眾不該局限於羅曼語言研究所的學生。他說，就算法國文化真的已經在科學界和非哲學科系喪失影響力，這樣的情況或許也不是無法挽回。所以他建議在法國之家開設基礎法語課程，對象可以是學生或各個領域的年輕學者，他們在做研究或在旅行時可能會需要法語。

可以看到的是，傅柯對他的行政和管理工作不是毫不在乎，他甚至還對主持活動頗有興趣。他規劃了一些晚間的藝文活動，想要把法國之家變成烏普薩拉文化生活的一個重要地點。他放映影片，自己上場評論。杜梅齊勒很喜歡提起傅柯有一次播放沙特的戲劇作品《髒手》（*Mains sales*）改編的電影，他的即興評論非常傑出。下午四點，傅柯還不知道會收到哪部影片，到了晚上談起這部影片時，他已經可以做出精采動人的講評，令聽眾讚嘆不已。後來還有戲劇。不再只是可以拿來評析的劇本，而是演出戲劇。傅柯跟歐貝里成立了一個小劇團，排練了幾齣戲，公開演出。當然是法語發音。相繼演出的戲碼包括拉比虛（Labiche）的《文法》（*La Grammaire*）、季侯杜（Giraudoux）的《雅歌》（*Le Cantique des Cantiques*）、繆塞（Musset）的《瑪麗安的喜怒無常》（*Les*

Caprices de Marianne）、阿努伊（Jean Anouilh）的《盜賊的嘉年華》（*Le Bal des voleurs*）。傅柯負責編導，歐貝里和其他幾名學生負責演出。這幾齣戲先是在烏普薩拉演出，接著是「巡迴演出」，地點包括斯德哥爾摩、松茲瓦爾（Sundvall）等。巡迴演出時，傅柯自己搬行李，打點戲服。而且去斯德哥爾摩的行程相當多，因為傅柯和首都的「法國藝文協會」（Institut culturel français）也有一些合作關係，他在那裡做過多場演講（譬如一九五五年的十月，他講「寇波和新的戲劇協調性」〔Jacques Copeau et la nouvelle harmonie théâtrale〕）。他會自己開車過去，或者，如果是劇團一起過去，人太多的時候就搭火車。他們給火車取了綽號叫「酒鬼」——說的是他們回程的狀態。「我們一路笑個不停。」尼爾森（Erik Nilsson）如此回憶，他和傅柯在那時候結為好友——他在烏普薩拉服兵役，去法國之家借過書，他很快就被劇團錄用，參與戲劇演出。傅柯對這個年輕人十分眷戀，若干年後，《瘋狂與非理性》出版的時候，還將這本書題獻給他。

傅柯還得接待法國大使館邀來烏普薩拉的演講者。他很開心地接待了他的老師伊波利特。還有後來成名的一些作家：瑪格麗特·莒哈絲（Marguerite Duras）、克洛德·西蒙（Claude Simon）等等。或是一些政治人物，像是皮耶·孟戴斯·弗朗斯。他也得接待卡繆（Albert Camus）。「我們現在忙著陪卡繆。」傅柯在他寫給杜梅齊勒的信上這麼說。這位法國作家在一九五七年獲頒諾貝爾文學獎。依照慣例，諾貝爾獎得主在烏普薩拉也有一場演講，這場演講的氣氛有點緊張，因為兩天前在斯德哥爾摩，卡繆才剛被一名阿爾及利亞人指責，說他在殖民問題上保持緘默。他著名的回應就是那時候說的：「我一向譴責恐怖鎮壓，我也應該譴責在阿爾及爾街頭盲目行使的恐怖主義，有一天，這種恐怖主義或許會攻擊我的母親或家人。我相信司法，但是我會在司法介入之前，保衛我的母親。」在烏普薩拉，一切都進行得極其順利：學生們沒有提出政治問題。不過大家腦子裡想的都是在斯德哥爾摩發生的事，這是一定的。歐貝里非常驚訝的是，演講之後，在法國之家的酒會上，傅柯也沒有對卡繆引發爭議的一番話表達任何異議。一直以來，他認識的都是一個堅決反殖民的傅柯，他認同的應該是孟戴斯．弗朗斯的看法，可是法國之家的主任顯然應該保持中立，不讓自己真正的感覺流露出來，尤其是在接待一位這麼有名的人物的時候。關於這段插曲，歐貝里是這麼說的：「至於阿爾及利亞，傅柯從來沒有完全支持哪一種主張，不過我們經常談到，在阿爾及利亞的問題上，卡繆所採取的立場，或者該說他拒絕採取立場……卡繆在烏普薩拉發表演說時，根據我當時的筆記，米歇爾非常謹慎。我就沒那麼低調了——也是我寫在筆記上的——米歇爾責怪過我，不是因為他跟我的立場不同，而是因為他擔心這樣會讓卡繆受窘。這想法我不認同。米歇爾在我面前告訴卡繆，瑞典人對這問題相當重視，那位阿爾及利亞學生在斯德哥爾摩的發言不過是反映瑞典政府鼓勵的一種政治氣氛罷了，他說得其實沒錯。卡繆對這樣的說法沒有任何評論。」[13]

後來羅蘭．巴特也來訪了兩趟，這回，是傅柯邀請的。他們相識於一九五五年底，當時傅柯回巴黎過聖誕假期：他一直相交甚篤的高等師範同學牟茲介紹他們認識。當時巴特還沒出版很多作品，只有一九五三年的《寫作的零度》（*Le Degré zéro de l'écriture*）。傅柯自己的出版紀錄，暫時也只有一本《精神疾病與人格》。

羅蘭・巴特和傅柯很快就建立起一段微妙的友誼。傅柯每次回巴黎，他們經常會去拉丁區的餐廳共進晚餐，一起去聖傑曼德普雷區的舞廳，後來他們還一起去摩洛哥度假。不過這段友誼很快就因為某種知識上和個人的較勁而遭到侵蝕，關係難以為繼，兩人的性格南轅北轍，發生摩擦的機會其實很多。一九六〇年代初期，兩人之間的不和已成常態，如此的情況應該是傅柯造成的，不過事因還是相當隱晦。[14] 一九七五年，傅柯還是在法蘭西公學院推舉了羅蘭・巴特。熟識他們兩人的共同朋友都說，傅柯推舉巴特，恐怕是忠於過往的情誼多過對他作品真正的推崇。難道這是巴特取得候選資格的原因？諾哈（Pierre Nora）記得有一次傅柯對他說：「我好煩，我得去見巴特，他想要進法蘭西公學院。我已經很久沒見到他了，您可不可以陪我一起去？」諾哈說，一切都很順利，十分鐘後他就留下兩人先行離開了。不過巴特的好友兼出版人弗杭索瓦・瓦勒（François Wahl）質疑這個版本，他說：「這件事我記得很清楚，羅蘭告訴我：『傅柯想要我進法蘭西公學院。』他跟我夠熟，我聽得出那不是故作姿態。畢竟，傅柯和羅蘭・巴特之間的關係已經不是疏遠可以形容的，羅蘭一直耿耿於懷的是米歇爾從來不曾評論他所寫的東西，連隻字片語都沒有。實在很難想像他會為了這種事去找米歇爾，事情如果反過來就很容易想像了。」[15]

無論如何，傅柯確實稱頌了這位候選人：他寫下兩份正式且必要的報告將羅蘭・巴特介紹給他的同事，其中一份的結尾，他花了一些力氣回應法蘭西公學院內部出現的議論——批評這位候選人太過「世俗」——傅柯提到：「我要補充的是，公眾對他的興趣，或許可以說是時尚，不過，有哪位歷史學家會相信，某種時尚，某種狂熱，某種迷戀，甚至某些誇張的表現，不會在特定的時刻透露出存在某種文化裡的某個豐饒的發源地。這些聲音，我們聽到的這些聲音，我們此刻在公學院之外聆聽了一二的這些聲音，你們會相信這些聲音不屬於我們今日的歷史；你們會相信這些聲音不屬於我們複數的歷史嗎？」[16]無論如何，傅柯的聲音被聽見了，羅蘭．巴特獲選進入法蘭西公學院。也因為羅蘭．巴特這段非常重要的人生插曲，他們的友誼發展出新的章節。這次平靜多了，也沒有陰影，但是時間很短——羅蘭．巴特在拉丁區學校街（rue des Écoles）被一輛小卡車撞傷，於一九八〇年三月二十六日過世。兩天後，傅柯去巴黎硝石庫慈善醫院（L'hôpital Pitié-Salpêtrière）的太平間參加出殯儀式，在場的還有泰希內（André Téchiné）和卡爾維諾（Italo Calvino）。他也依照法蘭西公學院的傳統，在一九八〇年四月的一個星期日，在教授會議上宣讀悼詞：「數年前，我向各位提議接納他成為我們當中的一員，當時，他二十多年研究成果的原創性與重要性早已光華耀眼，眾所周知，讓我可以全心推動我的請求，毋須考慮我和他的情誼。我不必刻意忘卻這份情誼，我可以不顧情誼，因為他的作品就在那裡。如今，只有他的作品了。作品繼續在說話；其他人也會讓他的作品說話，並且談論他的作品。請原諒我在這個午後，談論這獨一無二的友誼，而友誼和它所厭惡的死亡至少應該有個相似之處，就是寡言。當各位同意選他進入公學院的時候，就已經認識他了。各位都知道，你們所選擇的是一種難得的平衡，在知識與創造力之間的平衡。各位所選擇——而且各位也知道——的是一個擁有矛盾能力的人，他可以依事物自身的樣貌去理解它們，並且以前所未見的清新方式去創造它們。各位都意識到，你們選擇的是一位偉大的作家，我想說的正是作家，而且是一位卓越出眾的教授，他授課時，聽講的人感受到的不是一堂課，而是一種體驗（……）。命運之神驅使事物愚蠢的暴力——這是他唯一有可能怨恨的現實——終結了這一切，而且就在我請求各位讓他進入的這座殿堂的門外。倘若我不知道他曾因為來到此地而感到快樂，倘若我不曾察覺自己可以越過哀傷，從他那裡，將這份帶著微笑的友誼標記傳遞給各位，那麼，悲痛將令人難以承受。」[17]

*

在烏普薩拉，傅柯對他的公職非常用心，甚至為此耗盡氣力。一九五六年一月二十六日，總督察松特利（Santelli）在呈報給外交部的報告上這麼寫著：「工作極為繁重，然傅柯先生盡心盡力，全神投入，其氣色不佳足為佐證。依我之見，傅柯先生過度勞累，欠缺必要的休息。」一年後，文化參贊辜雍（Gouyon）先生呈報的評語如下：「傅柯先生於烏普薩拉和斯德哥爾摩綻放耀眼的光芒，其傑出演講受到兩地民間機構與學校競相邀約。然而令人擔憂的是，由於他十分勝任且長期戮力從公，確實有可能鞠躬盡瘁。職是之故，於斯德哥爾摩法國藝文協會增設一個職缺，對他來說是絕對必要的（不論是派去烏普薩拉接替他的職務，或是相反的，接替他在斯德哥爾摩的工作）」（一九五七年五月六日）。一九五八年五月，文化參贊舍伐勒（Cheval）先生呈報了這份關於烏普薩拉法國之家主任的報告：「傅柯先生是非常傑出的法國駐外文化代表。他在烏普薩拉成就非凡，成功贏得當地大學師生信賴。就此職位而言，他是不可或缺的人選，實難想像，有朝一日他若厭倦北國氣候（唉，此事可想而知），有誰能取而代之。總而言之，傅柯先生這般人選誠屬少數，值得放心委任更重要的駐外工作」（一九五八年三月二十五日）。

不過對傅柯來說，旅居烏普薩拉的主要意義其實在於撰寫博士論文。因為《瘋狂史》是在烏普薩拉開始動筆的。他後來在一次訪談中提到：「我到快要三十歲才開始有了強烈的書寫慾望。為了可以充分發掘書寫的樂趣，我必須待在國外。」一個人被迫要說他極不熟悉的語言（也就是瑞典語和英語），其實在這樣的情況下，「唯一真實的部分，唯一可以行走的土壤，唯一可以駐足、藏身的屋子，就是語言，就是我們從小學習的那種語言。我決定讓這個語言重新充滿活力，我決定打造一幢語言的小屋，而我是屋主，我知道這幢小屋所有隱蔽的角落。」[18] 根據一些朋友的說法，傅柯在一九五八年離開烏普薩拉的時候，論文手稿已經接近完成了。寫作《精神疾病與人格》時，傅柯的企圖是勾勒出「精神錯亂」在當代精神醫學思想之中的輪廓，並且在帶有賓斯萬格色彩的馬克思主義觀點下，對醫學與心理學理論提出批判。我們看到，當年他在幾家精神病院工作，有幾位醫師曾建議他寫一部他們這個學科的歷史，不過對他而言，比起精神科醫師，更令他著迷的是瘋人，或者說得更精確些，是醫師和病患之間的關係，追根究柢來說，是理性與理性所談論的瘋狂之間的關係。而且，還有柯蕾特·杜亞梅勒的邀稿。因緣俱足，他的目光於是被烏普薩拉宏偉的卡洛琳娜圖書館的藏書所吸引。那確實是寶藏！一九五〇年，一位藏書家渥勒博士（Dr

Erik Waller）捐贈他蒐集多年的藏書，從十六世紀到二十世紀初期的書信、手稿、珍本、晦澀難解的奇書，合計二萬一千件。特別的是，這位收藏家在醫學史方面的收藏相當可觀，他幾乎收齊了一八〇〇年之前出版的所有重要著作，以及之後出版的大部分作品。這份「渥勒典藏」（bibliotheca Walleriana）的目錄於一九五五年編纂完成，可說來得正是時候。傅柯發現這個名副其實的礦藏之後，便規律地去挖寶，以挖掘所得的寶物滋養他手上進行的論文。每天早上，他和祕書歐貝里或達妮在法國之家工作一個小時之後，會在十點鐘前往卡洛琳娜圖書館，然後在那裡寫下一頁又一頁的手稿，一直待到下午三點或四點鐘。到了晚上又繼續寫，一邊聽著音樂。他沒有一天晚上不聽《郭德堡變奏曲》（*Variations Goldberg*），因為音樂對他來說就是巴哈，或是莫札特。他寫了又寫，一頁又一頁，小心翼翼，乾淨整齊地謄寫。他也不停地修潤這些文字：左手邊疊著一落待修訂的稿子，右手邊的那一落愈疊愈高，是修改過的稿子。傅柯有一封寫給賈克琳・維鐸的信，日期只寫著「十二月二十九日」，應該是一九五六年傅柯回巴黎度聖誕節假期時寫的，這封信讓我們幾乎像在現場見證了《瘋狂史》寫作計畫的誕生。先是維鐸提議要寄一批來自聖安娜醫院圖書館的書給他，傅柯回覆說：「聖安娜醫院的書，謝了，我應該會有些事要拜託您，不過這裡有一個很棒的圖書館。」他還立刻補上一句：「我寫了差不多一百七十五頁。等我寫到三百頁就會停筆。畢竟，關於祖魯族（Zoulous）和南比夸拉族（Nambikwara），除了軼事之外，似乎說不出什麼有用的東西。那麼，何不迂迴切入這個主題：瘋狂與非理性[c]的經驗，在希臘思想所開啟的空間裡。

c. 此處的Déraison（非理性）首字母大寫，強調抽象、全稱式的修辭用意。

總之，古代城牆圍繞的歐洲……特別是在非理性的經驗裡，這樣的滑移，在《愚人頌》（*Éloge de la folie*）與《精神現象學》（對於非理性的頌讚）之間，在〈人間樂園〉（le Jardin des Délices）與〈聾人之家〉（la maison du Sourd）之間，西方如何在它的理性主義與實證主義的盡頭，遭遇它自身的極限以某種情感（pathos）的曖昧形式呈現，而這種形式既是其悲愴（pathétique）的要素，也是病理學（pathologie）的誕生之處。從伊拉斯謨（Érasme）到佛洛伊德，從人文主義到人類學，瘋狂觸及了我們天空的深處：我們必須去度量的，正是這樣的差距，但是要用什麼樣的量規？您將會失望：您期待的是希臘悲劇，以及來自馬克白燭盤上的幾縷魔幻的燭煙。可是您能要求什麼？畢竟似乎從來不曾有人從這方面著手，我們必須多從細節看起，才不會說太多蠢話。三百年，這是我們的瘋狂生成的過程，這已經差強人意了。」傅柯接著問他的好友，如果這本書這樣寫，是否符合邀稿的需求：「您認為出版社會接受這樣的一本書嗎？最後有二十五到三十頁的拉丁文經典的注解。畢竟，非理性這個主題，很嚴肅。」傅柯以這個疑問為這封信作結：「我想把我寫的東西寄給您，不過實在寫得太亂了。我得重新謄過才能送去打字。還是用錄音帶呢？如果在六月或九月寫好，有沒有可能在十二月（一九五七年）或一九五八年一月出版？」

漸漸的，這本書慢慢成形了。傅柯於是計劃拿它當博士論文，在瑞典進行答辯。他希望在當地找到一組比較寬容的口試委員，這樣就不必擔心和法國學界的論文審查者正面對決。剛好他在圖書館結識了烏普薩拉大學的一位重量級的人物：思想與科學史教授林卓斯（Stirn Lindroth）。他們有共同的關注主題：林卓斯研究文藝復興時期的醫學和哲學，主要研究對象是帕拉塞爾斯

（Paracelse）。他們很聊得來，林卓斯還邀傅柯一起晚餐。傅柯帶了寫好的幾章給林卓斯，請他讀一下自己正在寫的東西。傅柯在一九五七年五月把他的計畫告訴杜梅齊勒：「我現在工作的時間很長，我要整理一百到一百五十頁的論文給林卓斯看，當作測試，看看他怎麼說。如果他滿意，九月的時候這就是學位論文了，我會在暑假完成剩下的部分。」[19] 於是他把厚厚一疊寫在非常薄的紙上的手稿交給林卓斯。唉！這位教授是打死不退的實證主義者，對於大型的思辨作品，他的態度不是非常開放，交到他手上的這份手稿的風格和內容著實讓他感到驚嚇。他看到的只有「繁複晦澀的」文學，完全無法想像他剛讀過摘要的這本書可以提出來獲取博士學位。他寫信告知傅柯他對這本書的看法。難以苟同。傅柯試著要將他的寫作計畫說得更清楚，但是徒勞無功，根本使不上力。以下是傅柯在一九五七年八月十日寫的，他在信裡提出若干解釋：「您的指教讓我獲益良多，讓我意識到拙作的缺失，萬分感謝。我的第一個錯，我必須立刻向您報告，是我沒有事先讓您充分明白，這並非『一本書的片段』，而只是草稿，是我會繼續修改的一份初稿。我必須承認，我的寫作風格令人難以忍受（我的問題是沒辦法讓人一看就懂）。當然，我無意間使用的這些『繁複晦澀的』表述，我會統統改掉。冒昧寄給您這份試驗性的文稿，儘管風格有待商榷，我依然衷心期盼能聽取您的意見，聽您評點我整理的資料的品質以及拙作的幾個主要想法。很清楚的是，最後這點確實很難。關於這點，我又犯了一個錯，就是沒有清楚界定我的寫作計畫：我無意書寫一部精神醫療**科學**的發展史，我要寫的其實是一部精神醫療科學在**社會**、**心理**與**想像**脈絡中發展的歷史。因為，似乎直到十九世紀，甚至直到今天，都沒有關於瘋狂的客觀知識，只有以科學類比的用語，以某種經驗（心理的、社會的等等）的用語對非理性概念進行闡述。這是為何我以如此欠缺客觀性、科學性、歷史性的態度處理這個問題的緣由。不過，或許這樣的做法是荒誕的，注定要胎死腹中。」

「最後，我的第三個大錯，在於先準備了這幾頁以醫療理論為重點的草稿，而『機構』（institutions）這個領域寫得並不清楚，而這個部分其實可以讓我將其他領域的問題說得更清楚。既然您同意讓我這麼做，我會讓您看我在假期中所寫的關於機構的部分……這麼一來，我們要界定『機構』就容易多了，這個範圍也提供了精神醫學起步之際的社會條件……」

這位教授並沒有覺得這樣說明了什麼，傅柯於是沒在烏普薩拉進行論文答辯。確實，他似乎被他的研究主題淹沒了，他不知該如何架構出他的書。杜梅齊勒一直盯著他的寫作，也定期詢問他的進展，他會閱讀並且評論傅柯寫好的片段，而且他早已建議傅柯不要執意在瑞典進行論文答辯，他告訴傅柯：「在法國出版這本書。」他知道瑞典人會有什麼樣的疑慮，他比任何人都瞭解。他也認同哈榭洛斯（Hasselroth）教授對傅柯提起他的同僚時所說的：「您永遠無法讓他們接受這本書。」根據歐貝里的說法，傅柯從來沒有認真想過要在瑞典進行論文答辯。米格勒的說法則是相反，他說傅柯因為林卓斯的拒絕而感到受傷，這是他後來離開瑞典的主因之一。無論是哪一種情況，瑞典人終究是對於傅柯即將問世的這部作品無動於衷。這事後來還在瑞典引發一場論戰，倒楣的林卓斯教授成為眾矢之的：他怎麼可以對於天才的印記視若無睹？或許是因為科學史的傳統（這本書將自己登錄在這個領域），導致這位非常日耳曼性格又對「文學」抱持相當保留態度的教授完全感受不到這本書的重要性；而且這本書當初還在萌芽階段，又根植於另一個完全不同的知識傳統，作者卻拿來請這位教授指點。有些人直言譴責林卓斯教授，有些人則為他緩頰。不過當時此事已成定局：傅柯得等到若干年後才能進行論文答辯。一九五八年，傅柯離開他顯然認為很不友善的這個國家，當時他的工作可以說已經完成。總之，文獻這方面完成了。但是還剩下很多撰寫和安排結構順序的工作。

另一本書的部分內容或許就是在旅居烏普薩拉期間構思的。事實上，林奈（Linné）故居距離這個小城不過幾公里，那是一棟木造房屋，地處偏僻，在一片極其美麗的自然環境裡。傅柯經常帶他那個小圈子的朋友來這個科學史的殿堂朝聖。《詞與物》中關於林奈的那一章肯定有許多地方獲益於這些令人精疲力竭的健行。

傅柯也曾在其他不少場合展現出他對科學的興趣。烏普薩拉大學至少有兩位諾貝爾獎得主：化學家斯維德貝格（Theodor Svedberg）和他的學生蒂塞利烏斯（Arne Tisélius），分別於一九二六年和一九四八年獲獎。傅柯和他們都有交情，斯維德貝格還帶傅柯去參觀烏普薩拉實驗中心的地下三樓，花了一星期的時間為他解釋迴旋加速器的運作。傅柯曾經在米格勒面前說過這樣的話：「我當初怎麼不去讀科學，卻跑來讀哲學呢？」

*

為什麼傅柯決定離開烏普薩拉？他的第一份工作合約為期兩年，後來又續約兩年。根據布若貝格（Gunnar Bröberg）的說法，理由很單純：教學的時間被增加到每星期十二小時，這麼一來，傅柯就不可能寫他的論文了，而且他也知道自己不可能在瑞典進行論文答辯，所以他寧可在第三年滿就提出辭呈。不過大學的課表上已經公布傅柯在一九五八年十月開學之後的課程：星期四的演講主題依舊是「法國文學裡的宗教經驗：從夏多布里昂到貝納諾思」，研討課主題是「十九世紀法國文學」，還有文本講解的課，讀的是莫里哀的《唐璜》（*Don Juan*）。但是這些課都沒有出現，傅柯離開烏普薩拉了。根據諸多見證，儘管他結交了一些朋友（特別是他和米格勒、歐貝里、尼爾森等人仍保持聯繫），儘管他的論文已經差不多完成，但他對烏普薩拉還是留下相當不好的回憶。他的航行，下一站是波蘭。「八天之後，我應該就在柵欄的另一邊了。」他在信中這麼告訴杜梅齊勒，信上的日期是一九五八年九月二十八日。

*

這次前往華沙，傅柯從容規劃了所有的事，因為一九五八年六月他在巴黎待了很長的時間。這次在巴黎的逗留有點奇怪，幾乎是臨時起意的，決定於五月的某一個晚上，當時傅柯和歐貝里正穿著小禮服在烏普薩拉附近的一座城堡參加宴會。邀請他們的是一位瑞典大富豪的女性繼承人，她愛上了這位年輕的外籍法文講師。晚宴時間，歐貝里自己一個人躲去聽收音機。他回到餐桌時告訴傅柯：「法國有事情發生了。」這算是輕描淡寫了。戴高樂將軍在法屬阿爾及利亞的支持者擁護下即將重新掌權。幾分鐘之後，兩人決定：「我們動身吧。」幾乎沒有猶豫。於是他們回到烏普薩拉，換了衣服之後就上路前往法國了，當然是開著那輛積架跑車。歐貝里如是述說這段往事：「我和米歇爾是一九五八年五月二十八日星期三上路的。我們在丹麥的塔佩爾諾吉鎮（Tappernöje）一家小旅館過夜。第二天，也就是五月二十九日的早上，我們搭上一艘往來丹麥捷斯德（Gesder）與德國格洛森布羅德（Grossenbrode）之間的渡輪。我們在比利時的拉卡拉米訥（La Calamine）過了第二夜，住一家叫作『精英』（le Select）的小小旅館。之後又繼續前往巴黎，所以那是五月三十日，我們是下午三點左右到的。巴黎整個在沸騰。沒有清楚的理由，因為大勢早已抵定。我們往香榭麗舍大道的方向前進，我們是從巴薩諾街（rue de Bassano）開過去的，但是這條街在喬治五世地鐵站那邊就被警方封鎖了。我們把積架車丟在瑪索大道（Avenue Marceau）。我們越過警方的封鎖線，溜了進去，然後開始在香榭麗舍大道上走。我們很快就被一群示威的人潮吞沒：後來我站上一輛駛向凱旋門的汽車車頂，米歇爾則是跟在後頭，四周都是揮舞著三色旗的年輕人。星形廣場（place de l'Étoile）也被警方封鎖了，汽車必須掉頭往回走。我趁機跳下車，可是米歇爾已經消失在人群裡。後來我們在積架車前面會合，一起去聖傑曼德普雷吃了晚餐，之後我們就分開了：我回到瑞典大使館，我的父母親一直憂心忡忡在那裡等我，他們不知道我們在哪裡，也不知道我們到了沒有，米歇爾則是去住他弟弟家。」傅柯在巴黎待了整整一個月。後來他回烏普薩拉，和這個與他共度三年時光的小團體聚餐暢飲一番，然後就開始打包行李。

為何是華沙？這項派任依舊是杜梅齊勒在後頭運作。這位名聞遐邇的教授相識滿天下！這又是一例，法國外交部海外法語教學處的處長何貝侯（Philippe Rebeyrol）是高等師範學院的校友。在何貝侯的奔走下，法國政府剛剛和波蘭政府簽訂了一項文化交流協定，要在華沙大學創立一個「法國文化中心」（Centre culturel français）。也就是說，那裡需要一位外籍法文講師，他會擁有一間辦公室，一個圖書館，而且可以籌辦一些文化活動。這個職位在當時是相當特殊的，而且也被視為東西歐的關係在經歷非常緊張對立的時期之後，一項漂亮的外交成就。

不過，光是創立一個外籍講師的職位並不夠，還要找到一個足以擔當大任的人選：這份工作有可能非常微妙。杜梅齊勒要何貝侯把這個工作委派給傅柯。他這麼做了。首先因為他完全信任杜梅齊勒的判斷；其次是因為傅柯在瑞典的工作得到非常高的官方評價。

於是傅柯在一九五八年十月飛往華沙，向最近才赴波蘭首都就任的法國大使侯吉耶（Étienne Burin des Roziers）報到。「我一直記得，」這位大使說：「這個面帶微笑，迷人，一派輕鬆的年輕人，他立刻就知道這份工作的利害輕重與艱困之處，很快樂地做著這份工作。」[20]

他最初的落腳處在布里斯托旅館（hôtel Bristol），一個相當粗陋的房間。旅館就在克拉科夫大街上的大學建築群附近。他眼中所見的一切似乎都很陰鬱：「你實在對得不得了；只有一件事不對，就是沒有提供足夠的論據，」他在一九五八年十一月十六日給杜梅齊勒的信上寫道：「唯一的奇蹟是：在『文化工作』方面無事可做（也不必找事做）。所以，如果人的狀況允許，我可以關在旅館房間裡，一天寫十二個小時論文；可惜，作為人，我只能持續六個小時。到聖誕節的時候，就只剩下幾個章節要修改，還有注解之類的東西了。」他還說：「這裡的一切都令人難以忍受：悲慘，骯臟，粗野，混亂，沒頭沒腦。還有我簡直無法想像的孤獨。」過了一陣子，他搬進一間公寓，離工作的地方也很近。他一邊完成論文，一邊完成他被交付的學術與行政任務：他該做的第一件事，就是讓這個「法國文明中心」實質存在。他得搞定桌子和椅子，也得搞定書籍和期刊。傅柯也在華沙大學教課和演講，他隸屬現代哲學學院羅曼語言研究所。他重開之前在烏普薩拉已經上手的課程，主題是法國當代劇場。他的聰明、認真和親切立刻讓學生和同事們著迷，所有人到今天都還會提起他時時刻刻展現的優雅的儀節。他也和科學院的院長寇塔賓斯基（Kotarbinski）教授成為好友，此人在波蘭學界的聲望卓著，但在當局眼中是個「資產階級哲學家」，因為他受到「維也納學圈」的理論啟發。

漸漸的，傅柯的角色開始轉變。因為大使館的文化參贊布希儀（Jean Bourilly）要休假準備他的博士論文，而由於傅柯和大使侯吉耶很談得來，於是他實質上接替了文化參贊的工作將近一年。他以此職銜做了一系列關於阿波里奈爾的演講，從格但斯克（Gdansk）巡迴到克拉科夫（Cracovie），他也在演講中介紹祖洛夫斯基（Zurowski）教授策劃的阿波里奈爾逝世四十週年特展。「他非常樂意投入〔文化參贊〕這個角色，而且，」侯吉耶說：「他似乎做得很開心，全心投入，他的身影出現在波蘭各地的文化活動中，以某種寬容和愉快的方式觀察這些行禮如儀、有點空虛的外交儀式。」[21]後來布希儀完成論文，打算在索邦大學取得教職，他表明了強烈的辭職意願。這時，大使理所當然會希望傅柯能夠接替布希儀的位子。不過傅柯在接受之前提出了幾項條件。

「他認為，」侯吉耶說：「外交部把一批公務員放在我們駐外的文化行動上是錯誤的做法，這批人某種程度來說是十項全能的，意思是說，一位文化專員或一位法文講師不論在南美洲，在北歐國家，在斯拉夫的國度或在遠東，都沒有差別，都可以應付自如。如果要派駐波蘭，在那裡領軍做事，傅柯的條件是要讓他招募那些年輕的斯拉夫語學者——他確定自己辦得到——在華沙、克拉科夫和全國各地當他的助理。」[22]

這項計畫沒有下文，因為傅柯後來被迫匆匆離開波蘭國境。故事相當錯綜複雜，不過這種事在東歐國家似乎很平常：他認識了一個男孩子，在這淒涼苦悶的國度，他終於開始過著快樂的日子。不過這個年輕人是為警方工作的，他試圖滲透到西方外交人員的圈子裡。一天早上，侯吉耶向傅柯示警，他說：「您得離開波蘭了。」傅柯問：「什麼時候？」大使的答覆是：「就在幾個小時以後。」

這次也不例外，傅柯離開的時候帶著布希儀歌功頌德的報告：「米歇爾．傅柯思路清晰明確，見解精闢，文化素養豐厚，行事有威信：不論是教學的職位或擔負行政責任的職位，他都有能力以最圓滿的方式執行重要的駐外工作。一九五八至一九五九的學年，他主管波蘭大學附屬的研究中心期間，必須面對無數困難，問題不僅在於物資條件（研究中心的地點闕如，他有好幾個月沒有自己的公寓），也在於研究中心要舉辦的活動性質與主旨並不明確。但他還是順利推動了這個新設的法國－波蘭文化合作組織。」

傅柯回到外交部，見了何貝侯，向他表明自己希望能去德國。傅柯在師範學院的時候，為了讀胡塞爾和海德格而開始學德文，後來又迷上尼采。我們不難想像德國對他有一股特殊的吸引力。於是，傅柯即將走上沙特和艾宏在戰前走過的這條路：在某個德國的大城市待上一年。何貝侯提出好幾個可能的地點讓他選擇：慕尼黑、漢堡等等，因為法國藝文協會在德國的網絡相當密。傅柯最後選了漢堡。

傅柯在漢堡的職務和他已經在烏普薩拉和華沙執行過的內容大致相同：就是主管藝文協會業務，接待演講者（他因此結識霍格里耶〔Alain Robbe-Grillet〕，帶他去遊覽城裡的紅燈區聖保利區〔Sankt Pauli〕），還有在哲學院（相當於我們從前的文學院）的羅曼語言系授課。

他的學生還記得他開的這些法國文學的課程，他在課堂上當然得講（而且也講了）十七和十八世紀的戲劇，不過他也講當代戲劇：特別是從沙特和卡繆開始。由於他的課屬於「補充教學」（enseignement complémentaire），所以沒有考試的壓力，修課的人數並不多：到課的大約是十到十五人，都是真正對文學有熱情的學生，對他來說，這比烏普薩拉的情況好多了，而且他一星期只要教兩小時的課。

事實上，他的主要業務在海德默街（Heidemer Strasse）五十五號的法國藝文協會。主任寓所幾乎占滿整個三樓。傅柯就在這裡度過一九五九至一九六〇這個學年。除了主任之外，協會還有四位老師在城裡或其他地點教授法文，其中包括宗博（Jean-Marie Zemb），如今是法蘭西公學院日耳曼文明講座教授，還有康恩（Gilbert Kahn），他是布蘭希維克（Léon Brunschwicg）的外甥，與西蒙娜·

韋伊（Simone Weil）的關係密切。

一如當年在烏普薩拉，傅柯投入部分時間在康恩籌組的小劇團。他建議他們演出考克多（Cocteau）的劇本《寡婦學校》（*L'École des veuves*）——於一九六〇年六月演出——他花很長的時間跟學生談論考克多，也跟這些學生形成朋友圈，其中包括劇團的兩大臺柱施密特（Jürgen Schmidt）和伊蓮．許達普斯（Irene Staps）。

而且——說起來也沒什麼好驚訝的——傅柯待在大學圖書館的時間很長。他完成了他的主要論文《瘋狂與非理性》，也就是在旅居漢堡這段期間，他去了一趟巴黎，將論文送去給他屬意的「論文指導教授」伊波利特過目。之後傅柯開始專心寫他的補充論文：康德《人類學》的翻譯，他打算在前面加上一個長篇的歷史導論。在他的兩篇論文即將完成，準備要接受答辯的考驗時，傅柯在法國高等教育體系裡找到一個位子，職銜不是「教授」（professeur），因為這要在博士論文答辯之後才會有。他的職銜是「專案教師」（chargé d'enseignement），占一個空缺的教席，職等約當於我們今天說的「助理教授」（maître de conférence）。職缺來自克雷蒙費弘大學，傅柯決定暫時為他流亡外地的生活畫上句點。

*

傅柯即將離開的這些行政或文化工作，他從此沒再做過。不過有好幾次機會，他極有可能重操舊業。一九六七年，侯吉耶被派駐羅馬擔任大使，他致電傅柯——當時傅柯在突尼西亞——詢問他擔任文化參贊的意願。傅柯對這項提議很感興趣，不過計畫隨即告吹，因為法蘭西公學院的輪廓已出現在地平線上。先前，在一九六三年，傅柯曾經接受東京法國藝文協會（Institut culturel français de Tokyo）的職位，不過克雷蒙費弘大學「文學與人文科學院」院長拜託部長，不要劫走這位教授，他的教學工作進行得正順手，是院裡不可或缺的。過了許多年，又有人提議要任命傅柯擔任駐紐約的文化參贊：時間是一九八一年，左派在法國剛掌權。不過這些討論最後不了了之。

後來傅柯以不同的方式——一如外交官員的報告所說——繼續他「在世界各地擔任法國文化大使」的任務：在突尼斯當教授，在數十個國家發表演說，尤其是透過他的書，以及這些書無遠弗屆的國際影響力。

*

傅柯遠離法國，內心感到自己的人生從此標記著旅行，甚至流亡。在他方，永遠在他方，這似乎是他心中揮之不去的執念。永遠不要再待在法國？沒錯，或許如此，但是他要拿這個跟他維持衝突關係的國家作為策略性的基地，安排前往世界各地，進行時程長短不一的旅居計畫。一九六八年，他為了一系列的演講重回瑞典，在一次訪談中提到他在一九五五年離開法國時，懷抱的堅定意念是要「帶著兩只行李箱」度過餘生，在世界各地旅行，「而且永遠不要搖筆桿了」：

「將生命投入寫作，當時對我來說，是個荒謬至極的念頭，我從來不曾想過要這麼做。是在瑞典的時候，在瑞典的長夜，我染上這個怪癖、這種惡習，每天寫作五到六個小時。」當時他覺得自己是「某種在世間遊蕩的觀光客，無用而又膚淺」。他又說（時間是一九六八年初）：「我依然覺得自己跟當時一樣無用，不同的是，我不再是觀光客。現在，我被釘在我的工作桌上。」[23] 一九五五年的米歇爾·傅柯是一個從來不曾有過寫作念頭的觀光客？這或許稍嫌誇張，畢竟他已經發表過一定數量的文章，不過他確實一輩子都認為自己從來不曾真正選擇寫作這個行業。他在寫最後幾本書的時候，遭遇許多困難、猶豫、懊悔的時刻，或許在心底，他有過某種厭倦，某種想要放棄一切的念頭，這個主題不斷出現在他和朋友的對話裡。有一次他告訴我：「我開始寫作是因為偶然。一旦開始，我們就會成為這種活動的囚犯。」他肯定經常動念要逃離這一整套的限制，而且一再說他大可以改行（「誰說我寫過幾本書，就得一輩子寫下去。」）。不過，一個人要逃脫他耗了一輩子扮演的角色，談何容易？他是真切地感受到這樣的渴望嗎？

傅柯於一九五五年八月離開法國。他在一九六〇年夏天重返法國定居，當時他才快要三十四歲。在這段缺席的時間裡，有哪些事對他的人生造成重大影響？主要有二：首先是缺席本身。傅柯因此在阿爾及利亞戰爭與戴高樂將軍掌權的時刻，置身於所有撼動法國的政治變遷之外，也遠離了日後造就左派思潮的一切政治動盪，包括大規模號召組織自治會的學生運動，以及不受共產黨左右的一些政治運動，這些現象主要出現在學界，對於一九六八年五月運動的發動與開展帶來決定性的影響。就在傅柯旅居國外的期間，這些缺口打開了，它們將在若干年後劇烈撼動法國社會。不過舊事一再重演，傅柯一再缺席，當那些因為阿爾及利亞戰爭而起的抗爭撕裂法國社會的時候，傅柯人在瑞典，在波蘭，在德國。一九六八年三月、四月和五月的運動炸開了法國的社會、政治與制度框架，這時傅柯人在突尼西亞。

第二個重大的影響，當然是傅柯在這段期間動工、撰寫、完成了他的論文《瘋狂與非理性：古典時代瘋狂史》。這本書原本要叫作《瘋狂的另一種轉折》（*L'Autre Tour de folie*），源自傅柯在序言開頭引用的一段巴斯卡的名言。不過由於這是一本論文，得通過答辯，傅柯最後還是選了一個比較學術的書名。（他曾經跟一個朋友開玩笑說：「我沒把我的書名叫作《瘋狂的另一種轉折》，不然人家會說：『這算是花稍的同性戀者玩的另一種花招（un autre tour de folle）吧。』」[d]）

這本書是這樣開場的：

「巴斯卡說：『人的瘋狂是如此必然，不瘋狂其實也是瘋狂——經由瘋狂的另一種轉折。』[e]

d.「轉折」原文為tour，一詞多義，此處亦有「表述」之意。下一段的巴斯卡引文也可做此解。林志明翻譯的《古典時代瘋狂史》（時報，二〇一六，二版）對此有更多解釋（參見林譯頁五五，譯注四七）。

e. 前文傅柯擬用的書名與此處的巴斯卡引文都譯作「瘋狂的另一種轉折」，但傅柯書名的原文是*L'Autre Tour de folie*，巴斯卡的用字則是un autre tour de folie，兩者差別在於傅柯以定冠詞及大寫標注這種轉折的全稱性和重要性，巴斯卡用的則是不定冠詞和小寫。

再看看杜思妥也夫斯基寫在《作家日記》裡的這段文字：『人們不能以禁閉鄰人來確定自己神智健全。』我們必須為瘋狂的另一種轉折撰寫歷史——經由這種轉折，人在理性至上的行動裡，禁閉鄰人，透過非瘋狂（non-folie）的無情語言溝通並且相互辨認；我們必須重新尋回這共謀的時刻，在它於真理的領域之中永久確立之前，在它因為抗議的激情而重新活躍之前。我們必須盡力在歷史裡重回這瘋狂史的零度，彼時，瘋狂是未曾分化的體驗，是這種區分本身尚未被區分之前的體驗。我們必須由其曲線的起點來描述這『另一種轉折』，在這起點上，這種轉折以其行動將理性與瘋狂各置一方，從此成為互不相屬的事物，充耳不聞任何交流，彷彿對方已經死亡。」

傅柯開宗明義地說，要能夠探索這「不舒服的領域」，必須「放棄終極真理的舒適性」，也就是說，必須擺脫當代精神病理學的種種概念：「構成這些的，是將瘋狂區分出來的行動，而不是在區分完成之後，在重回的平靜之中建立的科學。」必須要重新尋回的是這個區分的行動和時刻：醫學的種種範疇將瘋人隔絕於其瘋狂之中，但是在整整一個世紀之前，這個阻斷首先是心理與制度上的：「共同語言不存在；或者該說，不再有共同語言了；十八世紀末，瘋狂被確立為精神疾病，由此確定了對話的破裂，讓分隔成為既定的事實，讓瘋狂與理性用以交流的所有語意不全、句法不定、結結巴巴的字句陷入遺忘。精神醫學的語言是理性對於瘋狂的獨白，只有在這般沉默無語的基礎之上，它才能建立起來。」接著是這段經常被引用的精采宣示，傅柯界定了他的寫作計畫：「我無意為這種語言寫歷史；我要做的毋寧是對這種沉默進行考古。」[24]

要對這種沉默進行考古，勢必要鑽探整個西方文化。因為「歐洲人自中世紀初期以來，就和他們模糊地稱為瘋狂（Folie）、癡呆（Démence）、非理性（Déraison）的東西有了關聯」，或許必須承認，理性－非理性關係構成西方文化「起源的一個面向」，而威脅西方文化的這種深層關係也界定了西方文化。傅柯正是試圖帶我們進入這種深層關係，進入這個「領域——這裡談的是一個文化的界限（les limites），而非身分認同（l'identité）」。必須「撰寫**界限**的歷史——關於這些晦暗不明的行動的歷史，這些行動必然在完成之際遭到遺忘，而一個文化卻是透過這些行動，拒斥了對它而言即將屬於外部（l'Extérieur）的某些東西；文化在其自身的歷史進程中，透過這塊凹陷的空無將自己隔離出來，這塊空白的空間確立了文化的存在，一如文化的種種價值所為。〔……〕考問一個文化的界限經驗，是站在歷史的邊界上就某個裂痕——亦即這個文化的歷史的誕生——向文化提問。」

此時，傅柯將他的研究扎根於尼采的嫡系傳統裡：「在西方世界的這些界限經驗的中心，悲劇性本身的經驗當然會爆裂——尼采的論證是，形成西方世界歷史的悲劇結構不過就是悲劇的拒絕、遺忘與沉默陷落。」但是「有不少其他的經驗繞行著」這個中心經驗，而每一個經驗都在我們文化的邊境劃下「一道界限，這界限同時也意謂著一種原初的區分」。傅柯想讓自己成為考古學家，去考掘所有這些威脅性的經驗，它們被拒絕、驅逐、遺忘，卻又無時無刻不存在。他宣告要在「尼采的偉大研究的太陽」下展開一系列研究，試著述說我們的文化賴以建立的其他區分。首先，在「西方**理性**（*ratio*）的普同性（universalité）」之中，就有這個「東方的區分。〔……〕東方，被獻給西方殖民理性，卻永遠無從理解，因為東方始終停留在界限上」。其次是「夢的絕對區分，人無法不去質問夢的真相——不論是關於他的命運或是他的心——但是人只會在一種本質性的拒絕之外去質問，這種本質性的拒絕將夢建立在微不足道的夢幻譫妄（onirisme）之中，將夢驅斥其間」。還有「性禁忌的——不只是民族學所說的——歷史：在我們的文化裡談論持續變動又始終頑強的壓抑形式，不是為了撰寫道德或容忍的編年史，而是要整理出將幸福世界從慾望之中區隔出來的悲劇性區分——亦即西方世界的界限及其道德的起源」。不過，首先必須完成的工作是：「談論瘋狂的體驗」，重新發現它被知識與科學論述捕獲之前的樣貌，更強烈的做法是，讓它自己表述，讓它自己說出來，用「這些字詞，這些來自語言底層，而不是為了來到話語層次而製作的字句」。[25]

這是傅柯在這篇長達十頁的序言裡宣示的寫作計畫，他於一九七二年再版時刪除了這篇序言，從此不再承認這種對於「原初體驗」的尋索。後來他提起這篇「美感有點可笑，像個青澀少女為了讓自己像貴婦而在雙頰抹上厚厚胭脂」的文章，甚至嘲諷地說：「我戴了假髮。」[26]這裡說的是序言！可是書本身呢？要重建所有的分析顯然是不可能的，印成六百多頁的這些分析，如此充實、豐富、蕪雜，時而令人無法招架，又矛盾，從一個面向論述到另一個面向，既指向經濟面（這在傅柯歷史性質的著作裡很明顯，此書即為一例，甚至其間的思維推衍也經常植基於相當顯著的經濟主義——承襲他的馬克思主義養成教育），也指向法律面或藝術面，如是鋪展全書論據的力線。我們只在這片浩瀚的論證中抽出一些傅柯說過的，特別是可以讓人聽見傅柯聲音，而且相當不同於傅柯日後風格的說法。

瘋狂在社會上還存在（還被承認）的時候，也就是在文藝復興時期，已有一種分化的運動出現在瘋狂的兩種形式之間。一邊是鮑許（Bosch）、布魯格爾（Brueghel）或杜勒（Dürer）的畫作，呈現一種令人不安、糾纏不清、駭人的瘋狂，像要在其中揭露那深藏的、即將讓我們表象世界的真理潰散的祕密，這種瘋狂有部分和惡與黑暗的力量有關，這種瘋狂像撒旦的勝利。另一邊就像伊拉斯謨在《愚人頌》（*Éloge de la folie*）呈現的那種瘋狂，理性與之對話，但這種瘋狂已被置於某種距離之外，這種瘋狂借自論述的領域，只有在運用批判力量對抗人的幻覺與浮誇時才會援引這種瘋狂。一邊是深藏的悲劇性的瘋狂；另一邊是近乎馴服的瘋狂，它的暴力在人文主義者的嘲諷目光下減緩。差距已經存在，而且幾個世紀以來不斷深化。就在這裡，或許，兩條道路的區分就此開展。一條是後者的批判意識之路，通往醫學。另一條是前者的悲劇人物之路，它應當緘默，卻又在哥雅（Goya）、梵谷、尼采和亞陶（Artaud）的作品中再度出現。總之，無論如何，在斷裂發生的此刻，瘋狂依然是尋常可見的。

十七世紀發生的改變，是瘋狂遭到拒斥與放逐。傅柯稱為「古典時期事件」的這個演變有兩個「面向」。[27]一方面，瘋狂被一種理性至上的行動棄絕，被驅逐，被獻給沉默——「畢竟，這些人是瘋子啊」，這是笛卡兒在〈第一個沉思〉[f]裡的範式名言，他提及某種對於真理——思想相信

f. 指笛卡兒《沉思錄》（*Méditations*）中的第一個「沉思」。全書共有六個「沉思」。

能夠明確覺知的真理——所產生的懷疑時，以這樣的理由草草打發這種懷疑。既然一個人很有可能是瘋子，思想的權利也就不再置身險境了。另一方面，瘋狂被關押，被監禁。在這裡，經濟、政治、道德與宗教動機使出全力：在這場橫越十七世紀的「大禁閉」當中，窮人、遊手好閒者、乞丐、流浪漢，繼而是荒淫者、性病患者、放蕩者、同性戀者，都和理智失常者[g]齊聚在慈善救濟所（hôpital général）的圍牆裡。「或許就在這時候，」傅柯在書中寫道：「非理性和罪惡感之間結交起長達數世紀的親屬關係，今日的精神錯亂者仍會把它當作宿命來感受，而醫生則發現它是一種自然的真理。」[28]某種程度來說，我們從瘋狂過渡到非理性，從瘋狂是某種特質的年代過渡到瘋狂融入精神失常者（必須「矯正」的那些人）的群體之中的年代。因為這樣的監禁對那些被送到這裡的人來說，一體適用的其實是懲罰與刑罰，而非訴諸醫療。

然而，這樣界定應當受罰者的面貌，並將之徹底逐出社會，「大禁閉」在這些事上扮演的不只是負面角色，它也扮演了「正面的組織角色」。監禁的實踐與規則「構成了一個體驗的領域」，「在一個統一的場域中，聚集了某些人物和價值——先前的所有文化不曾覺察它們之間有任何類似之處；監禁以難以覺察的方式讓這些人物和價值向瘋狂靠攏，於是便為一種體驗（我們的體驗）做出準備——在這項體驗裡，這些人物和價值將清楚地讓人看到，它們已經被歸入精神錯亂的領域之中。」[29][h]

另一方面，非理性「被限定位置」（localisée），「被圈定」（cernée）在它的具體臨在之中。非理性於是可以成為「感知的對象」。在傅柯的這部著作裡，這無疑是個關鍵時刻：「它是在什麼樣的地平線上被感知到的呢？很明顯，它被當作一種社會現實。由十七世紀開始，非理性不再是『世界』纏擾不去的偉大執念；它亦停止作為理性冒險漫遊的自然向度。它現在的外表，像是一件『人性』的事實，像是社會物種中自發生成的一個變種。它在往日曾經是人之事物和語言、人之理性和大地不可避免的危害，現在卻以人物的樣貌出現——而且應該說是各式各樣的人物。非理性之人乃是社會承認和孤立出來的一些典型：其中有放肆無度者、揮霍者、同性戀者、魔法師、自殺者、自由放蕩者。非理性和社會規範之間的差距開始成為衡量非理性的尺度〔……〕。以下所說的，乃是一個基本的要點：瘋狂突然被投入一個社會性的世界之中，而且，這裡現在變成了瘋狂主要的、甚至接近專屬的出現地帶；幾乎就那麼一下子（不到四十年的時間，在整個歐洲），它突然有了一個被劃定界限的領域，每個人都可以辨認它並且舉發它——而瘋狂在過去卻既是漂泊天涯，又暗居即身之處；於是，由這個時候開始，我們便能在作為瘋狂化身的每個人物身上，運用維持秩序的措施和治安上的預防之道，一舉將之驅除。」此刻傅柯提出這樣的問題：「試想，在我們的文化之中，非理性只有先成為被排除的對象（objet d'excommunication），才能成為知識的對象，對我們的文化來說，這難道不是一件重要的事嗎？」30

g. 此處依林志明的譯本，將 insensé 譯為「理智失常者」、「無理智者」。本書出現傅柯《古典時代瘋狂史》時，引用林志明的譯文（時報，二〇一六，二版），為求斷章引文易於理解，偶有更動若干字，責任是本書譯者的。

h. expérience 譯為「體驗」，詳見前引中譯本頁十六，譯注九。

但是在非理性所形成的這個星群內部，瘋狂的人物將漸漸奪回一個特殊地位。因為人們終將從經濟觀點質疑監禁的價值，從而達成結論，認為較佳的政策是將所有可以提供勞動力的這些人都歸還給市場。透過拘禁如何治療貧窮？在這次演變當中，瘋狂將再次和曾經與它同住於「非理性」集合裡的其他形式分手，它將獨自占據從前和其他形式的非理性所共享的這些監禁場所。精神失常者將再次獨守拘禁地，只有照護他們的醫師為伴。這是療養院的誕生，是監禁的醫療化，在這些已知條件下，瘋狂被確立為「精神疾病」。精神錯亂者將被除去身上的鎖鏈，不過，可不要天真地接受實證主義的神話——它為這種解放歌功頌德，也往自己臉上貼金。「實證主義時代的療養院，也就是使匹奈（Pinel）享有創建者榮耀的療養院，並不是一個自由進行觀察、診斷和治療的領域；它其實是一個司法空間，在其中，人遭受指控、審判和定罪，而如果要擺脫它，也只有把這個審判過程移轉到深層心理之中，也就是說，只有藉由悔恨，才能由其中獲得解放。瘋狂將在療養院中受到懲罰，即使它在外頭被人宣告無罪。長久時間裡，而且至少一直延到我們的當代為止，它都會一直被監禁在一個道德世界之中。」傅柯也提到：「人們相信突克（Tuke）和匹奈使得療養院朝向醫學知識開放。他們並未把一種科學引入其中，而是引入了一個人物，而這個人物只是向這種知識借用外裝，或者最多只是吸取了其中的合法性罷了（……）。如果醫生的角色可以圈定瘋狂，那不是因為他認識瘋狂，而是因為他可以主宰它；實證主義以為是客觀性的東西，只是這個宰制關係的反面，只是它的結果罷了。」[31]

然而，醫學高唱凱歌是徒然的，它並未獲勝。對傅柯來說，匹奈建立的療養院並未將瘋狂阻擋在現代世界之外。瘋狂不再如黑夜面對白晝的光，而是成了可以觀察的現實（正常人可以述說其真相）：我們必須反過來承認，這個真相本身是連接在瘋狂之上的：「在我們今天，人的真相只存在於他既是又不是的謎樣瘋人身上；每一個瘋人同時承載和不承載這個人性真相，而在他的人性所展現的作用之中，他讓這真相赤裸呈現。」簡言之：「在現代世界之中，人和瘋子之間被連結（……）於一個具有相互性但卻又互不相容的真相之上，所形成的一個難以捉摸的關聯。」而且，在非理性似乎注定消失之際，我們必須傾聽接下非理性火炬的那些人的聲音。屬於黑暗的火炬，屬於夜，屬於無窮否定。哥雅正是如此，而「這樣的瘋狂和它同時代的體驗是如此陌生」：「對於尼采和亞陶這些有能力接納瘋狂的人來說，瘋狂不正是在傳遞這些來自虛無與暗夜的古典非理性的話語嗎？不正是將這些微弱難辨的話語放大直至吶喊與狂怒嗎？不正是第一次賦予了這些話語某種表達方式、某種公民權，以及在西方文化裡的一個著力點，並且由此開始，讓所有的異議與完全的異議成為可能嗎？不正是讓這些話語回復到原初的野蠻狀態嗎？」[i] 薩德正是如此，和哥雅的畫作一樣，在薩德的作品裡，「非理性繼續警醒於其暗夜之中」。但是「透過這個警醒，它卻和年輕的勢力相結合」。透過哥雅和薩德，「西方世界獲得如下的可能：在暴力之中超越它的理性，在辯證法的承諾之外，重新發現悲劇體驗。」

傅柯的這本書以此宣言作結：「這是瘋狂的狡智和新勝利：這個世界自以為可以用心理學來

i. 此段引文為本書譯者自譯。

衡量瘋狂，為瘋狂尋找理由，其實是這個世界才要站在瘋狂面前為自己辯護，因為，在這個世界的努力和辯論之中，這個世界其實是用尼采、梵谷、亞陶不可衡量的作品在衡量自己。而且，在這個世界之中，沒有任何事物可以保證——這個世界對瘋狂的認識尤其不能——這些瘋狂的作品會為這個世界辯護。」[32]

第二部

事物的秩序

1 詩人的才華

「在瑞典的夜裡開工，……在波蘭自由的頑強豔陽下」完工，[1]《瘋狂與非理性》成了近千頁的龐大手稿。康紀言說，確實的數字是九百四十三頁，還得再加上附錄和參考書目。序言是在正文完成之後寫的，日期如此標示：「一九六〇年二月五日於漢堡。」當年要取得法國的國家博士學位，必須提交兩篇論文，而且主要論文必須是個人著作。康德《人類學》的翻譯加上評注和一篇長達一百二十八頁打字稿的導論，則是傅柯的補充論文。

其實在重回法國定居之前，傅柯就已經在找一位願意扮演「指導教授」角色的「老闆」，這個人只要能為他擔任論文答辯的「報告人」（rapporteur）就行，因為兩篇論文都已經完成，沒什麼好指導的了。他趁著短暫返回巴黎的時間去拜訪伊波利特，請他擔任指導教授。伊波利特當時是高等師範學院的院長，他願意指導補充論文，因為他熟悉德國思想和哲學史，這是他的研究領域。至於主要論文，雖然他「讀後非常讚賞」，[2]但他還是讓這位舊日的學生去找康紀言。康紀言已經在索邦大學教了幾年科學史，伊波利特認為康紀言的學術聲望比自己更適合指導這幅宏偉的壁畫，這幅壁畫描繪了橫跨數世紀的瘋狂，幾乎沒有傳統哲學論文的樣貌，康紀言應該會感興趣，他在醫學院的博士論文不就是《常態與病態》（*Le Normal et le pathologique*）嗎？傅柯於是去找這個人。這個人已經在傅柯學術生涯初期的兩場通過儀禮——高等師範學院入學考和教師資格考的口試——擔任過主祭。兩人碰面的地方是舊索邦大學的一間階梯講堂的門廊，康紀言正準備要進去上課。傅柯向他報告了論文的主要輪廓：論證古典理性主義降臨之際，將瘋狂清除出去的這種區分是如何建立的，而由這樣的阻斷出發，精神醫學的知識又是如何發明、製作、勾畫它的對象，亦即精神疾病。康紀言在聽完的當下，只以他好用的那種粗糙嗓音說了一句簡潔的評語：「如果真是如此，大家早就知道了。」不過他還是讀了傅柯寫的東西，感受到「十足的震撼」。他確定在自己眼前的是一流的研究作品，於是毫不猶豫地應允擔任「報告人」。他只建議傅柯修改或潤飾幾處過於武斷的用語，不過傅柯似乎非常喜歡自己寫作的文學形式，結果什麼也沒改。答辯在即，論文於是以康紀言剛剛讀過的原貌呈現。

我們或許得為這號人物在此停留片刻。在這條通往「大學教授」行伍的體制之路，這號人物將在最終的這道障礙上，再次質問並且評判傅柯。在他們最初的兩次相遇後，傅柯對「康哥」（Cang）——大家在高等師範學院都這麼叫他——原本有些敵意，但傅柯終究還是讀了他的著作，也從中獲益。在那個存在主義者凱旋的年代，阿圖塞從不放過任何機會去提醒學生們注意這位科學哲學的使者，所以，傅柯怎麼可能完全無視這些著作的存在？於是傅柯克服了個人的負面情緒，讀了《常態與病態》或是康紀言不定期發表在一些專業期刊上的文章。康紀言最重要的身分是教授，依照德松提的說法，他是「哲學幫的組織者」。他很少發表著作：沒有大部頭的作品，而是研究範圍有限的文章；他總是一筆一筆細細勾畫，最後才發展成專業領域裡相當知名的作品，譬如《生命的認識》（*La Connaissance de la vie*）、《科學史與科學哲學研究》（*Études d'histoire et de philosophie des sciences*）、《生命科學中的意識形態與理性》（*Idéologie et rationalité dans les sciences de la vie*）。傅柯在《瘋狂與非理性》的序言裡談到康紀言時，視他為導師，後來在一九七〇年十二月法蘭西公學院的首講，他也一再重提。不過究其實，康紀言對傅柯的影響主要應該是在《臨床的誕生》和《瘋狂與非理性》這兩部著作與這兩個時刻之間。傅柯似乎在一九六五年六月給康紀言的一封信裡說了這番話：「十年前我開始寫論文的時候，還不認識您，沒讀過您寫的書。不過之後我所做的，如果我沒讀過您的著作，肯定不可能做出來。〔我的論文〕帶著您的印記，我不太知道該如何告訴您，是哪些地方，是哪些『方法』，但是您應該可以理解，即便是、尤其是我的「反對論點」——譬如關於生機論（vitalisme）——若非以您做過的研究、您引介的這套分析、您創立的「認識論的本相」（éidétique épistémologique）為起點，是不可能存在的。實際上，《臨床的誕生》和後續研究都源自於此，而且或許自始至終都棲居於此。總有一天，我會搞清楚其間的關聯。」

為了「搞清楚其間的關聯」，或許也可以因此理解這位低調的教授對於一整個世代的哲學家的影響，我們必須回到一九七七年傅柯為美國版《常態與病態》撰寫的長篇序言。在這篇序文裡，傅柯強調康紀言在橫跨六〇和七〇年代法國思想界的那些論辯中所扮演的角色：「此人寫作嚴謹，刻意自限且悉心專注於科學史的一個特定領域，這門學科無論如何都不是場面華麗的熱鬧學科，但他的著作還是會出現在各種論辯中，而他卻始終保持距離，永遠不涉身其中。」[3]不過，他其實涉入過一次，至少有這麼一次：那是他評論《詞與物》的文章，炮火非常猛烈，引發眾多迴響。[4]「因為我被那些沙特門徒的評論激怒了。」康紀言如是說。傅柯過世之後，他也以一篇精采的文章向逝去的友人致敬，文中重建了傅柯思想的一致性，從《瘋狂史》直到最後的幾卷《性史》。[5]一九八八年一月，康紀言主持了一場在巴黎召開的研討會，邀集來自世界各地的研究者，主題是「哲學家傅柯」。

康紀言是一九〇四年出生的，出生地在法國西南部的卡斯德諾達希（Castelnaudary）。他是一九二四年進入高等師範學院的那群著名師範生當中的一員（包括艾宏、沙特、尼贊）。通過哲學教師資格考之後，他開始投入醫學研究，一九四三年通過博士論文答辯。也就是在二次大戰期間，在德國占領法國的年代。他任教的史特拉斯堡大學當時遷至克雷蒙費弘，康紀言自然也去到那裡執教，同時積極參與地下反抗組織。法國解放之後，他回史特拉斯堡繼續教書，之後成為教育部的總督學。擔任總督學期間，他因為主管評鑑教學能力的業務，招致中學教師對他的深刻敵意。康紀言的暴躁、直來直往的方式讓人對他心生恐懼，甚至反感。當年他執行這項「督察」職務的言行，至今仍有不少惹人厭的故事在流傳，畢竟光是這個職稱就已經讓人心生疑懼了。不過在一九五五年，索邦大學聘任他接替巴舍拉的教職，很確定的是，從此刻起，他的影響力將深深刻印在法國的哲學風景裡：那是一種地下的、近乎無形的影響；一種在暗影之中發揮的影響，直到傅柯揭下紗簾，世人才得以清楚識見。康紀言畢生依循巴舍拉的道路，思考科學實踐的問題，不過他更著重於生命科學，而非物理學。他尤其感興趣的是意識形態與理性之間的關係、發現的過程、謬誤在「真理」研究中的角色（他也對「真理」的概念提出質疑）。一如傅柯在一九七七年所寫的序言所述，康紀言也屬於概念哲學家這一派，其中以巴舍拉、卡瓦耶斯、夸黑為代表。這一派基本上與研究經驗和意義的哲學對立（而且彷彿從遠古就開始對立了），敵對的這一派則以沙特和梅洛龐蒂這些存在主義哲學家和現象學家為代表。

研究主體的哲學在當時占據主導地位，對於所有致力走出這些哲學老路的人——亦即所有從五〇到八〇年代試圖革新哲學、社會學或精神分析等理論論述的人——來說，康紀言扮演的是集合點的角色，他的名字成為一句口號，一個軍事口令。或許可以這麼說，康紀言在某種程度上是結構主義的先驅，或者說得更精確些，他的闡述（或可稱之為科學結構史）讓眾多年輕學者接受了當時正在人文科學領域建立起威望的結構主義。

＊

當年，一份博士論文要答辯，得先印刷成書。而要付印，必須由頒發博士學位的學院院長授權。康紀言於是負責撰寫「文學博士學位主要論文付印許可申請報告書」。一九六〇年四月十九日，康紀言打了好幾頁密密麻麻的報告，概述他評價極高的這個作品。我們可以從他保留在私人檔案裡的這篇長文摘錄中讀出他的讚許：「我們已然可以看出這份論文的關注之所在。傅柯先生的目光一路尋索，從文藝復興時期直至今日，瘋狂在造型藝術、文學和哲學的映照中提供給現代人的各式各樣的面貌；他時而將諸多主軸線拆解開來，時而將其纏結，他的論文展現為一項分析與綜合雙管齊下的工作，而其嚴密性導致論文讀來並不輕鬆，但卻總是讓心智的投入有所得。」康紀言又說：「至於文獻部分，傅柯先生為數可觀的文件檔案中，有部分是被人一讀再讀的資料，另一部分則是有史以來第一次被研讀及使用的文獻。一個專業的歷史學者對於一位年輕哲學家為了獲取第一手文獻所做的努力當然是非常認同。相對的，也沒有任何哲學家可以指責傅柯先生屈從於史料而喪失了哲學判斷的自主性。傅柯先生在運用他數量可觀的文獻時，他的思想自始至終保持了某種辯證法的嚴謹，這樣的嚴謹，部分源自他對黑格爾史觀的認同，以及他對《精神現象學》的熟悉。這份研究的原創性主要在於，它站在哲學反思的高層次上重新檢視至今一直被哲學家和心理學史家所棄置，而任憑那些對於他們『專業』的歷史和史前史感興趣的精神病學家處置的題材，其中最常見的就是一些流行和常規性的問題。」康紀言在報告的最後部分，以如下說法滿足了院方的要求：「我確信傅柯先生的研究的重要性，因此我認為可以做出結論，傅柯先生的論文有資格面對文學與社會科學院的口試委員會進行答辯，基於我的職責，我建議院長授權該論文付印。」[6]（參見〈附錄一〉。）

付印許可的申請過關，此事自不待言。不過，通過之後還是得找出版社。傅柯早已心有所屬：他的夢想是伽利瑪出版社（Gallimard），上個世代大名鼎鼎的作者都在這裡出書，特別是沙特和梅洛龐蒂。於是他把手稿送去給帕杭（Brice Parain），他是伽利瑪出版社審稿委員會的成員，也是杜梅齊勒的朋友。帕杭和杜梅齊勒是在一次大戰之後，在高等師範學院認識的，當時和平剛剛降臨，兵士們返鄉復員，所有年級都混在一起上課。在一九四一到一九四九年間，帕杭為好幾部杜梅齊勒的著作當過編輯。不過他推出的幾個系列氣數都不長，原因是銷售成績不佳。[7] 是不是因為這次失敗的記憶，帕杭開始對那些看來就像學術著作的作品有些疑慮？五〇年代初期，他曾拒絕一位人類學家想要出版的文集，當時這位作者只出過一本名為《親屬關係的基本結構》（*Structures élémentaires de la parenté*）的書。結果李維史陀（因為這本書就是他寫的）等了好幾年才在普隆書局（Librairie Plon）出了這本暢銷的文集，書名是《結構人類學》（*Anthropologie structurale*）。[8] 傅柯和李維史陀有同樣的遭遇，儘管有杜梅齊勒的加持——他始終陪伴傅柯，度過他學術生涯的每一個階段——帕杭還是拒絕了這位年輕哲學家投來的作品。「我們不出版論文。」他對作者的說明大致如此。結果作者極為氣惱，多年來常以這般措辭向友人述說這段往事：「他們不想出我的書，因為頁尾加了注釋。」不過，傅柯在伽利瑪出版社繞的這一圈沒有白費工夫，因為他們也諮詢了另一位審稿委員：凱瓦（Roger Caillois）。他也和杜梅齊勒有些交情，當年是杜梅齊勒在高等應用學院（Ecole pratique des hautes etudes）第五分部的學生。凱瓦是「評論人獎」（Prix des critiques）的評審，他決定將這份大部頭的手稿推薦給評審團的另一位成員，他想聽聽他的看法：這樣的作品是否有機會奪冠？布朗修沒有時間把整本書讀完，但已足以讓他衡量這本書的影響力。他告訴凱瓦，他非常看好這部論文，後來論文出版時，也就是第二年，他又公開說出他對這部作品的激賞。

布朗修的推崇不足以讓傅柯得到「評論人獎」。凱瓦先前的推薦也不足以讓伽利瑪接受這本書。沒關係，傅柯會找到解決的辦法。德雷已經向他提過，要把他的書收入他在法國大學出版社（Presses universitaires de France）主編的書系。不過傅柯就是希望他的書可以逃離學術論文的封閉性。李維史陀的成功讓他感受很深，後來他也從不諱言自己很欣賞李維史陀的做法——可以打破學術著作的專家讀者群與文化素養良好的廣大讀者之間的藩籬。李維史陀被伽利瑪拒絕後，在普隆書局找到避風港，陸續於一九五五年出版《憂鬱的熱帶》（*Tristes Tropiques*），一九五八年出版《結構人類學》。

傅柯碰巧與普隆書局的文學顧問貝勒弗瓦（Jacques Bellefroid）相熟。他們是在里爾認識的，貝勒弗瓦當時還是高中生，跟尚保羅·艾宏是好友。後來貝勒弗瓦在巴黎定居，開始他的編輯和文學生涯。他建議傅柯將論文手稿交給那家讓李維史陀的作品名滿天下的出版社。傅柯在二十多年後自己說了這段插曲：「在朋友的建議下，我帶著我的論文手稿去了普隆書局。沒有回應。過了幾個月，我決定去出版社把稿子拿回來，他們跟我說，還得先找一下才能還我。後來有一天，他們在一個抽屜裡找到了，而且還發現那是一本歷史書。他們把書拿給阿希業斯（Philippe Ariès）看。我是這樣才認識他的。」[9]

阿希業斯負責主編的其實是一個名為「今昔文明」的書系。先前普隆書局亟欲革新，希望推出一些可以提高聲譽的書系：東皮耶赫（Éric de Dampierre）負責的是社會學，他出版了幾部馬克斯·韋伯（Max Weber）的法文譯本。瑪婁希（Jean Malaurie）推出「人間」（Terre humaine）書系，《憂鬱的熱帶》就是打頭陣的其中一部作品。至於阿希業斯，他關注的是歷史領域，他的書系已經出過舍瓦利耶（Louis Chevalier）的《勞動階級——危險的階級》（*Classes laborieuses, classes dangereuses*），還有一本《舊制度下的孩童與家庭》（*L'Enfant et la famille sous l'Ancien Régime*），作者就是主編本人。有一天，這位主編在他的回憶錄裡寫道：「一本厚重的手稿來到我面前：那是一本哲學論文，寫的是古典時代瘋狂與非理性的關係，作者名不見經傳。一讀之下，十分著迷。不過，我可是使出渾身解數才讓它定案。」[10] 因為普隆書局受到開放之風吹拂的時間並不長久，接手這家出版社的新老闆們對這些聲譽卓著但獲利顯然極少的書系沒有好感。在貝勒弗瓦的推促下（不應低估此人扮演的角色，因為《瘋狂與非理性》的出版史多少受到這齣戲的主角們的美化，或是營造成神話，以致其中一個要角甚至消失了！），阿希業斯極力爭取。他獲勝了。《瘋狂與非理性》於是掛上普隆書局的旗號出版。

傅柯對阿希業斯始終懷著無限的感激，而此人無論從哪方面看來，似乎都該對傅柯充滿敵意。他們兩人的相識其實非常奇特，就像黑夜和白天，撒旦與上帝。阿希業斯是天主教徒，完整主義派（intégriste），君主政體的長期擁護者，而且總是毫不顧忌地展現右派思想，簡直可以說是極右派了。很難想像有誰比他更守舊。可是！這位沒有教席的歷史學家，這個遠離學術機構，將自己定義為「假日歷史學家」的邊緣人，或許其人並不如其表象。剛送到他手上的這部作品桀驁不馴，在學術體系裡根本無法歸類，或許他正是最有能力可以看出整部作品創新力量的那個人。

阿希業斯過世時，傅柯寫道：「菲利普·阿希業斯是個很難讓人不喜歡的人：他堅持去教區的教堂望彌撒，可是他總是細心地塞上耳塞，才不會聽到第二次梵蒂岡大公會議那些神聖的庸俗笑話……。」他還加上這段話，談到這位史學家的著作：「他持續不斷地研究人口現象，不是當作一個社會的生物背景，而是作為一種引導自己面對自己，面對後代，面對未來的一種方式；然後是童年，對他而言，這是成人世界的姿態與感性所勾勒、賦予價值、打造的一種生命面貌；最後是死亡，這是一種普世的期限，人們將它儀式化、搬上舞臺、頌讚，時而讓它失去作用、將它取消（就像今日）。『精神狀態的歷史』——這是他自己用的字眼。不過只要讀過他的書就知道，他做的研究毋寧是一種『習俗的歷史』，這些習俗的形式可能是一些卑微而固著的習慣，也可能可以創造出某種華麗的藝術；他試圖展示這兩類習俗的可能源起，亦即那種做（faire）或在（être）、行動與感覺的姿態、方式。他專注於數千年不變、瘖啞無聲的行動，彷彿那是在博物館裡沉睡的獨特作品，他創立了一種『存在的文體學』（stylistique de l'existence）的原則——我想說的是形式的研究，透過這些形式，人在生死命定之中展現自我，發明自我，遺忘自我或否定自我。」[11]

這篇寫於一九八四年二月的文章顯然以一種特殊的語彙呈現出傅柯的感受，他當時即將完成的研究所使用的正是這樣的語彙。四個月後，傅柯在辭世前出版的《快感的運用》序文中說，他研究的是「自我關係的形式與模式，個體透過這些形式與模式，自我建構並且自認為主體」。我們在其中確實可以看出這兩人之間情誼長存的主因，儘管他們最初的互動十分奇特。我們也可以看到，傅柯對阿希業斯的欽佩有多麼真實、誠摯、忠實，以及他如何一再提及他對阿希業斯「個人恩情」的「感激」。[12]

*

一九六一年五月二十日星期六：「要談論瘋狂，可能要有詩人的才華。」傅柯以此作結，他剛剛在口試委員會和聽眾面前報告完他的論文，耀眼的表現令人讚嘆。康紀言回應他：「可是，先生，您確實擁有這樣的才華！」過了一年多的時間，這兩人才在索邦大學的一間階梯講堂的門廊重逢，談起論文答辯的事。在那個春日的午後，這位博士生依慣例向口試委員們報告他的研究大綱，之後再接受他們的密集提問。論文答辯從下午一點三十分開始，在「路易．里雅廳」（salle Louis Liard）舉行。那是保留給重要論文的一間講堂，莊嚴的氣氛令人印象深刻，講壇高起，高踞臺上的木製座席排成一列，細木壁板鑲嵌著先人們的肖像，兩側高懸一排排長椅，有如義大利式劇院樓廳的包廂，光線黯淡——近乎昏暗。到場的人數相當可觀。噢，跟十年後爭相聆聽法蘭西公學院首講的群眾比起來，這還不算什麼。不過，無論如何，講堂座無虛席，來了將近百人，而每一位到場者都知道他們即將參與的是一場小型的盛事。

口試委員會主席是古義耶，他是哲學史家，一九四八年起在索邦大學任教，他之所以被選為「主席」是因為他是所有口試委員當中「位階最高也最資深的」。這是遊戲規則。古義耶是個性親切、思想開放的人，也是以研究範圍廣泛，研究方法細緻著稱的學者。他以關於笛卡兒、馬勒布宏胥和緬恩．德．畢宏的研究以及幾冊《孔德與實證主義的誕生》（*Auguste Comte et la naissance du positivisme*）而聞名，他在戲劇方面的熱情也廣為人知。一九五二年，他出版了一部名為《戲劇與存在》(*Le Théâtre et l'existence*)的文集,一九五八年又出版了《戲劇評論集》(*L'Œuvre théâtrale*)。此外,同一時期他也在《圓桌》(*La Table Ronde*)期刊固定撰寫戲劇專欄。跟他一起出席的當然有康紀言,還有拉葛許——傅柯曾經上過他的心理學課程,現在他已經是索邦大學的精神病理學教授了。康紀言和拉葛許是老朋友,兩人相識於高等師範學院,他們不僅一起在索邦大學授課,戰爭期間也一起教過書。拉葛許於一九三九年收到動員令,成為法醫。之後被俘虜,繼而逃脫,重回史特拉斯堡大學(當時遷至克雷蒙費宏)。他在這個城市與康紀言重逢,康紀言來聽他的課,也來聽他介紹病患。康紀言發表他的醫學論文時,拉葛許在《史特拉斯堡文學院公報》(*Bulletin de la Faculté des lettres de Strasbourg*)上寫了一篇書評,幾個月後,《形而上學與道德期刊》也收錄了這篇文章。[13] 一九四六年,拉葛許的國家論文《愛的嫉妒》(*La Jalousie amoureuse*)通過答辯,隨即於次年被索邦大學聘任,我們在前文已經提過了。一九五三年,儘管拉葛許和拉岡的想法分歧,甚至已經到了對立的地步,但他還是和拉岡一起創立了法國精神分析協會(Société française de psychanalyse)。一九五八年,拉葛許出版《精神分析與人格結構》(*La Psychanalyse et la structure de la personnalité*),同時啟動一個名為「精神分析詞彙」(Vocabulaire de la psychanalyse)的龐大計畫,為此他找來兩位年輕的伙伴:拉普朗虛與彭大歷斯(Jean-Bertrand Pontalis)。

古義耶、康紀言、拉葛許。我們一看就知道,這位博士候選人要迎戰的是頂尖的專家三人組,這場競技不會輕鬆過關。畢竟論文口試不只源自於知識的論辯,也源自某種入教儀式,當然也包含那些無可避免的考驗和必要的陷阱。

不過聽眾們還得再耐心等候一下，才能盡情欣賞關於《瘋狂與非理性》的言詞交鋒。口試委員首先提問的主題是針對他的康德《人類學》譯本以及他為介紹譯本而寫的長篇導論，傅柯得先對此做出回應，因為論文答辯得從「小論文」開始。這個部分，出現在傅柯眼前的是伊波利特和龔迪亞克（Maurice de Gandillac），後者是索邦大學教授，專研中世紀與文藝復興，翻譯過不少德文著作。傅柯寫的導論，題目是〈康德《人類學》的生成與結構〉（Genèse et structure de l'*Anthropologie* de Kant）。傅柯在文中解釋，要理解康德在近二十五年的時間當中歷經書寫、修訂、改造的這些文字，必須交叉運用結構分析與基因分析。這個最終的作品是如何製作的？它吸取了何種連綿不斷的沉澱物？這是基因分析。這個作品在康德體系的整體內在配置當中，占據何種地位？這部《人類學》和康德發展的「批判」思想演變的關係為何？這是結構分析。傅柯大量運用某種後來極為出名的詞彙，他說他做的是「康德文本的考古」，他叩問的是這些文本「深層地質」的「地層」，諸如此類。傅柯向口試委員會進行報告時（根據古義耶為這個漫長午後所做的筆記），他的言辭「從容不迫，條理清晰」，他的表述「非常生動」。他一開始就指出，他想要「知道人類學是什麼，他談的是十九世紀末的德國人類學以及現象學」，所以「他會想要對十八世紀末和十九世紀初德國人的人類學提問」，並且將之與「法國人的『人論』（Traités de l'homme）」對照。所以，他的導論應該當作「『批判哲學裡的人類學如何可能』的研究，而非康德《人類學》的研究」來讀。所以，論文的重點是導論，而非譯本。而他引用夏赫的詩句作結，也就不令人訝異了！輪到伊波利特發言時，他指出「這篇論文有多重的企圖」之後，責難傅柯的譯文「略嫌草率」——最好可以「重新修訂」，伊波利特這麼說——他也責難傅柯的導論「超出康德的文本，過度解讀」。譯文和導論語調的反差也很令他驚訝。伊波利特問了傅柯：「人類學是什麼？」傅柯答說「是對於人的有限性的經驗分析」，而我們「不可能停留在那裡」。古義耶的筆記上寫著（他應該是在概述傅柯的回應）：「他以尼采為師更甚海德格……批判掉進了人類學之中，尼采把它拉出來。」至於龔迪亞克，則是遺憾傅柯沒有交出大家期待的康德文本的評注本，也就是說，他做的不是附上注解的「可出版的翻譯」（傅柯做的翻譯在他看來似乎「稍嫌草率，不夠嚴謹……沒有嚴重錯誤但疏漏頗多」，龔迪亞克如此評論）。龔迪亞克在這方面對傅柯有些不滿，他特別指出，傅柯的導論並非為康德作品所寫的導論，而是「人類學普遍問題」的研究——不過這一點，傅柯已事先承認。由此可見口試委員們的期待和傅柯的想法之間的落差有多大，前者想看到的或許是一份正統的學術研究，結果出現在眼前的作品似乎令他們感到窘迫，而對傅柯來說，評論康德作品這件事的本身其實沒有多大意思，他只是以此為起點或支點，進行關於人類學及超越人類學的思考。龔迪亞克認為傅柯對現象學的批評過於「粗略」，並且質疑「這樣的批評是否應該出現在這裡」，但他卻沒能看到，傅柯對於胡塞爾（以及對於沙特和梅洛龐蒂）的這個批評構成了他的寫作計畫的核心。其實，這幾位教授或許是對的，這不是一篇論文——就學院規範的定義來看——而是一個正在成形的思想。或許我們可以說，一邊是「創造的邏輯」，另一邊是「學院的規則」，而這篇論文出現在兩者之間的罅隙。[14]

這個「小論文」從來不曾出版（至少在傅柯生前），只有康德作品的譯文於一九六三年由弗杭出版社（Vrin）出版，而傅柯自始即宣稱這份譯文並非為了這樣的出版目的而寫。剩下的，傅柯寧可讓那一百三十頁導論的打字稿沉睡在索邦大學的檔案室裡。不過我們可別搞錯，這篇導論才不會被束之高閣。口試委員們看出了這篇論文像是一部更廣義也更具野心的人類學著作的初稿。之後，我們也會看到這篇論文實質的重要性有多大，以及即將由此而生的一切，因為日後出現在《詞與物》裡的諸多段落，確實可以在此找到源頭。[15]

不過，這些手稿都還只是「小論文」，是儀式之前的開胃菜。現在我們可以進入「大論文」這道主菜了。

幾分鐘的幕間休息過後，這齣大戲繼續上演。口試委員會主席請博士候選人發言。傅柯的聲音揚起，緊張，焦躁，開展成一個個節奏分明、急衝急停的樂段；那些用語有如鑽石般精雕細琢。傅柯說明（這裡也還是根據古義耶的筆記）：這個研究的緣起，最初的想法是要寫一本書，研究瘋人多過研究他們的醫者。不過，由於那是一部既無日期亦無編年的歷史，這本書根本無從做起。「這些研究因此要在檔案之中進行。」確實，只要「瘋狂並非自然界的現象（fait）」而是「屬於文明的現象」，只要瘋狂在一個特定的社會裡，始終是「**他者**（*autre*）的舉止」、「**他者**的語言」，這個社會就不可能「不在一種稱瘋狂為瘋狂，並且迫害瘋狂的文化史之下」擁有瘋狂的歷史。這正是為何傅柯的研究方法始終是「在瘋狂與非瘋狂、瘋狂與禁錮瘋狂者的關係之中」處理瘋狂的問題。因此（我在此處重現的電報體顯然與古義耶一邊聽傅柯發言一邊寫筆記有關）：（一）「現今的精神醫學概念無用」，因為「醫學只是作為理性與瘋狂之間關係的一種形式而介入」。（二）「語言問題：蒐集理性與瘋狂持續論辯的種種**標記**（*signes*），讓那些還沒有語言的人說話」。傅柯接著談到瘋狂的體驗以及與理性對比、對立的關係，被理性俘獲的關係，然後是社會空間及其受到禁止的場所。傅柯要問的是「一個文化在它與瘋狂論辯時有何風險」。所以他拒絕嚴格的歷史研究方法，他想要的是一種「結構的研究方法，不會將歷史抹去，反而會讓歷史立體呈現」。

開場的報告結束之後，討論登場。拉葛許的反對意見此後經常被提起。時至今日，人們經常語帶嘲諷地提起這位法國精神醫學傳統的代表人物在六〇年代初期對傅柯這個爆破兵——試圖爆破對於精神病理學知識與機構的確信——所展現的不理解。其實，康紀言的初步報告裡早有幾分預見，他在報告中強調：「質疑心理學的科學地位的起源，顯然會是這份研究引發爭議的重點。」結果拉葛許提出許多反對意見，也表現出相當保留的態度。不過我們還是得說，拉葛許從頭到尾都極為謹慎——如果我們相信古義耶在討論期間所做的筆記。他的批評有細節作為依據，他的評論從不挑釁，而且我們得承認，他並沒有真的反對甚至貶低傅柯的研究。他的發言只是質疑論文欠缺專屬醫學、精神醫學或精神分析方面的資訊，他也強調作者並未如他自己所聲稱，「徹底擺脫了當代思想」。不過，他似乎並未公開抨擊傅柯的整體觀點，而這樣的觀點對他來說其實是相當陌生的（還有，他其實很早就對幾年前影響傅柯甚深的那些作者的研究非常感興趣，像是閔可夫斯基、賓斯萬格、雅思培等）。發言的最後，他問傅柯是否想為瘋狂重建尊嚴與自由，傅柯回答他，其實他是在為自己「重建瘋狂體驗的尊嚴」。

康紀言讚美了這位博士候選人的「學識淵博」以及「原創性、文學天分、辯證能力（有時變成是修辭能力）」之後，向他提問：「這是結構的歷史還是結構的辯證？您希望這是同一回事，可是它時而是下層結構（經濟的），時而是上層結構（意識形態的）。」傅柯則回應說這「完全不是因果關係」，所以「是哪個層次根本無所謂」：「這當中沒有任何因果上的優先性」。這時康紀言提出了反對意見——我們會看到他在這裡所說的，是人們在數年後對《詞與物》發出的反對意見（特別是沙特提出的批評）：「如果一切因果關係都被排除了，那麼在這一連串的結構當中，歷史在哪裡？」傅柯答道：「在年代的序列裡，這當中有一些理路，有些關係，可是沒有任何一個因素的因果力量會比其他因素更強。」康紀言為這個回合的交流做了總結：「所以有一種歷史的進程是透過滑移（glissements），更甚於承襲（filiations）：歷史在結構之下。」

不過必須提醒的是，在這場歷史性的論文答辯會上，反方的主力恐怕是口試委員會主席本人。倒不是因為他對這位博士候選人或他的論文有敵意，而是很單純的因為他在知識和專業上的一絲不苟。「有人要我以哲學史專家的身分加入口試委員會，」他解釋道：「而這正是我該扮演的角色。」所以古義耶在儀式進行的過程中有明確的職責，而他也確實認真扮演了他的角色。當然，他並未忽視他剛讀過的這部作品的重要性：他在開場的引言中特別提到，這部論文「足以放入那一小群同樣通過外部的學術審核，但是卻屬於另一種等級的作品裡」。他還強調了「文化、作品結構的駕馭能力、寬闊的視野……簡言之，這本書帶來若干貢獻，因為就算有人可能想過同樣的主題，但是作者確實『發明』、『創造』了這個主題」。所以，「只要我們是在現有的論文的層次上進行討論，就算那些保留的看法、那些批評再怎麼猛烈，也只能在某個面向上評論，只可能批評到某種程度。」他接著說：「這種印象解釋了我為何可以毫無矛盾地說出兩件事：一、我讚賞這樣的企圖（或者說是意願），去書寫一部在共同意識中發生過的想法的歷史，試著認識不同時代的人所塑造的人的形象。二、在執行上：您的『結構主義』對我來說，有點遮蔽了人類如何思考瘋狂的歷史軸線，不論這條線是直的還是蜿蜒曲折的。」古義耶界定了三個層次，或者依照他的說法，他區分了「三個面向」：「一、和論文題目《古典時代瘋狂史》相符的面向：醫學觀念、治療、法律觀念、機構的歷史，這種歷史無法自外於分析——這些分析揭露了充斥於表象的種種道德公設與哲學公設，簡言之，就是人如何思考瘋狂的思想史。二、不過，我相信，這部論文的目的（fin）不是歷史性的：我要說的是，它比較不是一種歷史，而是一種社會學。它探討的是『結構』，而其內部的材料是史實，如果我的理解無誤，它的主題是研究某些集體思維模式（schèmes collectifs de pensée）的出現、建構、消失。三、最後，這部論文的完成（finalisation）與某種特定的個人歷史觀、某種歷史哲學密切相關，也和賦予價值（valorisation）給一些當代作品密切相關，特別是亞陶，與之相應的經常是一些英勇的片段，加上效應的研究、過多的裝飾（簡單來說，就是浮誇）……」他接著說：「我比較喜歡的是：大致停留在第一個面向的那些章節——譬如第二部的第三章和第四章。我最不喜歡的是第三個面向的那些片段，一開始的序文就是。至於第二個面向，我感興趣的是這個面向與第一個面向相關聯的一切，也就是社會學與歷史貼近之處。我最不感興趣的，是第二個面向與第三個面向相關聯的一切。」古義耶繼而提出更多問題、評論、反對意見。他首先指責傅柯「透過寓意（allégories）思考」。他談到「將事物化為神話的社會學」（sociologie mythologisante），他特別提到：「在這個社會學或現象學的部分，首先讓人有一種奇怪的印象：我們會覺得走進了一齣戲，劇中的人物都是寓意。而正是這些寓意的擬人化，允許某種形而上的力量入侵歷史，並且在某種程度上，將敘事轉化為史詩，將歷史轉化為寓意的戲劇，讓某種哲學活了起來。瘋狂被擬人化了，透過神話般的概念演變：中世紀、文藝復興、古典時代、西方人、命運、虛無、人類的記憶……。」於是出現在我們眼前的是「某種歷史神話的結構，甚於某種社會學的結構」。然而，這種「將事物化為結構的神話（mythologie structurante）所導向的是非常連貫的系統化，因而必須接著將它拆毀。舉例來說，博士候選人難道沒有誇大古典時代『非理性的統一性（unité）』？」

古義耶接著否定了某些文本或作品的詮釋：「有很多地方，詮釋溢出了事實：在《拉謨的姪子》（*Neveu de Rameau*）裡，瘋狂訴說著真相，令人非常驚訝：(a)您說，這不是因為瘋狂和某種神祕知識相關聯。好的，我同意！(b)狄德羅（Diderot）[a]說，他們是誤打誤撞，偶然碰上真相的。(c)您的詮釋為『偶然』加上了『錯誤』，原本極為清晰的文字變成一段驚人的『這無疑意味著……』。論文從四一九到四二一這幾頁，引用的文字對照於評注的形而上程度，其間的反差令人驚訝——我們應該會相信，這些引文是為此挑選的，而《拉謨的姪子》改頭換面之後，成了一

a.《拉謨的姪子》是狄德羅的作品。

個事件（événement），一種形而上的降臨（avènement）。」所以應該要「弄清楚作者是在提供某個文本自身的哲學，還是依據某個文本在做他的哲學」。古義耶如是說。他在很多地方更正、補充了歷史資訊，把事情說得更清楚、更細膩。此處無法重現這位教授提出的所有反對意見，也無法提及他為了反駁對話者，運用自己淵博的學識提出的所有參考資料。他的意見涵蓋這部論文的所有面向。他的批評還及於《聖經》——「我不確定您的詮釋。」他說：「您引用的《聖經》文字以及聖文生．德．保祿（saint Vincent de Paul）評論《聖經》的文字，並沒有說耶穌變成瘋子，而是說耶穌想要做出某些激情（passions）甚至狂暴（*frenesis*）的外表，耶穌想讓人們把他當成那樣的人。」他接著說：「我相信在〈無理智者〉這一章探討『十字架上的瘋狂』是個錯誤，因為其中始終都有一個更高的智慧的概念。」古義耶也提到「死亡之舞」的主題，他反對傅柯的分析——瘋狂以嘲弄接替了死亡在文學或繪畫作品裡的地位。「原因看得出來：對您而言，哲學連續性是存在的：瘋狂，依然是死亡。而且您還移了調，將它挪移到藝術史的連續性。」在古義耶看來，這是錯的。他也不同意傅柯關於鮑許畫作的描述。某些疏漏也讓古義耶感到驚訝：「您引用莎士比亞，不過，似乎也該引用約翰．福特（John Ford）《破碎的心》（*The Broken Heart*）劇中人物潘希亞（Penthea）的瘋狂。」終於，他來到笛卡兒，這是古義耶的論據當中發揮得最好的一點。譬如，關於《沉思錄》（*Méditations*）裡的「狡猾精靈」（le malin génie）假說：「狡猾精靈象徵的是荒謬世界的假說，在這個世界裡，我會看到3＋2＝5，而這卻是個謬誤。可是我完全看不出這可以象徵瘋狂：這個想法是聯結惡意的概念與上帝至高權力的概念而製造出來的。『狡猾精靈』這個角色的心理在〈第四個沉思〉的開頭有所描繪：那是上帝至高的權力，以馬基維利色彩的樣貌呈現，這是它的存在律則。您在其中看到非理性的威脅。不，這只是另一種理性的可能。這個假說的形而上基礎就在這裡。」古義耶也不認為笛卡兒在〈第一個沉思〉裡的名言「畢竟，這些人是瘋子」是隔絕理性與非理性的創始之舉：「關於笛卡兒所言，您給了另一種詮釋：古典理性在理性與非理性之間設定了一個倫理選擇，於是，在〈第一個沉思〉裡，笛卡兒拋棄了那條走向尼采和亞陶的道路。這是對於瘋狂的拒絕，倫理的賭注。」古義耶之所以如此強調笛卡兒，是因為他認為傅柯這幾頁文字是他論文結構的核心。

作為結論，這位口試委員會的主席對論文作者說：「我不明白您將瘋狂界定為作品的缺席，這樣的說法用意何在。」傅柯後來應該也承認最後這段評語言之成理，因為過沒多久，他就寫了一篇長文解釋自己的這個用語，[16]後來在《瘋狂史》的第二版中也提到「我說這句話的時候有點盲目」。[17]

儀式結束。主席當眾宣布，口試委員會同意授予候選人文學博士學位，「特優」評等（mention «très honorable»）。幾天後，古義耶寫了一份正式的報告書作為論文口試的匯報。以下就是這篇值得通篇引用的文章，它呈現了所有對於傅柯這部剛剛誕生的作品最初的回應：

> 五月二十日，克雷蒙費弘文學與人文科學院兼任教師米歇爾．傅柯先生提交博士論文：
> ——康德《人類學》導論、翻譯與評注。補充論文。報告人：伊波利特先生。

——瘋狂與非理性：古典時代瘋狂史。主要論文。報告人：康紀言先生。第二審閱者：拉葛許先生。

口試委員會的成員還包括負責補充論文的龔迪亞克先生，以及負責主要論文的主席。傅柯先生提交的兩項作品雖然非常不同，獲得的讚美與批評卻都相當觸動人心。深厚的文化素養、強大的人格特質、豐富的學識，這些是傅柯先生明顯的特質，整場論文答辯也完全證實了以下的評判：他所做的兩份報告相當出色，清晰、流暢、優雅簡潔地呈現了一種前路明確、發展俐落的思維，讀來可以感受到作者對思想本身的掌握能力。然而伴隨這份品味極其高雅的研究而來的，卻是文中不時可見的，對於某種必要苦工之輕忽：譯文堪稱確切，但略嫌倉促，未得康德作品之精髓，想法是吸引人的，但只由某些事實倉促打造而成：傅柯先生比較是哲學家而不是經典評注者或歷史學家。

補充論文的兩位口試委員認為這份論文是兩個作品的並置：

（一）一篇歷史性的導論，也是一部人類學著作的雛形，受尼采啟發更甚於康德。伊波利特先生如是評論。

（二）康德作品的譯文淪為託辭，龔迪亞克先生建議博士候選人重新審閱譯文，將這兩份文字分別出版，不僅可以讓這部以導論為名，僅現雛形之書得以充分展現，亦可為康德作品提供一個真正的重要譯本。

專責評審主要論文的三位口試委員肯定作品的原創性。作者於意識中尋找某個時代的人對於瘋狂的想法，他清楚界定「古典時代」（亦即十七、十八世紀及十九世紀初）的若干心智『結構』。我們無法在此重述其作品凸顯的所有問題，容我們僅指出以下問題：是這些結構的辯證，抑或是這些結構的歷史？康紀言先生如是提問。作者是否真能擺脫當代精神醫學為界定其結構，為繪製其宏偉的歷史壁畫，所制定的各種觀念？拉葛許先生如是提問。

口試委員會主席引導博士候選人就其研究所隱含的形而上的部分提出說明，亦即藉由亞陶、尼采或梵谷之類的例子，對於瘋狂的體驗「賦予價值」。

這場論文答辯特別值得留意的是一種奇特的反差——每位口試委員都認為博士候選人的才華無可爭議，然而整場答辯從頭到尾出現了大量的保留意見。傅柯先生當然是一位作家，可是康紀言先生因為某些段落而提到修辭術，主席則認為他對探尋出「效應」這件事過度關心。

學識淵博是確定的，不過主席舉出若干例證，顯示出某種超出事實的自發傾向：我們覺得，口試委員會若有可能納入一位藝術史學者、文學史學者、制度史學者，這類的批評可能會更多。傅柯先生的心理學學養是實在的：但是拉葛許先生認為精神醫學方面的資訊稍嫌不足，關於佛洛伊德的部分有些草率。

於是，愈深入思考我們愈會發現，這兩篇論文引發了諸多重大的批評，然而，在我們面前的依舊是一篇原創性十足的主要論文，是一位人格特質、知識「能動性」、闡述的才華足以勝任高等教育的人選。職是之故，儘管有保留意見，我們仍一致同意授予特優評等。

亨利．古義耶，一九六一年五月二十五日。

「儘管有保留意見」，一如口試委員會主席於報告中所述，《瘋狂與非理性》也得到了一枚國家科學研究中心的獎章。國家科學研究中心每年頒發一面金質獎章獎勵一部作品的整體成就，一枚銀質獎章頒給博士後研究，二十四枚銅質獎章頒給各個學科的最佳博士論文。哲學領域的這枚銅質獎章頒給了米歇爾．傅柯。由於傅柯從此是「博士」，也就可以被克雷蒙大學聘任為「正式教師」了，這事於一九六二年秋天敲定。這本書還有待尋找它的讀者，這是一條混亂怪異的遙迢長路；這本書也要透過即將為它而發的一些評論找到它的地位（或者該說是它的各種地位），這些評論會讓這個「事件」、[18]這次出現成為其他千萬個事件的起點——隨著讀者的人數漸漸增加，激增，然後發散出去。

2 書和它的分身

在一九七〇年代，傅柯曾數度抱怨《瘋狂與非理性》出版時遭到的對待。例如，他在一九七五年的一次訪談中宣稱：「當我開始關注這些有點社會現實底層的主題，有一些學者也開始感興趣，像是巴特、布朗修和英國那些反精神醫學派。可是我必須說，哲學社群和政治社群對這種主題沒有興趣。這些以記錄哲學界風吹草動為職志的期刊，沒有任何一本關注過這些主題。」[1]在另一次訪談中，他更清楚提到他從來沒喜歡過的《現代》和《精神》(*Esprit*)兩本期刊：「沒有任何一本堪稱知識分子刊物的期刊會願意談論這種主題的書：《現代》和《精神》，您想得沒錯，它們是不會管這本書的。」[2]事實上《現代》登過一篇精神分析學家馬儂尼(Octave Mannoni)的文章，這篇書評頗為嚴苛：他認為這本書「晦澀難懂」，他還指責作者並不瞭解這些問題今日的樣貌。確實，這部作品並沒有得到具有文化素養的廣大讀者群的注意。可是傅柯真的想接觸這群讀者嗎？傅柯提出了一些理由，在他看來，這可以說明為何他的書被某種近乎沉默的氣氛包圍——

他譴責共產黨的勢力和馬克思主義意識形態有如囚犯沉重的鉛衣，沉沉壓制著知識分子的行為舉止以及他們的感知能力，讓他們難以窺見跳脫這種制式框架的一本書的批判力量。[3]

然而，這種失望似乎是事後回頭感受到的。其實，傅柯曾在一九六一年九月寫給杜梅齊勒的信上說：「我的《瘋狂》表現不算太壞，《新法蘭西評論》的人剛來問過我有沒有什麼東西可以給他們！我笑了笑，沒當一回事。布勞岱爾（Fernand Braudel）也來了，他是弗拉馬利翁出版社（éditions Flammarion）的人；這次我沒拒絕。不過改天你得好好跟我說一下這是個什麼樣的人。」[4] 總之，從寫信給杜梅齊勒之前就已經發生的情況來看，此書得到的回應並不如傅柯後來耽溺於抱怨的那麼少。他堅稱只有幾位邊緣的知名學者看得出他作品的重要性。總之，要一路跟上他的說法並非易事。傅柯這裡說的是布朗修[5]和巴特[6]寫的文章，當然還得加上一篇塞荷[7]的文章，還有當時《年鑑》（*Annales*）的審稿主編蒙德胡（Robert Mandrou）發表在這份刊物上的長篇評論。[8] 值得一提的是，最後這篇文章的後頭還緊跟著——絕不能說不重要的——一篇由布勞岱爾所寫的「附記」，這位新史學研究的大師在文中對傅柯讚譽有加。[9]

康紀言和古義耶在論文答辯時撰寫了正式的評審意見——也是祕密評審意見，因為這些報告甚至沒有交給當事人。隨後，這些美好的書評迎接了此書的問世，成為傅柯作品最初的讀者回應。所以，引述其中幾個段落應該多少有些意思，因為當時傅柯還默默無聞，那時候的閱讀不會受到既定形象的濾鏡所左右。塞荷將傅柯的書連結到杜梅齊勒的作品，他寫道：「其實，《瘋狂史》永遠不會被理解為精神醫學的某種誕生，也不會被理解為對於古典時代實證概念的種種先兆的某種研究。書中所描述的可說是結構的差異變化〔……〕：分離、聯繫、融合、基礎、互惠、排除的結構。」[10]不過塞荷並非無視此書的另一靈感來源：「倘若在結構的理解之外，沒有一種更祕密的視野，一種更熱烈的關注，這種建築結構的嚴謹就會是虛的：作品會精確，但不盡然真確。正因如此，在邏輯論據的自身當中，在歷史調查的細緻博學之中，流動著一種深切的愛——不是盲目的人道主義，而是近乎虔誠——為的是這群幽黯的族人，因為在他們身上，我們認出的是無比近似的另一個自己。所以，這本書也是吶喊〔……〕。所以，這透明的幾何結構是人們承受著削減、恥辱、迫遷、隔離、放逐、開除教籍等巨大酷刑的悲愴語言。」[11]簡而言之，「這是一切孤寂匯聚之書。」[12]塞荷也不忘稱頌尼采的身影：「米歇爾．傅柯的書對古典悲劇（以及更廣義的古典文化）的意義，就如同尼采對希臘悲劇與希臘文化的意義：他把阿波羅陽光底下潛藏的戴奧尼索斯元素揭露出來。」[13]羅蘭．巴特則想像費夫爾（Lucien Febvre）會喜歡傅柯的書，「因為他將一個『自然』的片段歸還給歷史，也將我們至今視為醫學事實的瘋狂轉變為文明的事實，」[14]他接著說：「事實上，傅柯從來不曾定義瘋狂；瘋狂並非某種必須重新尋回其歷史的某種認識的**對象**（*objet d'une connaissance*）；或許可以說，**瘋狂恰恰就是這種認識本身**：瘋狂不是一種疾病，而是一種可變動的**意義**，或許依隨時代不同而異質；傅柯一向只將瘋狂視為某種功能性的現實：對他而言，瘋狂是由理性與非理性、觀看者與被觀看者所組成的一組配對的純粹功能。」[15]不過巴特也很清楚，傅柯的這個大部頭作品「**不同**於歷史書籍」，它「猶如一個宣泄性的問題，提問的對象是知識，是所有的知識，而不僅止於談論瘋狂的知識」。[16]巴特於結論提及傅柯其後數年的另一研究主題——

恰恰圍繞著這個對於知識的質問——巴特說的重點在於「傅柯剛在炫目的光芒中所展現的這種論述的眩暈，不僅展現在與瘋狂的接觸，也展現在人每一次拉開距離，將世界視為他物觀看的時候，也就是說，展現在人每一次書寫的時候」。[17]

對《瘋狂與非理性》來說，巴特和塞荷的文章風格與評論角度差異極大，然而都是散發著機智與敏銳的出色解讀。不過有人會說，巴特是傅柯的朋友，塞荷是傅柯在克雷蒙費弘的同事，確實如此，不過布朗修就不是了，他提醒讀者，這是一篇論文，繼而表示他非常喜歡這個「大學與非理性的碰撞」，他說這是一本「不同凡響、豐富、堅持，而且——因為其必要的重複——近乎非理性的書」，最後以巴代伊的引文為他的評論作結。[18]蒙德胡、布勞岱爾也和傅柯非親非故。蒙德胡先是提出進入此書的方法，他的建議是，與其從《瘋狂與非理性》「過於耀眼的字句」開始，不如另闢蹊徑，從傅柯為賓斯萬格《夢與存在》所寫的序文進入，「在這裡，夢被當作認識的方法來研究，研究法可以說是平行於研究清醒時的理性的做法……然而，與夢境相同的是，瘋狂被賓斯萬格當作一種認識的方法，一種既是他者亦非他者的真相；若非透過從內瓦爾（Nerval）到亞陶的文字的激情表現，瘋狂在我們的當代世界已無處容身，此事對我們的作者衝擊甚劇，他採取激烈的立場反對這種排除。」[19]蒙德胡也提起杜梅齊勒，他引述了傅柯在《世界報》訪談中對他所做的評論，然後引用《瘋狂史》裡這個特別有杜梅齊勒之風的句子：「非理性會是民眾的偉大記憶，是他們對於過往最極致的忠誠。」[20]他以這段對於傅柯自身的評斷為文章作結：「他的書讓他躋身於研究的最前沿，這樣的研究令他醉心，也深深感動了我們。」[21]

以下是布勞岱爾的〈附記〉：「我要為前面這篇書評補上幾行，為的是強調米歇爾・傅柯這本書的原創性以及先驅的特質。我看見的，不僅是一個極少由歷史學家進行的這種集體心理學研究，也是從費夫爾之後，我們衷心呼喚的研究。我看到的，我欽佩的，是一種獨特的才華，可以從三、四個不同的方向切入問題，而且是在一團曖昧不明之中——這種曖昧不明有時會錯誤地反映在具體的研究過程裡（必須專心緊追那條軸線），可是這種曖昧不明又是所有集體現象都具備的。一個文明的真相隱沒在對立的動機——意識的動機、潛意識的動機——的幽暗之中。這部精采的作品試圖在瘋狂這個特殊現象上，追究某種文明的心智結構可能的神祕演變過程，尋索它要如何拋棄、擺脫它自身的一部分，如何在它自己的過去之中區分它試圖保留的部分和它希望拒斥、無視、遺忘的部分。如此困難的尋索，必須要有一個可以時時轉換的頭腦，他不只是史學家、哲學家、心理學家、社會學家……。我們無法將這樣的研究方法奉為範例：它不在任何人可及的範圍之內，要做這樣的事，在才華之外，還必須要有其他的東西。」22

《瘋狂與非理性》是一本乏人問津的書？我們還可以舉出其他證詞，說明它其實頗受歡迎。譬如，巴舍拉在傅柯將作品寄給他之後，回了一封極為親切的信給傅柯。一九六一年八月一日，這位以理解科學史與「詩學」視界交錯聞名的哲學家在寫給他的信上說：「今天讀完您的大作……社會學家們為研究外來部族走得很遠。您向他們證明了，我們是野蠻人的混合。您是一位名副其實的探索者。我好好讀了您探索十九世紀的計畫（第六二四頁）……」他以這個邀請為他的信件作結：「我一定得離開美妙的巴黎了，不過十月的時候，您務必來找我。我想當面向您道賀，向您反覆述說我閱讀您的書頁時感受到的一切細緻的喜悅，還有我最誠摯的敬意。」[23]我也在前文提到過，阿圖塞對《瘋狂與非理性》一書極為熱情，後來還在《閱讀資本論》裡數度援引傅柯的著作。

在所有的回應當中，有一位非常年輕的哲學家特別值得一提，他是傅柯在高等師範學院的學生，後來成為尚．瓦勒在索邦大學的助理，他叫作德希達。特別提他是因為他的回應對其後數年的法國哲學界影響重大。尚．瓦勒要這位助理來他創立的「哲學公學院」（Collège philosophique）演講。這就是一九六三年三月四日由德希達主講的，著名的〈我思與瘋狂史〉（Cogito et histoire de la folie）。演講登場前不久，傅柯和德希達才通過信。一月二十七日，傅柯感謝德希達寄了一本他剛翻譯出版的胡塞爾《幾何學的起源》（*L'Origine de la géométrie*〔*Der Ursprung der Geometrie*〕）給他，書上還有日後將成重要里程碑的長篇序文。傅柯在信中寫道：「我深深讚嘆。我知道你對胡塞爾的瞭解有多麼精闢；讀你的作品，我的印象是，現象學不斷承諾卻也不斷扼殺哲學思考的可能性，而你還在讓這種可能性浮現；這些可能性，它們在你的手上，它們來到你的手上。或許，對我們來說——而且長期來說——哲學的第一行動就是解讀：你的解讀正是一個這樣的行動。」傅柯接著說：「我真的很想見到你。如果你有時間，跟我說一聲。」他以這則附注作為這封信的結尾：「德紀（Deguy）跟你說了嗎？如果你願意賜稿給《評論》（*Critique*）月刊，任何你想做的研究都可以，我們都會很高興。」[24]事實上，自從一九六二年巴代伊過世之後，接手主管《評論》月刊（一九四六年巴代伊創辦）的是他的連襟皮業勒（Jean Piel），他組了一個編輯委員會，成員包括巴特和傅柯

（我稍後會再述此事）。德希達回信道：「謝謝你寫信給我。你知道，你的評判和你的感覺對我來說是最重要的。」他接著說：「我也會很高興見到你，要是你有時間就好了。老實說，我這陣子經常『與你同在』。尚・瓦勒要我去哲學公學院做一場演講，我選了《瘋狂史》來講，特別要講你寫笛卡兒的那幾頁。我在耶誕假期重讀了你的書，愉悅的心情不斷湧現，現在我試著要來準備這場演講了。我才剛開始，不過我相信我會試著——大體來說——呈現你對笛卡兒的解讀在某種深刻的層次上是合理的而且具有啟發性，這個深刻的層次依我看來，無法透過你運用的文本立刻宣告或表明，我也相信，我的解讀或許和你不盡相同。不過，我還有很多地方要處理，這件事很難，不幸的是，我的動作得快一點了。」[25]一年前，德希達已經向傅柯表達過他對《瘋狂與非理性》的強烈感受以及某種保留的看法，或者這麼說，「心底有某種異議之聲，有些喑啞、無可名狀或還未清楚表達」，還有一種慾望，想要寫「一點什麼，作為對理性的頌讚，又忠於你的著作」。[26]所以在一九六三年三月，德希達確實決定從書中關於笛卡兒的段落來評論《瘋狂與非理性》，因為他認為，「傅柯的整個研究計畫可以濃縮在這幾頁具有影射性而且有點高深莫測的文章裡」，而且「他所提出的關於笛卡兒以及笛卡兒式**我思**的解讀，將整本《瘋狂史》帶入這本書的問題意識裡，帶入這本書的意圖與可能條件之中」。[27]從最初的字句開始，德希達就提及投入討論這本「文思與風格強大的書」有多麼棘手，他還說，「對我而言更是戰戰兢兢，因為過去有幸受教於傅柯，我一直保有門徒之心，懷抱崇敬與感激之情。」[28]然而，「門徒之心，當門徒開始與老師對話——我不會說是爭辯——或者該說，高聲進行永無終止的沉默對話，而這樣的對話讓一個人成為門徒，那麼，門徒之心是一種不幸的意識。」[29]他還提到「門徒永無終止的不幸」，因為門徒除非「被聽成——被誤解——是在爭辯」，[30]否則無法投入這場對話。誤解，或許是，但也很難聽成別的：演講的調性相當尖銳，有時甚至嚴厲。儘管德希達對老師的「鉅著」[31]懷抱敬意，但這位「門徒」可沒打算對「老師」客氣。德希達跟論文答辯會場的古義耶一樣，他完全不認為笛卡兒的感嘆句「畢竟，這些人是瘋子啊」唐突地肯定了某種對於瘋狂的放逐。在他看來，這是對於笛卡兒的文本相當「天真」的解讀，而且是一種危險的解讀，企圖將某個文本重新置入一個「歷史結構」之中，置入一個「整體的歷史計畫」之中，結果是換成這種解讀「對於理性主義者，對於意義，對於『正確的』意義」[a]施行某種暴力。德希達做了一些辯術上的預防措施之後，大膽說出了下面的句子：「結構學派的總體性質（totalitarisme）[b]會在此施行一種禁閉我思的行為，那會是與古典時代的暴力同一類型的行為。」令人驚訝的是，德希達並沒有看出這本書的「泛結構主義」（這個比較對的說法是後來阿圖塞的用字）跟杜梅齊勒的研究方法一脈相承。[32]不過我們想知道的還是傅柯聽到這些話作何感想？「totalitarisme」這個詞，即便用在某種衍生義上，還是非常強烈，而且德希達還費心細說，他確實是在「結構主義的意義上」運用「『總體的』（totalitaire）這個詞」——也就是說，我們可以想像，他指的是「結構的總體性（totalité structurale）」或是「系統」的概念——但他不「確定這個詞的兩種意義在歷史上沒有相互揮手致意」。[33]依據多位見證者的說法，傅柯著名的敏感個性在當時似乎處於沉睡狀態，他對舊日門生的這場論證與批評沒怎麼懷恨在心，頂多只在一封私人信函裡對德希達的見解的理論意義提出質疑：「為何歷史性總是得被想作是遺忘？」[34]

傅柯不僅沒有動怒，幾天之後還寫信給德希達，向他致謝：「前幾天，你想得很對，我不知該如何感謝你：不僅因為你所說的，對我是那麼寬容，而且你對我的關注如此巨大、令人讚嘆。你公正的話語令人動容——甚至讓我不知所措，在該說話的時候顯得笨拙——這些話直指我最該做的事，甚至超越了。關於我思與瘋狂的關係，毫無疑問，我的論文處理得太過狹隘：只從巴代伊和尼采的觀點切入。我會慢慢再來處理，而且會透過千百種迂迴的方式。你大氣地指出正確的道路，我深懷感激，多麼期待再見到你……」[35]

德希達的演講文字在同年秋天刊登在《形而上學與道德期刊》，這份刊物的總編輯也是尚・瓦勒。[36]這次也一樣，傅柯似乎並沒有因此感到不快。事實剛好相反！他在出刊前寫信給德希達：「希望你的文章可以發表，我其實覺得這樣很好（這是我自私的說法）：只有瞎了眼的才會覺得你太嚴厲。」[37]文章刊出之後，他又寫了一封信：他說「激動地重讀」了一遍，還宣稱他「確信文章鞭辟入裡，以如此徹底、如此繞行的方式完全將我留在邏輯的悖謬之中，而且也為我打開了我不曾思考過的一整個新思維」。[38]一九六七年，德希達將這篇文章收入《書寫與差異》（*L'Écriture et la différence*）[39]重新出版的時候，傅柯也沒有不悅，他甚至又寫了一封友善的信告訴德希達，收到書

a. 原文作“bon” sens。在沒有引號的情況下，bon sens意為「常理」。

b. totalitarisme兼有「極權主義」和「總體的性質」二義。德希達令人驚訝之處，在於他的措辭讓人無法不想到「極權主義」。後文的totalitaire是形容詞，亦兼有「極權的」、「總體的」二義。

了。但後來還是出事了，只不過延後發生而已。原因究竟為何？實在很難得知。是不是傅柯看到這場原本只對相當有限的聽眾開放的演講如今收錄在書裡，所以終於被激怒了？始終不曾因為這樁意外而受傷的德希達則提出的是另一種假說，我們姑且如實引述，但不去判定這說法是否能單獨解釋傅柯行為上的猝然轉變。《書寫與差異》出版時，傅柯和德希達兩人剛好都是《評論》月刊編輯委員會的成員（皮業勒不久之前才請德希達加入委員會）。有一天，雜誌社收到一篇格哈內勒（Gérard Granel）寫的關於德希達這部文集的文章，文中充滿對德希達的頌讚，卻對傅柯極盡挖苦：實際情況是，這篇文章肯定德希達就傅柯寫笛卡兒的那幾頁所做的批評，不僅可以「穿透」並且「戳破」《瘋狂史》不言而喻的部分，而且還可以看見傅柯接下來的作品《詞與物》（一九六六年出版）之「不足」——原因在於「貫穿整個研究的考古學概念本質上的不明確」。[40] 傅柯非常生氣。他要求德希達阻止這篇文章刊登。德希達拒絕介入，身為編輯委員會的成員，他覺得對於和他相關的文章，他還是不要出聲比較好。於是文章刊出來了，過沒多久，傅柯就針對德希達在一九六三年發表的演講寫了一篇極為猛烈的回應。一九七〇年，傅柯的機會來了，那是他在日本進行一系列演講的時候，日本的《派代亞》（*Paideia*）期刊正在籌劃一期傅柯思想的專題，希望將德希達的文章放進去。傅柯受此刺激——或許因為看到德希達的反對意見如影隨形跟到日本，也或許擔心這對於理解他的作品會帶來障礙——於是向期刊主編提議要寫一篇回應德希達的文章。[41] 這一期的《派代亞》於一九七二年出刊，裡頭有這篇〈回應德希達〉（Réponse à Derrida），文長十五頁，措辭極其嚴厲，除了對笛卡兒的《沉思錄》進行嚴密的重新解讀，替自己先前成為德希達批評對象的幾段詮釋辯護之外，我們還看見傅柯將他的研究方式界定在哲學的「外部」。事實上，傅柯先是指出，他認為德希達的分析在哲學的深度和解讀的細緻方面相當出色，他說他無意「回應」他的分析，只是想「加注幾點意見」，他接著說：「這些意見看來當然是外部的，而且和《瘋狂史》及其後的作品一樣，都在哲學的外部，都在法國所實踐與教授的哲學的外部。」當然，傅柯的用意是將德希達打入學院哲學，打入學院哲學的公設裡，而這正是傅柯的著作想要擺脫的：「我努力讓自己在可能的情況下擺脫這些東西，掙脫長期以來體制對我的束縛。」他強調「德希達以為透過這三頁——僅僅三頁對於哲學傳統認證過的一段文字的分析——就可以掌握我的書或我的『計畫』的意義」，他挖苦這位在幾年前和他如此親切地書信往返的友人：「因為對抗哲學，這是基督教原罪等級的過錯，只要犯下一樁，而且是致命的，就不會再有得救的可能。這就是為何德希達以為，如果他在我的文字裡找到一條關於笛卡兒的謬誤，一方面，他就可以指出在潛意識裡支配我的那條法則，讓我說出所有關於十七世紀治安法規、古典時代的失業、匹奈的改革和十九世紀的精神病療養院的一切；另一方面，如果這是一條如同筆誤的罪，他就沒有理由去指證這個謬誤在我的研究領域裡有什麼明確的作用（這謬誤如何在我分析醫療體制或理論時不斷發出反響）；僅僅一宗罪就足以牽連一生……也不必再指出這宗罪導致的所有大小過錯了。」傅柯頒給德希達的主要「公設」就是，說到底，「哲學在一切事件之外，也在一切事件之內，不僅任何事都不會發生在哲學身上，所有會發生的事也都已經被哲學預測或籠罩了（……）所以對德希達來說，討論我提出的針對兩世紀間構成瘋狂史的系列事件所做的分析是無益的；而且，說真的，對他而言，我的書想要透過這些微不足道的事件（諸如數萬人的禁閉或是某種不經法律程序的國家治安組織）來研究這段歷史，是很天真的；他只要高調地重複一次笛卡兒的哲學就夠了，而笛卡兒自己也重複著柏拉圖的濫調。」

傅柯最後的句子宛如斷頭臺的鍘刀落下：「從前，哲學正是以天真對話者的角色去想像哲學外部的事物。如今，天真何在？」[42]

這篇文章發表在一本日文期刊，也就是說沒什麼人會注意到，此時，伽利瑪出版社向普隆書局買下版權重新出版《瘋狂史》，傅柯便將這篇文章的另一個版本放進附錄一同出版，標題是：〈我的身體，這張紙，這爐火〉（Mon corps, ce papier, ce feu）。[43]最後幾句比原先的版本更直言不諱，更狠，彷彿一肚子怨氣突然找到宣洩的出口。這回兩人角色對調，輪到老師來審判昔日的門生：「至少，我很同意一件事：在德希達之前，也和德希達一樣的這些古典詮釋者，他們抹去笛卡兒的這個段落絕非出於無心。這是系統性的。德希達正是今日這個系統最果決的代表，散發這個系統最強大的光芒：將論述實踐化約為文本的痕跡，將其間發生的事件省略到只留下一些記號供某次解讀所用；發明文本背後的聲音，這樣就不必去分析主體涉入論述的方式；將最初的文本指派為明言（dit）和隱語（non-dit），這樣就不會將論述實踐重新放回它們實現的轉換場域裡。」[44]然後傅柯做出最終的判決，他以無情的諷刺語氣挖苦德希達的理論語彙：「我不會說，隱藏在這種將理論實踐『化為文本』（textualisation）裡頭的是某種形上學，我不會說這**就是**形上學或是它的封閉

（clôture）。我的評論遠不止於此：我會說，這裡非常明顯表現出來的，是在歷史進程中被充分決定的某種小格局的教學法，它教導學生，文本之外別無他物〔……〕它將這種至高無上的權力賦予教師的聲音，讓教師的聲音得以無限重述文本。」[45]這就是德希達式的「解構」投映在學術傳統和教授威權的「復興」。傅柯將他新版的書寄給德希達，冷嘲熱諷的題贈詞上有這麼幾個字，請德希達「原諒這過於緩慢與偏頗的回應」。[46]從此刻起，兩位哲學家便全面、絕對而徹底決裂了，持續將近十年。直到一九八一年底，他們之間的關係才重新建立，關鍵是德希達在布拉格遭到逮捕，罪名是「販賣毒品」，當時他是去參加一場異議分子主辦的研討會。法國這邊群情激奮，政府方面和捷克當局交涉時，法國知識界也發出了許多號召抗議的呼聲。最早簽署抗議的知識分子當中就有傅柯，他還上廣播電臺聲援德希達。數日之後，德希達返回巴黎，他致電傅柯表達謝意。他們後來還見了幾次面：譬如，一九八二年傅柯在家裡辦了一場小酒會歡迎他邀來法蘭西公學院演講的柏克萊大學教授博薩尼（Leo Bersani），受邀的賓客還有參與這系列講座的哲內特、李歐塔和德希達（這一系列講座後來以《理論與暴力》〔*Théorie et violence*〕之名出版）。不過他們從來不曾真正和解。德希達在當時的社會黨政府支持下，於大學體系之外創立了一所國際哲學學院（Collège international de philosophie），傅柯並未隱藏他和德勒茲被這個新機構冷落，讓他有受傷的感覺，他也直截了當批評這個計畫的幾位負責人以及……這些人對他的排斥。在一次法蘭西公學院的教授會議上，物理學家沛克（Jean-Claude Pecker）擔心：「國際哲學學院會不會變成一個『反法蘭西公學院』？」傅柯不屑地答道：「不會，那是一個傳統意義的學院，他們要的是官方的支持。」[47]

傅柯是否後悔自己在一九七二年如此凶狠地反駁德希達？我一直清楚記得我和傅柯的一次對話，時間是一九八三年，當時美國哲學家塞爾（John Searle）在《紐約書評》（*New York Review of Books*）為文大肆攻擊德希達和「解構主義」。[48]我問他有沒有讀過這篇文章，他回答說他討厭這種事：「論戰，這種事毫無意義，」他對我說：「我們說服的只是那些已經信服的人，我們會讓那些不信服的人更固化他們所想的。」在一九八四年的一次訪談裡，傅柯先是宣稱他不喜歡「參與論戰」，接著宣稱論戰者視論戰的對方為「敵人」，而非「尋求真理的夥伴」。他又說，他在知識生涯裡拒絕這種「戰爭」狀態。[49]至於德希達，他在一九九一年的一場研討會上又再次提到《瘋狂史》，並且試圖提供一種新的解讀，他一開場就提及他對這本書始終懷抱的崇敬之情，他和傅柯的友情，他們的不睦如何讓他們「在將近十年的時間裡視彼此為隱形人，將對方列為無法往來的對象（直到一九八二年一月一日，我從捷克的監獄歸來）」。[50]

既然剛才提起一段個人回憶，不妨就再補上這筆：一九九九年，我寫的《同性戀問題反思》出版時，德希達讀過我寫傅柯的那幾頁（特別是寫他年輕時面對自己同性戀性向的艱苦處境）之後告訴我：「我從沒想過他受過多少苦，這些痛苦可以說明很多事，特別是他跟其他人的關係，我在我跟他的關係裡也沒辦法不這麼想。」我們怎能不相信，傅柯這一生直到死前都極端敏感——甚至近乎病態——的性格，跟他「受過的苦」有深刻而強烈的連結？

且讓我們回到《瘋狂史》，其實該說是《瘋狂與非理性》，因為這部作品在一九六一年五月出版時用的是這個書名。除了前面提過隨即出現的幾篇書評之外，還應該加上《世界報》對傅柯做的訪談，[51]還有《泰晤士報文學增刊》（*Times Literary Supplement*）也有一篇相關的文章。[52]不過這本書還是不好讀，所有讀者——就算是懷抱熱情和善意的讀者——依然會感受到此書蕪雜、繁複，時而過於雕琢，甚至晦澀難解的面向。後來在一九七二年推出新版的時候，傅柯自己也跟克洛德·莫里亞克說：「如果今天我有機會重寫這本書，我會少用一些修辭術。」[53]一九六四年九月，普隆書局的「10／18」書系曾經推出一個刪節了相當多篇幅的版本，對為數眾多的讀者來說，這個口袋本成為通往傅柯著作的一個路徑，直到八年之後完整版才在一九七二年重新問世。傅柯起初相當高興，他的書可以用袖珍的開本出版（所以定價對學生讀者來說很實惠），但是當普隆書局拒絕重新推出完整版的時候，傅柯非常失望，因此和普隆書局決裂。

然而不幸的是，一九六五年被拿去譯成英文，以《瘋狂與文明》（*Madness and Civilization*，刪節本中文版書名為《瘋癲與文明》）之名出版的是這個刪節本。不過無論如何，這個英文版的發行倒是證明了傅柯抱怨自己的書在法國乏人問津時所強調的：「反精神醫學派」很快就對他產生興趣。事實上，這本書由庫珀（David Cooper）作序，放在連恩（Ronald Laing）主編的書系出版，書系名為「存在主義與現象學研究」（Studies in Existentialism and Phenomenology），如今回顧起來不免有點刺人（不過傅柯的博士論文確實還沉浸在他對存在主義精神醫學的興趣之中，所以矛盾只是表面的）。連恩和庫珀當時正在創建「反精神醫學」，這個流派始於一九六〇年代初期的倫敦，一群精神醫學學者、臨床醫師、精神分析師將他們的經驗拿來對照。對他們來說，廣義而言，精神分裂（思覺失調）是家庭與社會鋪展開的一整套壓抑機制（dispositif répressif）造成的後果，而接續這「原初暴力」而來的，是導向精神醫學機構的種種流放程序。在他們眼裡，古典精神醫學體現了一連串程序的最終成果——極端壓抑。反精神醫學的參照對象是尼采、齊克果、海德格，當然還有沙特，連恩和庫珀還為他寫了一本書（《理性與暴力》〔*Raison et violence*〕）。庫珀是在傳統精神醫學界做實驗的第一人，他在倫敦北區的一家醫院工作，他開始將他的病患集中在單一的館舍裡。不過由於院方反對，實驗很快就中止了。也就是從這時候開始，反精神醫學派成立了「費城學會」（Philadelphia Association），方便創立一些不同於傳統的收容所。他們後來開設了好幾處這種「家戶」（households），譬如，一九六五年設立了著名的京賽館（Kingsey Hall）。在此同時，他們也發展了一套明顯走左派路線的政治思想，後來還在一九六七年辦了一場「解放的辯證國際會議」，連恩和庫珀名列主辦人，其他還有貝特森（Gregory Bateson）和馬庫色（Herbert Marcuse）等。[54] 總之，傅柯這本書受到連恩和庫珀的注意，而對準這部作品的是一盞新的聚光燈，給了它相當不同的意義，不同於此前在法國被解讀的方式。我們是不是得在這些新的政治解讀之中，看出這本書蘊涵的潛在性與可能性的某種現實化？傅柯於一九七二年推出新版的時候，刪去了一九六〇年寫的序言，他猶豫多時，想要寫一篇新的序言，總結他和反精神醫學運動的關係，最後他決定以一篇非常簡短的「非序言」取代初版的序，同時也為他拒絕重新修訂自己在序文裡所說的話提出解釋：因為作者毋須規定一本書該遵從的使用方法。他在這篇精采的文章裡提到：「一本書產生了，這是個微小的事件，一個任人隨意把玩的小玩意。從那時起，它便進入反覆（répétitions）的無盡遊戲之中；在它的四周，或在遠離它的地方，它的各個分身（doubles）開始群集擠動；每次閱讀，都為它暫時提供一個既不可捉摸，卻又獨一無二的軀殼；它本身的一些片段，被人們抽出來強調、炫示，到處流傳著，這些片段甚至會被認為可以幾近概括其全體，到了後來，有時它還會在這些片段中，找到棲身之所；評述將它一拆為二（dédoublent），它終究得在異質的論述之中顯現自身，招認它曾經拒絕明說之事，擺脫它曾經高聲偽裝的存在。」所以，還是不要試圖「為這本舊書尋求理由，也不要意圖把它編排於今日脈絡之中；它所置身其中的事件系列——也就是它真正的律則——還未封閉。」[55]或許可以這麼說，一本書被一些新的讀者閱讀之後，是不是就改變了？

就像在法國，精神科醫師對這本書的態度也改變了，因為他們並非一致譴責這本書的出現，恨不得將它焚毀。來聽聽傅柯自己的說法：「在醫師和精神醫學專家當中，有各種不同的反應：有些自由派和馬克思主義取向的，會展現出某種興趣，相反的，其他比較保守的，就是全面拒斥。」[56]我們知道，傅柯在學生時期和這個進步派的精神醫學界走得很近，他們在戰後那幾年一直試著要翻新精神醫學的論述與實踐。不過，傅柯的書當然和這樣的嘗試完全不相干。一如某位精神醫學史家所言：「那個年代最進步的精神科醫師擁有（或者相信他們擁有）他們自己在實務上的革新方式。他們頒行『部門政策』，宣稱他們進行的是『第三次精神醫學革命』（繼匹奈和佛洛伊德之後），推倒療養院的圍牆，依據群體所表達的需求，在社群裡重新組織對於精神病患的援助，以此調和精神醫學及其時代。」[57]這樣的概念和傅柯的論點是不相容的，在如此樂觀的進步主張之中，傅柯所見恰恰相反，他見到的是實證主義的新化身——始終致力否認瘋狂根本的他異性

（altérité），擺明要讓瘋狂陷入沉默。不過無論如何，「精神醫學策進會」這個團體似乎給了《瘋狂與非理性》還算善意的對待。他們後來的批評恰恰出現在此書開始流傳得更廣，開始擁有另一種意義和另一種影響力，開始成為一些運動的「工具箱」（傅柯喜歡這麼說）的時候——這些運動正好在書中尋找並且使用這些工具，對精神醫學機構進行徹底的批判。從此，就連原本帶著某種善意的目光看待傅柯的努力的那些人，也修正了他們的看法。數年後，反精神醫學的浪潮從英國席捲而來，首當其衝的那些人更是神經緊繃，充滿敵意，拿這本書當標靶，因為這本書被描繪成爆破兵，破壞著他們的確定性，破壞著他們的姿態。波納費（Lucien Bonnafé）就是一例，傅柯曾提及這位共產黨人，說當年他的書出版時，波納費是回應得很好的其中一人，但他日後也參與了一九六九年十二月六日和七日在土魯斯（Toulouse）舉辦的「精神醫學策進會」年會，為的是徹底祛除「《瘋狂史》的意識形態」。不過，這些試圖貶低傅柯的人士所安排的這場活動，傅柯並沒有出席。主事者之一艾伊宣稱：「這是一種毀滅精神醫學的見解，對於研究人的觀念本身影響重大，我們衷心希望傅柯可以出席我們的活動。一來是要對他的思想的系統性方法表達我們的崇敬之意，二來是要抗議『精神疾病』竟然可以被視為瘋狂的最佳展現，或者在更例外的情況下，被視為詩意的天才綻放的火花，因為瘋狂並非文化現象。或許我們當中有人因為自身的立場脆弱感到困擾，或是受到傅柯先生傑出的悖論吸引，所以不希望面對這場辯論，至於我，我對於這場面對面的辯論無法成局感到惋惜。我曾致信邀請傅柯，他和我們一樣感到惋惜，他寫信給我，為他這幾天不能來土魯斯致歉。我們就當他在這裡吧。對一場觀念的辯論來說，身體是否到場對於切切實實只透過觀念交手的人來說，並不重要。」[58]巴胡克教授的霹靂雷霆也落在傅柯身上，他不斷批評傅柯扮演的傷害性角色，從專書到專文，從研討會到講座，他認為傅柯只是個煽風點火者，是反精神醫學的創始者，而反精神醫學就是聚集了一整群「無能的」傢伙的流派，這些人致力於摧毀匹奈建立的人道主義的、解放的醫學。[59]

傅柯後來也接受了他這本書的新地位，在一九六八年之後，他跟反精神醫學運動愈走愈近，有時甚至並肩而行。儘管如此，他還是經常被某幾位最極端的代表人物的幼稚行徑惹火。其實，這種靠近基本上是發生在傅柯關懷另一問題的道路上：他在一九七一年創立了「監獄訊息小組」（Groupe d'information sur les prisons）。不過他從來不曾像他介入監獄問題那樣積極去參與療養院的抗爭行動。他不會真的參與這些運動，頂多只是在有點遠的地方陪伴這些運動。[60]他經常和庫珀或巴薩格利亞（Franco Basaglia）這些人往來。一九七六年，他邀請庫珀來法蘭西公學院開設一系列的講座。他也在一九七七年參與一場與庫珀的辯論，籌辦人是菲耶，主辦單位是《改變》（*Change*）季刊。[61]他支持將薩斯（Thomas Szasz）所有的書譯成法文，也參加了一些激進的義大利精神科醫師創立的制度批評團體，而且在巴薩格利亞陷入義大利司法單位的糾葛之際，還寫了一篇稿子收入聲援巴薩格利亞的合集《和平之罪》（*Crimini di pace*）。這部合集的其他作者包括沙特、高夫曼（Goffman）、喬姆斯基（Chomsky）等。[62]總而言之，傅柯或多或少肯認自己在這些抗爭中扮演的角色，畢竟若干年後，在做回顧時，他已經可以在「局部而特定的抗爭」欄位寫下「在精神醫學方面獲得重要成果」。[63]這就是為什麼他會認為，其實不是他或他的書改變了，而是政治的定義變了。一九七四年，傅柯被問到這個問題：「《瘋狂史》是不是政治的？」他答道：「是的，不過現在才是。」他的解釋是這樣的：「政治邊界的軌跡改變了，某些主題成了政治問題，像是精神醫學、拘禁、特定群體的醫療化等等。經歷了過去十年發生的這些事之後，政治團體不得不將這些領域整合到他們的行動之中，所以我們接合起來了，他們和我接上了，不是因為我有所改變——這沒什麼好吹噓的，我是想要改變的——但是在這件事情上，我可以自豪地說，是政治向我走來，或者該這麼說，是政治殖民了這些原本就近乎政治但從未被如此認定的領域。」[64]

新的意義從此和傅柯的這本書相連相繫，成為他寫作的連貫性的基準點。他在一九七〇年代試圖將這樣的連貫性賦予他過去和現在圍繞「權力」概念與「知識－權力」關係的研究。他在訪談中告訴圖隆巴多利，他重新看待先前的研究方法的統一原則是這樣的：在新的形構（configuration）之中，「這一切就像隱形墨水的字跡，只要用對了試劑，字跡就會浮現。這種試劑就是**權力**。」[65]

3 貴公子和改革

傅柯的博士論文還未付印就已經不乏認真的讀者。手稿先是在朋友圈流傳，在這些人當中，阿圖塞顯然是最初的讀者之一。他讀了，喜歡，認可。他把手稿借給當時在克雷蒙費弘大學當哲學系系主任的維耶曼。阿圖塞和維耶曼是老朋友，兩人都在一九三九年考進高等師範學院。當年他們沒有太多機會相處，因為阿圖塞比維耶曼大兩歲，他立刻就收到動員令，繼而在德軍的戰俘營裡度過五年。不過兩人在戰後重逢，阿圖塞在高等師範學院當「凱門鱷」的時候，數度邀請維耶曼回來演講。我們在前面看到：傅柯已經因為阿圖塞和維耶曼的交情而拿到里爾大學的教職。維耶曼和梅洛龐蒂的交情匪淺，直到一九五〇年代初期，維耶曼的研究路線一直和存在主義及馬克思主義相近。他在一九四八年進行答辯的兩篇論文都帶著受到這種雙重影響的印記，從《論死亡的意涵》（*Essai sur la signification de la mort*）和《存在與勞動》（*L'Être et le travail*）這兩個題目即可窺見一斑。他曾為《現代》期刊撰稿，發表一些關於美學的研究。從這時候開始，維耶曼和梅洛龐蒂的關係緊密依舊，但他改變了很多。首先是知識上的改變：他開始對科學哲學、數學、邏輯產生濃厚興趣。他的政治立場或許也改變了。不過他和阿圖塞徹底分歧的走向並沒有傷害到他們相互尊重的情誼。這裡說的是一九六八年之前的事，當時法國的大學還沒有因為政治與意識形態之別而走上日後一分為二的道路。

一九五一年，維耶曼被克雷蒙費弘大學任用，他得到這個教職靠的是梅洛龐蒂的推薦。這位《人文主義與恐怖》（*Humanisme et terreur*）的作者原本希望自己前往索邦大學任教之後，他的門徒兼好友可以接下他在里昂留下的位子。不料學界競爭激烈，事與願違，結果梅洛龐蒂親自找上教育部，要求他們為維耶曼找到一席教授職。過沒多久，高等教育司的司長接見了維耶曼，當面告訴他：「克雷蒙費弘有個心理教授的職缺，不過條件是：您得住在當地。」維耶曼接受了，他在歐維涅大區的首府住了下來。他和其他幾位被教育部派去那裡的教授一同抵達，部裡的用意是要喚醒這所暮氣沉沉的大學。歷史學者杜霍茲（Jacques Droz）、古希臘學者維昂（Francis Vian）也是這趟旅程的同行者。維耶曼教了幾年心理學，之後才被派去教哲學，繼而成為系主任。作為一位嚴謹的學者，維耶曼事事要求認真，心心念著教學品質，他努力讓一個傑出的團隊在他身邊成形，讓他的哲學系成為某種極富實驗精神的實驗室。他在巴黎梧爾木街的高等師範學院號召年輕學者來到身邊一同工作，他招募了塞荷、克拉夫朗（Maurice Clavelin）、帕希雍特、裘里（Henri Joly）、貝薩德（Jean-Marie Beyssade）等等。他找來的每個人後來的學術生涯都很精采：塞荷、克拉夫朗和貝薩德都到巴黎的索邦大學和楠泰爾（Nanterre）大學任教，裘里（此刻已經過世）長年在格勒諾布爾（Grenoble）執教，成為古代哲學領域的翹楚，傅柯寫最後幾本書的時候經常去向他請益。帕希雍特留在克雷蒙，成為教師資格考口試委員會的主席。維耶曼也打算邀請阿圖塞過來，不過他比較喜歡留在師範學院這個備受保護的空間，因為他的精神狀態愈來愈脆弱了。一九六〇年，維耶曼的選才名單上出現了米歇爾．傅柯。維耶曼剛讀完《瘋狂與非理性》的手稿就寫信給當時在漢堡的作者：「您是否願意來克雷蒙教授心理學？」傅柯立刻回信表示願意。他在國外遊歷多年，亟欲在法國尋找一個靠岸的地點。得知不必在那裡「定居」，亦即可以住在巴黎，他更樂意接受這個工作了。再來就是一些程序要完成，不過一切都進行得很快也很順利。要被聘用擔任高等教育的教職，首先必須被登錄在一份「候選名單」上。負責撰寫傅柯候選資格報告的是哲學家巴斯提德（Georges Bastide）。一九六〇年六月十五日，他寫道：「米歇爾．傅柯已產出幾部次要的作品：一些德文著作的翻譯，主要是心理學史和心理學方法，普及類的讀本。而且品質都很好。不過，這位候選人最傑出的作品肯定是他的兩篇博士論文。」巴斯提德的結論是：「我們將米歇爾．傅柯先生放進『寬鬆名單』（該把他歸類在心理學嗎？還是科學史？）。這有待討論。」[1] 為了支持傅柯的候選人資格，康紀言將他剛為《瘋狂與非理性》寫好的「付印許可申請報告書」附在巴斯提德的這份報告上，伊波利特則是附上一封推薦信。事情進行得很俐落，傅柯可以在克雷蒙任教了，依據教育部的正式通知，「自一九六〇年十月一日起」，他成為「兼任教師，占哲學教授缺，代理休長假的瑟薩希先生（M. Cesari）」。後來瑟薩希教授過世，傅柯在一九六二年五月一日取得「哲學教授正式教職」。所有行政文件上寫的都是「哲學」。因為在當時，心理學尚未獲得作為大學學科的自主地位，它跟社會學一樣，都附屬在哲學系之下。不過傅柯教的確實是心理學——跟他的前任一樣。一九六二年聘他為專任教師的那位院長在報告上寫得很清楚：「其專長為精神病理學。」在克雷蒙費弘的教學生涯裡，傅柯正式負責的都是教授心理學，儘管實際上他還滿常偏離正題（不過還是比我們以為的少）。

對傅柯來說，這是新生活的開始：從一九六〇年秋季直到一九六六年春季，學期間的每個星期他都往返巴黎、克雷蒙兩地，他將課程集中在同一天，所以只要在旅館待上一夜。車程要六個小時，當年火車上的設備相當簡陋：「波旁內號」（Bourbonnais）車廂裡的旅客被搖晃得很厲害，巴黎來的這些教師——大家都叫他們「人造衛星」，因為「渦輪火車教授」這個詞還沒有創造出來——他們發明了一種很好笑的小遊戲：看誰可以喝完他的咖啡而不濺出來。傅柯發現了一個「訣竅」，就是用小湯匙卡著咖啡杯，於是他在這種驚險的遊戲裡經常獲勝。

這些年，整個克雷蒙大學都集中在卡諾大道（avenue Carnot）上的一棟白色石磚建築裡，距離柏格森曾經任教的巴斯卡高中（lycée Blaise-Pascal）不遠。這棟樓建造於一九三六年，時代潮流使然，它的外型看似一棟縮小版的夏佑宮（Palais de Chaillot）。內部牆面灰撲撲的：一走進中庭，放眼盡是陰鬱哀戚，宛如覆著一層黑色的塵埃，一如城裡大半地方似乎都有的那種塵埃，陪襯著黑石砌成的大教堂和那些鑲著黑色邊框、以富維克火山熔岩砌成的灰白房子。傅柯說起他第一次看到這些建築物的時候，覺得有一種在「報喪」的姿態。哲學系在卡諾大道這棟建築物的一樓，占據了整條小走廊——辦公室和教室都在這裡，至多就是十間吧。走廊一直都「屬於」哲學系。康紀言還記得戰爭期間在那裡工作的情形。不過到了一九六三年，哲學家們必須放棄原來的地盤，遷入一棟營房式的組合屋，當時校方宣稱這些醜陋的建築是臨時的，結果最後的命運卻是長期使用。傅柯就在這個陰森的避難室裡向學生們講述《詞與物》的草稿。哲學系的學生人數不是很多，在系上註冊的學生只有十個。來聽傅柯講課的學生倒是不少，除了十位哲學系的學生，還有一些只想上心理學課程的學生（譬如要拿護士學位或社工學位的），這樣加起來的總數有三十人。

在克雷蒙的頭兩年，傅柯和維耶曼建立了相當緊密的友誼。他們會花很長的時間在舊城區的街上散步，他們兩人經常一起吃午餐，或是和哲學系的同事們餐敘。午間或晚間的十人大型餐敘也並非罕事。維耶曼和傅柯聲氣相投，加上克雷蒙哲學家小圈子的人際關係融洽，同仁之間十分熱情，兩人的情誼如魚在水，自在悠游。不過，還是發生了許多事，讓這兩位教授分道揚鑣。前面提過，維耶曼轉向了科學哲學，他的注意力朝向盎格魯薩克遜的分析傳統，他對羅素（Bertrand Russell）的作品、邏輯、數學產生興趣。那些年裡，他出版了兩卷《代數哲學》（*Philosophie de l'algèbre*）。在政治上，他們之間的距離也相當遙遠：維耶曼漸漸走向右派，傅柯則或多或少還是左派。他們經常談論政治，傅柯經常以這個短評為他們的意見交流作結論：「其實，你是右派的無政府主義者，而我是左派的無政府主義者。」在這位對邏輯感興趣的右派和這位研究書寫布朗修、胡瑟勒和巴代伊的左派學者之間，會有什麼樣的共同點？傅柯和維耶曼都是治學嚴謹之人，他們在知識上對彼此的敬重遠勝過他們之間所有的歧見，他們在很多地方其實頻率極為相近。

如此的友誼一直延續下去，也在傅柯的學術生涯之中帶來一些非常重大的影響。一九六二年，維耶曼離開了克雷蒙。梅洛龐蒂因為心臟病猝然辭世，維耶曼被找去繼任他在法蘭西公學院的教席，而傅柯在這次投票中助了一臂之力。他請杜梅齊勒支持他在克雷蒙的這位同事，結果這位神話學家影響力所及的所有票數，傅柯都替維耶曼爭取到了。於是維耶曼獲選為法蘭西公學院教授，擠下了雷蒙・艾宏（他又等了好幾年才被再次提名）。維耶曼獲選後一年，輪到伊波利特進入法蘭西公學院。這兩位哲學家很快就開始往要塞進逼，為傅柯進入這所久負盛名的學院鋪路，當然，還要加上杜梅齊勒的支持。投票是一九六九年的事。但六八年五月的運動使得維耶曼和傅柯之間的對立更為明顯。維耶曼對學生暴動抱持強烈的敵意——他在一九六八年末出版的《重建大學》（*Rebâtir l'université*）一書說得很清楚。不過他始終拒絕讓政治上的分歧凌駕對作品的評價。

可是在六八年以前，有什麼事可以讓他們失和？或者僅僅只是意見不合？他們經常談論政治，這是真的，不過他們兩人都不屬於任何政黨，也沒有積極投入政治活動，而且政治離他們的生活和思想都很遠。必須特別留意的是，不要將傅柯後來的形象投射在當時的傅柯身上。一般來說，當年的同事都同意他「算是左派」，儘管「左派」的定義莫衷一是，不過依據他們的描述，傅柯雖然對政治很感興趣，但是跟一切積極介入的行動還是相當遙遠，傅柯會在一九七〇年代倒向極左派，立場變得激進，這些舊日同事都感到非常驚訝。「我始終無法相信。」芙蘭欣・帕希雍特（Francine Pariente）如今這麼說（她在一九六二至一九六六年間擔任過四年傅柯的助理）。可以確定的是：沒有任何跡象顯示傅柯會有如此的轉變。

在當時和他相熟的人當中，有些人會給他貼上另一個政治標籤，他們會毫不猶豫地說：傅柯是戴高樂派。維耶曼駁斥這樣的說法。他和傅柯聊得夠多，知道事實並非如此。不過之所以有人會這麼認為，是因為傅柯和侯吉耶的關係一直很好。這位法國派駐波蘭的大使，在傅柯離職不久之後也離開了華沙，當上總統府祕書長。這個官位權力極大，幾乎是某種影子總理。傅柯沒錯過靠近這個政權後臺的機會，他在總統府被接見過。「一九六二年他來看我的時候，」侯吉耶寫道：「非常關心高等教育的發展問題。他迫不及待接受我安排他和祕書長辦公室負責大學事務的納波恩（Jacques Narbonne）碰面。」[2]納波恩與傅柯見面，問他對於推動大學改革的看法。不過這次意見交流是非正式的，沒有在任何一份官方報告出現過，半官方的也沒有。

他和戴高樂政權的來往在其後幾年更進一層，譬如，後來傅柯被提名為教育部高等教育司副司長。當時人事案近乎定槌，好幾位大學校長已致信向新任長官道賀。結果是言之過早！傅柯的任命案碰上一塊鐵板，帶頭反對的是極有影響力的索邦大學校長馬塞爾・杜希（Marcel Durry）和影響力不下於他的瑪麗珍・杜希（Marie-Jeanne Durry）——他的妻子，也是塞弗爾女子高等師範學院（École normale supérieure de jeunes filles de Sèvres）的院長。反對者開宗明義直指這位熱門人選的性格「特殊」，言外之意就是說他是同性戀。「試想，一位高等教育的主管是同性戀。」想要貶低傅柯的人大聲疾呼，甚至毫不猶豫地提及傅柯在波蘭的倒楣事。於是傅柯沒被任命。不過這段軼事並非無關輕重，它說明了這些年傅柯是什麼樣的人：他是最符合古典意義的大學教員，高等教育司副司長這樣的政治與行政職務並不令他反感。至於傅柯是「學院」人？這就會讓人驚訝了。不過別忘了，他也在同一時期當過巴黎高等師範學院入學口試的委員，也是國家行政學院（École nationale d›administration）畢業口試的委員。是的，國家行政學院！然而，我們也非常清楚地看到，在他和體制始終保持距離，以及體制始終和他保持距離的這些事上頭，同性戀所扮演的角色。或許這裡牽涉到的正是傅柯的整個哲學與政治歷程。倘若傅柯出任某個部會的高官，或是若干年後被徵詢意願的法國廣播電視局（Office de radiodiffusion-télévision française）局長，他會是怎麼樣的一個傅柯？這種關於過往的假設性問題，還是不寫為妙。

回頭來看那些年的真實歷史：一九六五年，傅柯參與籌劃了教育部長傅雪（Christian Fouchet）推動的大學改革。這場改革是戴高樂政權的一項大計畫，對於當時的總理龐畢度（Georges Pompidou）尤其重要，改革所激發的熱情延續了數年。帕瑟宏寫道：「傅雪－艾格漢（Fouchet-Aigrain）改革計畫始於一九六三年，著重於下列各項原則：課程的科學性與專業性的專精化，重新檢視學程與課綱，透過各學院的入學篩選來控制學生人數與流量。這項計畫於一九六四年逐漸開展，引發了一場論戰，立刻加入戰局的包括各個教師工會和法國學生聯盟（Union nationale des étudiants de France）、各個文藝社團（尚．穆蘭俱樂部〔Club Jean Moulin〕）、各種期刊（一九六四年五月－六月的《精神》特刊），從此戰場持續擴大。於是，這場論戰圍繞著傅雪的改革計畫，自一九六五年起將大學捲入媒體的時事戰火之中。」[3]

事實上，傅雪創立了一個高等教育研究委員會，作為思考整體問題之用。這個稱為「十八人委員會」的團體運作的時間從一九六三年十一月到一九六四年三月，改革的重大原則都在這個委員會裡定調。剩下的就是施行了。為此又創立一個新的委員會，這次叫作「文學與科技教育委員會」，從一九六五年一月開始運作，宗旨是籌劃改革的具體模式。這個新委員會的成員當中出現了幾位法蘭西公學院教授，他們是布勞岱爾、利什內羅維奇（André Lichnérowicz）和維耶曼（他在第一次會議之後就辭職了），還有好幾位院長，包括巴黎大學法學院的韋德爾（Georges Vedel）和科學院的札曼斯基（Marc Zamansky）等，還有巴黎高等師範學院的院長弗拉瑟利業（Robert Flacelière），以及各個科系的大學教授。傅柯也在這些人當中。他是如何空降的？是因為柯納普的推薦，他是傅柯在梧爾木街同屆的同學，當時是教育部技術諮詢委員。一九六二年，柯納普是駐哥本哈根的文化參贊，他邀請傅柯去做了一場關於《瘋狂與非理性》的演講，當時法國駐丹麥大使就是傅雪，所以他見識過傅柯演講給人帶來的強烈印象以及其後的迴響。傅雪被任命為教育部長的時候，找了柯納普到部長辦公室任職，柯納普就向他建議邀請傅柯加入委員會。不必驚訝，這不是我們第一次也不是最後一次看到，高等師範學院的人脈在法國教育界、文化界和政治界的影響力有多大。傅柯接受了，但是要求讓維耶曼也一起加入。委員會的第一場會議於一九六五年一月二十二日召開，之後大約一個月召開一次，地點是部長辦公室的圖書室，一直持續到一九六六年初。傅柯持續參與每一場工作會議，會議紀錄上保留了一些他的發言。譬如，一九六五年四月五日關於中等教育內容的這一節：「傅柯先生要求，在教學規劃中，要將重點放在具有技職訓練特質的學科，而不是為高等教育預作準備的教學。他希望基礎教材可以深化。」或是關於教師資格考的這段評論：教師資格考「並未提供可以檢驗考生研究能力的要素，本質上只是一場知識活力的測驗」；不過他還是「同意保留考試的形式」。最後一次會議在一九六六年二月十七日召開，部長親自出席。從會議的書面報告看不出來，傅柯對於改革的一般方針與綜合執行方案有什麼強烈的反對意見，而委員會的另一成員夏穆（François Chamoux）也印證了這個得自書面資料的印象。而且，傅柯自己也為了委員會的改革工程撰寫過好幾份報告，其中一份就是跟夏穆這位古希臘學者一起寫的，日期是一九六五年三月三十一日，報告上提出好幾個問題，針對學院的組成，特別是博士論文的制度——他們認為太沉重也太過時，應該要以一種分期出版的制度取而代之：「如此一來，主要論文的完工就不會再出現目前時有所聞的情況，成為作者奮鬥多時的獎賞，而作者其實已耗盡畢生心力。」另一份傅柯獨自撰寫的報告，主題與哲學系的學程有關。傅柯提出一份計畫，細說高等教育各個年級應該教授的課程。他也為中等教育提出一份兩階段的規畫：哲學課程從高二開始，教授心理學的入門課，接著是高三，進入嚴格意義的哲學問題，以及人文科學（精神分析、社會學、語言學等）在當代的貢獻。

委員會在教育部的辦公室開會，而和這些會議同時進行的，還有為數眾多的校園大會在各地展開，好讓討論的層面盡可能廣泛，因為各種論辯十分激烈。儘管科學類的科系進行得很順利，達成了表面的共識，但是改革計畫還是在其他學科方面遭遇反對的聲浪。古義耶還記得在高等師範學院的一場會議中，所有法國大學的代表齊聚一堂，傅柯提醒他的同行們要務實。「別忘了，」他說：「這樣下去，我們會面對的情況是，每一省都有一所大學。」他認為比較適當的做法是以大區為範圍，將這些學院以互補的方式整合起來，而不是讓缺乏資源的地區性大學繼續增加。[4]所以傅柯參與推動改革，是很認真當一回事的。那一年，他跟學生談了許多在巴黎進行的討論。他上課的開場白經常是問臺下聽眾：「你們想知道大學改革進行到哪裡了嗎？」他會花上整整二十分鐘，向學生說明改革的重點何在，問題何在，以及因應的方案。

大學改革於一九六七年正式實施。法國學生聯盟則是從一九六四年十二月就開始動員群眾，以集會活動的方式質疑改革的主要路線。一九六六年三月，高等教育全國工會（Syndicat national de l'enseignement supérieur）發動罷工三日，抗議委員會和教育部的決議。依據《世界報》的報導，這場社會運動獲得廣泛的支持。我們該跟隨後來常見的說法，將「傅雪改革」視為引爆六八年五月運動的一個主因嗎？要理解如此複雜的現象，這樣的解釋顯然太過簡單。不過想到傅柯曾經參與大學改革的規畫，還是相當有趣。

*

然而還是有一個政治標籤是所有人都同意的：傅柯強烈反共。自從離開共產黨之後，特別是在波蘭生活之後，傅柯對於會讓人想到共產主義的一切事物發展出一種極度的恨意，不論這些事物是遠是近。克雷蒙大學時期，一些化身給了他展現這股恨意的機會。維耶曼入選為法蘭西公學院教授，在思考誰可以接替自己原本的位子時，傅柯推薦了德勒茲。傅柯和德勒茲從里爾的那頓晚餐之後，已經將近十年不曾見面，不過德勒茲剛出版了一本書，顯然因此引起傅柯的注意。德勒茲當年是哲學史學者，風格相當古典，但他後來的作品爆發的原創性在此時已露出鋒芒。他的《尼采與哲學》（*Nietzsche et la philosophie*）備受哲學界矚目，傅柯也很感興趣，但在此之前，德勒茲只出過一本關於休謨（Hume）的小書。維耶曼完全同意這項推薦；他寫信給大病初癒正在附近的利穆贊（Limousin）療養的德勒茲。過沒多久，德勒茲來克雷蒙待了一天，跟傅柯和維耶曼見面。這次會面很順利，三人相談甚歡。德勒茲的人事案在哲學系全票通過，維耶曼也讓他在院評會上獲得全數委員的同意票。可是獲得壓倒性支持的德勒茲竟然沒有獲聘，因為另一位申請者是教育部支持的人選，於是這個教職給了共產黨政治局的成員葛侯迪。在史達林主義的全盛時期，葛侯迪長期扮演正統馬克思主義的守門員。為何教育部長會介入此事，安插一個克雷蒙大學並不想要的人選？傳聞言之鑿鑿，是總理龐畢度直接下令的。幕後有什麼政治暗盤？這始終是個謎。文學院院長提出正式抗議，徒勞無功。葛侯迪獲聘，在克雷蒙定居。倒楣的日子開始了！因為他得面對傅柯頑強的敵意。維耶曼離開，德勒茲也來不成，傅柯於是打算離開克雷蒙，不過他在離開之前對葛侯迪發動了一場消耗戰，而因為傅柯接替維耶曼的位子成為哲學系主任，這場消耗戰打起來就更加順手了。他抓住每一次機會、每一個藉口，讓他的恨意得以宣洩。極度的恨，堅持不懈的恨。葛侯迪試過要緩和這樣的局面，一天晚上，他去摁了傅柯巴黎住處的門鈴，希望能跟傅柯談一談。傅柯當面就要把門甩上，葛侯迪用腳頂住，不肯離去，兩人的對峙在一串辱罵中結束。

傅柯的敵意有兩個層面。一方面，他因為這位新教授「在知識上的無能」大發雷霆。「他根本不是哲學家，」傅柯對每一個想聽的人說：「我們這裡不需要他。」這是他在公開斥責時，擺在最前面的正式理由。另一方面，他對親近的友人也不避談另一個讓他這麼做的理由：這個悲慘的法式史達林主義的代表令他深感厭惡，傅柯自己有一段時間也受到馬克思主義和共產黨入黨運動的吸引，而葛侯迪在那個時候已經是共產黨的檯面人物了。他們之間還有舊帳未清，而傅柯會把這筆帳做個了結。

葛侯迪必須忍受這位天才系主任對他無中生有的一切冷嘲熱諷和咒罵，還得忍受他的怒氣。要是他在參考書目上拼錯一個字會怎麼樣？他會立刻被傅柯叫過去，痛斥他的無能。哲學系的生活經常上演這種插曲。兩人的衝突終於達到最高點，起因是葛侯迪在給學生研究主題的時候徹底搞錯一件事，他要學生從拉丁文翻譯奧里略（Marc Aurèle）的《沉思錄》（*Pensées*），而這本書其實是用希臘文寫的。塞荷是現場的目擊證人，因為他和葛侯迪共用一間研究室。塞荷把這件事說給傅柯聽，傅柯大發雷霆，用盡各種詞彙臭罵葛侯迪，甚至威脅要以職業過失將他告上行政法庭。這位史達林派的高幹畢竟在黨工生涯中見慣了大風大浪，他在傅柯一波又一波愈來愈猛烈的攻勢下讓步了，自動請調到「任何一個相當的職位」。於是，在教育部強行介入的兩年之後，葛侯迪離開克雷蒙費弘，到普瓦提耶教書去了。傅柯心情大好。他擊退了一個敵人，也贏得一個朋友，他和德勒茲的交情就是在這個時期建立的。德勒茲最後在里昂找到教職，他來巴黎的時候兩人經常碰面。儘管兩人並未因此結為至交，但是他們的交情好到傅柯不在巴黎的時候，多次將他的公寓借給德勒茲夫婦暫住。

在克雷蒙的這些年，傅柯也和塞荷成為好友。塞荷研究萊布尼茲（Leibniz），是少數具備科學素養的哲學家。他和傅柯一起討論傅柯為《詞與物》所寫的諸多章節。傅柯提出他的假說、發現、直覺，塞荷則是逐一檢視，論述，批評。他們經常這樣一起工作好幾個小時。傅柯離開克雷蒙之後他們就沒再見面，直到一九六九年才在巴黎東郊的凡森（Vincennes）重逢。

＊

傅柯是個「貴公子」（dandy）——這個字眼或許令人驚訝，可是在同事和學生的訪談中卻不斷出現——他是每個星期都來克雷蒙教書的貴公子，身穿黑色天鵝絨西裝，白色高領毛衣。當年在高等師範學院和他有來往的人都認不出記憶中這個焦躁不安、病態、不自在的男孩子了。時隔五、六年，這段期間大家都沒見過這位老同學，只知他在國外，在寫論文，準備參加論文答辯。在這段長期的缺席之後，他們見到的是一個改頭換面的傅柯，一個開心、放鬆、笑容滿面的人。他依舊喜歡嘲諷和挑釁，雖然他在許多人的眼裡始終高深莫測，但他已經整合了那些衝突的特質，至少看起來跟自己也跟別人和解了。

傅柯為他的研究做好安排，避開所有的干擾。一九六二年，他聘用聶莉．維亞蘭內（Nelly Viallaneix）和芙蘭欣．帕希雍特兩位助教，學校的人都稱她們為「傅柯的姐妹」，她們負責「社會心理學」和「兒童心理學」這兩門傅柯很討厭教的課。他把「心理學概論」留給自己，這個課名相當不明確，他可以把所有他覺得好的東西都放進去。他開門見山就告訴學生：「心理學概論跟一切概論一樣，是不存在的。」所以，他可以花很長時間談語言和語言學的理論史，也可以談精神分析。有一次他告訴芙蘭欣．帕希薙特：「今年我要開『法律史』的課。」他也真的這麼做了。他關於瘋狂的研究才完成未久，就開始規劃未來幾部新書的寫作。一九六〇到一九六六年間，他教的課永遠帶著這種張力的印記，在已經做過和未來要做的主題之間，在過去與未來之間，在已經出版的研究和正在經營的作品之間。這說明了傅柯思想深層的直觀是非常統一的，儘管前後的表述方式有一些形式上的差異。他也開了一門關於性的課，從佛洛伊德和兒童的性的理論講起。他不避談他正在寫一本主題與他的《瘋狂史》一脈相承的書。一九七六年他出版了《監視與懲罰》，隨即又發表以《性史》為總稱的巨作的第一卷。許多人質疑他如何從前者過渡到後者，兩者之間有何關聯。事實上，這樣的疑慮從六〇年代就存在了。他開的課就是很好的展示，從性到法律，又從法律到性。傅柯的教學給予精神分析很大的空間，他背棄馬克思已經很久了，可是和佛洛伊德的關係還是非常緊密。他總是在課堂上講述《精神分析五案例》和《夢的解析》（*Interprétation des rêves*〔*Die Traumdeutung*〕），他經常引用拉岡的作品，也推薦學生去讀拉岡發表在《精神分析》（*Psychanalyse*）期刊上的文章。不過由於他是心理學教授，他也沒忘記要提供給學生一個漫長的學習「羅夏克墨跡測驗」的機會。有好幾年，他每週都花一、兩個小時在這個測驗上。他也花很長的時間在談「知覺與感覺的現行理論」。必須強調的是，傅柯的所有課程都是深入淺出，極度重視教學法。別以為他會天馬行空，讓聽眾一頭霧水。他也不會說出過於艱澀的用語。我們已經不是在烏普薩拉了！這些課程跟後來他在法蘭西公學院講授的課程也完全不同，那些課程的功能只是將一項新的研究發表出來，放上測試平臺。可是在克雷蒙，傅柯一向依照固定的課程進度，他說明一些概念，介紹不同的理論，進行綜合概要的講述。只要看看學生做的筆記，就知道確實如此：段落組織分明，還有一些用來解釋的小圖解。他的課極富教學性，儘管他看起來跟教授的角色格格不入，儘管他面對大學的規範似乎十分率性，但他依舊是一位相當傳統的老師。他提供給學生的，是貨真價實的入門課，簡單又精確。當然，他運用的材料來自他正在進行的著作，譬如「當代語言問題」這門課就動用了不少後來出現在《詞與物》裡頭的主題，不過他不會把這兩種活動混在一起，他不會搞混「教學」和「書寫」這兩種論述層次的對象。

傅柯以經常請假聞名。他請祕書貼出某一天要上課的公告時，會有人惡作劇在公告裡補上「機會難得」的字樣。[5] 話雖如此，他依然是一位極有魅力的教學者，他在講臺上來回踱步，說個不停，絕少停下來看他放在桌上的資料夾，頂多看個一眼，然後他的聲音會再度揚起，重新接上他急促的節奏，而在句子的結尾，他的聲音因為某個質問，似乎順著一條旋律的曲線飛揚起來，繼而轉調，下降，以篤定的語氣回應剛才提出的問題。傅柯喜歡讓學生困惑。上課的時候，他會突然停下來，問他們：「你們知道什麼是結構主義嗎？」而由於無人回應，他會任由課堂出現幾分鐘的靜默，才開始長篇的解釋，讓學生們聽得目瞪口呆。然後他會重拾二十分鐘前被他丟棄的話頭。學生們最害怕的課——他們深深著迷，但是心裡又一直七上八下——就是他們的教授拿來教「羅夏克墨跡測驗」的課，上課時間是晚上——白天他講了法律或性，下午講了精神分析、語言或人文科學。傅柯把學生分為每七人一組，由於每次都會多出兩、三個人，他會把這幾個學生跟分組的學生隔開。整堂課的時間，他都想方設法用無數問題狂掃這幾個被流放、他稱為「貝督因人」（bédouins）[a]的學生。答錯的時候，他會發出冷笑。答對的時候，他會揶揄著說：「給某小姐一塊糖糖。」對學生而言，事情很清楚，保命之道就是無論如何都要避免成為「貝督因人」。可是主題申論作業要怎麼逃呢？天知道題目有多難。譬如這題：「精神官能症的家庭，也就是家庭。」沒有人敢冒險進入這塊險地，結果傅柯沒有作業可改，所有人都躲起來了。更嚇人的是學年末的口試。傅柯問一個已經嚇呆的女學生：「您長大之後想做什麼？」（這是口試的題目）女學生開始作答，才過幾分鐘，傅柯就打斷她的話，問她說：「您可不可以告訴我，佛洛伊德的五個精神官能症的案例？」女學生說出來，考試就結束了。

儘管如此，學生們還是喜歡並且崇拜他們的教授。他們在課後過來找他聊天，他們陪他去車站，放他離去之前跟他在小酒館喝最後一杯。傅柯待在克雷蒙的最後一年，學生們在每一堂下課時為他鼓掌。此情此景在當地人的記憶裡是前所未見的。日後也不曾再現。

傅柯的舉止、外表，他和學生之間怪異的關係，他的評分方式讓人懷疑是因人而異……並非

a. 貝督因人是北非的阿拉伯游牧民族。

所有的同事都喜歡他。雖然他在哲學系很受歡迎，但是文學院的其他科系不見得都對他友善。對某些人來說，他恰恰是「魔鬼」的化身。一如我們對他的認識，我們可以想像，他很樂於演出這樣的形象：除了已經提過的「貴公子」之外，還得加上「嘲諷的」笑容，無時無地不流露的「傲慢」，還有「怪誕的」舉止——這些都是受訪者的說法——這一切都讓這個土裡土氣的小學院感到困窘，對於「巴黎知識分子」的怨恨也集中到他的身上。「巴黎知識分子」！這正是問題所在。他住在巴黎——他的住處在十五區的芳雷醫師街（rue du Docteur-Finlay）——他與前衛的文人往來，為不同的期刊寫稿（諸如《批評》月刊、《原樣》〔*Tel Quel*〕季刊、《新法蘭西評論》），寫的是巴代伊、布朗修、克洛索夫斯基。確實，他不像是真的會來這種偏遠地方教書的適當人選。不知道時間如果推移到今天，他的學生和那些教授是不是不會那麼大驚小怪？不過在一九六八年之前，傅柯的存在既讓人不舒服，卻又充滿魅力。除了一小群同事和朋友之外，傅柯的風評相當差，甚至遭到嚴厲批評，而且經常惹人厭。

*

是因為他受夠了心理學的教學工作？還是因為這個略嫌平庸的小世界令他感到不自在？還是原因其實很簡單，如同他的一位朋友所言，「因為他在同一個地方待不住」？這些原因加在一起，或許終於讓他在一九六五至一九六六這個學年結束時離開了克雷蒙。無論如何，他已經試過好幾次要逃離這個有點讓人窒息的大學環境。一九六三年，他差一點被任命為「東京法國藝文協會」的主任，不過他接受了文學院院長的挽留。院長在九月二日致信教育部，要求教育部不要讓他失去這位教授：「傅柯先生的離去，在此刻會對本學院帶來非常嚴重的損害。不僅是因為不可能在開學前找到接替人選，更重要的是，克雷蒙哲學系的處境極為關鍵——我已數度向您報告這樣的狀況——我們的新學年需要這位系主任留下。請容我補充說明，傅柯先生的心理學學養甚佳，只有他能擔此重任，帶領本院重整我們開辦的應用心理學研究所。職是之故，我力促傅柯先生放棄他收到的職務邀約，他也願意接受我的看法。他的無私，我由衷感激。」

一九六五年，傅柯又打算離開克雷蒙了。社會學家古爾維奇（Georges Gurvitch）建議傅柯來索邦大學申請教職，並且允諾要助他一臂之力。但是康紀言建議傅柯不要輕舉妄動，因為情況並不樂觀：傅柯將要面對的這個哲學系，裡頭聚集的不只有哲學家，也有社會學家和心理學家，其中超過半數的成員都對他有意見。一方面，索邦大學似乎沒打算要接納傅柯，另一方面，古爾維奇跟同僚們的關係並不融洽，如果能藉由拒絕他推薦的人選來整整他，大家會很樂意這麼做。傅柯於是放棄申請這個教職。他寫了一封長信給康紀言，感謝他讓自己看清現實：「您幫了我一個**極大的忙**，阻止我去做古爾維奇鼓勵我去做的蠢事。此刻回頭來看，多虧有您，事態極為清楚。」所以傅柯繼續留在克雷蒙，不過他數度拜託國際教育司的司長西里內利（Jean Sirinelli）幫他找個位子。傅柯是在高等師範學院認識西里內利的，五〇年代初期，他們兩人都在那裡授課。而且西里內利還是羅蘭・巴特的好友。所以他們的互動都很順利，只是，西里內利不知道傅柯在剛果的金夏沙（Congo-Kinshasa）能找到什麼樣的聽眾，這所大學始終被魯汶（Louvain）天主教系統的教授們把持著。傅柯看似興致勃勃，西里內利則是強烈建議他打消旅居金夏沙的念頭。

傅柯也沒在巴西住下來：一九六五年，他接受勒布杭（Gérard Lebrun）的邀請，去巴西住了兩個月。勒布杭是傅柯一九五四年在高等師範學院的學生，後來長住聖保羅（São Paulo）。傅柯去那裡做了一系列的演講。沒辦法，很顯然的，傅柯在同一個地方就是待不住。一九六六年，他被派去突尼斯。此時《詞與物》剛剛出版，引發的熱烈迴響全然出乎意料。在伴隨出版而來的喧鬧聲中（最先聽到的是克雷蒙的學生們），傅柯向這座城市告別。

4 剖開軀體

由於全心投入《瘋狂與非理性》的寫作，傅柯旅居瑞典、波蘭和德國的那幾年並沒有發表任何作品。他一回到法國定居，書的生產和寫書、寫文章、為人寫序之類的寫作計畫就增多了。這個形式多樣且持續上升的變動，在一九六六年《詞與物》出版時達到頂峰，恰恰在他要動身前往突尼斯之際。

首先是為數眾多的寫作計畫，第一項就是《瘋狂史》的直接續篇。當年任職於朱里亞出版社（éditions Julliard）的諾哈打算推出一個名為「檔案館」（Archives）的新書系，他找了一些歷史學者去蒐集、評論某個特定主題或時代的一些文獻。他讀過《瘋狂與非理性》之後寫信給傅柯。諾哈還記得他們第一次見面的情景：傅柯「穿了一身黑」，他「戴著一頂公證人的帽子」，袖口是「金質袖釦」（在克雷蒙費弘被視為「貴公子」的同一人，顯然並沒有給諾哈這位巴黎上流社會的典型資產階級代表留下同樣的印象）。傅柯對於出版人的建議一向從善如流，他打算介紹一些關於「巴士底獄囚犯」的文獻。出版計畫公布了，列在「即將推出」的書單裡，為這個新書系打頭陣，書名是：《瘋人們：傅柯述說從十七至十九世紀，從巴士底獄到聖安娜醫院，航向黑夜盡頭的旅行》（*Les Fous. Michel Foucault raconte du XVIIe au XIXe siècle, de la Bastille à Sainte-Anne, le voyage au bout de la nuit*）。「即將推出」。可是這本書後來並沒有推出。之後傅柯也還有其他計畫，也同樣消失於無形，後來才以其他形式重新出現。就像這本《歇斯底里的歷史》（*Histoire de l'hystérie*），他在一九六四年二月和弗拉馬里翁出版社的「新科學圖書館」書系主編布勞岱爾為這本書簽了一份合約。我們在前面看到，這位偉大的歷史學家很快就肯定了這位年輕哲學家的才華。預定交稿的日期是一九六五年秋天。不過很快的，傅柯改變了計畫，為另一本書簽下一份新的合約，書名是《衰敗的概念》（*L'Idée de décadence*）。這兩本書的唯一共同點就是：兩本都沒有問世。

不過，傅柯並沒有閒著。他在一九六三年出版了天差地遠的兩本書。一本是關於黑蒙・胡瑟勒的研究，由伽利瑪出版，收在隆布希克斯（Georges Lambrichs）主編的「道路」（Le Chemin）書系，另一本則是《臨床的誕生》。他很高興可以安排兩本書同時出版。這麼做，是為了宣示他的兩個研究重心都同樣重要？還是有更深刻的意圖：為了展示他在兩本書裡談的是同一回事？

傅柯寫胡瑟勒的這本書是某個整體的一部分。我們甚至可以說，傅柯有一個「文學時期」，一如後來在七〇年代有個「監獄時期」，以一本書為中心，一些文章、序言和訪談圍繞在四周，散放著光芒，形成一個星系。一九六二至一九六六年間，傅柯發表了一系列關於諸多作家的文字。不過，我們不可能將「胡瑟勒案例」從這一系列的研究裡單獨抽出來看，畢竟這是傅柯絕無僅有的一本為作家而寫的書。而且，這位作家不僅不是哲學家，還是傅柯仰慕的作家當中最不哲學的，也肯定是最神祕、最難解的。當年幾乎沒有人知道他是誰，後來是在雷希斯（Michel Leiris）的自傳作品《槓掉》（*Biffures*）導引下，前衛小說家們重新發現了這位詩人劇作家，奉他為先驅。雷希斯在一九四八年出版的第一卷自傳中花了很長的篇幅回憶他非常熟悉的胡瑟勒。可是傅柯，他為何又如何發現了胡瑟勒？碰巧，這是一九八三年傅柯在一篇訪談——充作這本書的美國版後記——當中提出的解釋：「我還記得我是怎麼發現他的。那陣子我住在瑞典，只有夏天的時候來法國度假。有一天我去了侯塞廓堤書店（librairie José-Corti），不知要買哪一本書。廓堤本人在書店裡，坐在一張大桌子後頭，是個很有氣派的老人。他正在跟一個朋友講話。耐心等待他說完話的時候，我的目光被一排黃色書皮，顏色有點老舊的書給吸引了，那是上個世紀末的那些老出版社常用的傳統色，總之，這樣的書現在不會再有了。那幾本書是勒梅赫書店（librairie Lemerre）出的。我因為好奇而拿起其中一本，想看看廓堤會賣的這批看起來這麼老氣的勒梅赫舊書到底是什麼，結果看到的是一位從來沒聽過的作者：黑蒙．胡瑟勒，書名是《視野》（*La Vue*）。從最前面的幾行開始，我就看到一篇極其美麗，與霍格里耶十分詭異地近似的散文——那時霍格里耶恰好剛剛開始出書。我覺得《視野》和霍格里耶有某種普遍的親近關係，特別是和《窺視者》（*Le Voyeur*）這本書。廓堤說完話之後，我很不好意思地問了他，這位黑蒙．胡瑟勒是誰。他用一種充滿同情的寬容目光看著我說：『嗯，其實，胡瑟勒……』這時我明白了，我應該要知道黑蒙．胡瑟勒是誰，於是我又不好意思地問了，既然他在賣這本書，那我可以買嗎。看到這本書的標價實在很貴，我有點驚訝，或者說是失望。我想廓堤那天應該還對我說了：『可是您也應該讀一讀《我的某些書是如何寫的》（*Comment j'ai écrit certains de mes livres*）。』之後我又陸陸續續——不過速度很慢地——買了胡瑟勒所有的書，我對這件事無比著迷：我被這種散文迷惑了，甚至還不知道它的背後有什麼，就已經發現其中有一種本質的美。後來我發現了胡瑟勒寫作的工法（procédés）和技巧，無疑的，我身上的某種偏執又再度受到吸引。」[1]

黑蒙·胡瑟勒，一八七七年生於巴黎。他一開始學的是音樂，十七歲時丟下一切，將自己封閉在墨水和紙的世界裡，全心投入寫作，任由太陽灼熱的榮光在他周圍散放——這是他內心的感受——他一再宣稱，他完全不需要其他人來承認這樣的榮光。他的情況深深吸引傑出的精神科醫師賈內（Pierre Janet），他分析了胡瑟勒在《從焦慮到狂喜》（*De l'angoisse à l'extase*）裡得到的啟迪，也將這種文學的狂熱和宗教的狂喜進行比較。一八九七年，胡瑟勒出版了《替身》（*La Doublure*），這是一首長詩，述說一位替身演員的人生。接著是《視野》，描述的是一片風景，只有將眼睛貼近風景銘刻其上的那個表面，才看得見。一如儒安（Hubert Juin）在《我的某些書是如何寫的》的導讀中所言，胡瑟勒獨自面對他的詩，與外在世界不再有任何瓜葛。[2] 他也是獨自面對他的小說，他在這部遺作裡提供了他的寫作方法的關鍵：第一部小說叫作《非洲印象》（*Impressions d'Afrique*），寫作時間是一九一〇年；接下來的《非洲新印象》（*Nouvelles Impressions d'Afrique*）是在前往澳洲和紐西蘭的旅途上寫的，他一路都關在船艙裡，把所有窗簾都拉下來，執拗地拒絕觀看風景。他也寫劇本，演出的票房慘不忍睹，不然就是引起巨大的喧嚷，也為他贏得超現實主義者的擁護。胡瑟勒死後幾乎被徹底遺忘，直到雷希斯重新點燃這太快消逝的火苗。直到「榮耀的光芒」吸引了一位旅居瑞典、客途巴黎的年輕哲學家的目光，這位哲學家正在寫一本書，他想要將話語還給所有經歷過瘋狂體驗的那些人。當傅柯得知胡瑟勒是賈內的病患時，他該是多麼著迷。一九三三年，胡瑟勒決定去克羅伊茨林根的賓斯萬格診所接受排毒療程，並且在那裡療養，可是去瑞士之前，他想在巴勒摩（Palermo）停留，結果在當地旅館的客房裡過世。他的死因一如官方說法，是自殺？或是像有些人猜想的，被春風一度的情人謀殺？傅柯接受的是自殺的說法（或者，無論如何，他接受自願死亡的論點，即便提及可能的謀殺，也是將之詮釋為某種變形的自殺：他認為胡瑟勒會在巴勒摩落腳，「為的是自殺或讓人殺了他」），[3]而他的書恰恰是以胡瑟勒想像的儀式作為開場和結束：準備死亡，寄給他的出版人一本書，說明他如何寫書。傅柯也在一九六四年發表在《世界報》的文章裡談到胡瑟勒之死。[4]

而且，除了胡瑟勒透過這些詭異的舉動所導演的這場書寫與死亡的交易，傅柯的書極少觸及傳記資料。吸引他的是胡瑟勒運用的文學技巧、寫作方法和文字遊戲，亦即《我的某些書是如何寫的》當中所描述，可以讓語言無限增生的這一整套機器。「胡瑟勒發明了一些語言機器，它們在寫作方法之外沒有任何祕密，唯一的祕密或許就是語言與死亡維持、解開又重繫的這種清楚可見的深刻關係。」[5]

開始寫書之前，傅柯去拜訪了雷希斯，向他請教關於這位作者和這部作品的相關資訊。不過雷希斯不太同意傅柯的分析：「他在胡瑟勒身上用了太多哲學概念，而胡瑟勒其實一點也不哲學。」這是雷希斯的評論，出自我準備寫作本書期間對他做的訪談。他還說，為了和傅柯想像的胡瑟勒有所區別，他將自己的文集命名為《天真的胡瑟勒》（*Roussel l'ingénu*）。[6] 霍格里耶也沒比較捧場，他在傅柯出書時寫了一篇關於胡瑟勒的長文，但是卻刻意不談他這篇「引人入勝的評論」，只以一句話帶過，說他的作品是對這位「現代小說的直系先祖」產生興趣的一個徵兆，然後就開始進行自己對胡瑟勒作品的評論了。[7] 後來他也承認當時並不喜歡傅柯的分析。相對的，布朗修則提到「胡瑟勒的作品，是傅柯的書讓它再度恢復說話的能力」，他十分欽佩地引用傅柯的這段話，他在當中發現了貫串他自己研究的一些主題的回聲和鏡面：「這個陽光落陷之處就是胡瑟勒的語言空間，在這空無之中，他說話，透過這種缺席，作品和瘋狂相互溝通，相互排斥。而這空無，我說的並非隱喻：那是一種字詞的欠缺，這些字詞比它們指稱的事物少，而這些字詞之所以意謂著什麼，也正是因為這種儉省。」[8]

傅柯雖然推崇胡瑟勒，但也沒有忘記先前心心念念的那些作家。像是巴代伊過世的時候，傅柯寫了一篇很長的文章〈踰越序言〉發表在《批評》月刊的特刊上。傅柯的名字出現在這期向創辦人巴代伊致敬的專刊目錄頁上，皮業勒邀請的撰稿人還包括雷希斯、梅特侯（Alfred Métraux）、格諾、布朗修、克洛索夫斯基、羅蘭．巴特、尚．瓦勒、索萊爾斯（Philippe Sollers）、馬松（André Masson）等。傅柯在文章裡重申他對於自己特別心儀的作家（十年前或十五年前發現的那些）所投注的興趣與熱情背後的深層理性：「要讓我們從辯證法與人類學交纏的睡眠中甦醒，必須要有尼采式的人物——帶有悲劇性與酒神戴奧尼索斯、上帝之死、哲學家的錘子、以白鴿的腳步走近的超人（surhomme），還有永劫回歸（Retour）這些特質。但是為何當我們要維持這些人物的存在，要讓他們自己維持存在的此刻，論述的語言如此貧乏？為何論述的語言在這些人物面前如此稀少，近乎失語，而要讓這些人物繼續找到字詞，論述的語言彷彿被迫將話語讓渡給這些極端的語言形式——巴代伊、布朗修、克洛索夫斯基暫居其間，開創了思想的高峰？」[9] 對傅柯來說，巴代伊作品的力量與解放性的暴力在於他粉碎了言說主體的概念，同時也炸毀了傳統的哲學語言：「它正是這個從蘇格拉底時代以來便支撐著西方智慧的趨向的反面：哲學語言向這種智慧承諾了某種主體性的平靜統一，這樣的統一完全使用並且透過哲學語言構成，在哲學語言上獲得輝煌的成就。」而巴代伊定義的或許是「某種體驗的空間——言說的主體在那裡不是表達自己，而是暴露自己，和自身的有限性相遇，而在每個字詞後頭對應的，是主體自身的死亡」。[10] 值得注意的是，在這篇傅柯寫於一九六三年的文章裡，出現了性的考古的雛形。但是這距離後來《性史》第一卷《求知的意志》（*La Volonté de savoir*）還很遙遠，畢竟傅柯的思考還在「禁止」和「踰越」這些用語當中：「性的發現，薩德無窮盡的非現實天堂（他從一開始就將性置放其中），各種系統性的禁止形式（現在我們知道性是被掌控的），踰越（性在所有文化裡都是目標和工具），這一切都以相當專橫的方式指出，要將某種語言——與辯證法的語言一樣歷史悠久的語言——提供給性為我們構成的重要體驗，這是不可能的。」[11]

巴代伊《全集》（*Œuvres complètes*）第一卷於一九七〇年由伽利瑪出版社出版，傅柯也為《全集》寫了〈導讀〉。他在這篇短短的序文裡寫道：「巴代伊是這個世紀最重要的作家之一：《眼睛的故事》（*Histoire de l'œil*）、《愛華妲夫人》（*Madame Edwarda*）打斷了敘事的軸線，述說著從來不曾以如此方式講述的事；《無神學大全》（*Somme athéologique*）將思想放入遊戲——有礙風化的遊戲，極限、極端、頂點、踰越的遊戲。《情色論》（*L'Érotisme*）讓我們更貼近薩德，也讓薩德變得更艱深。我們存在的此刻有很大部份受惠於巴代伊……而未來要實踐，思考，述說的，大概還是受惠於他，如此情況將延續良久……。」[12]

一九六六年六月，同樣是在《批評》月刊，傅柯發表了一篇關於布朗修的文章，題目是「外邊思維」。傅柯在文中宣稱：「突破一種將主體排拒於外的語言，揭露語言於其存在之中的顯現（l'apparition du langage en son être）和自我在其身分認同之中的意識（la conscience de soi en son identité）[a]這兩者之間或許無可挽回的不相容性，這是今天在文化的不同角落裡宣告來臨的一種經驗：在那僅是書寫的手勢之中，一如在那些將語言化為形式的嘗試之中，在神話的研究之中，在精神分析之中……。此刻我們正站在長久以來一直隱而不見的開口前方：語言的存在只有在主體的消失之中才會為其自身顯現。」[b][13]

傅柯寫的關於克洛索夫斯基的文章也不能不提，因為他不斷將布朗修、巴代伊、克洛索夫斯基這三個名字連在一起。〈阿克泰翁的散文〉（La prose d'Actéon）於一九六四年三月發表在《新法蘭西評論》，傅柯不只評論克洛索夫斯基，還和他有往來。一九六三年，經由羅蘭・巴特的引介，傅柯認識了克洛索夫斯基。在巴特和傅柯還沒失和之前，三人一起吃了好幾次晚餐，後來就少了巴特。克洛索夫斯基把他正在寫的書的一些段落讀給傅柯聽。這部名為《巴風特》(*Le Baphomet*)的小說於一九六五年出版，題獻給傅柯：「因為他是這本書的第一位聽眾和第一位讀者。」克洛索夫斯基如是說。同一時期，克洛索夫斯基在研究尼采，他寫的稿子日後成為《尼采或惡的循環》(*Nietzsche ou le cercle vicieux*)這本書，他也在為伽利瑪即將出版的尼采《全集》(*Œuvres complètes*)第一卷做準備，裡頭收錄了他翻譯的《快樂的科學》(*Le Gai savoir* 〔*Die fröhliche Wissenschaft*〕)。一如扉頁上所說，這個全集「由德勒茲和傅柯負責編纂」。這個第一卷——後來出版時成了整體架構的第五冊——裡頭有這兩位哲學家寫的一篇短序。因為這個世界很小！德勒茲跟克洛索夫斯基當年也是交情匪淺，他也為他寫了一篇文章，收錄在《意義的邏輯》(*Logique du sens*)。

傅柯一直非常推崇克洛索夫斯基，他在一九六九至一九七〇年間寫給他的幾封信可為明證，信裡談的是《惡的循環》和《活的貨幣》(*La Monnaie vivante*)——當然我們也不必太認真看待傅柯的這種習慣，他似乎一向習於以溢美之詞填滿書信：「這是我讀過最偉大的哲學書，和尼采一樣了不起。」這是一九六九年七月寫的，信裡說的是第一本書。一九七〇年冬，這一封說的是第二

a. 此處字體變化是譯者所加，方便閱讀時的斷句和理解。

b. 引文參考洪維信翻譯的《外邊思維》，行人，二〇〇三，頁九一。引文若干處略有更動，責任是本書譯者的。

本：「我會覺得只要算得上重要的——布朗修、巴代伊，還有《善惡的彼岸》（*Par-delà le bien et le mal*〔*Jenseits von Gut und Böse*〕）——都偷偷往那裡去了：可是現在我們有了，它被說出來了……。必須思考的正是這個：慾望、價值和擬像（simulacre），這個在我們的歷史裡或許已然數世紀的三角關係支配著我們，構成了我們。從前和現在言必稱佛洛伊德加馬克思的那些人，熱切地貼在他們的鼴鼠丘上：現在我們可以嗤之以鼻，而且我們也知道為什麼。沒有您，皮耶，我們只能繼續停留在這座薩德僅僅一度到訪的拱墩，在您之前，沒有任何人曾到過那一帶，說真的，沒有任何人曾經接近那裡。」[14] 一九八一年，左派掌權，曾經在突尼斯和凡森大學當過傅柯同事的葛特紐（Jean Gattegno）被任命為文化部圖書司長。他上任未久就打電話請教傅柯：「您認為我們該把『國家文學大獎』頒給誰？」傅柯的答覆是：「克洛索夫斯基，如果他願意接受的話。」克洛索夫斯基接受了。

傅柯這個時期的每篇文章都會引用尼采，也正是在這個時期，一九六四年七月四日至八日在華攸蒙修道院由格胡（Martial Guéroult）擔任主席的尼采研討會上，傅柯發表了著名的演講〈尼采、馬克思、佛洛伊德〉。傅柯沒有掩飾他對尼采的偏愛。演講之後有一場討論會，會場上出現了這麼一段怪異的對話：

德蒙賓內斯（Demonbynes）先生：「說到尼采，您剛才提到，瘋狂的體驗是最接近絕對知識的那個點……您確實是這個意思嗎？」

傅柯先生：「是的。」

德蒙賓內斯先生：「您的意思不會是說，瘋狂的『意識』或『預知』（prescience）或預感吧？您真的相信一個人可以有……偉大的心靈，就像尼采可以有『瘋狂的體驗』？」

傅柯先生：「是啊，是啊。」[15]

若干年後，傅柯寫的〈尼采，系譜學，歷史〉（Nietzsche, la généalogie, l'histoire）收錄在向伊波利特致敬的文集裡出版（一九七一年）。

在這個「文學」時期，傅柯也寫了霍格里耶（他們自從在漢堡認識之後一直都有往來），還寫了以索萊爾斯和《原樣》季刊為中心的那些前衛作家（他在一九六三年參加了《原樣》主辦的關於小說與詩的研討會），他還寫了關於拉波特（Roger Laporte）、布鐸、勒克萊喬（Le Clézio）等人的文章，除此之外，他也寫了一些古典的作者：他為盧梭《對話錄》（*Dialogues*）這部瘋狂的作品寫序，評論了福樓拜（Flaubert）、凡爾納（Jules Verne）、內瓦爾（Nerval）、馬拉美。這個漫長系列的第一篇文章寫的是賀德林（Hölderlin），標題是〈父親的否定〉（Le Non du père），刊登在一九六二年的《批評》月刊。主持這份刊物的皮業勒非常喜歡《瘋狂史》，所以他主動聯絡傅柯，向他邀稿。其實他和傅柯一家認識很久了：二次大戰剛結束時，他是普瓦提耶警察局的副局長。他甚至還讓傅柯醫師動過手術。他的連襟巴代伊於一九六二年過世後，他接下刊物的主持工作，但他不想獨自承擔編務，於是請傅柯和羅蘭・巴特和德紀幫忙組成一個編輯委員會。會議在皮業勒家以午餐的方式進行。傅柯的貢獻之一是向維耶曼、考夫曼（Pierre Kaufmann）和葛林（André Green）邀稿，評論梅洛龐蒂的遺作《可見與不可見》（*Le Visible et l'invisible*），收錄在一九六四年的十二月號。後來，期刊的編委會擴編，在一九六七年加入了德希達。傅柯為《批評》月刊寫的最後一篇文章發表於一九七〇年，標題是〈哲學劇場〉（Theatrum philosophicum），談的是德勒茲的兩本書，他以這段話為文章作結：「在盧森堡的哨所裡，董思高（Duns Scot）[c]從圓形的小天窗探出頭來；他蓄著濃密的鬍子；那是尼采的鬍子，尼采偽裝成克洛索夫斯基。」[16]

*

一九六三年，《臨床的誕生》出版。米歇爾・傅柯的父親在一九五九年過世。我們是不是得將他如此沉湎於醫學文獻之中，理解為他向自己的過去回歸？將他的研究方法銘刻於某種家族停泊地？在一九六九年的一次錄音訪談中（但訪談內容一直未曾公開發表），傅柯將他的寫作方式和這種醫學的傳承連結起來：他提到他是「外科醫師之子」，他也表示，他從童年時期就保留了「父親的某些影響，大家應該看得出來」。如果讀者有時覺得他的書寫生硬、咄咄逼人，那可能是因為他「以筆桿取代了手術刀」。不過傅柯做的不只如此，他致力以更全面的方式將書寫與死亡連結起來：「死亡是我的書寫的反面」，因為他關注的，是人——「已經死去的」那些人，他想要找出「構成他們生命特質的東西」。所以他站在一個「進行屍體解剖的解剖學家」的位置。他也可以用這些話來描述自己:「我是醫生,就說我是做診斷的醫生吧。我想做出診斷,我的工作就是透過書寫所切開的刀口,將某些東西攤在陽光下,那就是關於死亡的真相。」[17]

《臨床的誕生》的序文以此作為開場:「這本書談的是語言、空間和死亡;談的是觀看。」[18][d] 這段陳述相應於縈繞在傅柯關於文學的文章當中的主題和詞彙,迴盪著奇異的聲響。然而這本書談的是科學史,放在康紀言在法國大學出版社主編的「蓋倫」(Galien)書系,副標題是:「醫學目視的考古學」(*Une archéologie du regard médical*)。這本書不是康紀言向傅柯邀的稿(有時會有人這麼寫)。「我從來沒有要傅柯寫任何東西,」康紀言笑著回答:「是傅柯寫完之後拿來問我要不要出的。」可是話說回來,克洛索夫斯基和康紀言可以有什麼關聯?或許這關聯來自共同的源頭:尼采。有人對於這兩條分歧的道路並存於傅柯的研究之中感到驚訝,有人在尼采對傅柯的啟發與科學史的傳統之間看到某種矛盾對立,傅柯對他們的回應非常直截了當:你們難道不知康紀言常將他的研究置於尼采的嫡系傳統裡?康紀言也證實了這樣的說法。不過這些人的反應不無道理,若將《臨床的誕生》和那些關於文學的文章擺在一起重讀,驚人的——就像《瘋狂史》給人的印象——不是兩種研究方向的矛盾對立,而是剛好相反,令人驚訝的是這兩種語域(registres)的匯

c. 董思高是蘇格蘭中世紀經院哲學家。

d. 《臨床的誕生》引文由本書譯者自譯。

聚。這種明顯的親屬關係在數年後，在《詞與物》之中清楚地顯露出來。

《臨床的誕生》同時是《瘋狂與非理性》的直接續篇，也是走向後續著作的一個過渡。直接續篇，因為它將用於精神醫學概念的這些分析延伸到一般的醫學：質問這些概念的誕生、這些概念之所以可能的種種條件。不同的是，《瘋狂與非理性》的範圍涵括數世紀，篇幅多達六百頁，而《臨床的誕生》則是一本兩百頁的小書，談論範圍限於十八世紀最後幾年到十九世紀初：當時，隨著病理解剖學的出現，醫學作為實務，作為科學，重新組織起來。不過，我們在這裡看到的依舊是以杜梅齊勒為依歸的「結構史」原則，不同的語域——經濟、社會、政治、意識形態、文化——在此找到連結，以便將影響整體說與看的方式的那些轉變攤開來檢視，同時也更進一步檢視某個特定年代可能說的和可能看的，亦即可見的和可表述的。醫院領域的重新組織、醫學教育的動盪、科學的理論與實務、經濟上的憂慮，一切都促成了正在醞釀的斷裂。當我們感受到解剖屍體的需求時，重大的轉折就發生了。為了讓醫者的「目視」可以深刻解讀所有的症狀，他必須去研究身體內部的根源。這是畢夏（Bichat）的宣言，傅柯將它發揚光大：「去剖開幾具屍體吧：您會看到那單憑觀察無法驅除的黑暗立刻消失無蹤。」傅柯的這本書和其他著作一樣不乏金句，他用了一個非常精采的說法評論畢夏的這番話：「在死亡的光明照耀下，生者的黑夜消散了。」[19] 從此，「生命、疾病和死亡構成了某種技術上和觀念上的三位一體。這糾纏千年不休的古老連續性——將疾病的威脅置於生命之中，將死亡迫近的存在置於疾病之中——破滅了：取而代之的是三者結合成的三角形，最上方的頂點由死亡界定。從死亡的高度，我們可以觀看並且分析器官的依賴關係和病理的發展時序。」[20]還有另一個轉變，這次是發生在語言的範疇：傅柯在這裡看到的是匹奈的文字，以及這些文字透露的意志，貫徹著對於疾病以及承載疾病的身體精確詳盡的描述。在這雙重的運動中所發生的事，不僅與醫療科技的改變有關，甚至整個醫學也重新組織了，除此之外，重新組織的還有對於生與死的感知，以及知識基礎本身：「將空間、語言和死亡連接起來的這個結構——就是人們所謂的臨床解剖方法——構成了一種醫學的歷史條件，這種醫學自稱實證，而我們也如此接受。」[21]

《臨床的誕生》就站在這個點上，開展了傅柯日後的研究。它展示的其實是如何建立一種「關於個體的知識」的可能性。傅柯說：「對我們的文化而言，它所提出的第一個關於個體的科學論述，必須要經歷死亡這個時刻，這應該一直是個決定性的事實。西方人只有在指涉自身的毀滅時，才能在自己眼中成為科學的對象，才能在自己的語言內部掌握自己，才能在自己身上並且透過自己將一種論述性的存在（existence discursive）獻給自己：從非理性的體驗中，誕生出所有的心理學以及心理學的可能性；通過將死亡納入醫學思想之中，誕生了一種以個體的科學自居的醫學。」[22]向《詞與物》開展，在這層意義上，傅柯在他剛剛描述的這個運動之中，望見一切人文科學盛放的基石：人同時作為自身知識的主體與對象（客體）的這種可能性。

不過請別誤解，傅柯補充說，這種實證醫學的誕生，這一整套科學性（要讓醫療實務脫離空想帝國）的誕生，這種新知的降臨，與某種更為普遍的運動——它在整個當代文化裡，將死亡安置在個體的心中——是發生在同一時代，是息息相關的：「現代文化中的個體性的體驗是與死亡的體驗相連結的：從賀德林的恩培多克勒（Empédocle）到尼采的查拉圖斯特拉（Zarathoustra），再到佛洛伊德的人，一種與死亡難解難分的關係將死亡的獨特面貌規定給普遍的事物，賦予每個人的話語被無盡聆聽的權力〔……〕。乍看或許奇怪，支持十九世紀抒情風格（lyrisme）的運動居然與讓人獲得關於自己的實證知識的運動是同一個運動；不過，知識的圖像和語言的圖像服從同一深層法則，有限性（finitude）的湧入以同一方式高踞於人與死亡的這種關係之上——在此處是以某種理性形式授權給某種科學論述，在彼處是打開某種語言的源頭，這種語言在諸神缺席所留下的空無之中無窮無盡地開展——這有必要驚訝嗎？」[23][e]

*

《臨床的誕生》得到的迴響十分冷清，但是沒逃過拉岡的法眼，他在一堂研討課上花了很長的時間談這本書，之後的那幾天，書就賣出了好幾十冊。傅柯去拉岡家和他們夫婦吃了好幾次晚餐，但他們之間並沒有建立起緊密的交情。拉岡的妻子希薇雅（Sylvia Lacan）還記得有一天晚上，傅柯在她里爾街（rue de Lille）的家裡說了這句話：「只要男人之間的婚姻不被承認，就沒有文明可言。」

e. 作者引用的是《臨床的誕生》初版，傅柯於再版時刪去「從賀德林……到佛洛伊德的人」這句，改為「從畢夏所解剖開的屍體到佛洛伊德所分析的人」。

5 資產階級的堡壘

一九六五年八月至九月，傅柯在巴西的聖保羅。他把一大本手稿拿給勒布杭讀，這幾乎是一次專家級的鑑定諮詢了——勒布杭不僅是康德和黑格爾的專家，而且也是現象學和梅洛龐蒂作品的行家。他讀了傅柯讓他讀的文字，兩人一同討論。幾個月後，書出版了，勒布杭很驚訝，他發現這本書的第一章並未出現在他先前看過的版本裡。那是一段宣告此書主題的「開場白」：傅柯分析了一幅維拉斯奎茲（Vélasquez）的畫作《宮女》（*Las meninas*）。這個在最後一刻才加上去的華麗篇章，顯然對於此書的成功暢銷具有重要影響。這是傅柯發表在《法蘭西信使》（*Le Mercure de France*）上的一篇文章，根據諾哈的說法，傅柯對於要不要把這篇文章放進書裡非常猶豫。「他覺得這篇文章放在他的書裡太文學了，不過我覺得很適合。」傅柯原本想把後來變成第二章的標題「世界的散文」（La Prose du monde）作為書名，可是梅洛龐蒂死後，後人在他抽屜裡找到他當初也有意以此作為書名的一部作品，[1] 傅柯不想讓自己看似受到這麼長期仰慕的哲學家太多影響，於是想出了《事物的秩序》（*L'Ordre des choses*）。不過這個書名已經有人用過，結果最後出線的是《詞與物》，英文譯本則是回到原先的書名《事物的秩序》，傅柯後來也在好幾次訪談中提到，其實這個書名比較適合。

*

〈傅柯像小麵包一樣好賣〉。這是《新觀察家》週刊一九六六年夏季暢銷書專題裡的一篇文章。[2]《詞與物》獲得如此巨大的成功，著實令人驚訝。作者和出版者當然最感驚訝。這是一部非常艱澀的作品，設定的讀者是對哲學思想和科學史有興趣的那些人。

《詞與物》於一九六六年四月由伽利瑪出版社發行，傅柯在這家出版社出過他關於胡瑟勒的研究。傅柯向隆布希克斯詢問是否有可能出版這本新書。由於諾哈剛離開朱里亞出版社，打算在伽利瑪這邊推出一個名為「人文科學圖書館」（Bibliothèque des sciences humaines）的書系，於是《詞與物》就成了這個系列的第一本書。從此，傅柯所有的書都收在這個書系或它的孿生書系「歷史圖書館」（Bibliothèque des histoires）裡出版（我們也會看到，這位作者和出版者並非一路相安無事，毫無衝突）。首刷的三千五百冊很快售罄，六月就得再刷了：這次是五千冊。接著是七月，又是三千冊。然後九月又印了三千五百冊。十一月也是三千五百冊。熱潮延續到第二年：一九六七年三月加印四千冊，十一月加印五千冊。一九六八年四月六千冊，一九六九年六月六千冊。一本哲學書可以達成如此的銷售數字實屬罕見。一九八九年，這本書的銷售總量超過十一萬冊。

當然，這本書的成功首先是因為哲學界的迴響：一九六六年十一月，拉夸在《世界報》上說，教師資格考的試卷當中，最常被提到的兩個名字是阿圖塞和傅柯。不過這本書的成功遠不止於此，根據當時報刊的描述，人們在海灘上讀《詞與物》（或者，至少帶了這本書），人們把書擱在一張張咖啡館的桌子上，大喇喇地展示自己沒有置身於如此重要的現象之外。《詞與物》引發了巨大的迴響，連超現實主義詩人阿哈貢一九六八年的小說《布瓏棩或遺忘》（*Blanche ou l'Oubli*）以及新浪潮導演高達（Jean-Luc Godard）一九六七年的電影《中國女人》（*La Chinoise*）裡，都可以發現這本書的回音。我們可以在片中看到飾演毛派女學生的安妮．維亞澤姆斯基（Anne Wiazemsky）向這本書投擲番茄，高達也在一次訪談中公開宣稱，他想要拍電影就是為了要對抗像「崇高的傅柯神父」這類人。「我之所以不那麼喜歡傅柯，是因為他告訴我們：『在某個時代，人們這麼想或那麼想，然後從某一天開始，我們想的是……』我也想這樣啊，可是我們能這麼肯定嗎？正是因為這樣，我們才試著去拍電影：讓未來的傅柯們不能以這樣的假設去肯定那樣的事。」[3]

＊

前面已經看到，一九六一年那時候，傅柯選擇不要出版為康德《人類學》寫的導論。這份長篇打字稿的結尾以某種相當隱晦的風格猛烈攻擊同代學者創立某種「人類學」的企圖——這裡說的「人類學」，依的是沙特和梅洛龐蒂的定義，而非李維史陀。傅柯拒絕接受這些「幻象」，也對於大家任其壯大卻不思「批判」感到驚訝。

不過，他的結論是，「早在半世紀以前，我們就擁有這種批判的模式了。尼采的事功或可理解為：不斷增生的關於人的質問，終於被畫上休止符。上帝之死不正是在某種雙重致命的行動之中展現出來的？上帝之死終結了絕對，同時也是把人殺死的凶手。因為人，在其有限性之中，無法與無限分離，他同時否定也預言著無限：上帝之死正是在人的死亡之中實現。」對於康德的問題「人是什麼？」以及這個問題在所有當代思潮（從胡塞爾到梅洛龐蒂）之中的後續，必須提出「一個可以拒絕接受這個問題，並且解除其武裝的回應，那就是：Der Uebermensch（超人）」。[4] 這部「小論文」的最後幾頁似乎是完全針對沙特的《辯證理性批判》而來（沙特於一九六〇年出版此書，但部分內容從一九五八年起就開始在《現代》期刊上發表），而更明確的批評對象似乎是梅洛龐蒂的作品。傅柯一九六六年以《詞與物》為題的這本書正是以「小論文」的這幾頁作為起點，而且，幾乎是原封不動照搬：「不只是上帝之死——或者該說是跟隨在這死亡之後，並且依據某種和這死亡深深相連的關係，尼采思想宣告的，是上帝的謀殺者的終結；是人的臉孔在笑聲之中，在面具的回歸之中爆裂……。」[5a] 勒布杭提醒我們，《詞與物》到處都是否定式的梅洛龐蒂的存在。傅柯此書的靈感與生命力，從頭到尾都源自論戰——反對胡塞爾思想以及梅洛龐蒂對胡塞爾思想的詮釋。《詞與物》首先是一個拒絕的手勢，拒斥現象學。這是一場「決裂」的爆發！勒布杭在他一九八八年的演講裡說，由於年代遠了，現象學的風潮早已不再，《詞與物》理所當然失去很多「論戰的氣味」：「今日的讀者——依其年齡——很容易不知道或忘記，這本書起初是一本戰鬥之書，是一本哲學書。」所以必須重提這個根本的重點，才能理解為何此書「未被視為一種新方法的嘗試，卻被視為挑釁」。[6] 一九八八年一月，勒布杭在巴黎的一場傅柯研討會上報告完之後，貝路（Raymond Bellour）在討論時間提到他在出版前看過這本書的校稿：裡頭多處對於沙特的攻擊，都在付印前的最後一校被傅柯刪去了。

這部即將引發如此喧囂的作品，它以「人文科學考古學」介紹自己——這是它的副標題——它要在西方文化裡找出：在哪個時刻，對於人的質問出現了？在哪個時刻，人成為知識的對象？接著就是跨越數百年的精采描述：從十六世紀初，一直到今日的知識形式。四百頁的篇幅，傅柯展現的博學令人無法喘息。容我試著（！）將他所說的摘要如下：每個時代都有某種潛伏的形構，描繪著這個時代的文化；每個時代都有某種知識框架（grille du savoir），它讓每一種科學論述、每一種陳述（énoncé）的生產成為可能。傅柯以「**認識型**」（*épistémè*）這個詞來指稱這種「歷史的**先驗條件**」（*a priori* historique）：那是一些深層的基礎，為一個時代可能思考的內容——或者不可能思考的內容——做出定義並且劃出界限。每一種科學都在一個**認識型**的框架裡發展，所以會有一部分和同時代的其他科學相連結。傅柯的目光主要投注於三個在古典**認識型**之中發展的認識領域：

a. 引文中譯參考簡體中文版《詞與物》莫偉民譯本，若干處略有更動，責任是本書譯者的。

普通文法、財富分析和自然史。這三個領域在十九世紀讓位給另外三個領域：歷史語言學、政治經濟學和生物學，它們的形成地點就在此刻建立的新知識框架。傅柯展示了人的形象作為認識的對象——說話的人、工作的人、生活的人——如何來到這些知識領域的製作過程，並且棲身其間。

「人文科學」的誕生地，正是在這**認識型**的整體重分配之中。不過也因為這樣的鄰近關係，人文科學失去通往真正科學地位的可能性。傅柯說：「它們不能是科學。」因為唯一讓人文科學成為可能的，只有這種與生物學、經濟學、歷史語言學（或語言學）「相鄰」的位置：「只有在與生物學、經濟學、歷史語言學比鄰而居的情況下，或者該說是寄其籬下，在其投射的空間裡，人文科學才能存在。」[7]「可是暗地危害人文科學的，也正是這種矛盾——人文科學現代**認識型**的考古源頭迫使它們以科學自居：「西方文化以人的名義建構了一種存在（être）——透過同一種理性遊戲，這個存在必須是**知識**的實證領域，而不能成為**科學**的對象。」[8]

傅柯在對「人文科學」概括性的質問當中，承認了精神分析與民族學的獨特地位——總而言之，一如這兩門學科近期的（結構主義）發展所重新定義的。傅柯認為它們擁有「反科學」的特權地位：它們與其他人文科學「背道而馳」；它們「不停地『拆解』（défaire）人，『拆解』這個在人文科學中一再創造自己實證性的人」。傅柯還說：「我們可以拿李維史陀對於民族學的說法來說這兩門學科：它們消解了人。」而在這兩門反科學之外（或者該說在這兩門反科學的旁邊），第三門學科或許就要形成人文科學領域最普遍的爭議，讓這個領域不得安寧了，這個學科就是語言學。「在『展現』（exposer）這些事物的同時，這三門反科學也威脅到那些讓人得以被認識的事物。如是，人的命運在我們眼前交織，但是，是反向的織法；在這些奇異的紡錘上，人的命運被導向它誕生的形式，導向讓它成為可能的故國。但這不就是一種引領它走向終結的方式嗎？畢竟語言學和精神分析與民族學一樣，它們都不談人的本身。」[9]

語言學的這種特權把我們帶回到傅柯自六〇年代初期就在那些關於文學的文章裡不斷提及的一些問題：「通過一條更加漫長，也更意外的道路，我們被引導到尼采與馬拉美早已指出的地方，前者發問：誰在說話？後者則看到在字詞（le Mot）自身之中閃爍著答案。」於是，關於語言的質問在兩個層次上開展，一邊是形成思想的種種嘗試，而在文化另一端的則是現代文學：「我們的文學受到語言存在的迷惑——這既非終結的標記，亦非激進化（radicalisation）的證明：這是必然性扎根於非常寬廣的形構之中的一個現象，我們的思想和知識的所有紋理都在其間顯現。」然後在傅柯筆下，亞陶、胡瑟勒、卡夫卡、巴代伊、布朗修再度依序登場。[10]

這些與當代文化對立又相互連結的經驗：知識的形成依循語言學模式，以及文學中的暴力、過度、吶喊、「語言化為塵埃」，這些經驗或許宣告了這種以人降臨在知識之中為特徵的**認識型**的終結。《詞與物》的最後一頁經常被引述，次數頻繁到令人猶豫是否要再重提：「無論如何，有一件事是確定的：人，不是對人類知識提出過的最古老的問題，也不是最恆常不變的問題。拿這個相對短暫的編年和有限的地理劃分來看（十六世紀以來的歐洲文化），我們可以確信，人是其間一個近期的發明。知識並非長久以來一直隱隱約約地在人及其祕密的周圍遊蕩。〔……〕對我們思想的考古可以輕易證明，人是近期的發明，而且或許離終點不遠。」[11]

這部書寫繁複、才華洋溢的作品甫出版就極為暢銷，迴響不斷，書評的數量無從清點，相關文章與評論湧現，論戰硝煙四起。沒有哪家報紙或期刊不想拿這本書來為自己的版面增色。傅柯甚至受邀上了杜馬業（Pierre Dumayet）的電視節目《大家來閱讀》（*Lecture pour tous*）。以下是一些當時媒體報導的摘錄：「傅柯這部作品是當代最重要的作品之一。」拉夸在《世界報》的哲學專欄這麼說。[12]《詞與物》是一部「令人驚豔的作品」，孔特斯（Robert Kanters）在《費加洛報》（*Le Figaro*）上如是評論。[13]德勒茲在《新觀察家》週刊上的文章先是讓此書的眾多切面散發光芒，繼而以下面這番話作為結語：「對於『哲學有何新意？』這個問題，傅柯的著作本身就是一個深刻的回答，最有活力，也最具說服力。我們相信《詞與物》是一部關於新思想的鉅著。」[14]在這些評論之前，夏特列已經率先在《文藝半月刊》上寫下：「傅柯的嚴謹、原創、靈感，讀後必然會生出對於西方文化過往的一種新目光，以及對於此刻混亂的一種更清明的概念。」[15]

《詞與物》之所以大受歡迎，出書當時的文化背景也扮演了一定的角色：一九六六年，「結構主義」論戰達到高潮。李維史陀的《結構人類學》在一九五八年出版，宣告了一個新學派、新思潮的誕生（儘管結構主義的歷史當然不是從這本書，也不是從李維史陀後來的研究開始的，而是可以遠溯至特魯別茨柯依〔Troubetzkoy〕和雅各布遜〔Jakobson〕的研究，在法國，也要追溯至杜梅齊勒和班維尼斯特）。一九六二年，李維史陀把事情攤開來講，他在《野性的思維》（*La Pensée sauvage*）的最後對沙特進行相當嚴厲的攻擊，他將對手的哲學置於一種當代神話的地位。這是近

二十年來的第一次，沙特在法國知識界近乎獨霸的地位受到動搖。多少年輕學者將這樣的異議視為一次解放！譬如布迪厄（Pierre Bourdieu）就在《實作感》（*Sens pratique*）序文裡提到李維史陀的這部著作，特別是影響了一整個世代「理解心智活動的〔那種〕新方式」在他的世代激起的狂熱。[16]關於李維史陀的著作在所有文化領域帶來的衝擊，我們可以引述千百則證詞，而同等重要的是，這位民族學家從美國回來的時候，將語言學家雅各布遜引入了法國，為他的好友拉岡正在構思的理論提供了一些基本環節。拉岡在一九六六年出版《書寫集》（*Écrits*），輯錄歷年發表的文章。從一九六〇年代初期開始，所有知識性期刊每一期都在談論結構主義，不然就是乾脆做個專題或特刊。結構主義和馬克思主義，結構主義對抗馬克思主義，結構主義和存在主義，結構主義對抗存在主義……有兩邊都支持的，有兩邊都反對的，也有努力要綜合兩者的……在知識界的所有場合裡，每個人都被迫選邊站，不然就是急於表態。如此強烈的文化沸騰，實屬罕見。[17]

舞臺布置就緒，就等布幕升起，一場新的戰役開打了，「人的死亡」激發了熱情。傅柯數度接受訪談，內容備受關注，特別是一九六六年五月十六日刊登在《文藝半月刊》上的這場訪談。他提到「大戰時還不滿二十歲的那些人」，他說：「我們感受得到，沙特的世代確實勇敢而慷慨，他們對生命、對政治、對存在有熱情。可是我們，我們暴露出來的是另一件事，另一種熱情：對於概念和我們稱為『系統』的那些事物的熱情。」

問：「作為哲學家，沙特對什麼感興趣？」

答：「大致上來說，面對一個歷史性的世界，早已面目難辨的資產階級傳統想要視之為荒謬，而沙特恰好相反，他想要證明**意義**（*sens*）無所不在〔……〕」

問：「您何時停止相信『意義』？」

答：「斷裂點出現在李維史陀以社會為題，拉岡以潛意識為題，為我們證明了**意義**很可能只是一種表面的作用，一種閃光，一種泡沫，而穿越我們深處的，在我們之前就存有的，在時間與空間之中支撐我們的，是系統（système）。」

這個系統，傅柯有意無意地參照杜梅齊勒和勒華顧爾宏（Leroi-Gourhan）的研究來定義，繼而再度搬出拉岡：

「拉岡的重要性來自他如何透過病人的言說和精神官能症的症狀證明了，為什麼是結構和語言的系統本身——而非主體——在說話……。在一切人的存在（existence humaine）之前、在一切人的思想之前，已經有一種知識、一種系統等著我們重新發現……」

問：「那麼，是誰生出了這個系統？」

答：「這個沒有主體的無名系統是什麼？是誰在思考？這個『我』爆炸了（請看看現代文學）——這就是『有』（il y a）的發現。有一個「**我們**」（*on*）。就某種方式而言，我們回到了十七世紀的觀點，差別在於：不是將人放在上帝的位子，而是一種無名的思想，那是沒有主體的知識，沒有來歷的理論（du théorique sans identité）。」[18]

另一次訪談，時間是一九六六年六月，射擊瞄準線依舊對準沙特：「《辯證理性批判》是一個十九世紀的人思考二十世紀所做出的華麗而悲愴的努力。在此意義下，沙特是最後的黑格爾派，我甚至會說，他是最後的馬克思主義者。」[19]

在這些訪談裡，傅柯非常清楚地展現出《詞與物》所在的理論空間。我們會一直發現，如揮舞大旗般，同樣的幾個名字一再出現：主要是拉岡和李維史陀，當然還有杜梅齊勒以及「現代文學」，我們可以清楚看到後者如何在傅柯的思想裡連結到精神分析、民族學或宗教史的專門著作。他有時會加上羅素和「分析理性」、形式邏輯、資訊理論，康紀言和科學史，阿圖塞和他「勇敢的企圖」——要讓淋上了德日進（Teilhard de Chardin）醬汁、被基督宗教化的馬克思主義煥然一新。簡言之，很清楚的是，傅柯直接進駐到「結構主義者」的星系。

反作用力沒多久就出現了，馬克思主義者開始回擊。《詞與物》遭到共產黨知識分子的全面圍剿，他們無法原諒傅柯斷言「馬克思主義在十九世紀的思想中如魚得水，也就是說，在其他任何地方馬克思主義都會停止呼吸」。米妻（Jacques Milhau）在《共產主義筆記》月刊上寫道：「傅柯的反歷史偏見倚靠的基礎只有新尼采主義的意識形態，不論他是否有意如此，這種意識形態對於某個階級的企圖太合用了，他們只想給所有未來的道路戴上面具。」[20] 珍內特·柯隆貝（Jeannette Colombel）也在《新批評》期刊上抨擊傅柯，她指責傅柯無視時間性與歷史，並且以他的「末日」觀點和宣告「人的解體」來強調現狀（*statu quo*）：「傅柯將世界呈現為一場表演和一場遊戲。他用一種神奇的姿態邀請我們〔……〕。這種意義下的結構主義會對現狀的維持有所貢獻。」[21] 相反的，這部幾乎被馬克思主義左派陣營的所有小團體視為妖魔的作品，卻因為戴克斯的大力推薦而得到

《法蘭西文學》月刊的熱情擁抱。一九六六年三月，貝路就為這份月刊訪談過傅柯，次年貝路又做了〈第二次訪談〉。[22]

天主教徒也加入論戰。《精神》月刊的社長多孟納（Jean-Marie Domenach）質疑這種「新的激情」，他評論道：「傅柯接受《文藝半月刊》的訪談十分挑釁，聽來就像是一個新學派的宣言，人們會一直援引。〔……〕我們可以提出的問題太多了！我們會提的問題太多了！在此同時，我們還是要為此事喝采。」[23]多孟納確實向傅柯提出了這些問題，傅柯的回應緊扣著他的第十一個（也是最後一個）問題：「將系統的限制和不連續性引入心靈史（histoire de l'esprit）的這種思想，難道不會剝奪進步政治參與的一切根柢？難道不會走入進退維谷的窘境？——要嘛接受系統，要嘛召喚野蠻的事件，召喚唯一得以推翻系統的外來暴力強行闖入。」傅柯清楚闡釋他眼中的「進步政治」作為回應：「那是一種承認某種實踐（pratique）的歷史條件與特殊規則的政治，而其他的政治只承認一些完美的必要性、一些單一意義的規定性，或是個人行動的自由展現。」他把問題丟回給提問人。不過這篇重要的文字看到的人並不多，主要是因為它刊登在……一九六八年五月那一期。後來傅柯把他這項回應裡的主要概念放進《知識考古學》（*L'Archéologie du savoir*）。[24]

弗杭索瓦．莫里亞克（François Mauriac）也在《費加洛文藝週報》（*Figaro littéraire*）著名的「拍紙簿」（*Bloc-notes*）專欄裡評論了傅柯的論點如此風靡之事：「可是如果這樣的意識確實存在，那麼誰可以讓它不再如此？沙特，他一直和我敵對，但你們最終會以為我跟他有什麼兄弟情誼。」[25]

那麼沙特如何回應？沙特正在寫他已經昭告天下的《辯證理性批判》第二卷，他試圖展現他綜合存在主義與馬克思主義的功力，但卻千頭萬緒，困難重重。沙特當然回應了。《弦》（*L'Arc*）期刊沙特專輯的訪談標題用的就是這幾個字，是的，〈沙特回應了〉，措辭凶猛，與傅柯的火力不相上下。

潘構（Bernard Pingaud）的提問：「在年輕世代看待您的態度之中，您是否看到他們受到一種共同的啟發？」

沙特的回應：「至少有一種主導的傾向——畢竟這個現象並不是普遍的——那就是對於歷史的拒絕。傅柯新書的成功是很特別的。我們在《詞與物》裡看到了什麼？不是人文科學的『考古學』。考古學家是去尋找一個消失的文明的痕跡，試圖將它重建的這種人。考古學家研究由一些人構思並且付諸實現的一種風格，這種風格後來會以一種自然情境的方式讓人接受，會擺出一種既定事物的姿態。考古學者追溯的也是一種實踐（*praxis*）成果的發展過程。傅柯呈現給我們的，就像孔特斯所說的，是一種地質學：形成我們的『地表』的連續地層。每一個地層都界定著盛行於某個時期的某種思想類型的可能條件。不過傅柯並沒有告訴我們最有意思的部分，也就是每種思想如何以這些條件為基礎被建構起來，他也沒說，人如何從一種思想過渡到另一種思想。要說明這些，必須要談到實踐，所以要訴諸歷史，而這正是傅柯拒絕的。當然傅柯的觀點還是歷史性的，他區分年代，一個在前，一個在後。可是他以幻燈機取代電影，以一系列接續的靜止取代運動。他的新書的成功相當程度上證明了大家在期待這本書，可是一個真正原創的思想絕對不是可以期待的。傅柯帶給人們的是他們需要的，那是一種折衷的綜合，霍格里耶、結構主義、語言學、拉岡、《原樣》季刊輪番上陣，為的是論證歷史思考的不可能。」

當然，沙特刻意拉近這種對於歷史的排除和對於馬克思主義的拒斥之間的距離，他說：「他們針對的是馬克思主義，那是在建立一種新的意識形態，那是資產階級還能構築來對抗馬克思的最後堡壘。」[26]

西蒙・波娃（Simone de Beauvoir）也沒閒著！她在一九六六年出版了一本名為《美麗的形象》（*Les Belles Images*）的小說（應該可以列入她最糟的幾本書）。她在書中嘲諷「結構主義」和「反人道主義」的風潮。譬如，她筆下的兩個人物「同意人的概念需要修正（他們讀同樣的書），而且應該會消失，那是十九世紀的發明，今天已經過時了。在所有的領域——文學、音樂、繪畫、建築——之中，藝術都拋棄了先前幾個世代的人道主義」。[27] 新書出版的時候，波娃接受《世界報》的專訪，記者問她：「我們留意到幾處對現代文學和現代思想的冷嘲熱諷，特別是對傅柯。您表達的是您個人的看法嗎？」她答道：「不完全是。當然，我是有想到傅柯。我甚至在最後的校稿上補了幾行，因為我那時才剛讀了傅柯……可是我攻擊的其實是裝模做樣的那些傢伙，是以這種文學和這種思想來創造時尚的那些人……我們就別說這種思想是前衛了。我相信傅柯身上積著厚厚的塵埃。」她還說：「這種文學，特別是傅柯，為資產階級的意識提供了最佳的不在場證明。他們刪去了歷史、實踐，也就是積極介入，他們刪去了人，於是不再有悲慘，不再有苦難，只有系統。《詞與物》對技術官僚資產階級來說，是一種最有用的工具。這種思想是受到期待的。沙特在《弦》的訪談裡說得更清楚，這種思想是受到召喚的。」[28]

而且《詞與物》出版時，似乎經常理所當然地被視為「右派」的書。卡斯特（Robert Castel）在一九六八年三月為馬庫色《理性與革命》（*Reason and Revolution*）的法文版作序時就是這麼介紹《詞與物》的。他沒忘記傅柯將哲學的沉默笑聲與「所有還想要談論人、人的統治、人的解放……所有這些左派和左傾的思考形式」對立起來的這句話。卡斯特對這句話的解讀（應該是正確的）是對於馬庫色的直接攻擊。[29]

可憐的資產階級，他們沒有其他的堡壘，只有我的書，傅柯後來如是嘲諷。一九六八年初，在法國廣播電視局（ORTF）的記者訪談中，傅柯指出，由於某種詭異的歷史回音，沙特拿來對付他的，根本只是複製十五年前共產黨人用來驅逐存在主義的詞彙。傅柯毫不留情地反駁沙特的抨擊，他說：「沙特這個人，他要完成的使命太大了——文學、哲學、政治的使命——他根本沒時間讀我的書。他沒有讀。所以，他說的在我看來並不切題。」記者提到沙特說的「對於歷史的拒絕」，傅柯的回應是：「沒有任何歷史學家這樣指責過我。哲學家們對於大寫的歷史有一種迷思。您知道的，一般來說，哲學家對於他們領域之外的所有領域都極為無知。有一種數學是給哲學家的，有一種生物學是給哲學家的，是的，也有一種歷史是給哲學家的。給哲學家的大寫的歷史，就是一種偉大浩瀚的連續性，在其中，個體自由和經濟的或社會的決定因素（déterminations）糾纏不清。當我們碰觸到這些偉大主題的時候，無論是連續性、人類自由的實際行使，還是個體自由與社會決定因素的勾連，只要我們碰觸到這三則神話當中的一則，正派人士就會立刻起身高呼大寫的歷史被強暴或謀殺了。其實很久以前，像布洛赫（Marc Bloch）或費夫爾，還有英國的歷史學家等等，早已終結了大寫的歷史這種神話。他們以一種完全不同的模式進行歷史研究，所以，關於大寫的歷史的哲學神話，人們控訴被我殺害的這種哲學神話，好吧，如果我殺了這種神話，我會很高興。這恰恰是我想要殺的：決不是普遍意義的整個歷史，我們不會殺害歷史，但是要殺害給哲學家的大寫的歷史，這沒有問題，我絕對是很想殺掉它。」這段令人震驚的訪談錄音全文在《文藝半月刊》刊出時鬧得沸沸揚揚，傅柯寫信給月刊社，說他並未授權刊登這些文字，他全不認帳。對於沙特的批評，他說那是私底下說的，不是為了傳播或出版之用。他也向沙特致意，他說：「十八個月來，我避免任何反駁，因為我致力於回應一些針對我提出的問題，回應我遭遇的一些難題、一些反對意見，特別是沙特的意見〔……〕我想，沙特的作品、沙特的政治行動都將是一個時代的標記。確實，今天有好些人致力於另一個方向。但我永遠不接受有人將我從事的這個小規模的歷史與方法論的解讀工作和他的作品相提並論——甚至將兩者對立。」[30]

傅柯堅持將討論重新放回理論的地盤，一如他打算拿《知識考古學》做的，也就是說，在一個範圍內、在某個層次上批評一個作品、一種思想，同時以最高規格尊重它、評價它。如此一來，就可以逃離他曾被捲入——而且有點過度放任自己被捲入——的那些論戰的粗暴行徑，他為那樣的調性感到遺憾，他更擔心那會模糊了他正在建立的哲學事業的形象和範圍。

回頭看一年前，在一九六七年的一月，《現代》刊登了兩篇關於《詞與物》的文章，作者是阿密歐（Michel Amiot）和希爾薇・勒邦（Sylvie Le Bon）。為了回應這場由沙特門徒發起的動員，康紀言決定放下慣有的謹慎自持，在《批評》月刊發表了一篇關於傅柯的長篇研究，這篇評論在所有這類文章當中可以名列最佳的幾篇。「難道非得失去冷靜不可？某些我們視為今日最優秀頭腦的人似乎這麼做了。」這位科學史學家如是問道，昔日師範學院同窗沙特的態度令他感到驚訝。「一個拒絕依循學院常規過活的人，難道非得表現得像個因為傑出接班人的進逼而被激怒的學院人嗎？」他把矛頭指向那篇波娃的訪談，而且用了相當鄙視女性的措辭：「有人提到『厚厚的塵埃』，這是對的，可是就像家具上的塵埃可以看出清潔婦不用心的程度，書上的塵埃也可以看出女性文人的淺薄。」在這些針對個人的反駁之後，他在基本議題上展開回擊：「無論大部分對傅柯的批評怎麼說，考古一詞已經將他想說的說得很清楚了，那是**另一段歷史**的條件，事件的概念被保存於這樣的條件裡，但是在其中，事件影響的是概念而非人。」康紀言以論戰的政治面向為他的文章作結。有人說傅柯是反動派，因為他想以「系統」取代人。可是，「以概念、系統或結構的優先性取代有所經歷有所思考的意識的優先性」，這不是傑出的認識論學者兼邏輯學家卡瓦耶斯在二十年前指派給哲學家的任務嗎？卡瓦耶斯這位偉大的地下反抗軍，在二戰期間被德軍槍決，「他以斯賓諾沙的門徒自居，他不相信存在主義意義的歷史」，然而他卻「透過親身參與悲劇性經歷的歷史直至死亡，從而預先駁斥了某些人的論點，這些人譴責他們所謂的結構主義造成我們面對既成事物時的被動性，試圖藉此詆毀結構主義。」[31] 康紀言這篇文章的歷史重要性不容低估。因為此文將這位科學哲學家在法國思想史上扮演的幽微卻極其重要的角色公諸於世。其實，我們可以誇張一點說，在一九五〇和六〇年代，橫越哲學專業領域的真正對立是以沙特和康紀言為代表的兩個端點。別忘了康紀言有相當多的弟子，他們恰恰是為了對抗存在主義和人格主義而打造他們的理論工具。我們可以清楚看到，當時阿圖塞和拉岡的學生在高等師範學院組了一個「認識論社團」（Cercle d'épistémologie），這位前任總督學在其中占據了最核心的地位，這個社團自一九六六年起開始出版一系列的《分析筆記》（*Cahiers pour l'analyse*），每一期都在刊頭摘錄一段康紀言的文字。[32]

就算被大部分的左派輿論打成「右派」，結構主義還是在某些圍繞著阿圖塞的團體裡繁衍茁壯，這些團體後來在一九六八年之前及其後數年，經常成為發動具有毛派色彩的極左派運動的核心。今天我們已經很難想像，阿圖塞在一九六〇和七〇年代對高等師範學院學生的影響有多大。一如某位女性歷史學家所寫，自從《保衛馬克思》和《閱讀資本論》在一九六五年出版之後，阿圖塞就成了「某種激情、某種迷戀、某種模擬」的對象，「沒有任何同代人可以激起如此的狂熱」。[33] 那是一種理論與政治並存的激情，在毛派的運動裡堅持左派立場，而且經常是極左。一九六八年三月，傅柯的一場重要訪談刊登在一份瑞典期刊上，他在訪談中特別強調這一點：相對於葛侯迪捍衛的那種「軟趴趴、乏味、人道主義的」馬克思主義，他拿來作為對照的，是阿圖塞的門徒那種充滿活力的、創新的馬克思主義，他說後者代表的是「共產黨的左翼」，他們非常贊同結構主義的論點。「沙特和葛侯迪宣稱結構主義是一種典型的右派意識形態，您知道他們這樣的手段所為何來嗎？」傅柯為他的訪談者解釋道：「這可以讓他們把一些人打成右派的共謀，而事實上，這些人在他們的陣營裡是偏左的。這麼一來，他們也可以自稱是法國共黨左派僅有的代表。但那不過就是一種手段。」傅柯也試圖以一種比較普遍的方式重新定義政治行動以及用結構的術語進行理論思考這兩者間的連結：「我相信，只要政治行動是一種操控結構並且有可能改變、撼動、轉化結構的方式，那麼，對於經濟、政治與意識形態的結構運行方式進行嚴謹的理論分析，是政治行動的一個必要條件。〔……〕我不認為結構主義只是一種給知識分子拿來紙上談兵的理論活動。」他還說：「我相信，結構主義應該可以為所有政治行動提供一個不可或缺的分析工具。政治並不是注定要無知。」[34]

很快的，傅柯拒絕被稱為結構主義者，甚至到後來只要有人將此標籤和他並列，他就會視之為一種挑釁。我們該如何思考這一切圍繞著這個控管不良的稱呼而起的論戰，又該如何思考傅柯在這些生猛卻又難以捉摸的爭議之中的牽連？他究竟是不是結構主義者？李維史陀認為，在他看來，傅柯有理由說他拒絕這樣的比附，因為他們的作品之間確實沒有任何相近之處。這些出現在公共空間的喧嚷，這些圍繞著一群研究者的紛爭，不過是短暫的流行現象。確定的是，傅柯被所有評論者輕鬆歸入「結構主義部落」。在莫希斯・亨利（Maurice Henry）為《文藝半月刊》畫的那幅著名的單格諷刺畫裡，[35]我們可以看到李維史陀、拉岡、巴特和傅柯穿著印第安人的服飾正在聊天。這幅畫作只是表達了一個更普遍的事實：當年的報刊雜誌談到「結構主義」的時候視之為一種思潮，談到「結構主義者」的時候視之為一個團體；甚至（而且特別是）在問到他們之所以同路或有所區分的原因時，更是如此。那麼，根本的問題是什麼？我們可以看到：

一、傅柯似乎確實可以在這個術語裡頭找到和自己相符之處，他也曾將這樣的標籤（和它帶來的象徵利益）貼在身上，甚至讓自己扮演把誕生於專業研究領域的結構主義思想普遍化的角色，並且從中釋出哲學。在一九六七年四月二日刊登於突尼斯的一份報刊的訪談裡，他花了很長篇幅解釋這個問題。訪談者問他：「對廣大的公眾來說，您是結構主義的祭司，為什麼？」傅柯回答：「我最多只能算是結構主義的『輔祭小童』。這麼說吧，我打了鈴，信徒跪下，不信的人放聲吼叫，可是彌撒早在許久以前就開始了。」比較嚴肅的是他接下來解釋的部分，他定義了結構主義的兩種形式：一方面，它是一種多產的研究方法，出現在諸如語言學、宗教史或民族學等特定領域。另一方面，「它是一種活動，透過它，理論家們（而非專家）在我們文化的這樣或那樣的元素之間，在這樣或那樣的科學之間，在這樣或那樣的實踐領域之間，在諸如此類的領域之間，致力於界定可能存在的現實關係。換句話說，這是一種普遍的結構主義，不再局限於某個明確的科學領域。」如此的結構主義也「攸關我們自己的文化、我們的現實世界，亦即界定著我們的現代性之實踐或理論關係的整體。正是憑藉這個，結構主義才夠格作為一種哲學活動——如果我們承認哲學扮演的角色是診斷」。所以結構主義哲學家是對於「今天是什麼」做出診斷的人。這是預兆一般的文字，是預先發表的宣言，預示著傅柯的生涯再次與政治交會時，他將對知識分子的角色提出的諸多定義。不過，總而言之，在這些文字裡，他很明顯地將自己定義為一名「結構主義者」。[36]

二、傅柯曾被廣泛認定就是如此，而且不只是被他的「敵人」這麼認定。就舉一例來說好了：德勒茲寫於一九六七年的這篇文章，試圖回答「什麼是結構主義？」這個問題，文中提到阿圖塞和傅柯，也提到李維史陀和拉岡。德勒茲很清楚這些人之間存在極大的差異，所以他將文章的主旨集中在：「我們拿什麼來辨認結構主義？」他也界定了若干形式標準，讓人可以在各種不同定位與關注的作品當中，找出構成這個思潮屬性的主要輪廓。[37]

三、傅柯確實很快就拒絕了這個標籤，而且拒絕的方式愈來愈猛烈。他在一九六九年的一次訪談中答道：「要說為何我們是『結構主義者』，這是使用同一個『結構主義者』標籤指稱各式各樣作品的那些人的責任。您知道這個謎題吧：蕭伯納（Bernard Shaw）和卓別林（Charlie Chaplin）有什麼不同？沒有，因為他們兩個人都有大鬍子，當然，卓別林除外！」[38] 一九八一年，德雷弗斯（Hubert Dreyfus）和拉比諾（Paul Rabinow）正在寫一本關於傅柯的書，他告訴他們，他不僅從來就不是結構主義者，而且還想過要給自己的著作下「結構主義的考古學」這樣的副標題。他將自己設定為一個外部的觀察者，甚於人文科學的實踐者（不過，我們會看到，「結構主義的考古學」不必然意謂他不是結構主義者，而是意謂他試圖診斷現在——視它為一種新的**認識型**的湧現——並且向它致意）。他至多也只是向這兩位美國作者承認，他沒有付出足夠的努力去「抵抗結構主義詞彙的吸引力」。這並不妨礙德雷弗斯和拉比諾以整整一章來談傅柯的結構主義時期，以及這個時期導向的「失敗」。[39]此外，我們還是得強調，在一九七〇年代初期，被這種無所不在的稱呼惹火的杜梅齊勒，以及心心念念要在新的脈絡中重新提出自己理論方法的阿圖塞，他們都努力要和「結構主義」保持距離。究其實，傅柯拒絕的原因起初——在一九六〇年代末期——和杜梅齊勒類似，後來——在一九七〇年代初期——則是和阿圖塞類似。而後者的行為並非特例：六八年後的政治化確實讓不少人開始疏遠結構主義，他們原本關注的是由結構主義代表的思想新生，這些人轉而回應街頭的召喚（德勒茲率先發難，從《意義的邏輯》〔*Logique du sens*〕過渡到《反伊底帕斯》〔*L'Anti-Œdipe*〕，翻轉了他投注於結構精神分析的目光，還有傅柯，他的動作同樣激進，從《知識考古學》過渡到《監視與懲罰》）。

不久之後，傅柯卻又試著透過一點時間的距離，去分析結構主義思潮在法國激起的敵意：他將沙特的說法倒過來檢視，在其中看到馬克思主義抗拒思想前進的最後嘗試。結構主義敲響馬克思教條主義的警鐘，受共產主義影響的法國文化因而感受到強烈的腐蝕力。傅柯認為這並不令人意外，他的解釋是：結構主義首先是一個來自東歐的運動（透過雅各布遜，他是俄國人，透過形式主義者，諸如此類），而整個史達林主義傳統處心積慮要在它的誕生地將它擊垮，並且摧毀。為了支持這個說法，傅柯講起這則軼事：一九六七年，他去匈牙利演講，一切都進行得非常順利，階梯講堂每次都來了許多人，直到有一天他想要講結構主義。大學的校長告訴他，演講得在他的辦公室裡，以小團體的方式進行，因為這個題目對學生來說過於艱難。傅柯自問，在這個字眼裡，在這些主題裡，在這個概念裡，究竟有什麼讓人如此害怕？他在一九七八年將這些評論提供給圖隆巴多利。[40]

＊

傅柯對於成功甘之如飴，所有在一九六六年的這個春天遇到他的人都說他是個快樂的人。很明顯看得出來，他因為成功和正在萌芽的榮耀而開心。他也對自己的書感到滿意嗎？虛幻的激情過後，他以較為平淡的心情重看這部給他帶來聲望的作品，似乎卻認為這是他最差的作品。

前面已經看到，傅柯早就決定不再讓《精神疾病與人格》繼續流通。他交出一個徹底改寫的第二版，但是到後來還是決定禁止發行這個版本。至於《瘋狂史》，傅柯自我批評的態度走的是另一條路：這本書的第二版在十一年後推出時，他刪掉過度強調瘋狂「原初體驗」的初版序文。而《詞與物》則必須動用另一部作品的幫忙，才能把話說清楚。為了回應那些針對他的錯誤解讀，為了消弭某些誤解，為了讓那些引發問題的概念更明確，為了除去「結構主義者」的標籤，傅柯寫了另一本書：《知識考古學》（一九六九年出版）。而在一九七二年，藉《臨床的誕生》再版之便，他也修訂了一些詞彙。譬如，他把「我們試著在此進行的是某個時代的某個所指（signifié）——醫學經驗的所指——的結構分析……」這個句子改成「我們試著在此進行的是某個時代的某種論述類型——醫學經驗[b]的論述——的分析……」。下一頁關於結構研究的概念也消失了。[41]

所以，在每個階段，傅柯似乎都持續在修改。他做研究，他改變。他在《知識考古學》的序文裡強調如此的權利：「什麼，您以為我會如此苦心孤詣而又樂在其中地寫作？您以為我會孜孜不倦地堅持寫作？倘若我不是有備而來——雖然手有點發抖——致力建造一座迷宮，在其中，我得以自由闖蕩，調動我的言詞，開鑿地道，深入其間，為它找出若干懸垂物，總結並且歪曲它的路線，我可以迷失其中，卻終能出現在一些我永遠不會再遇見的目光之前。或許我不是唯一寫作以求面貌消失的人。不要問我是誰，也不要叫我保持不變：那是一種民事身分的道德，支配的是我們的證件。寫作的時候，這種道德應該讓我們自由。」[42][c]

*

因《詞與物》而引發的所有反應當中，有一項深得傅柯之心，那是馬格利特（René Magritte）的來信。一九六六年五月二十三日，這位畫家致信傅柯，論及相似性（ressemblance）與模似性（similitude）的概念，他還在信裡附上一系列畫作的複製畫，其中包括〈這不是一支菸斗〉（Ceci n'est pas une pipe）。傅柯立刻回信致謝，並且問了一個跟他挪用馬內（Manet）作品畫成〈陽臺〉（Le Balcon）有關的問題——傅柯對這幅畫特別感興趣。馬格利特回覆他：「您的問題（關於我的畫「透視法：馬內的陽臺」），答案已經在問題之中了：會讓我在馬內看到幾個白人的地方看到幾具棺材的，是我的畫呈現出來的這個畫面——『陽臺』的背景很適合放幾具棺材。」他又加上一句話作為結論：「我很高興您意識到，在胡瑟勒和我可以思考什麼東西值得拿來思考的這件事之間，有一種相似性。」從這次書信往來之中，誕生了傅柯對馬格利特的一份研究，名為「這不是一支菸斗」，一九六八年刊登在《道路筆記》（*Cahiers du Chemin*），後來又成為一本小冊子。至於馬格利特關於馬內的回信，傅柯打算把它用在他當時開始寫的另一本書裡。[43]

---

b. 譯注標號前的「醫學經驗」，作者誤植為“l'analyse médicale”（醫學分析），傅柯的原典作“l'expérience médicale”。參見 Michel Foucault, *Œuvres I*, Gallimard, 2015, p.682。

c. 《知識考古學》引文參考王德威由英文版迻譯的中譯本《知識的考掘》（麥田，一九九三），頁八八，若干處依據法文原文重新翻譯，責任是本書譯者的。

6 外海

在《詞與物》的光環下，傅柯來到突尼斯。他究竟為何再度遠離法國？當然，他已經不想在克雷蒙費弘教書了，可是要在別處覓得職缺，前面已經提到，這並非易事。而為何是突尼斯？這又是一連串的奇緣。當時突尼斯大學哲學系主任是一位名叫德勒達勒（Gérard Deledalle）的法國人，專研英美哲學。他在一九六三年來到突尼斯，創設了之前並不存在的哲學學士學程。一九六四年，德勒達勒邀他昔日的老師尚．瓦勒到系上做了一系列關於維根斯坦（Wittgenstein）的演講。他藉此機會邀請瓦勒一起來突尼斯大學授課。瓦勒答應了，不過因為家庭因素，也因為他嚴重思鄉，一個學期結束後他就決定返回巴黎。「回去幾個月後（或者時間還更短），他寫信給我，」德勒達勒說：「尚．瓦勒說他在一場酒會上遇到端木松，他說傅柯不想再待在克雷蒙費弘教書了，所以他想知道那個職缺是不是還在。」是的，職缺一直都在。不過事情並不容易！首先得問過突尼斯當局。過了這關之後，德勒達勒寫信給傅柯，請他正式提出申請。[1] 法國這邊沒有問題：西里內利搞定了一切，在外交部安排下，傅柯在行政名目上變成「借調」自克雷蒙費弘大學。合約效期：三年。不過對傅柯來說，這次再度自願離鄉背井，毋寧是過渡時期的權宜之計，他真正想要的是在巴黎的職缺。

一九六六年九月底，傅柯來到突尼斯。「一個受到歷史庇佑的國家，也因為見證過漢尼拔（Hannibal）和聖奧古斯丁（saint Augustin）的事蹟而值得永遠留存。」他對潔莉拉．哈夫夏（Jelila Hafsia）這麼說。[2] 那天他們在一處迦太基（Carthage）遺址散步，那是一處絕美的考古遺址，外海一望無際，陽光炫目，一種令人無法抵擋的感覺，讓人陷入時光與世界的深處。可是在迦太基之前，傅柯會先發現另一片風景的壯麗。德勒達勒夫婦來機場接他，載他直奔西迪布賽伊德（Sidi Bou Saïd），他們就住在這個小鎮。他們先安排傅柯住在一家叫作「達爾賽伊德」（Dar Saïd）的小旅館，四合院式的客房，空氣中浸潤著茉莉和柳橙的香氳。傅柯在突尼西亞的兩年就住在這個小鎮上。小鎮高踞在一座俯瞰海灣的山丘上，距離突尼斯只有幾公里路。傅柯在這夢幻之地一連換住了三棟幾乎一模一樣的房子：同樣的白牆，同樣的藍色窗板。「他在這個鎮上很快樂，」記者尚．丹尼爾（Jean Daniel）在這段時間認識了傅柯，他說：「沒有人知道他是誰，只知他習慣從黎明開始在他家大宅面向海灣的窗邊工作，還有他貪戀在陽光下生活和愛。我每次去那裡旅行，都會找他去散步，他喜歡走很久，很快，腳步有勁。他會帶我去一間刻意維持幽暗涼爽的房間，裡頭有一塊墊高的大石板，他在上頭鋪了席子當床，他像阿拉伯人和日本人一樣，白天把席子收捲起來〔……〕我待在突尼斯的時間，有時剛好碰上他的密友丹尼爾．德費（Daniel Defert）也在，我們三人就會一同去一處形似半島的海灘，那裡的沙丘阻絕了人跡。在這片想像的沙漠，有一種閃亮如月的赭黃色光芒，會讓傅柯想起格拉克（Julien Gracq）的小說《蘇爾特的海濱》（*Le Rivage des Syrtes*）。我前一次來此地的時候，傅柯得意地提起他的好友羅蘭．巴特重新發現的格拉克和紀德。在這樣的背景裡，他似乎逃離了哲學，遁入文學的避風港……。」[3]

不過傅柯是為了教哲學才來突尼西亞的。他全心投入，十分成功。文學與人文科學院在四月九日大道（boulevard du 9-Avril）的一幢五〇年代的大型建築物裡，從前是市立高中，現在改作大學之用，從那裡可以俯瞰古堡區（Casbah）和斯筑密湖（lac Sijoumi）。剛住下來的時候，傅柯是搭火車從西迪布賽伊德通勤到突尼斯。他喜歡走路：穿越古城區（Médina），再沿著布爾吉巴大道（avenue Bourguiba）上行。後來他買了車，根據德勒達勒的描述，是一輛「豪華的白色標緻四〇四敞篷車」（所以跟烏普薩拉的那輛積架跑車差不多是同級的）。他的課極受歡迎，主題非常多樣，因為他教的是一到三年級的大學生。[a] 有些課講尼采，有些課講笛卡兒——透過胡塞爾的《笛卡兒沉思》（*Méditations cartésiennes*〔*Cartesianischen Meditationen*〕）。有一門課講美學，他分析繪畫的演變，從文藝復興時期一直講到馬內，用幻燈片投影畫作加以評論。他也沒冷落心理學，有一門課在講「投射」，內容涵括心理學、精神醫學和精神分析。羅夏克墨跡測驗當然也不會錯過，這是毋庸置疑的。此外，還有著名的公眾課程「西方思想中的人」，傅柯昔日的學生至今仍津津樂道。《詞與

a. 法式學制，大學三年級修畢之後，授與學士文憑（licence）。

物》的熱潮不遠！聽眾人數非常多——每個星期五都超過兩百人——而且非常多樣：情況跟在烏普薩拉的時候一樣，這系列的演講在城裡的文化圈深受好評，各行各業、各個年齡層的人都會來參加。儘管年輕人來上課是因為對傅柯的教學十分著迷，但他們對傅柯的政治主張就保留得多了。根據他們今天的說法，傅柯長久以來都被視為一個純粹的「戴高樂派技術官僚的代表」，他的想法「過度西方，所以無法理解突尼西亞」，諸如此類。他對馬克思主義的敵意讓學生感到困惑，所以很自然地將他置於「右派」之列，他們一點也不欣賞他動不動就引用尼采，在學生們的眼裡，這有時是一種挑釁。德勒達勒描述的傅柯則是永遠在上課之前處於恐慌邊緣：「他不喜歡教書，這要看過他走進教室前的樣子才會明白。他恐懼極了，全身冒汗，扭絞著手。可是只要一走進教室，他就完全進入狀況了。」[4]

傅柯在大學和突尼斯的知識圈相當活躍。他當然會和在城裡任教的法籍教師們往來，他和德勒達勒夫婦建立了友誼，也跟葛特紐成為朋友，兩人後來又在凡森大學重逢。他參與了文學與人文科學院學生組成的哲學社團。他也在巴斯德大道（boulevard Pasteur）的塔哈爾．哈達德俱樂部（Club Tahar Hadad）演講，俱樂部當時由潔莉拉．哈夫夏主持，她特別鍾愛這位法國哲學家。傅柯在那裡做了兩場演講，第一場是「結構主義與文學分析」，時間是一九六七年二月，第二場是「瘋狂與文明」，時間是同年的四月。

同樣在一九六七年，傅柯讓文學與人文科學院邀來伊波利特。傅柯當年的助理法特瑪．哈達德（Fatma Haddad）還記得當時他向聽眾介紹他昔日的老師時有多激動。伊波利特講的題目應該是

「黑格爾與現代哲學」。開講前，伊波利特指著坐在他身旁的傅柯說：「他們應該是搞錯了才會邀請我，因為現代哲學，就在這裡。」而傅柯才剛這樣介紹演講的主題：「今日所有的哲學反思都是在和黑格爾對話，而研究黑格爾哲學的歷史，就是實踐現代哲學。」相較之下，呂格爾（Paul Ricœur）和傅柯的「相遇」，留下的記憶就沒有那麼閃耀了——在結構主義論戰的熱潮裡，突尼西亞人期待的是這位基督宗教人格主義思想家和《詞與物》作者之間會有一場激情的交鋒。呂格爾受迦太基文化中心（Centre culturel de Carthage）邀請，舉辦一系列關於語言哲學的演講，傅柯陪德勒達勒參加了其中一場。「他坐在我旁邊，」德勒達勒說：「不斷做出一些滑稽的評論。呂格爾也發現了。」可是等呂格爾講完，開始進行討論的時候，傅柯一句話也沒說。當時德勒達勒已經意識到，當天晚上邀這兩位哲學家來家裡晚餐可能不是什麼好主意。呂格爾也知道，這段時光應該不會太愜意。在德勒達勒開車載他往西迪布賽伊德去的時候，他說：「酒都打回來了，總得把它喝掉。」一起用餐的有四人：德勒達勒夫婦、呂格爾和傅柯。德勒達勒還記得整晚的氣氛都很緊張，讓人不愉快，根本無法觸及任何知識性的話題。不久之後，呂格爾要離開突尼斯，他發現傅柯跟他搭同一班飛機。他告訴送他去機場的迦太基文化中心工作人員：「我們會在飛機上交換一下意見。」幾天之後，呂格爾致信感謝這位工作人員的接待，還告訴她，他說的交換意見並沒有發生，因為傅柯假裝沒看到他，跑去坐在飛機的另一頭。儘管傅柯拒絕參與「思想辯論」的遊戲，但他倒是毫不猶豫地在學生面前表達了他的想法。「我要總結一下呂格爾所說的。」他對學生這麼說，還逐段詢問學生，自己的總結是否忠實。等到學生都同意了，他對大家說：「好，現在呢，我們要把這些統統毀掉。」

傅柯之所以在他的課堂上講了許多繪畫史，或許是因為他講的是一本書最初的草稿——他想寫一本關於馬內的書。在他動身前往突尼斯之前，也就是《詞與物》才出版幾個月的時候，他在一九六六年六月十五日跟子夜出版社（Éditions de Minuit）總編輯杰宏．藍東（Jérôme Lindon）簽下一本「關於馬內的評論」的合約，書名訂為《黑色與表面》（*Le Noir et la surface*）。一九七〇年，在一次訪談中（至今未發表），傅柯談到這項正在進行的計畫：「就像我試著理解文學的言說如何建構，不過我不去尋索作家思想裡的法則，我試著在某一幅畫作中找出的不是畫家運用的技巧，而是『這』如何可以作為畫而存在。為什麼一種線條，或是以某種方式呈現的一張臉可以發生作用，成為一幅畫。」他接著解釋，選擇馬內是因為他代表一個「斷裂的現象」，因為「他的作品出現在一個抒情的、表現性的（représentative）、空間的、龐大的繪畫史的內部，他對於自己的異質完全或幾乎無感，卻開始去畫一些扁平、醜陋的大人物。正是這種對於同代人所認可的繪畫的破壞，在十五年後成為一些畫家的現代性特徵，這些畫家是印象派，而他們跟馬內是完全不同的。這很令人驚訝……」。[5] 書始終沒有出版，不過傅柯倒是發表了好幾場演講，特別是一九七一年在東京和突尼斯的這兩場，他花了很長時間解釋馬內的畫作為何吸引他，他也提出他正在寫的這個主題的初稿。〈歌劇院的舞會〉（Bal à l'Opéra）、〈女神遊樂廳的吧檯〉（Bar des Folies-Bergères）或是〈陽臺〉，這幾幅畫的作者讓他感興趣的地方，並非這位畫家讓印象主義成為可能，而是他讓整個現代繪畫——在印象主義之外——成為可能。因為馬內跟某種打從「義大利文藝復興時期」（Quattrocento）就建立的規則決裂了，這種規則強迫畫家要讓人遺忘，要去遮掩、迴避繪畫（peinture）就是放置、銘刻在一個特定片段的空間、牆壁或畫作（tableau）上的事實。馬內打破了這套常規：他創造了「畫作－客體」（tableau-objet），也就是代表自身物質性的畫布（toile）。他在作品的表現（représentation）上突出了畫布的基本物質要素的重要性，他把畫的物理學融入表現出來的畫面：光從外面進來，粗大的垂直線和水平線，強化了畫作的格式和布料的織線。他取消了景深，畫作於是成為一個具體的空間，觀賞者在它前面可以而且應該自行移動。當然，馬內並沒有發明非再現（non représentative）的繪畫。他所有的作品都是再現的。可是他將繪畫從原本重壓於表現上的常規之中解放出來，提供它與表現斷裂的條件。因為有了馬內，繪畫可以發揮空間的特性：純粹的、物質的、為自己所用的特性。[6]

旅居突尼西亞的這個時期，傅柯的閱讀量當然很大：他讀潘諾夫斯基（Panofsky），並在《新觀察家》週刊發表了一篇書評，評論這位偉大的藝術史學家的兩部著作的法文版；他計劃要寫一篇文章，評論布勞岱爾再版的《地中海與菲利普二世時代的地中海世界》（*La Méditerranée et le monde méditerranéen à l'époque de Philippe II*）；他對托洛茨基的《不斷革命論》（*La Révolution permanente*）十分著迷，著迷到有時甚至自封為「托派」。當然，他也對杜梅齊勒豐富的著作維持高度的興趣。他也讀了「黑豹黨」（Black Panthers）的文章，他在一封信裡寫道，他們「發展出一種不受馬克思主義社會分析束縛的策略分析」。[7]可是占去他最多時間的還是《知識考古學》的書寫工作。他狂熱地寫著，一心想要建立或釐清陳述（énoncé）、論述形構（formation discursive）、規律性（régularité）等等概念。他試著要建立並且確立一套語彙；他努力去定義、去連結一整組的觀念。他用這些術語來說明他的研究工作，他把這些用語放在書的封面：「是要解釋我在前幾本書裡想要做的，因為其中有那麼多地方依然晦暗不明？不只如此，也不盡然如此，而是一邊往前走一點，一邊又往回走，繞著螺旋再轉一圈，回到我先前研究的範圍內；展現我發言的位置；標示出讓這些研究成為可能的空間，以及我或許永遠無法完成的那些；簡言之，將意義賦予**考古**（*archéologie*）這個被我留白的字詞。（……）而在觀念史亟欲以解讀文本、解讀祕密的思想運動（思想的緩慢進程、思想的戰鬥和敗退、繞過的障礙）來揭露的這個領域，我想在『說過的事』（choses dites）的特殊性之中展現它們的地位——亦即這些『說過的事』出現的條件、它們併合與連貫的形式、它們轉化的規則，以及讓它們凸顯出來的不連續性。『說過的事』的領域，就是所謂的**檔案**（*archive*）；考古的目的是要去分析這些檔案。」[8]傅柯很清楚這些關鍵問題十分重要。人們曾以沙特的接班人來介紹傅柯，而這位受到挑戰的大師則毫不留情地反擊。比賽開始了，傅柯知道知識界才剛剛把《詞與物》當成一樁思想上的盛事，他不該讓他們的期待落空。可是他也想透過一種刻意枯燥的書寫，逃離「流行」的效應，他認為這樣的效應擾亂了讀者對他前一本書的理解。[9]傅柯開始工作了：一早就坐在家裡的書桌前；下午則到國家圖書館——在突尼斯也是如此！顯然他常和哲學系主任討論，因為這本書研究的問題和這位系主任關注的語言學和語言哲學有交集。傅柯把他當成英美哲學專家來諮詢，這方面傅柯所知甚少。德勒達勒把自家藏書借給傅柯（德勒達勒明確指出，這些書包括「羅素、維根斯坦，還有不少哲學家」），他還讓傅柯讀他剛譯完的《邏輯》（*Logique*）的校對稿，那是杜威（John Dewey）的著作，這部譯作即將於一九六七年出版（這部厚重的作品於一九九四年再版發行時，德勒達勒在封底寫著：「法文讀者，無論是哲學家、邏輯學家、語言學家、歷史學家、心理學家、社會學家或教育學家，都會在書中找到思考的材料，還會在其中讀到——這或許讓人有些驚訝——幾篇影響傅柯甚深的論文。」[10]）。在西迪布賽伊德，德勒達勒夫婦幾乎每天都會在散步的時候過來跟傅柯打招呼，每次到訪都會看到那落手稿疊得愈來愈高。傅柯如金匠般小心翼翼，虔誠雕琢他的字句。這部作品如是打造，在傅柯離開突尼西亞時終告完工，在一九六九年初出版。

可是對傅柯來說，突尼西亞不只是陽光享樂與哲學苦行的理想組合。打從他遠離政治的那一刻開始，政治會回來找他只是遲早的問題，而生命的種種偶然卻讓傅柯的回歸發生在突尼斯。當時所有法國的知識分子都被捲入「六八年五月」的漩渦，傅柯卻幾乎什麼也沒看到：他在幾天之後才回到巴黎，那時已經是五月底了。他剛好趕上夏勒蒂體育場（stade Charléty）的群眾大會，極左派團體和當時的總理孟戴斯．弗朗斯抱著同樣的希望，期待戴高樂政權會很快垮臺。傅柯跟尚．丹尼爾走在巴黎的街道上，他看著示威學生的隊伍從眼前走過，他對這位《新觀察家》週刊的總編輯說：「他們不是在搞革命，他們就是革命。」傅柯回到突尼斯，他確信戴高樂派的年代即將終結，左派就要掌權了，而孟戴斯．弗朗斯或密特朗（Mitterrand）會受到徵召，對國家未來的命運發揮重大影響。

可是傅柯相信法國政府將陷入風暴之中，他知道突尼西亞的政局也會改變。在突尼斯大學，騷動是從一九六六年十二月開始的：一名學生因為不付公車票錢，被幾名警察痛毆一頓。這個事件激起軒然大波，暴亂在校園蔓延。一九六七年六月，問題變得更加嚴重。「六日戰爭」期間，阿拉伯國家的軍隊被以色列擊潰之後，突尼西亞的首都爆發了一連串暴力衝突，支持巴勒斯坦的示威行動變成仇視猶太人的騷亂。這些糟糕的事件令傅柯非常不舒服，他在一九六七年六月七日寫給康紀言的信裡表達了他的厭惡之情：「這裡，在星期一發生了為時一整天（半個白天）的猶太人大迫害，比《世界報》說的嚴重多了：至少有五十起火災。最慘的當然是那些被洗劫一空的商店，大概有一百五十到兩百家，還有猶太教堂被開腸剖肚的遠古畫面，地毯被拖到街上踐踏、焚燒，人們在街上逃竄，躲進一棟樓房裡，群眾又打算縱火把房子燒掉。之後是一片寂靜，鐵捲門拉了下來，街道上幾乎空無一人，只有幾個孩子玩著一些被打壞的小東西。政府的回應激烈而強硬——誠懇，似乎是如此。但這一切顯然有備而來，所有人都心知肚明，這幾個星期，或許是這幾個月來，『這件事』一直背著政府，反對著政府，在暗地裡進行。總之，民族主義+種族歧視，加總起來實在可惡。如果再加上學生們——基於他們的『極左派』立場——也支持這一切（甚至不只是支持），那就真是悲哀透了。我們不禁要問，究竟是何種歷史的詭詐（或愚蠢），才會讓馬克思主義給了這件事發生的機會（和詞彙）。」

一九七八年，傅柯在他和渥爾澤勒的對話裡提到突尼西亞的這個日子：「一九六七年，我在一個阿拉伯國家，那是『六日戰爭』正在進行的時候，當時發生了非常激烈的反猶太人示威活動，打劫商店，縱火燒毀房子……簡直是一場小型暴力迫害的開始。事情發生時我在一個大城市，所有人都聚集在街上，我在那裡遇到一些平時人非常、非常好的學生，我非常驚訝地問他們：『你們確定這麼做好嗎？』他們回答我：『有什麼不對嗎，這很正常啊，我們跟他們在戰爭……』也就是說，所有原本圍繞在『以色列不等於猶太人，猶太人不等於以色列，必須區辨反猶太復國主義（antisionisme）和反猶太主義（antisémitisme）』這類主題的論述都失靈了，就連這樣的國家也無法倖免，這裡原本在這個問題上並不緊張，但是種族的感知立刻起了作用。」[11]

接下來的日子，傅柯並未對學生掩飾他對如此行為的厭惡。但是一九六七年六月的騷亂只是一波動盪的開始，接下來超過一年的時間，大學都處於持續緊張的狀態。信奉馬克思主義的學生聚集在「展望運動」（mouvement Perspectives）旗下——起初多半是托洛茨基派，後來有愈來愈多學生受到毛澤東思想的吸引——他們為了聲援「巴勒斯坦的弟兄」而動員，可是同一時間，他們也投入反政府、反布爾吉巴（Bourguiba）總統政權的激進陣營。一九六八年三月至六月期間，美國副總統韓福瑞（Hubert Humphrey）訪問突尼西亞，導致動亂再起，學生遭到強力鎮壓。入獄者當中有好幾個傅柯的學生。法籍教師聯合起來抗議當局的逮捕行動和酷刑。不過這樣的反應在某些教師眼裡顯得過於畏縮，他們主張以更引人注目、更堅決的行動展現他們與學生站在一起。法籍教師的「聯合會」召開會員大會，傅柯跟葛特紐成了會場上的少數派，多數同行都認為在外國必須謹言慎行。傅柯甚至去見法國大使，請求他出面，大使的回應是他根本不可能插手突尼西亞的國內事務。

傅柯、葛特紐和其他幾位法籍教師不願袖手旁觀，他們幫助那些逃過大搜捕的學生，將他們安置在自己的住處。傅柯還幫學生團體把快速油印機藏起來，有好幾份傳單都是在傅柯家的花園裡印的。一九六八年暑假結束後，傅柯有意在學生出庭時作證，他準備了一份聲明，打算在庭訊時宣讀，聲援阿梅德・賓・歐斯曼（Ahmed Ben Othman）。但是他沒有獲准出庭，法庭答辯後來以祕密方式進行。傅柯的固執讓他數度遭到便衣警察恐嚇（或許是警方臨時招募的替代警力？），甚至有一次，在通往西迪布賽伊德的路上，他被當街攔下，遭到嚴重辱罵和毆打。這是突尼西亞當局以極不合常規的方式對他提出的警告。不過在檯面上，他的處境並不需要擔心：他的聲望和名氣太大了；突尼西亞政府要對付他並不容易。拉帕薩德（Georges Lapassade）[b]倒是被驅逐出境了，他後來譴責傅柯的作為過於軟弱。但傅柯喜歡的是謹慎而有效的行動，而不是他認定的那種不負責任、注定失敗的行為。至於葛特紐，他的工作合約在一九六八年七月底結束，在缺席審判下，被判處五年徒刑。學生們被判極重的、令人震驚的徒刑。一九七一年傅柯重回突尼西亞，他再度嘗試透過內政部長介入此事，他要求部長接見，部長同意見他。結果完全是浪費時間。長久以來，他都對這個時期留存著苦澀的回憶。

有一件事是確定的：這些事讓傅柯受到很大的震撼，他在圖隆巴多利的訪談中回顧自己的政治軌跡和政治體驗時特別強調：「我這一生非常幸運：我在瑞典看到一個運作『良好』的社會民主國家，在波蘭看到一個運作『不良』的人民民主政體。我在德國看到它在六〇年代經濟正要起飛的時刻。然後是一個第三世界國家，突尼西亞。我在那裡生活了兩年半，印象非常深刻：我見證了非常強大、非常猛烈的學生騷亂，時間就在法國發生五月運動的好幾個星期之前。那是六八年三月。動亂持續了一整年：罷工、停課，還有逮捕。三月，學生全面罷課。警察進入校園，用警棍攻擊學生，將好幾名學生打成重傷，並且進行逮捕。之後是審判，有些學生被判八年、十年，甚至十四年徒刑。在世界各地的大學發生這些事的危急時刻，我有個直接、明確的想法，那就是身為法國人，我面對執政當局的時候有某種保護傘，這讓我可以去做不少事情（我很多同事也這麼做了），我可以看到事件的經過，也看到執政當局和法國政府如何回應這一切，這實在不太光彩。我得說，這些男孩和女孩，他們冒著極大風險去寫傳單，發傳單，號召罷工……他們實實在在冒著被剝奪自由的風險！這讓我深受感動。對我來說，這是一次政治體驗。我曾經進出過共產黨，我在德國的所見所聞，我回到法國之後身邊發生的那些事，加上我從前想提出的精神醫學方面的問題……這一切都讓我的政治體驗帶著一點苦澀，帶著一點非常思辨性的懷疑，這我不會隱瞞。而在突尼西亞，當時的情況驅使我為學生提供具體的援助（……）。在某種意義上，我必須走進政治辯論之中。」

b. 拉帕薩德是法國社會學家，一九六五至一九六六年曾於突尼斯大學任教，應是返回突尼斯聲援學運時被驅逐出境。

傅柯看到突尼西亞的暴亂有幾個主要特徵，其中他特別有感的，是政治意識形態所扮演的角色。他說他的學生：「全部都推崇馬克思主義，那種激烈、那種強度、那種熱情非常引人注目。對他們來說，這不只是分析事情的最佳工具，同時也是一種精神能量，一種非凡的存在行為。」他還說（訪談錄音時間是一九七八年的年底，正是他稱頌伊朗革命的影響的時刻）：「當前的世界，如果不是揣想著什麼利益、什麼野心，或是對於權力的饑渴，還有什麼能帶給一個人想望、慾望、能力和可能性，讓人做出徹底的犧牲？這些我在突尼西亞全都見識到了。這證明了神話之必要……看待世界、看待人與人的關係、看待種種局勢的政治意識形態或政治感知，對於投身抗爭是絕對不可或缺的。相對的，理論的精確、理論的科學價值根本是次要的，它們在討論之中所建立的多半只是誘餌，而非真正公正且正確的行為準則。」[12] 我們可以想像，傅柯在這個訪談中提到，他在一九六八年底回到法國時，發現人們的論述「高度馬克思化」，他非常驚訝：「理論、討論、詛咒的大爆發，驅逐異議者、拉幫結派大行其道，這讓我極為困惑……一九六八到一九六九年我在法國所見的，跟我在一九六八年三月在突尼西亞關注的現象完全相反。」這正是為何傅柯會說他願意參與一些具體的、點狀的、精確的抗爭，而要遠離空話和滔滔不絕的詭辯，還有那些「無所不包的」偉大理論。

一九六八年六月底，傅柯又回到法國，所以他可以參與到「五月」運動的末期。他去了索邦大學（布朗修在那裡跟他「說了幾句話」，但是沒有跟他說他是誰——傅柯也不知道他是誰）。[13]

之後又回突尼西亞度過夏天。傅柯早在巴黎找好了一九六八年秋季開學時的落腳處（或者該說在巴黎附近）：翁基厄（Didier Anzieu）拜託傅柯加入他最近在楠泰爾大學創設的心理系。傅柯之所以猶豫不決，有諸多理由：首先，要成為這個職缺的候選人，要和考夫曼（Pierre Kaufmann）這位拉岡派的精神分析學家競爭，這讓傅柯感到非常心煩，因為大家都知道這個人曾在二戰期間加入地下反抗軍。傅柯曾在信裡向康紀言講述他親眼見到的那些反猶太的騷亂，他在信末的結語說道，他「實實在在地無法忍受要去對抗一個猶太人」，即使這種對立只是發生在「一場大學裡經常舉行的比賽」。或許還有其他原因，那就是他已經不太想再教心理學了。「心理學，這不是我的路。」傅柯對楠泰爾大學心理系的教授弗杭榭斯（Robert Francès）這麼說，而後者的說法則是傅柯確實「遲疑再三」。而且，傅柯有好幾個可能的計畫。索邦大學有一席教授職缺空了出來，高等研究應用學院也有教授的缺……更重要的是，維耶曼和伊波利特要讓他們的小朋友進入法蘭西公學院的努力也默默在發酵。但是最後傅柯接受了翁基厄的提議，於是楠泰爾大學任用了他。但他並沒有赴任，因為他後來選擇加入凡森大學的創校團隊。一九六八年十一月十八日，傅柯告知楠泰爾大學的系主任，說他放棄了教育部在三天前才通知他的這次「借調」，因為凡森大學的教學實驗中心剛向他「提議去他們新創設的哲學系擔任教授」。問題是這麼一來，就出現了一個奇怪的行政與財務問題：誰該支付傅柯一九六八年十月一日（他借調到突尼斯到期的日子）到十二月一日（他實際被凡森大學任用的日子）之間的薪水？教育部長寫了一封非常正式的信給楠泰爾大學的系主任：米歇爾·傅柯自前述日期已於行政上隸屬貴單位，即便尚未履行職務，亦應由貴單位支付薪資。

傅柯之所以會在接受翁基厄的提議之後，卻又選擇凡森大學，確實是因為索邦大學那邊進行得並不順利，他這次嘗試不比前一次成功。他永遠忠實的朋友康紀言為此事還拜託了一位哲學系的同事：雷蒙．艾宏。艾宏於幾個月前曾經邀請傅柯去他的研討課上演講。艾宏在一九六七年二月二十七日寫信給傅柯：「很高興可以邀您來面對五十多名聽眾，他們的平均程度很好，您可以隨意談您想談的，像是您關於人文科學作為知識的概念。我保證事先排除一切論戰的可能，將您和平地送交給那群幼狼[c]——如果我們這裡有的話。」傅柯於三月七日回信：「既然您願意給我說話的機會，我當然願意承擔這個風險，並且萬分感激。我會試著消除這個對『知識』的描述的若干曖昧之處。好的，就算會被您的那群幼狼撕成碎片，我還是非常樂意聽聽他們怎麼說。」傅柯的演講安排在三月十七日，進行得非常順利。「傅柯在艾宏面前像個小男孩似的。」這場演講的見證者如是說。

於是雷蒙．艾宏似乎相當樂意接受康紀言的請求。一九六七年四月二十八日，他寫了以下這封信，寄去西迪布賽伊德給傅柯：「我親愛的朋友，我和康紀言聊到您明年在巴黎取得教授職缺的機會。他應該跟您說過，索邦大學的機會不大，所以我想到了高等研究應用學院。海勒（Clemens Heller）向我保證，布勞岱爾絕對歡迎您，但他擔心讓您進入〔高等研究應用學院〕第六科，會影響您日後進入法蘭西公學院的機會——似乎因為第四科的主導地位，第六科在法蘭西公學院備受排擠。[d]當然，選擇在您，還沒得知您的意願和情況之前，我不會有任何行動。我對大學的教職並不看重，可是為了您的作品著想，我希望您可以毋須經歷這種擔憂，毋須遭受同仁們的敵意（因為過度耀眼的才華與成功而引發的敵意）。當然，我相信您可以輕鬆面對這種敵意。可是為了內心的平衡和做研究時的平靜，還是別把時間花在克服防禦心理比較好。」信末，艾宏提到他們在三月時的信件往返，也或許是即將在五月八日播出的電臺訪談：「和您對話讓我非常開心，希望您不會介意我開的玩笑。期待再相會，您的朋友。」這封信其實像是某種「好意」的印記，可是傅柯卻將它解讀成一種拒絕。幾天之後，傅柯寫信給康紀言：「我很過意不去，害您浪費時間來蹚這個渾水。我想，附上今早收到的艾宏先生來信會比較簡單。信裡說得很清楚，很坦白，因為他要我在索邦或法蘭西公學院之間做出選擇。」傅柯接著說：「法蘭西公學院對我來說有點野心太大，我還沒做足準備要去高攀。至於索邦，如果沒有得到過半數哲學系教授的支持，事情很清楚，我沒有機會。所以我還是維持現狀吧——我這樣也不錯，真的，伊波利特先生或許跟您說過了。」信上的日期是一九六七年五月二日。無論如何，海勒證實了雷蒙・艾宏關於布勞岱爾的立場的說法：布勞岱爾非常看重傅柯，他不希望破壞他進入法蘭西公學院的機會。而且，傅柯在投入法蘭西公學院教席遴選時，布勞岱爾也非常積極地支持他，這從傅柯獲選之後寫信向他致謝可以看得出來（一九六九年十二月二十七日）。

c. 法文幼狼（jeunes loups）意指野心勃勃的年輕人。
d. 第六科的研究領域是經濟學與社會學，第四科的研究領域是歷史、哲學、宗教。

＊

一九六八年底，傅柯離開了突尼西亞。他離開了西迪布賽伊德，日後重遊舊地也僅有短暫的停留。他告別了山丘上俯瞰古堡的大學和他如此愛戀的陽光和大海，從此長久懷抱著鄉愁。或許是為了享受他思念的陽光，返回法國不久，他在巴黎十五區沃吉哈赫街（rue de Vaugirard）面對阿多勒弗・謝希佑廣場（square Adolphe-Chérioux）的一棟現代大樓的九樓住了下來。大片的落地窗讓他可以看到整個東巴黎的美景。他經常在客廳和書房外的大陽臺上做日光浴。他的背後不再有西迪布賽伊德的山崗，而是一排排書本和期刊疊成的書牆。

第三部

「法蘭西公學院的抗爭者兼教授」

1 插曲：凡森大學

夜幕垂臨，在一九六九年一月二十三日的這一天，法國國家保安警備隊（CRS）鎮暴警察以層層疊疊的人牆往一群怪異的建築物推進——這幾棟樓房幾個月前才在凡森森林的邊緣冒出來。新大學才開張沒幾天，已足以發動第一次罷課，第一次占領校區，以及，第一次跟警察戰鬥。一九六九年一月二十三日，這一夜，傅柯將加入極左派的行動。他是在後期才參與的，他們已經有了歷史、傳統與諸多人物。傅柯的參與只是跟極左派往來，跟他們有所交會，而非毫無保留地投入。不過事實的確如此：他參與了極左派，而且即將把自己七〇年代前半的大半歷程寫入極左派的事蹟之中。

因為「六八年五月」帶來的強烈恐懼，法國政府亟欲防堵所有缺口，並且迅速推動「高等教育改革」。著名的「教育指導法」（loi d'orientation）因而誕生，法案由剛上任的教育部長佛賀（Edgar

Faure）於九月開學時提出，於一九六八年十月十日表決通過，從此大學必須受到大學自治、科系多元化和使用者共同參與等原則約束。可是在法案通過前，教育部長已經開始革新的計畫：他決定從八月開始興建新大樓，供「教學實驗中心」使用，位址在巴黎西側的「王妃門」（porte Dauphine）附近和東側的凡森森林，前者是北大西洋公約組織釋出的土地，後者是隸屬陸軍超過百年的土地。就在那裡，在超過四公頃半的土地上，以預製組件築起了現代建築，預計作「凡森教學實驗中心」之用。佛賀委任索邦大學文學院院長（著名的英國文學教授）拉斯維赫納斯（Raymond Las Vergnas）負責創設巴黎東郊的這個新大學，以及創校初期的種種事宜。於是在一九六八年十月初，拉斯維赫納斯召集了「指導委員會」（這是它的正式名稱），二十名成員都大有來頭，包括凡爾農、康紀言、勒華拉杜里、羅蘭．巴特、德希達等等。他們的工作是要指派第一批教師，再讓這批合適的教師去遴選所有即將在新大學實際授課的教授、講師和助教。委員會才剛成立，就被右派媒體和小報群起圍攻，說這個委員會是極左派的大本營。「凡森實驗大學的甄選委員大多數是極左派」，這是《巴黎日報》的標題。[1]他們給羅蘭．巴特輕率地貼上「結構學派的創立者之一，極端左翼」的標籤，楊凱列維奇（Vladimir Jankélévitch）則是「過激左翼宣言的偉大簽署者」。風向就這樣帶了起來，論戰才剛開始！儘管外界的氣氛充滿敵意，委員會還是繼續召開，確定即將形成「核心遴選團」的名單。

事情緊鑼密鼓地進行：幾星期後，委員會選出了十二人。帕瑟宏、卡斯特負責社會學，布威耶（Jean Bouvier）、杜霍茲負責歷史，希加（Jean-Pierre Richard）負責法文。而哲學，在康紀言的要求下，遴選教師的工作由傅柯扛起。這則新聞很轟動，因為傅柯當時的名氣已經很響亮，他的名字於是成為眾人注目的焦點。特別是極左派陣營的注意，因為在他們的眼裡，傅柯的聲望不怎麼輝煌。傅柯並未被視為非常介入社會的行動者，在激進分子的眼裡看來，這簡直是極惡的大罪。當時的凡森即將成為「後六八」的「紅色堡壘」，各路激進分子聚集在這裡，準備大展身手，有人說他是「戴高樂派」，有人大力抨擊他在六八年五月運動「毫無作為」。這倒是真的，因為他人不在法國。十一月六日，一場巨型的師生大會在索邦大學校區舉辦（因為凡森大學尚未開張），旨在討論教學實驗中心具體落實的模式，傅柯在會場上直接面對那些指責他的人。他對葛特紐低聲說（拉斯維赫納斯院長委任葛特紐負責新大學的學生註冊事宜）：「我要跟他們說：『你們在拉丁區的街壘玩得正開心的時候，我可是在突尼西亞幹正經事呢。』」但是這位突尼西亞的老同事勸他不要辯駁：「這於事無濟。」傅柯於是緘口不語，不過他也知道前方的路上有什麼在等著他。他知道，因為「行動委員會」集合了各種最極端主義的成員，其中包括薩勒蒙（Jean-Marc Salmon）和格魯克斯曼（André Glucksmann），後者是雷蒙．艾宏的學生，後來轉向投入最極端也最宗派主義的極左派運動，而且「行動委員會」剛在十一月號的《行動報》（*Action*）上宣傳他們的「行動綱領」，文章前面有一小段不同字體的引言寫著：「佛賀開始耍障眼法了：『新學校將是大學的領航者』、『二十世紀的大學』。他宣布了一些知名教授的任命案，其中包括傅柯，他是『結構主義』的明星，他是哲學系未來的系主任。部長的期待是，如此一來，學派或宗派之爭會成為輿論焦點：同樣的，他提過要取消國中一年級拉丁文課，可是卻沒提到高中生的自由，《法蘭西晚報》（*France-*

Soir）後來做了幾次同意或反對結構主義的題目，就是希望讓讀者忘記其他的部分。」這篇謾罵批評的文章以這幾句話作結：「這些事，學生運動不感興趣。」[2] 學生運動感興趣的事其實很簡單。一位「行動綱領」的撰寫者在大會期間提出這樣的宣示，《世界報》做了報導：「我們應該要求凡森大學的課程，必須發展政治思考與政治專業，作為外界行動的基礎。」[3]

可是傅柯已經展開工作，他試著把他眼中「今日法國哲學界最好的」那些人都找過來，他對幾位朋友這麼說。這有點像十年前維耶曼在克雷蒙費弘做的事。他先去拜託德勒茲，可是德勒茲又病倒了，無法接受傅柯的邀請，他在兩年之後來到凡森，那時傅柯已經離開。塞荷倒是立刻就來了，他甚至還是「核心遴選團」的正式成員，不過他比較希望和提名作業程序保持距離。傅柯接著開始積極從年輕世代找人，像是阿圖塞和拉岡的弟子，特別是創辦《分析筆記》的那群人——如果可能的話：因為當中有好幾位傅柯想要招聘的都在服兵役，像是葛侯希加（Alain Grosrichard）。「我之所以會被任用，」拉岡的女兒茱蒂特・米勒（Judith Miller）笑著說：「是因為我沒這個問題！」除了拉岡的女兒，巴迪烏（Alain Badiou）、洪席耶（Jacques Rancière）、黑紐（François Regnault）等人也都來了。不過，政治的標準永遠會疊加在知識的標準之上，要在凡森大學教書，特別是在哲學系，一定得「參加過」六八年五月運動，隸屬某一個在自由的大潮退去之後依然屹立不搖、自強不息的小團體。為了讓事情平衡一下，也就是說，為了讓哲學系不被毛派徹底吞噬（毛派在他招募的哲學家團隊裡占絕大多數），傅柯邀請了亨利・韋伯（Henri Weber），當時他是托派的領導人。巴里巴（Étienne Balibar）也被招聘，他後來的日子並不好過，因為他出身共產黨。最後，為了讓這個好鬥的戰士圈子裡有人可以扮演調和鼎鼐的角色，傅柯邀請了一位教學能力與組織協調特質同享盛名的學者：夏特列。

傅柯不只負責自己的科系，他也參與教學實驗中心的籌備會議。會議在索邦大學召開，由拉斯維赫納斯院長或歷史學家杜羅澤勒（Jean-Baptiste Duroselle）主持。後者是核心遴選團推派的「代表」，但是整個情勢倒向極左派，他被嚇到，很快就辭職了。會議也會在年輕的英國文學教授艾蓮．西蘇（Hélène Cixous）家裡舉行，她跟拉斯維赫納斯頗有交情（也是德希達的好友）。她曾寫作一部關於喬伊斯（James Joyce）的文集（原本是她的博士論文），於一九六八年出版，當時她的文學生涯才剛剛起步，後來的發展我們都知道了。她在凡森大學的籌備計畫和實際推動執行上，扮演非常重要的角色（她建議了一些名字，也接觸了諸多受邀的知名之士，推動成立第一任專家委員會——她關切的重點是要大家看見他們的「學術正當性」——她也請託好幾位核心遴選團的教師，希望能讓新機構順利開張）。傅柯最關心的其中一件大事就是把心理學家和心理學移開，把位子和課程挪給精神分析。在卡斯特和帕瑟宏的支持下，傅柯為了勒克萊（Serge Leclaire）的聘任案奮戰。討論到最後的結果是妥協：兩個系——心理學系和精神分析學系——都會設立。不過所有人都在討論過程中發現了傅柯作為「戰略家」的天分以及他「運作的手腕」，甚至有些人的說法是「操縱的功力」。

傅柯自己也必須通過正式任命。其他科系都進行得十分順利，可是法國大學諮詢委員會（負責審核高等教育師資的官方機構）的哲學部門卻判定傅柯受聘為哲學系專任教授的資格不符，因為他自己就是聘任委員。一九六八年十一月九日，拉斯維赫納斯院長致信教育部長：「依據指導委員會六八年十月二十五日會議的意見，我曾向您提議邀請米歇爾・傅柯加入『核心遴選團』，並聘任他為哲學系教授。在大學諮詢委員會六八年十一月五日會議做出反對的決議之後，米歇爾・傅柯已向我表明，他決定退出『核心遴選團』，保留他作為未來同事遴選投票對象的權利。」這次投票在六八年十一月十六日進行。六八年十一月十五日，收到凡森大學實驗中心聘任案投票通知的教授有十一位。投票結果如下：

「投票人：十人（一位缺席）。米歇爾・傅柯：十票。」

「所以我很榮幸重新提案聘任米歇爾・傅柯擔任凡森教學實驗中心哲學系教授，請將其聘任案再次提交大學諮詢委員會。」

這一次，順利無阻，傅柯的聘任案於十二月一日生效。

凡森大學在一九六八年十二月打開校門——總之，行政上而言是如此。第一堂課在一九六九年一月登場，不過真正啟動要到二月和三月才算數。「凡森大學的氣氛宛如熱鬧喧譁的蜂巢，所有人都在找自己的位子。」一月十五日的《世界報》如是說。可是蜂巢的嗡嗡之聲很快就讓位給最全面的混亂，而且這種緊張的氣氛不只瀰漫在凡森森林裡。從一九六八年秋天開學之後，再加上一九六八至一九六九年的這個冬天，《世界報》每天都以一整版、兩版，有時甚至是三個全版去做「大學騷動」的專題，不斷報導這些淹沒了巴黎或外省的高中和大學的罷課、學生群眾大會，還有永無休止的事端，以及跟警察對峙的大大小小的暴力衝突。凡森人過沒多久也加入了。一月二十三日，位於巴黎拉丁區的聖路易高中（lycée Saint-Louis）的行動委員會決定舉辦一場集會，會上播放關於六八年五月運動的一些影片。校長禁止學生集會，還派人切斷電源。可是三百名進入學校的高中生帶了發電機組，他們播完影片，然後編隊走出校門，避免被警方逮捕。他們穿過聖米歇爾大道（boulevard Saint-Michel），走到幾公尺外，加入剛剛在索邦大學中庭開場的群眾集會。口號很快就擴散開來：占領校長室（那些辦公室都在舊索邦大學的建築物裡）。學生們說做就做，可是警方介入，把現場淨空了。拉丁區立刻爆發肢體衝突。為了聲援他們，數百名凡森大學的學生還有幾位教授決定占領自己的大學，固守他們的臨時街壘。什麼都可以拿來築街壘：課桌椅、辦公桌、櫥櫃、電視……所有剛裝設好的嶄新設備。警方在深夜展開行動——兩千名警察——凡森大學遭遇了第一場戰役。一方使用催淚彈，另一方則是石頭和各式各樣的投射物。警力逐漸包圍建築物，將學生和教授們集中在階梯大講堂。傅柯也出現在拘捕名單中。因為催淚瓦斯的緣故，他們下來的時候雙眼通紅，淚流不止。傅柯告訴帕瑟宏：「他們把你的辦公室全砸了。」然後所有人都被送上大型巴士，「運送」到巴黎警察局行政中心的所在地波莊（Beaujon），總計二百二十人被捕。傅柯跟其他人一樣，直到次日清晨才被釋放。政府的反應相當強硬，媒體的反應也相當苛刻：佛賀痛批這些事端「荒謬」，也為校園裡的損害程度表示遺憾。保守派的圈子則是譴責教育部長的「寬容」，並且將失序和「打砸」責任歸咎於他。那天在索邦大學，示威者的塗鴉毀損了尚帕涅（Philippe de Champaigne）著名的黎胥留（Richelieu）肖像，成為「極左派毀損文物」的象徵，日後不斷被提起。衝突結束後，三十四名學生被大學開除，一百八十一名學生被起訴。一九六九年二月十日，一場大型集會在互助會館（Mutualité）舉行，抗議這些懲戒作為。面對爆滿的群眾，沙特和傅柯都上臺說了話，根據《世界報》的報導，傅柯是言詞最激烈的發言者之一，他痛批警方挑釁和「精心策劃的鎮壓」。沙特和傅柯於是同臺了，不過不是同一時間：這天晚上，兩人並沒有碰到面。他們後來其實是在政治的旗幟下相遇，不過那是兩年後的事了。

在雷霆萬鈞的開幕典禮之後，凡森大學的生活節奏裡充滿了學生大會、示威遊行、衝撞警察、共產黨與極左派之間的戰鬥，還有極左派內部的派系鬥爭。不過無論如何，課還是照樣在進行，儘管課堂經常上演師生共同擔綱的心理劇，或是唇槍舌劍的文鬥，或是沒完沒了的討論，或是你來我往、肆無忌憚的詭辯——關於革命、階級鬥爭、無產階級……。塞荷在第一個學年結束後就離開凡森了，他對此時期留下的是一段陰暗的記憶：「我的感覺是淹沒在知識恐怖主義的氛圍裡，這和當年在高等師範學院學生時代，史達林派造成的氣氛是一樣的。」不過，他還是讓自己把課上完，以便考試可以進行。

傅柯是哲學系的代理「系主任」，儘管在這種情況下，「系主任」這個概念實在沒有太大意義。無論如何，課表還是貼出來了，而且這份課表就當年的知識氛圍和「凡森人」的世界觀來說，相當具有教化意義。以下是一九六八至一九六九這個學年的若干課程名稱：「修正主義－極左派思想」（洪席耶）、「社會形態的科學與馬克思哲學」（巴里巴）、「文化革命」（茱蒂特・米勒）、「意識形態鬥爭」（巴迪烏）等等。當然，也有一些老師試著教一些比較古典、比較符合學術規範的課：塞荷講的是科學的實證論，以及希臘的理性與數學之間的關係；夏特列教的是「希臘政治思想」或「希臘哲學裡的同一與矛盾」。傅柯則是分析「性論述」和「形而上的終結」。到了第二年（一九六九至一九七〇），課程名稱還是維持同樣的調性，課程清單簡直是大雜燴：「馬列主義第二階段理論：史達林主義」（洪席耶）和「馬列主義的第三階段：毛澤東思想」（茱蒂特・米勒）；「二十世紀馬克思主義導論：列寧、托洛茨基和布爾什維克運動」（亨利・韋伯）；「馬克思主義辯證法」（巴迪烏）。夏特列則是堅毅不拔地繼續研究古代思想，開設「希臘思辨思想批判」，不然就是講「歷史科學的認識論問題」。傅柯的課是「生命科學的認識論」，還有尼采。後面這門課的內容後來成了傅柯寫〈尼采、系譜學、歷史〉這篇文章的材料，收錄在他一九七一年主編，向伊波利特致敬的文集。第一年，傅柯的課堂裡人潮洶湧（超過六百人），第二年他試著限制選課人數，告訴系祕書阿希雅・梅拉美德（Assia Melamed）「不能超過二十五人」，結果還是來了上百人要聽他講課，儘管他已經選用一間比較小的教室。

一如我們所見，除了其中幾門課之外，多數課程的主題是夠嚇人的，事實上也的確嚇到人了。一九七〇年一月十五日，接替佛賀的新任教育部長季夏赫（Olivier Guichard）對一九六九年的哲學教學狀況表示遺憾；他直言「馬列主義」教學特色之不當，決定取消凡森大學為此學系頒發證書的「國家學位資格」。說得明白一點就是：這些學生不能參加所有中等教育的教師甄選考試（中學師資合格證書〔CAPES〕和教師資格的考試）。部長的發言成功達陣，特別是他在廣播電臺提到幾門課作為例證。傅柯在一月二十四日的教師記者會上回應了教育部長，他的解釋是：凡森大學的使命是研究當代世界，哲學部門怎能逃避，不去成為「政治的反思」呢？幾天之後，傅柯再次站上火線，為「他的」系辯護：「在九百五十名學生，八名教師的情況下，如何提供豐富多樣的教學？」他在《新觀察家》週刊的訪談上公開表示：「請清楚地告訴我，什麼是哲學？有人反對我們現在正在做的，理由是什麼？依據的是什麼樣的文本，什麼樣的標準，什麼樣的真理？」接著他開始反擊：「部長所說的話，重點不在他提出的種種理由，而在他要做的決定。他的決定很清楚：在凡森大學完成學業的學生沒有權利在中等教育機構教書。現在換我提出問題了：這條隔離線所為何來？為什麼哲學（哲學課）如此危險，得如此大費周章地防備它？凡森人有什麼特質如此危險？」他譴責大學和政府當局給凡森大學哲學系設下「陷阱」——先是向哲學系承諾了最全面的自由，而在全面的自由想要行使的時候，卻又動手鎮壓。[4]

不過，傅柯傷腦筋的事情還沒完，因為過沒多久又爆發了另一件事，將眾人的目光再度吸回到凡森大學和他的哲學系，因為不只是課程的問題，教學監督模式和考試程序也已經引起教育部當局的憤怒。「學分」的授與，也就是說，每一門課在學年結束時的合格證明如何認定，進行的方式極其荒誕。老師們根本不考試。哲學系當年的系祕書是這麼說的：第一年，老師們把自己關在一間教室裡，學生們從門底下塞一張小紙條進來，上面寫著他們的名字，老師們再把名字登錄在通過考試的名單。第二年，通過的名單已經打好了，但是只要開口要求，就可以把名字列上去。後來茱蒂特．米勒在瑪德蓮．夏普薩（Madeleine Chapsal）和米榭兒．蒙叟（Michèle Manceaux）在《大學教授要來做什麼？》（*Des professeurs pour quoi faire ?*）的新書訪談上告訴他們，她在公共汽車上授與「學分」，還說「大學是資本主義社會的一個片段」，她會使盡全力讓大學運作得「愈來愈糟」，這當然又要引起公憤了。引爆點：《快訊》週刊登了這本書的書摘。對教育部來說，這已經過頭了，太過頭了。

一九七〇年四月三日，茱蒂特．米勒（她是拉岡的女兒，無產階級左派的毛派運動積極分子）收到部長來函，告知「她的高等教育職務」被解除了，她要被調回原先借調的中等教育機構。教育部的決定當然在凡森大學再度引發緊張的局勢，學生占領校舍，警方強制驅離。

這類事件不過是引發議論的諸多事端當中的一部分，這些事也提供了談資，讓人們可以繼續爭辯凡森大學的種種及其存廢問題。一九六九年十月八日，校長杜霍茲就已經提出這樣的警告：「如果學生不負責任的行為找不到制衡的力量，我擔心凡森大學會出大事，到時我們就會被迫關閉。」報章雜誌也經常借題發揮，一連糾纏數年。報紙依據各自的政治取向，質問是否要（或是「該」）關閉凡森大學？「凡森大學被判緩刑」、「凡森大學要活下去」等等。接連好幾個月，只要一出事，報上就會出現這類報導，宛如永無休止的連禱文。凡森大學後來活得好好的。可是從創校開始，在揮之不去的暴力氛圍裡，情況始終沒變，之後亦將如是，而且會持續很久。

根據所有見證者的說法，在這些持續不斷的失序事件當中，哲學系是最活躍的。一名曾參與創校的教師認為，這個系「從一開始就充滿自我毀滅的暈眩感」。而這一切都有傅柯的身影，他就算不是深表贊同，至少也有參與或背書，他在這種過激極左派的抗爭之中悠游自在，像是盡情享受著每天都變換花樣的各式示威活動。總之，剛開始的時候是這樣，因為他似乎很快就厭倦了。有些人甚至認為，傅柯的凡森經驗讓他受到不少創傷，因為外界對於教師的質疑始終不曾稍止。當然，我們看到他手持鐵棒，準備要跟共產黨的活躍分子打架，當然，我們看到他向警察扔擲石頭……可是凡森大學的氣氛或許不能讓他一直開心下去。「我已經受夠身邊都是一些半瘋狂的人了。」他離開凡森沒多久就這樣告訴一位朋友。總之，他不是那麼喜歡跟學生接觸，而且好像也不怎麼欣賞某些同事的作為（後來他語帶輕蔑地談到從前的那些極左派活躍分子成了「凡森的小頭目」）。[5]於是他盡量安排少待在校園裡，好讓自己可以繼續探索國家圖書館。其實他很高興能離開這個地方，他早就知道這裡只是過渡性的，他同時也在準備法蘭西公學院教席的遴選：他編寫了候選小冊，拜訪現任教席，規規矩矩地遵循這個負有盛名的教育機構對於想要躋身其間的人所要求的種種繁文縟節。

傅柯在凡森待了兩年。動盪的兩年。這段時間對他的人生、他的學術生涯和他的著作極為重要。因為正是在那裡，他真正重回政治，與歷史相遇，「像一套放在海底的潛水服，突然被風暴捲到岸邊，」這是傅柯自己做的比喻，後來維耶曼在法蘭西公學院向傅柯致悼詞時也引述了這個畫面。[6]重新浮出海面，進入政治，這或許有很大部分要歸功於丹尼爾・德費（他屬於無產階級左派當中的毛派）。傅柯在一九六〇年十月因為牟茲的介紹而認識他。他在一九六三年成為傅柯的伴侶，直到傅柯離世。[7] 傅柯做了一些安排，讓他在凡森大學受聘為社會系的助教（後來他在社會系成為講師，然後是助理教授）。事實上，在這關鍵的時刻，一個完全不同於以往的傅柯即將誕生，我們看到的不再是參加教育部委員會的大學教授或國家行政學院的口試委員，從前的傅柯就要漸漸消失，被人遺忘，而從凡森大學的蒸餾器裡將冒出一位入世的哲學家，無論在行動還是思考，他的介入行動在所有戰線上鋪展開來。一九六九年起，傅柯開始化身為積極參與運動的知識分子。所有人心目中的傅柯就在這個時候被創造出來，示威與宣言的傅柯，「抗爭」與「批判」的傅柯，而法蘭西公學院的教席又讓這些印象更為穩固，更加有力。不過他的知識領域暫時還沒被打上「進入政治」的標記：他在凡森大學開了尼采的課，一九七〇年十二月在法蘭西公學院的首講也還是比較接近《知識考古學》書中關切的主題，而非後來關注的權力問題。或者，說得更精確一些，對他而言，過去和未來這兩個時刻在一九六九年和一九七〇年構成的動盪的此刻交錯、交疊著。他在這個時期發表的文章或演講依舊帶著理論關懷和早期風格，色彩鮮明。就像一九六九年二月二十二日，他在法國哲學協會（Société française de philosophie）發表的這場日後非常著名的演講「什麼是作者？」（Qu'est-ce qu'un auteur ?）。當然，這場演講是以貝克特的說法為基礎：「誰在說話並不重要，有人說了話，誰在說話並不重要。」傅柯說，這種無差別之中「清楚展現出來的，或許是當代書寫最根本的倫理原則」。傅柯還為這種無差別加上一個次要主題：「死亡與書寫的親緣關係」。演講之後的討論令人難忘：先是戈德曼（Lucien Goldmann）和傅柯之間的激烈交鋒，這位馬克思主義社會學家批評「結構主義」，並且引用一位學生在一九六八年五月運動期間於索邦大學寫在教室黑板上的這句話作結：「結構不會上街頭。」他還補充說：「創造歷史的永遠不是結構，而是人，就算人的行動總是有結構化和具有意義的特質。」傅柯的回覆也相當不留情：「我自己從來不曾使用結構這個詞，您去《詞與物》裡找，是找不到這個詞的。我希望所有關於結構主義的隨意批評不要用在我身上。」接著他評論了「人的死亡」：「這個主題讓人的概念在知識之中的運作方式得以釐清（……）這不是要去肯定人已死亡，而是要去看（……）人的概念是以何種方式，依據哪些規則形成並且運作的。我對作者的觀念做了同樣的事。忍住我們的淚水吧。」另一位發言者則是開口救援傅柯，這個人是拉岡。這位精神分析學家說：「我不認為寫下『結構不會上街頭』有任何正當性，因為，如果五月的事件證明了什麼，那恰恰就是證明結構走上了街頭。之所以有人把它寫在這個上街頭事件的發生地，只是證明了在我們所謂行動的內部，非常常見、甚至最常見的，是行動並不認識行動本身。」[8]

雖然在那個時候，傅柯還是得對公眾討論做出回應，但他自此漸將《詞與物》和「人的死亡」視為過去，而這場運動的重要性即將升溫。一九七〇年八月，他在一封信中寫道：「我答應要為《詞與物》的再版寫一篇後記，可是現在我對這些事沒有興趣。」[9]後來他甚至宣稱《詞與物》「不是我真正的書」，而他視為自己真正作品的，都是以「激情」為基礎的那些書，探討的是瘋狂、犯罪、性……[10]

傅柯在凡森大學留下了什麼樣的影響？對他來說這是一個機會，可以讓他做出即將對法國知識風景產生持續影響的一些布局。因為就算在亂流之中，凡森大學還是以巡航之姿奮進，它的哲學系也散發著某種光輝，因為這裡匯聚了德勒茲、李歐塔、謝黑（René Schérer）等人。傅柯說要把「今日法國哲學界最好的」都找來，如此雄心壯志並未落空。精神分析學系則是很快就成為拉岡門徒的誕生地之一。一九六九年七月，高等師範學院拒絕續聘拉岡，傅柯邀他來凡森大學繼續開設研討課程。最後，拉岡的研討課雖然在先賢祠廣場的法學院找到庇護所，但他還是接受了邀請，來凡森大學開設一系列講座。第一堂於一九六九年十二月三日開講，隨即告終。拉岡遭到學生的叫囂、起哄，他對他們丟出這句有名的斥喝：「你們這些革命分子嚮往的，是一位主宰。你們會得到的。」接著起身離開教室。之後他只打了電話通知哲學系，下一堂課（也就是一月初）他要去「慶祝封齋節」，然後取消所有剩下的課程。

傅柯把凡森大學哲學系交到夏特列的手裡，他知道他留下的是一份不易經營的事業。他知道他留下的是一個衝突的溫床，也是知識沸騰的場所。[11]

2 特技演員的孤獨

「院長先生，我親愛的同仁，各位女士，各位先生……」講堂安靜下來，他的聲音漸漸揚起，悶沉的聲音因為激動而緊張，因為怯場幾乎變調，像是喃喃自語，而不像是演說：「……在我今天要講的課裡，還有之後，或許好幾年，要在這裡講的課……」時間是一九七〇年十二月二日，米歇爾·傅柯在法蘭西公學院進行他的首講。

幾百人擠在階梯大講堂裡，這場儀式傳統上在這裡進行，這個地方似乎數百年都沒有任何變化——此事發生在內部翻新之前——講堂氣氛略顯幽暗，裡頭擺設的是古舊的長椅。這一天拉丁區被封鎖起來，在騷亂頻繁的那幾年，這樣的情況很常見。所有聽眾都得穿越警方的大型巴士構成的路障，穿越頭戴全罩式帽盔、手持警棍的鎮暴部隊的重重人牆，才能來到索邦大學。如此畫面為即將迴盪在圍城裡的這場演講搭造出一片奇特的布景。警察並非為傅柯而來，當然不是！可是所有人都拿這件事作文章。幾天之後，戴克斯在《法蘭西文學》上談到「一大群人」趕來聆聽這位哲學家講課，他沒忘記提及「到處站得滿滿的都是人，大多是年輕人，彷彿六八年五月運動派了一些精實的代表團來參加一場比較平靜的大會」。[1]這些代表團很容易辨認，因為他們以充滿譏諷的竊竊私語迎接法蘭西公學院院長渥甫（Étienne Wolff）上臺。渥甫院長以簡短的致辭歡迎這位新人來到位於馬瑟蘭貝特羅廣場（place Marcelin-Berthelot）的這座雄偉建築的「自由國度」……

接著傅柯開始朗讀——他在讀他的文章，這是公學院的規矩——柏格森的目光凝望著他，這個側面的青銅鑄像俯臨整間講堂。「我多麼希望有個聲音在我後頭如此說著：『必須繼續下去，我無法繼續，只要有話說就必須說，必須說到這些話找到我，說到這些話對我說話——奇怪的痛苦，奇怪的錯，必須繼續下去，或許這已經完成，這些話或許已經把我帶到我的故事門前，帶到向我的故事開啟的門前，如果門開著，我會感到驚訝。』」摘自貝克特《無法稱呼的人》的這幾句話緩緩流瀉而出，傅柯征服了臺下的聽眾。聽他講課的人包括：杜梅齊勒，這是當然的，還有李維史陀、布勞岱爾、雅各布（François Jacob）、德勒茲……

傅柯剛剛進入了法國學術機構的聖地中的聖地。同樣的儀式在前一夜也進行過一次，只是參與的聽眾性質相當不同，他們迎接的對象是雷蒙・艾宏。兩天之後，也就是十二月四日，公學院迎來了喬治・杜比（Georges Duby）。傅柯和艾宏在課程日期上的巧合不完全是偶然的結果，他們是同一天、在同一場教授聯席會議上獲選進入公學院的。雖然事情的發生不是那麼明顯，可是不只一人認為，兩人的支持者之間達成了某種協議——水幫魚，魚幫水。

不過要瞭解傅柯這次獲選，我們得把時間推回到幾年前。首先是他和杜梅齊勒的友誼。杜梅齊勒在投票時已經離開法蘭西公學院，因為他已屆退休年齡。所以他只是懇請老同事支持，他從美國（他去那裡教書）請託那些對於候選人的惡名有所遲疑或有些擔心的老同事，希望可以說服他們。「我的角色僅限於，」他在一九八四年的悼念文章裡寫道：「從芝加哥寫信告訴六位擔任遴選委員的同事，無論人們怎麼說，傅柯其實並非惡魔，而且恰恰相反。」[2] 譬如，他試著這樣向李維史陀拉票：「您可以想像我和傅柯在哲學上，在政治上的一切差異。」他在一九六九年四月寫給李維史陀的一封長信裡拐彎抹角地提了一下：「可是如果我還活著（杜梅齊勒的意思是：如果我還在公學院任職），我會為他奮戰。身為遴選委員時，面對數名候選人，我思考的一直是同樣的問題：不以信念，甚至也不以研究方法做判斷，而是衡量他的氣度，觀察他的能力。這個人正在沸騰。」[3] 這封信並不足以讓李維史陀改變心意——他不喜歡《詞與物》，他沒有投贊成票給傅柯（他也沒有投給當年的任何候選人）。那其他收到信的遴選委員呢？「我的信有沒有幫上忙，我不知道。」杜梅齊勒提起這段插曲時是這麼說的。[4] 由於杜梅齊勒的聲望資本相當龐大，我們可以想像，他的介入不會全然無用。

而且，早在離開法蘭西公學院之前，他已經開始提及傅柯的遴選案了，繼而也支持傅柯的遴選資格。因為從一九六六年起，伊波利特已經趁著《詞與物》盛大成功的浪頭，要將傅柯的遴選案排進議程。他進行了所有必要的奔走，推動他的計畫。他開始向各方勢力提及這麼一個人選的可能性，試探各方反應。結果相當分歧。他的努力得到學院另一哲學教席維耶曼的支持。杜梅齊勒、伊波利特、維耶曼，三大支持者陣仗不小。還加上布勞岱爾，他也沒閒著。可惜伊波利特未竟全功，他在一九六八年十月二十七日辭世。而既然要填補因他辭世而空缺的教席，眾人的目光自然轉向了傅柯。於是維耶曼正式為這位克雷蒙費弘的老同事提出遴選案。或者說得精確些，他在教授聯席會議提案，要設一個教席給傅柯。因為法蘭西公學院的遴選制度有兩個階段：首先要投票設立教席，此時執教者的名字還不會出現，就算大家已心知肚明；第二階段則是決定由誰來擔任這個教席。[5]

一九六九年十一月三十日，公學院教授開會決定設立兩個教席：社會學一席，哲學一席。哲學教席有三位人選，因為伊波利特留下的這席有另外兩位哲學家也加入角逐，他們是呂格爾和貝拉瓦勒。傅柯必須為此編寫一個小冊，報告他的《學經歷與著作》（*Titres et travaux*），概略描述他教學計畫的主軸，並且說明他選擇「思想體系史」作為他想擔任的教席名稱的理由。這個十來頁的小冊子是寫給法蘭西公學院教授們看的（參見〈附錄二〉）。傅柯先是介紹自己的學經歷：他的學歷、學位、職位。然後是出版清單：書籍、單篇文章、序文、翻譯。接著他簡述了自己過去的研究，從《瘋狂史》到《知識考古學》。

這份文件很有意思，傅柯在裡頭介紹了他做研究的邏輯，值得我們長篇引述：

> 在《古典時代瘋狂史》裡，我想要探究，在一個特定的時代，我們對精神疾病可以有什麼樣的認識。這樣的知識（savoir）當然展現在醫學理論之中，為不同的病理形態命名，分類，並且試著提出解釋；我們也看到這樣的知識出現在輿論現象裡——在瘋人激起的古老恐懼

裡，在圍繞著瘋人的輕浮思想遊戲裡，在我們的戲劇或文學呈現瘋人的方式裡。在很多地方，其他歷史學家所做的分析可以為我提供指引。可是有個面向似乎無人探索——我們必須去研究瘋人如何被認定，被隔離，被社會驅逐，被拘禁，被處理；哪些機構負責收容他們，並且監禁他們，有時還治療他們；哪些權威部門（instances）決定他們是瘋人，根據的是哪些標準；哪些方法用來強制他們，處罰他們，治療他們；簡言之，在什麼樣的制度和實踐的網絡裡，瘋人同時被處理及界定。可是這個網絡，當我們檢視其功能以及那個年代的人為它所做的辯護時，它看起來非常連貫一致，非常協調：有一整套明確而且陳述清晰的知識在為它辯護。於是有個目標浮現在我眼前：被投注在複雜的制度系統裡的知識。而我必須採取這樣的方法：不是像一般的做法，單單去瀏覽學術書籍的書庫，而是要造訪各式各樣的檔案，包括法令、規章、醫院或監獄的簿冊資料、法院判例彙編。是在阿瑟納爾圖書館（Bibliothèque de l'Arsenal）或國家檔案局（Archives nationales）裡，我展開對某種知識的分析工作，這種知識的可見主體（corps visible）並非理論或科學言說，亦非文獻，而是一種受到規約的日常實踐。

瘋狂的這個例子對我來說其實還不夠切題；十七和十八世紀的精神病理學才剛起步，我們還無法區辨它和單純的傳統意見遊戲之間的差別；在我看來，臨床醫學於誕生之際以更精確的用語提出了這個問題；十九世紀初，臨床醫學確實和幾門已經存在或是正在建構的科學之間有所連結，諸如生物學、生理學、解剖病理學；可是另一方面，臨床醫學也和醫院、救助機構、教學診所等一整套的機構以及行政調查之類的實務有所連結。我想問的是，在這兩套參照系統之間，一門知識是如何誕生、轉變並且發展，而且為科學理論提出了一些新的觀察領域，一些前所未有的問題，一些此前不曾有人察覺的研究對象；可是，反過來看，科學的認識又是如何被輸入其中，取得指示與倫理規範的價值。醫學的運作不僅僅是將一門嚴謹的科學和一個不確定的傳統組成一個不穩定的混合；醫學還被架構為一個知識體系，具有自身的平衡與連貫一致性。

所以我們可以承認，有些知識領域無法準確地等同於科學，卻也不僅只是一些簡單的心智習慣。於是我在《詞與物》裡進行了相反的實驗：排除一切關於實踐與制度的部分，但是並不放棄有朝一日重回這個面向的計畫；以某個特定年代的幾個知識領域作為研究對象（十七和十八世紀的自然分類、通用語法和財富分析），並且依次檢視它們，界定這些知識領域所提出的問題、所使用的概念、所進行驗證的理論之類型。我們不只可以逐一界定這些領域的內部「考古學」，我們也在領域之間看到了必須描述的同一性、類似性、差異集合（ensembles de différences）。一個整體的形構（configuration globale）出現了：當然，它還遠遠不能從總體上來界定古典精神（l'esprit classique）的特質，但它以連貫一致的方式組織了一整個經驗認識的領域。

於是，呈現在我面前的是兩群十分不同的研究成果：一方面，我發現「被投注的知識」（savoirs investis）獨特且相對自主的存在；另一方面，我也注意到，在這些領域中的每一個自身的架構裡，都有一些系統性的關係。於是有必要進一步釐清。我在《知識考古學》對此進行了概述：在意見與科學認識之間，我們可以看到某種特殊層次的存在，或可稱之為知識的層次。這種知識不只會在理論文本或經驗方法之中成形，也會在一整套實踐和制度之中成形；然而，這種知識並非這些事物純粹而簡單的結果——亦即意識不清的表達；事實上，這種知識包含專屬於它的規則，如此表徵著它的存在、功能和歷史；這些規則有些具有專屬於單一領域的特殊性，有些則是好幾個領域通用的；也可能有些規則在某個時代具有一般性；最後，這種知識的發展與轉變牽扯著複雜的因果關係。[6]

報告完「過去的著作」之後，傅柯提出他的「教學計畫」。他說，他的教學必須遵循兩項清楚的原則：「絕不忽略對於具體案例的參照，得以為分析工作充當經驗的田野；發展我所碰到或有機會遇到的理論問題。」[7]

他將投入「相當時間」關注的這個具體實例，就是「遺傳知識」（savoir de l'hérédité）。[8] 而理論問題則是：「一個地位：將之定位在何處，介於哪些界限間，以及選擇來描述它的工具是哪些……」接著，必須探討「將這種知識提升為科學言說」的過程，亦即去探討「一門科學如何構成——當我們想以歷史的角度而不是超驗的角度來分析這門科學的時候」。[9] 而理論的第三個調性則涉及「知識這一層次上的因果關係：（……）確定——經由哪些管道及依循哪些規則——知識如何在並非沒有選擇或不做調整的情況下，將一些此前對它而言仍存在於外部的現象登錄進來，知識如何對一些外在於它的過程轉持接納態度」。[10]

傅柯以此為他的報告作結：「在已建立的科學（人們經常撰寫其歷史）跟輿論現象（歷史學家會處理）之間，我們應該進行思想體系史的研究。」這也將導向更加廣泛地「重新檢視知識、其條件及認識主體的地位」。[11]

傅柯後來並沒有依照這個小冊所說的計畫授課。不過眼前此事並不重要。這份報告已經寫好，付印，送交每一位公學院教授了。現在輪到維耶曼要在教授聯席會議上陳述設立這個教席的理由。為了準備說帖，他一連幾個晚上邀請傅柯到他位在瑪黑區（le Marais）的小公寓。他們討論了應該強調的面向。由於維耶曼希望做出一份非常清楚，可以讓所有領域的同事都能理解的報告，他要求傅柯把他覺得定義不清的幾點闡述得更清楚。一切都進行得很順利，直到傅柯提到「陳述」（énoncés）的概念——他講的完全是他在《知識考古學》裡面講的。此時，這位候選人和他的「引薦人」槓上了。不論傅柯怎麼解釋，維耶曼都覺得這概念晦澀不明。傅柯指控維耶曼自欺，他一怒之下甩門就走。兩人需要「一個和解儀式」才能重新一起工作，讓維耶曼寫完他的報告。

七頁的打字稿，字句緊密。維耶曼的報告嚴謹又有效率，令人印象深刻，他提供了傅柯思想的綜合概述，也標記出傅柯思想的發展重點及演變。報告以定義傅柯在《詞與物》和《知識考古學》之後所做的嘗試作結，但是維耶曼始終未提及這些書的作者，也沒提到書的本身，因為他是在為一個即將創設的教席定義它的一般原則：「所以，思想體系史全然不是人的歷史或是那些思考著思想的人的歷史。歸根究柢，唯物論和唯心論的衝突讓本是同根生的兄弟鬩牆，也就是說在相同的問題上意見分歧罷了，這是因為此一衝突落在後面這一個選項的狀態裡：人們會選擇個體或群體作為思想的主體，但人們選擇的永遠都是主體。對那些有意質疑的人，請他們重讀馬克思經常被引用的這句話。他說，建築師之所以有別於蜜蜂，是因為不論建築師再怎麼蹩腳，他都會先在頭腦裡把房子蓋好。放棄二元論與建立一套非笛卡兒式的認識論，正如我們所見，還要求得更多：保留思想，同時去除主體，並且試圖建構一部不帶人類性質的歷史。」[12]（參見〈附錄三〉。）

教授聯席會議在一九六九年十一月三十日的這個星期日召開，時間是下午兩點三十分。其他兩個教席也和傅柯的教席同場競爭：一席是拉丁文學教授庫赫賽勒（Pierre Courcelle）為呂格爾爭取的「行動哲學」教席；一席是神經生理學教授費薩（Alfred Fessard）為貝拉瓦勒爭取的「理性思想史」教席。貝拉瓦勒得到一位退休教授格胡的積極支持，他還特地移駕來參加會議。儘管傅柯的引薦者維耶曼是格胡的朋友，但是格胡其實並不希望見到傅柯進入公學院。三位「介紹人」依抽籤順序發言：先是庫赫賽勒，接著是維耶曼，然後是格胡。投票的時刻終於來到。一共有四十六位投票人。第一輪的投票結果如下：

——贊成設立「行動哲學」教席：十一票

——贊成設立「思想體系史」教席：二十一票

——贊成設立「理性思想史」教席：十票

——空白選票標記叉號（亦即明確拒絕接受所有的候選者）：四票

法定多數是二十四票（絕對多數再加一票），所以必須進行第二輪投票。結果如下：

——行動哲學：十票

——思想體系史：二十五票

——理性思想史：九票

——空白選票標記叉號：二票

維耶曼贏了。傅柯當選。他四十三歲。他曾經想像自己的生涯有如一場永無休止的旅行，從一個職位到下一個職位，從一個城市流浪到下一個城市，如今，他停靠在巴黎的中心，從此隸屬於一座最輝煌的知識聖殿。

接下來，教師聯席會議只要正式任命他為這個剛設立的教席的教授就沒事了。一九七〇年四月十二日，一輪新的投票為此展開。維耶曼又做了一次長篇報告，這次他分析了傅柯的每一本書，並且提出傅柯計劃授課的主要方向，也重述了傅柯自己在《學經歷與著作》小冊中提到的重點（參見〈附錄四〉）。隨即進行投票：共有三十九位投票人。傅柯得到二十四票，有十五張空白選票標示叉號，這顯示了強大的少數派教授堅強不屈的敵意。公學院在將人選提交給部長做出決定之前，還得徵求其中一個學術院的同意。這次是由人文政治科學院（Académie des sciences morales et politiques）對這次投票提供意見。依照傳統，這純屬諮詢性意見，因為部長一向依循的都是公學院教授聯席會議的投票結果。傅柯很幸運，因為投票人合計二十七位，他一張贊成票都沒拿到：二十二張選票標記了叉號，五張選票乾脆就留了白。人文政治科學院的常任祕書克拉哈克（Pierre Clarac）在給教育部的報告裡以如此說法解釋這次奇怪的投票：「人文政治科學院有鑑於十五張空白選票標記叉號，亦即〔法蘭西公學院第二次投票當中〕超過三分之一的投票人……職是之故，人文政治科學院決定不為此教席推介任何候選人。」雖然有如此的拒絕，部長當然還是任命了米歇爾．傅柯。

於是，一九七〇年十二月二日，在法蘭西公學院教授和諸多文化界、學術界的名人，還有一群不知名的年輕仰慕者面前，傅柯以低沉內斂的聲音演說，震撼了在場的聽眾。不久之後，傅柯以《言說的秩序》（*L'Ordre du discours*）為書名出版了他在公學院的首講，他在書裡補回了當初為避免超過規定時間不得不跳過的段落。這場演說的主題就是**言說**本身，[a]而傅柯的開場就以某種嘲諷的方式連結到當下的處境，他提到對於說話的恐懼，對於開場的擔心，還有機構，就在那兒讓人安心，讓「開場隆重莊嚴」，讓演說者的恐懼平息。傅柯問道：「在人們說話以及人們的言說無限繁殖的事實當中，到底有什麼是如此危險的？危險又在哪裡？」[13]他自己提供了一個答案：「這是我今晚想要提出的假設〔……〕：我假設在任何社會裡，言說的生產都是同時受到一定數量的程序控制、選擇、組織和重新分配，這些程序的角色是要祛除言說的權力和危險，掌握言說導致

a. 此句的「演說」和「言說」，原文皆為discours。

的偶發事件，迴避言說沉重駭人的物質性。」[14]傅柯要在此「課程」中審視的，正是所有這些控制和掌握言說的機制。而他要說的不是所有人的歷史，也不是我們自己的歷史：「有哪個文明，在表面上，比我們的文明更尊重言說？言說曾在何處得到更好和更多的敬重？言說曾在何處似乎得以徹底擺脫約束，並且普及？不過，在我看來，在這表面的崇敬之下，在這表面對言說的熱情之下，隱藏著一種恐懼。一切都發生得像是早就部署了禁令、障礙、門檻和限制，致使言說的大規模擴散——至少有部分——在掌握之中，言說最危險的部分的豐富性得以淡化，言說的混亂也依據一些修辭——避開了言說最難以控制的部分——來調整；一切都發生得像是想要連言說湧入思想和語言遊戲之中的痕跡也抹去。或許在我們的社會——我也想像在其他所有社會（但他們有不同的形式和節奏）——對於這些事件，對於這些被述說的大量事物，對於所有這些陳述的突然出現，對於其中可能牽涉暴力、斷裂、爭執、混亂以及危險的一切，對於言說這種永無休止、巨大混亂的嗡嗡鳴響，存在著某種深沉的話語恐懼症（logophobie），某種隱約的恐懼。」[15]

社會為平息這巨大的嗡嗡鳴響而建立的約束體系，傅柯將之分為三類。首先是**排拒**（*exclusion*）的外部程序：**禁令**和**禁忌**（不是什麼話都可以說），**區分**和**拒絕**（譬如對於瘋人的話語），最後是**真理的意志**，亦即「以排拒為目的的奇特機制」，它在這幾世紀以來不斷強化，卻又是人們最少談論到的約束機制。傅柯強調：「在我們歷史上的任何時刻，所有試圖避開這種真理的意志，並且對之提出質疑，對抗真理的這些人——而且恰恰就在真理負責解釋禁令，界定瘋狂的地方——所有這些人，從尼采到亞陶到巴代伊，現在都應該成為指示我們日常工作的路標（或可說是傲慢的路標）。」[16]

第二類的限制原則是：在言說內部運作的東西。**評論**，它加重了文本或言說的分量，取消了文本或言說的偶然性質；**作者**的概念，它將言說或文本奇異的獨特性帶回給**我**和**個體性**之間可辨認的同一性（l'identité）；最後是各種**學科**，不論是科學或其他領域的學科，它們對知識進行整理和分類，並且將他們無法進行類比的知識推到這些學科的邊緣。

最後一類：施加在言說上的實行規則。言說進入社會的儀式，亦即在享有說話的權利和能力之前必須滿足的種種要求：「我們應該想想技術或科學的祕密；我們應該想想醫學論述的流通形式；我們應該想想那些將經濟或政治論述據為己有的那些人。」[17]或者還可以想想學校的角色：「所有教育體系都是一種政治手段，藉由言說帶有的知識和權力去維持或改變言說的歸屬。」[18]

要將所有權利歸還給混亂無序嗎？或許這正是傅柯在他對抗那建立「言說的秩序」的嚴密約束網絡時，賦予自己的任務。就算不去拆解這個秩序，至少要去分析它，讓它現形，揭開它藉以藏身、遮蓋明顯事實的面具。而哲學，特別是戰後主流的哲學只會透過原初的主體、原始經驗或普遍中介（médiation universelle）的觀念來增加並強化排拒的遊戲，傅柯於是呼籲對哲學價值進行一次貨真價實的翻轉。而為了在接下來的幾年，在他教學的這個**劇場**順利完成這項即將屬於他的工作，他展示了一種雙重的方法。首先是**批判性**的方法，必須解開將言說禁閉其中，由禁令、排拒和限制構成的網絡。繼而是**系譜學**方法，要在言說出現之處重新發現言說，不論約束體系對它的作用是正面還是負面。

傅柯當時設定的研究計畫可以分為幾個方向：第一階段是分析這些排拒原則的一個重要環節：真理的意志和求知的意志。並且在此框架內，還要研究「具有科學意圖的言說——醫學論述、精神醫學論述，還有社會學論述也是——對構成刑法體系的這一整套實踐與規定性言說的影響。研究精神病的鑑定及其於刑罰中扮演的角色是這項分析的起點和基本材料」。這是批判性的面向。至於系譜學的面向，要建立區別是更困難的事，傅柯提到他在《學經歷與著作》小冊裡已經提過的「遺傳相關的言說」這個分析，以及「對性論述的禁令」，這既是系譜學的研究，也是批判性的研究，因為「若不同時對文學、宗教、或倫理、生物學和醫學還有法律的言說整體進行分析——這裡涉及的是性，而且性在這裡被命名、描述、變形、解釋、判斷——要進行這項研究將會既困難又抽象」。[19]

傅柯在結束時向伊波利特致敬：「我知道為什麼在這裡說話會讓我如此害怕，因為我此刻說話的地方是我曾經聆聽他的地方，而他已經不在這裡，聽不到我說話。」

第二天，拉庫居赫（Jean Lacouture）在《世界報》報導了這場「入教儀式」：這位哲學家「像一位異端邪說年代的教會執事，輕鬆自在地」順服於這場儀式。

首講，意謂著教學的開始：直至一九八四年，傅柯每週講授的這門課將成為巴黎知識分子的生活大事。起初是在星期三傍晚，之後為了控制人數，從一九七六年開始改為早上九點，但是徒勞無功。傅柯將開展他所有知識、作品、教學才華上的資源，而為數始終如此眾多的熱情群眾將擠滿第八講堂和其他幾間配置擴音設備的教室。以下文字引自一份一九七五年關於法國大學傑出教授的報導：「傅柯走入競技場，腳步快速，充滿幹勁，像跳入水中似地，大步跨越幾具身體，到達他的座椅，推開那些錄音機，好擺放他的講義，脫下外套，點亮桌燈，開始講課，節奏極快。他的聲音響亮、明快，透過擴音器傳送出來。光源來自幾個灰泥燈座，講堂並不明亮，這裡唯一向現代化低頭的，只有擴音器。三百個座位擠了五百個人，幾乎是水洩不通，連貓要探出腳掌的空間都沒有。我太大意，課前四十分鐘才到，結果是：渾身痠痛。在一處窗欄上靠坐將近兩個小時，非常辛苦。而且，令人窒息（……）。他不玩弄任何詞藻，內容清晰而且極為簡潔明快。沒有任何即興演出的空間。傅柯一年有十二小時的公開課程，可以講述他過去一年所做的研究的意義。於是，他像個寫到稿紙盡頭言猶未盡的通訊記者，不只把稿紙寫滿，連稿紙邊緣的空白處也不放過。晚上七點十五分，傅柯停了下來。學生們急忙走到講桌旁，不是要跟他講話，而是去把錄音機關掉。沒有人提問。在嘈雜的人群裡，傅柯孤獨一人。」這堂課結束後，傅柯對這位記者坦承：「大家應該要能夠討論我提出的內容，有時候，我的課如果不夠清楚，不必多，只要提個問題，就可以讓所有事情回到正軌。可是提問從來沒有出現。在法國，群體效應讓任何真正的討論都變得不可能。由於沒有反饋的管道，我的課就劇場化了。我和在場的那些人有一種演員或特技演員的關係。當我講完課的時候，會有一種全然孤獨的感覺……」[21] 因為法蘭西公學院是個非常特殊的學術機構，嚴格來說，教授沒有學生，他們有的是聽眾，他們不會給這些聽眾文憑，也不會給任何考試，所以他們跟這些聽眾之間沒有對話，沒有聯繫，只有每星期發生在走鋼索的特技演員和觀眾之間的這種奇怪的對陣，觀眾會來看他的精采演出，為之鼓掌。

法蘭西公學院的這堂課對傅柯來說，基本上就是他從一九七〇年代初期開始陸續發表的作品的測試平臺。這是法蘭西公學院的傳統。公學院教授必須發表正在進行的一項研究，依照赫儂（Ernest Renan）的說法，就是「正在形成的科學」。而且每年都要有創新。所以傅柯發表的是他正在研究的素材，把他正在思考的假說整理起來。當然，很多工地始終沒有完工，很多小徑也沒去探索，可是這樣的方式經常成果豐碩，而且延伸出《監視與懲罰》和《求知的意志》，或者還有《性史》的最後兩卷。總之，這種當教授的活動需要投入巨量的準備工作。在生命的最後幾年，他經常說他渴望擺脫這項負擔，他覺得愈來愈沉重了。不過，在一九七〇年十二月二日的這天，此刻還是歡樂時光，疲乏的時刻還沒到來。

3 來自黑暗的教訓

小冊子的版型是很奇怪的直立長方形，書名是《無可容忍》（*Intolérable*），封底可以看到這些遭到傅柯無情判決的機構（制度）的名單：

「無可容忍的包括：

法庭、

警察、

醫院、精神病院、

學校、兵役、

媒體、電視、

國家。」

但這本小書真正的箭靶是監獄，因為一九七一年五月出版的這本四十八頁的小冊子是一個新的社會運動計劃出版的書系裡的第一冊，這個運動叫作「監獄訊息小組」（Groupe d'information sur les prisons）。[1]

這個運動是在傅柯的倡議下誕生的。一九七一年二月八日，傅柯自己在蒙帕納斯車站（gare Montparnasse）的聖貝爾納禮拜堂（chapelle Saint-Bernard）宣告了這場運動的誕生：「我們無人可以確定自己能夠免於牢獄之災。比起過去，今日更是如此。」這一天，傅柯如此宣稱。接著，他又說了這番話：「在我們的日常生活裡，警察的監控網絡愈收愈緊：在街上，在公路上；在外國人和年輕人的周遭；言論罪（délit d'opinion）再度出現；反毒品的措施任意施行。我們活在『拘禁』的環境裡。他們告訴我們，司法已經不堪負荷，我們知道確實如此，可是有沒有可能是警察讓司法超過負荷？他們告訴我們，監獄人滿為患，可是有沒有可能是被監禁的人數過多？關於監獄的公開訊息很少；這是我們社會體系的一個隱蔽區域，是我們生活裡的一個黑格子。我們有權利知道。我們想要知道。所以，我們和一些法官、律師、記者、醫師、心理學家組成一個『監獄訊息小組』。」

「我們希望讓大家知道監獄是什麼：哪些人會去那裡，如何去，以及為什麼有人會去那裡，那裡發生了什麼事，囚犯的生活如何，還有監視的人員生活如何，監獄的建築、飲食、衛生是什麼模樣，監獄的內部規定、醫療檢查、工場如何運作；如何從監獄出來，以及在我們的社會裡，作為一個從監獄出來的人的情況如何。

這些訊息不會出現在我們找到的那些官方報告裡，我們是向有監獄經驗或和監獄有關係的那些人請教，我們拜託他們和我們聯繫，請他們將所知的情況告訴我們。我們已經製作一份問卷供人索取，等到問卷數量夠多的時候，我們就會公布調查的結果。」[2]

這份公開號召的文稿署名者有三位：傅柯、維達納凱（Pierre Vidal-Naquet）以及多孟納。維達納凱是古希臘史學家，曾經因為在阿爾及利亞戰爭期間揭露法國軍隊濫用酷刑而聞名，多孟納則是當時天主教《精神》月刊社的社長。文稿後附的監獄訊息小組「信箱」地址正是沃吉哈赫街二八五號，傅柯的住處。而且，文稿是傅柯寫的，裡頭清楚可見保留了若干傅柯關注的焦點。像是瘋狂，分隔「正常的」人與被監禁的人的區分線比我們想像的更不明確，而這正是他必須設置觀測所的地方，如此方能看透各種權力機制如何開展。不過，在這件事情上，傅柯並不是從理論的範疇出發。他的出發點首先是行動，在日復一日的抗爭之中。這份監獄訊息小組的創始文稿似乎和他在法蘭西公學院的首講相距甚遠，而這堂課的講授時間是……兩個月前。

一九六八年五月之後的社會動盪經常以暴力示威的行動展現，導致眾多極左派積極分子遭逮捕判刑。有些人被依煽動暴力、危害國家安全的罪名，或是因為出版和發行像是《人民事業報》（*La Cause du peuple*）這類被查禁的報刊而遭到起訴。（《人民事業報》是毛派團體「無產階級左派」

〔Gauche prolétarienne〕的機關報，在一九七〇年「無產階級左派」解散之後，只要在公共場所販售該報，就有可能因「重新組建已解散聯盟」的罪名被起訴。）被監禁的「毛派分子」包括杰斯瑪（Alain Geismar）、勒布希斯（Michel Le Bris）、勒東帖克（Jean-Pierre Le Dantec）等等。一九七〇年九月，這些被監禁的抗爭者當中有二十九人進行絕食抗議，為政治犯爭取一項「特別制度」。因為在此之前，他們一直被視為「普通法」的犯人，所以他們受到的監禁待遇跟所有人一樣。這場運動持續了將近一個月，但是他們只取得非常有限的成果：案情明顯與政治有關的，亦即須由國家安全法庭審判的抗爭者可以享有某種寬鬆的待遇：探視、書籍和報刊。其他人，用當時的說法，就是直接視為「暴徒」——當時通過了針對他們的法律，稱為「反暴徒法」——這些人的身分依舊是「普通法」的犯人。不過這場運動暫時就中斷了。

一九七一年一月，獄中絕食抗議重啟，這次有外部支援，絕食抗議者進駐蒙帕納斯車站的聖貝爾納禮拜堂，其他團體也在索邦大學或葡萄酒市場（Halle-aux-Vins）加入抗議的行列。不少名人也來聲援絕食者，包括：尤蒙頓（Yves Montand）和西蒙・仙諾（Simone Signoret）、楊凱列維奇、克拉維勒等人。而在國民議會，涅夫勒省（Nièvre）選出的議員密特朗（François Mitterrand）在質詢司法部長普列文（René Pleven）時，譴責獄方對待政治抗爭者的方式，他指出「抗爭者的行為，就算值得批評，也只是出自一種意識形態的選擇」。二月八日，普列文開始讓步了，他宣布成立一個委員會，負責審查絕食抗議者要求的寬鬆措施。赤色濟難會（Secours rouge，一個為反抗壓迫而創立的組織）還是決定在第二天發動示威抗議。這場集會立刻被市警局禁止，並且在次日遭到暴力鎮壓：數十人遭警方拘捕，多人受傷，其中一名年輕男子遭催淚彈迎面擊中而毀容。同樣是二月八日，一場媒體記者會在聖貝爾納禮拜堂召開。左派積極分子的律師基耶茲曼（Georges Kiejman）和雷克勒克（Henri Leclerc）特別強調他們的「委託人」基本上得到滿意的回應。繼而赤色濟難會的發言人阿勒瓦克斯（Pierre Halbwachs）將麥克風傳給傅柯，由他宣讀「監獄訊息小組」的宣言。起初，事情的重點是要創立一個由專家組成的委員會來調查監獄，可是傅柯將計畫轉向，變成一個小組，工作就是生產訊息，特別是讓所有身分的犯人都可以發言，還有其他與監獄有關的人。

事實上，左派犯人的抗議運動催生了對於監獄狀況更普遍的質疑。打從九月的第一次抗議開始，絕食者就意識到左派抗爭者要求特殊地位有可能引發爭議，他們當時發表了一份「寫於法國監獄」的新聞稿，發布日期是九月一日，文中明確指出：「我們要求明文承認我們的政治犯資格。我們並不要求享有不同於其他普通法犯人的特權：我們認為，他們是社會體系的受害者，社會體系將他們生產出來，卻拒絕對他們進行再教育，只想要拒絕他們。我們更希望的是，我們揭露可恥的監獄現行制度，這場戰鬥可以讓所有的犯人獲益。」

所有的犯人！傅柯不會對這樣的聲明無動於衷，這些聲明會喚醒他恍惚的記憶，那是他從前透過檔案上厚厚的塵埃，透過更厚的精神醫學、經濟學、法律概念的屏障聽見的聲音。其實，七〇年代他感興趣的一切都已經在《瘋狂與非理性》裡沸騰了。而且我們在前面已經看到，他長期關注刑罰制度和司法機構的問題（他一九六〇年代初期在克雷蒙費弘的課程可以為證）。這種感覺很奇怪——看著傅柯的著作如何演變，看著他的著作從一九六〇年代初期到七〇年代再到八〇年代的徹底轉變，看著他的詞彙和主題如何變化，當然還有在寫作、研究和行動之中，這一切如何初來乍到，如何發想，如何看似源自某種內在的必然性。只要讀一讀傅柯在每個教學年度結束時為《法蘭西公學院年刊》（*Annuaire du Collège de France*）所寫的〈課程摘要〉（Résumés des cours）就知道了：[3]所有的主題都是相連的，而且從回顧的角度來看，每一次的改弦更張，那些後續主題似乎都是受到先行主題先見式的召喚。斷裂（是有一些）、困境（並不會少）、懊悔（有其作用），到最後，這一切卻讓人有一種結構嚴謹的印象。

監獄訊息小組發出首次呼籲之後不久，開始投入他們所說的調查。問卷在探訪的時間發送給監獄前面排隊的受刑人家屬。傅柯尋求這種直接的聯繫，他蒐集的是關於囚犯的過去和囚犯生活條件的證詞和故事。他醉心於他在社會邊緣的一個殘酷現實裡發現的這些個人史的片段，悲愴的生命軌跡，如此的人生。問卷附上批評監獄現狀的一小段評論：「他們對待受刑人如同待狗，受刑人僅有的權利未受尊重。我們要將此惡行公諸於世。」要達成目標，只有一個辦法，就是進行調查，並且累積證詞：「為了協助我們蒐集資料，請和受刑人或前受刑人一同填寫所附問卷。」

於是，第一本小冊子出現在一九七一年五月：書名的副標題是「二十所監獄調查報告」（*Enquête dans 20 prisons*），自由領域出版社（Champ libre）出版，封底有前文引述的「無可容忍」的名單，還有這則簡短的宣言，介紹運動的目標：「監獄訊息小組無意為不同監獄的犯人發聲，相反的，是要讓他們有自己發聲的可能，說出監獄裡發生的事。監獄訊息小組的目標不是改革，我們的夢想不是一座理想的監獄，我們希望犯人可以說出刑罰鎮壓體系裡令人無可容忍的事。我們應該盡快，並且盡可能廣泛地將犯人自己揭露的這些問題傳播出去。這是在同一場抗爭中，聯合監獄內外，聯合政治與司法戰鬥的唯一方法。」

小冊子打開就是一篇由傅柯執筆，署名「監獄訊息小組」的長文，清楚解釋了監獄訊息小組的目標：

> 法院、監獄、醫院、精神病院、職業醫學、大學、媒體和訊息機構：透過所有這些機構，在不同的假面之下，進行某種壓迫，而其根源是政治壓迫。這種壓迫，被剝削階級總是認得它，也從未停止對它的抵抗，可是卻又被迫要忍受。現在，新的社會階層——知識分子、技術人員、法學家、醫生、記者等等——已經無法忍受這種壓迫。〔……〕那些負責分配正義、健康、知識、訊息的人開始在他們自己的所作所為中感受到政治權力的壓迫，這種新的無可容忍的感受恰恰迎上了無產階級長期進行的鬥爭。而這兩種無可容忍結合起來，找回了無產階級在十九世紀想出的方法：首先，由工人階級自己對工人的工作條件進行調查。這正是我們此刻正在進行的**無可容忍調查**。
>
> （一）這些調查的目的並非要改善或減輕某種壓迫的力量，讓它變得比較容易承受。這些調查的目的是要攻擊這種力量，在它以其他名義表現出來的地方，無論它的名義是法律、

技術、知識或客觀性。所以每一項調查都應該是一個**政治行動**。

（二）這些調查針對明確的目標，亦即具有名稱和地點、管理者、負責人、領導人的機構——造成有人受害，也引起反抗的機構，也包括負責管理這些機構的單位。所以每一項調查都應該是**一場抗爭的第一回合**。

（三）這些調查將此種目標周邊的社會階層集結起來——統治階級利用社會等級與經濟利益的分歧，把這些社會階層長期分隔開來。這些調查應該要集結受刑人、律師和法官，或是集結醫生、病人和醫務人員，一起拆除權力必定會樹立的屏障。每一項調查都必須在每一個戰略重點上構築**一道防線**，和**一道攻擊線**。

（四）這些調查並非由一群技術人員從外部進行，這裡的調查員是受訪者自己，是由他們來說話，是由他們來打破阻隔，說出什麼是無可容忍的，說出他們不再容忍，**是由他們來負責抗爭，阻止壓迫的發生**。[4]

接著是對二十所監獄的犯人進行調查的結果。在具體建議中，特別提到要展開一場「廢除犯罪紀錄」的運動。

這個系列的小冊一共有四本。第二冊也由「自由領域」編輯出版，調查對象是一所「模範監獄」：弗勒希梅侯吉（Fleury-Mérogis）監獄。其後兩冊則是由伽利瑪出版社出版。第三冊的主題是一九七一年八月二十一日發生在美國聖昆丁（Saint-Quentin）州立監獄的「喬治・傑克森（George

Jackson）謀殺案」，包括一篇由惹內執筆的長篇序文（我們稍後會看到，惹內也從此成為傅柯的戰友）。[5] 第四冊，也是最後一冊，於一九七三年一月出版，關注的主題是兩起發生於一九七二年間的受刑人自殺事件：傅柯和他的夥伴試圖指出，在集體行動的絕望爆發之後，緊接著是這種以最悲慘的形式展現的個體拒絕。書中提及諸多案例，但是這本小冊子最引人注目的幾頁，肯定是一位以首字母署名H.M.的年輕人於一九七二年秋天自殺前不久所寫的那些信件。H.M.當時三十二歲，因為數起竊盜罪在獄中度過了十五年。信件一封又一封，H.M.反覆述說他揮之不去的煩惱和焦慮，他確定自己意志堅定，不會「被擊倒」，他說他讀了庫珀寫的一本反精神醫學的書，他要求親友為他帶來沙特的《聖徒惹內》（*Saint Genet*）。他因為同性戀「現行犯」而被隔離監禁在「獨居房」（儘管他從未掩飾自己是同性戀），就在「獨居房」裡，他上吊自殺了。[6]「他渴望寫信給親人，寫信給朋友，這股渴望源自孤獨，滋養著這種新型的政治思考。在這種政治思考中，公共與私人、性與社會的傳統區分趨於消除。」一篇未署名的宏文如是評論。小冊子複製了這些信件，附上評論的文字。「這些書信之所以具有代表性，是因為它們透過靈魂與思想的特質，恰恰說出了一個囚犯的所思所想。」這些作者繼續評論，他們憤怒地說：「我們想知道，監獄有何權利可以判決並且懲罰同性戀。」在做出結論之前，作者們指出：「不少人必須為這位受刑人的死亡負直接的、個人的責任。」[7]

監獄訊息小組是傅柯在一九七〇年代初最重要的大事，這確實是他的社會運動。是他的，也是丹尼爾．德費的。許多凡森大學的同仁都以相當非正式的方式加入了他們的行動，因為這不是一個政黨，沒有入黨程序，也沒有黨員證。這些人包括帕瑟宏、葛特紐、卡斯特、德勒茲，還有洪席耶和他的妻子丹妮葉勒．洪席耶（Danièle Rancière），以及東茲洛（Jacques Donzelot）。不久之後，克洛德．莫里亞克也來了。他的參與是最令人意想不到的，但他在這件事上確實發揮了一定的影響力。

克洛德．莫里亞克是弗杭索瓦．莫里亞克的兒子。弗杭索瓦．莫里亞克曾經擔任戴高樂將軍的機要祕書，直到戰後。一九七一年，當時傅柯已活躍於極左派陣營，克洛德．莫里亞克則是《費加洛報》的記者。[a]克洛德．莫里亞克在他的日記裡花了幾百頁的篇幅述說認識傅柯對他的人生帶來的影響，可是就「相遇」這個詞最強烈的意義來說，他們究竟如何結識，日記裡似乎隻字未提（浩浩數冊《靜止的歲月》其實是一部友情的編年史，同時也逐日記述著一九七〇年代一小群知識分子的抗爭活動[8]）。一切都是從一個意外開始的，這種事在示威活動中經常發生：一九七一年五月二十九日，《新觀察家》週刊的記者裘貝（Alain Jaubert）在警用巴士裡被痛毆，當時的情況是，他想陪一位受傷的示威者赴醫院就診。裘貝隨即被控暴動罪，以及對執法人員施暴。由於他是記者，事情引起了軒然大波。傅柯、德勒茲和一名律師隆格盧瓦（Denis Langlois）、提姆希特博士（Dr Timsitt）還有幾位記者聚集起來，進行「覆核調查」，試圖還原真相。在他們舉行的第一場記者會上，克洛德．莫里亞克以《費加洛報》的記者身分到場，他的出席非常引人注目。傅柯在會前致電詢問莫里亞克：您是否願意加入我們的調查委員會？莫里亞克同意了。他報導了幾天之後他和傅柯在巴黎阿拉伯區的「金滴咖啡館」（café de la Goutte d'Or）的討論：「如果八天之前有人指著這家咖啡館給我看，然後告訴我，人們會在今天看見我和傅柯坐在裡面討論事情，我一定無法相信。他〔傅柯〕答說：請您原諒我把您拖下來蹚這個渾水。」[9]這個渾水，莫里亞克一蹚就是好幾年，而他心裡始終留存著動人的回憶。

除了兩人之間的個人情誼（之前沒有任何跡象顯示他們有一天會相識），裘貝事件還帶來了其他後續影響——對於真相的要求，對於訊息的蒐集與傳播的渴望，還有在大型通訊社與報社得到迴響的困難，這些都是創立「解放新聞社」（Agence de presse Libération）的契機。「解放新聞社」由克拉維勒推動成立，日後在創辦《解放報》時，「解放新聞社」扮演了重要的角色。

監獄訊息小組經常在艾蓮・西蘇位於蒙蘇里公園（Parc Montsouris）附近的住處開會。西蘇記得他們的討論「完全是行動導向」：「傅柯真的是非常務實的人，他總是非常注重效率。」每個人都把他當成這個小團體的「首腦」。多孟納則是記得傅柯令人難以置信的充沛精力，永遠處於待命工作的狀態：「我不知道他是怎麼搞定這一切的，他和丹尼爾・德費什麼事都要做，他發送信件，進行聯絡，打了上千通電話，需要他的時候他永遠都在……。」實際上也經常需要他，因為可以行動的時機確實不少：從一九七一年十一月起，法國監獄發生了一連串抗爭行動，情勢一發不可收拾，暴力衝突愈演愈烈，一直發展到圖勒鎮（Toul）內伊監獄（centrale Ney）的受刑人縱火

a. 在法國媒體政治光譜上，《費加洛報》偏向保守右派。

燒毀牢房。警方發動突襲，有十五名犯人受傷。傅柯和監獄訊息小組動員起來，譴責鎮壓，當然也嚴詞批評引發暴動的獄政狀況。「司法真相委員會」（comité Vérité-Justice）在圖勒鎮的事件現場成立，並且召開了幾場訊息交流會議。會議有時會亂成一團——當獄警到場發表意見的時候。傅柯參加了好幾場記者會，第一場在十二月十六日舉行，就在部長任命了一個調查委員會，審核整個事件的事實、成因及可能的補救措施之後。爭議的重點在於：監獄的精神科醫師艾荻特・侯斯（Dr Edith Rose）提交給司法部和總統的報告。這份報告措辭沉重，詳述受刑人的生活條件以及患病時受到怎樣的對待等等，內容十分駭人。傅柯在圖勒會議上朗讀這份文件，現場一片譁然。傅柯在這個「說出『我』的聲音」當中認出了「特定知識分子」（l'intellectuel spécifique）的典型化身，那是他正在發展的理論，數日之後，他在《新觀察家》週刊上發表了這個理論的一些片段：「在她（侯斯醫師）所陳述的單純事實裡，隱藏著什麼——或者說暴露出什麼？是某人的不誠實？是其他人的違規行為？都不是，她揭露的其實是權力關係的暴力。可是社會卻精心規範，讓眾人的目光從所有透露了真實權力關係的事件上移開。政府部門只談表格、統計數字和曲線圖；工會談的是工作條件、預算、信貸和招募。不論在哪裡，人們只想從『根源』之處攻擊惡，也就是無人得見也無人得以體會之處——遠離事件，遠離對峙勢力和支配行為。可是現在，圖勒的精神科醫師說話了，她撼動了遊戲規則，打破了巨大的禁忌。身處權力體系當中的她並沒有批評體系的運作，而是揭發了有那麼一天，在那個地方，在那些情況下剛剛發生的事。〔……〕圖勒演說或許會成為獄政與精神醫學制度史上的重要事件。」[10] 一九七二年一月五日，傅柯再度發言：報告完監獄訊息小組對受刑人進行的調查結果之後，他堅持「必須讓輿論瞭解監獄的現況」並且挑釁「普列文先生不敢說出真相」。同場會議中也宣讀了一份沙特的短信，信裡將圖勒暴動描述為「對抗壓迫體制的抗爭的開始，這個體制將我們所有人都關進集中營式的世界」。

里爾、尼姆（Nîmes）、弗勒希梅侯吉等地也相繼爆發抗爭。司法部長普列文嚴詞譴責監獄訊息小組和極左派團體的行動，他說：「情況很明顯，一些顛覆分子現正試圖利用可能要承擔後果的受刑人，在各地監獄煽動或發動一場危險的動亂。」而共產黨的日報《埃松馬賽曲》（*La Marseillaise de l'Essonne*）則是要求當局終結這個「流氓工會」的勾當。不過監獄訊息小組還是繼續他們的攻勢：為了抗議鎮暴部隊在南錫（Nancy）查理三世監獄（prison Charles-III）的粗暴攻擊，他們決定在司法部舉行一場記者會。一九七二年一月十八日，在卡斯蒂利奧內街（rue de Castiglione）的洲際飯店（hôtel Intercontinental）前，克洛德・莫里亞克和沙特都來了，身旁還有米榭兒・維昂（Michelle Vian）、德勒茲夫婦、傅柯和另外幾十人。這群人一起往凡登廣場（place Vendôme）行進，走到司法部的拱門下。一道路障擋住他們的去路，傅柯於是朗讀一份由默倫監獄（prison de Melun）受刑人所寫的報告。正當示威者齊聲高呼「普列文下臺」、「普列文殺人」時，國家保安警備隊（CRS）上場了，根據莫里亞克的敘述，他們「毫不留情地將這一整群知識分子推到外面，我從外面看到，他們抵抗著警力的壓制——傅柯帶頭，他滿臉通紅，肌肉也因為用力而鼓脹」。[11] 警方清場之後，現場一陣短暫推擠，有幾個人被拘捕，包括裘貝、瑪莉安・梅洛龐蒂（Marianne Merleau-

Ponty）等。沙特和傅柯試圖居間調解，但是徒勞無功。莫里亞克報上自己是《費加洛報》記者的身分之後，情況才有所轉圜。他保證只要這兩名示威者獲釋，群眾就會立刻解散。警方照辦了，記者會於是移師到解放新聞社的場地舉行，傅柯再次宣讀默倫監獄受刑人的報告，也提到南錫監獄的衝突。三天後，監獄訊息小組號召在塞瓦斯托波爾大道（boulevard de Sébastopol）示威，聚集了將近一千名群眾。

監獄訊息小組還組織了其他比較不引人注目的活動，例如在耶誕夜或跨年夜的時候，在監獄前面集會，施放鞭炮，手舉煙火筒，透過擴音器喊叫，傳送訊息，讓受刑人知道他們並沒有被世界遺棄：例如傅柯就參與過一九七一年十二月三十一日在弗瑞涅的活動。還有亞莉安·莫努虛金（Ariane Mnouchkine）帶領陽光劇團（Théâtre du Soleil）的演員在一些監獄門口的小型演出：劇情只有短短幾分鐘，最後是被警察驅散。因為在巴黎、南錫，或其他地方，警棍總是如雨水般傾瀉在監獄訊息小組的抗爭者身上。「在南錫，我是結結實實地被警察痛打了一頓。」艾蓮·西蘇這麼說。傅柯也沒逃過這一劫：一九七一年五月一日，他和其他十幾人一起被拘捕然後被帶到警察局，當時他們正在巴黎桑泰監獄（prison de la Santé）前面發傳單，呼籲廢除犯罪紀錄。走出警局時，傅柯被一名員警攻擊背部。傅柯提告警方「非法逮捕、侵犯公民自由、公然侮辱和預謀進行輕微暴力」。這個司法行動最後以有利於警方的不起訴處分告終。[12]

監獄訊息小組不斷發明新的行動形式。一九七二年六月，有六名南錫暴動者受審，監獄訊息小組想為法庭辯論做宣傳：在凡森的「彈藥庫園區」（Cartoucherie），莫努虛金的劇團演出《一七九三》之後，觀眾受邀留在現場參與一個簡短的模擬法庭，劇本就是審判的逐字稿，傅柯和德勒茲扮演警察的角色。[13]為了保障受刑人可以得到他們需要的法律協助，傅柯也主張要成立一個協會：他和德勒茲一同拜會了超現實主義詩人艾呂雅（Paul Eluard）的遺孀，她同意贊助並提供場地給這個保護受刑人權利的協會，協會後來由作家韋科爾（Vercors）擔任主席。

監獄訊息小組成果斐然：一些委員會在法國各地相繼成立，而且儘管發起者多半是活躍的毛派人士，引發的反應卻遠遠超出那些「極左派」的圈子：律師、醫生、宗教人士都參與了這場以非正規方式集合了兩、三千人的運動。可是這樣的成功只維持了一小段時間。傅柯依循初衷，要讓受刑人和前受刑人自己發聲。一九七二年十二月，「囚犯行動委員會」（Comité d'action des prisonniers）出版了他們的第一本小冊子。這個委員會是由曾在默倫監獄服刑多年的利沃侯澤（Serge Livrozet）領頭，傅柯為這本名為《從監獄到抗爭》（*De la prison à la révolte*）的見證之書作序。他寫道：「利沃侯澤的這本書是研究監獄多年的成果，是這場運動的一部分。我不會說這本書『代表』全體受刑人的想法，甚至也未必是大多數受刑人的想法。我會說這本書是這場抗爭的一個要素；這本書誕生於這場抗爭，它會在其中發揮一定的作用。這本書是關於法律與違法行為的某種人民經驗、人民思想的個人強烈表達。一種人民的哲學。」[14]

囚犯行動委員會很快就向聲望卓著的贊助者們提出完全獨立的要求。利沃侯澤非常粗暴地回應傅柯在《解放報》匿名發表的一篇關於犯罪與違法行為的訪談。「分析專家令我們厭惡，」利沃侯澤在一九七四年二月十九日高呼：「我不需要任何人替我發言，替我解釋我是誰。」[15] 那個時候，監獄訊息小組其實已經放手。可是抗爭的動能無疑已被摧毀。「他們繼續抗爭，可是得到什麼迴響？」德費和東茲洛在一九七六年的一篇回顧文章裡談到囚犯行動委員會時，語帶苦澀地提出這樣的質疑。[16]

苦澀，失敗感，傅柯在監獄訊息小組自動瓦解之後應該就是這樣的感覺。「米歇爾覺得這一切根本沒用。」[17] 德勒茲在一九八六年刊出的一篇訪談中這麼說。德勒茲也強調這場「冒險」、這個「經驗」對傅柯的重要性。它檢驗了一個知識分子參與的新概念：引領行動的不再以高高在上的價值為名，而是一種投注在無人察覺的現實上的目光。指出無可容忍的事物以及讓無可容忍的處境真正變得無可容忍的事物。可是，德勒茲補充道，監獄訊息小組也是一種「生產陳述」的方式。所以，在他看來——跟傅柯可能的想法相反——監獄訊息小組是成功的：「現在有一種關於監獄的新型陳述，它是自然而然由犯人提出，但有時是由非犯人提出，這在過去是不可能明確表達出來的。」[18]

*

傅柯在法蘭西公學院開設的課程，目光集中在司法和刑法問題。一九七三年，他和一個研究小組出版了一本關於皮耶・希維業（Pierre Rivière）的書。希維業是十九世紀初的年輕殺人犯，因為殺害自己的母親、弟弟和妹妹而被審判並定罪。「我們想研究精神醫學和刑事司法之間關係的歷史，在研究過程中，我們遇到了希維業的案件。」他在序言中寫道。[19] 傅柯決定出版凶手親手寫在紙上，關於自己罪行的陳述，還有司法調查、法醫意見、定罪、監禁和自殺的完整案卷。傅柯解釋了此案為何引起他的注意：「像希維業案的這類文件可以拿來分析某種知識（例如醫學、精神醫學、精神病理學）是如何在它與某些機構的關係當中形成和運作，並分析這些知識在其中必須扮演的角色（例如在司法機構，有專家、被告和瘋子罪犯等等）。這些文件可以解開權力、支配和抗爭的關係之謎，正是在這些關係的內部，言說得以建立並且運作；因此，這些文件可以用於分析言說（甚至科學論述），這種分析具有事件性和政治性，所以也是策略性的。我們最終可以從中理解到像希維業的這種言說特有的擾亂力量，也可以理解到一整套策略，透過這些策略，人們試著涵蓋這種言說，給它安插位置，賦予它瘋子或罪犯的言說的地位。」[20] 之後陸續有其他的發表：關於司法和監獄的一些序文、報刊文章、訪談、辯論、研討會。還有反對死刑，這是傅柯積極參與的一場戰鬥。譬如，他在一九七六年拒絕出席季斯卡（Valéry Giscard d'Estaing）總統的午宴，理由是總統拒絕特赦因為謀殺一名小女孩而被定罪的蘭努奇（Christian Ranucci），蘭努奇因而被處決。

*

一九七五年，傅柯最優秀的書之一（或許是最優秀、最重要的）《監視與懲罰》出版，副標題是「監獄的誕生」（Naissance de la prison）。傅柯轉移了行動的陣地。我們不再站在監獄門口，而是站在歷史研究的現場，傅柯要以此與思想的慣性和便利性對立起來。他在書的開頭說，這本書誕生於現在，而不是生於歷史。他的計畫正是要「做現在的歷史」。[21] 以監獄為中心的抗爭涉及的是一整套施行於身體的權力技術。監獄是什麼？我們如何從過去喧鬧的酷刑過渡到當前沉默的監禁？「這是中世紀地牢的古老遺產嗎？這其實是一種新技術：整合了十六世紀到十九世紀的一整套程序，目的是分區控制、檢查、衡量、矯正個體，讓這些個體變得既『溫馴又有用』。監視、訓練、操縱、評分、排序和名次、分門別類、審查、記錄，這一整套方法——讓身體臣服、掌控人類的多重性、操縱人類的力量——經過古典時代的幾個世紀，在醫院裡、在軍隊裡，在學校、學院或工場裡發展起來：這就是規訓。十八世紀或許發明了自由；但它給自由打造了一個深沉而堅實的地下層——規訓社會（société disciplinaire）——我們至今仍隸屬於這樣的社會。監獄將在這個監視社會（société de surveillance）的形成過程中得到重新安置。」

傅柯極力揭示「人文科學」在這樣的過程中扮演的角色：「現代刑罰體系不敢再說它要懲罰犯罪，而是主張要讓違法者重新適應。現代刑罰就這樣和『人文科學』做了近兩世紀的鄰居和表親。這是它自豪之處，是它無論如何都不會對自己感到太羞恥的方式：『我或許還不是完全正確；請耐心一點，看一看，我正在變得學識淵博。』可是心理學、精神醫學、犯罪行為學如何能夠正當化今日的司法？畢竟它們的歷史顯示了相同的政治技術，它們彼此互相形塑。在對於人的認識之下，在處罰的人性之下，有某種對身體進行的規訓式包圍（investissement disciplinaire des corps），那是一種讓主體臣服（assujettissement）與客體化（objectivation）的混合形式，是一種相同的『權力－知識關係』（pouvoir-savoir）。我們能不能以身體的政治歷史為基礎，做出現代道德的系譜？」[22]

一如《瘋狂史》或《臨床的誕生》的做法，傅柯捨棄哲學傳統的正典文本，在警方文獻或改革計畫之中「四處張望」。他在一次訪談中如此解釋：「資產階級直截了當的說話方式不在黑格爾也不在孔德的著作裡。在這些神聖化的文本之外，在大量不為人知卻構成一種政治行動的實際言說的文件裡，可以清楚讀出一種絕對有意識、有組織、思慮周密的策略。」[23]《監視與懲罰》取得相當大的成功，人們常引用本書開頭關於達米安（Damiens）遭受的酷刑以及描述十八世紀刑罰有多麼殘酷的這幾頁。人們也經常引用關於監獄角色的核心概念：監獄作為權力試圖要控制的一種自我封閉的場所，它生產著犯罪行為。還有「全景監控模式」（panoptisme），也就是傅柯長篇描述的那種邊沁（Jeremy Bentham）想像的監獄組織方式，建築設計圍繞著一個中心點，從這裡可以隨時看到建築物的每個角落。「全景監控模式」成了這種「權力之眼」的象徵，成了一九七〇年代各種「部門抗爭」（luttes sectorielles）不斷譴責的制度性網絡的象徵。《監視與懲罰》是在抗爭的起落變動當中思考和成熟的，它也應該反過來為抗爭服務。傅柯在前述的訪談中曾說：「要這麼說的話，我所有的書，不論是《瘋狂史》，或是這本，都是一些小工具箱。如果人們想要打開它，取用某個句子、某個觀念、某個分析，像在用一支螺絲起子或扳手那樣，為的是繞過、取消、破壞權力體系（有可能也包括我的書由之而來的那些權力體系）……這樣的話，就太好了。」[24]

《監視與懲罰》在三一五頁戛然而止，傅柯在頁面下方的注釋提出說明：「我就此打住，關於現代社會中的規範化權力及知識形成的種種研究，本書應該作為歷史背景。」[25]

4 人民正義與工人記憶

「看，那是傅柯！」所有人都轉頭看他走過。傅柯的身影，他那置身千人之中仍可辨認的樣貌，成為諸多示威遊行留存在記憶與相片裡的圖像。一九七〇年代初的這幾年，傅柯的生活出現翻天覆地的轉變，這或許是最難追述的幾年。困難之處在於前面這幾年沒有資料來源：沒有人知道資料的存在，需要有人去發掘；在大學工作的時期，只有少數幾位見證人可以敘述；諸如此類。這些都該全部找出來，全部建立起來（此外我也觀察到，在我長期研究之後，我發現並且建立的所有資料，隨即可以被其他自稱為「傳記作者」的人輕易複製——或許我該說是剽竊。這些人似乎認為他們有權將這些資料據為己有，毋須注明來源，只需複製我的訪談片段，放進引號，卻不注明出處，而我訪談的對象，他們根本不曾謀面，也不曾提問）。一九七〇年開始，事情起了變化：傅柯成為公眾人物。他是名人，大家都認得他，他的名字經常出現在報章雜誌和書籍裡面。回憶錄、編年史、當代歷史著作裡屢屢提及他的名字。首先當然是克洛德．莫里亞克的日記，這是一份極為珍貴的文獻。然而資料這麼豐富卻造成另一個問題：這些證詞都偏向公眾人物、社運積極分子那一面，這樣的角色恰恰是杜梅齊勒不「相信」的。因為傅柯在這個年代的存在被「片段化」了，如果可以這麼說的話。譬如，他的人際圈子明顯擴大許多，而且最重要的是變得更加多樣。他得設法將知識界和文化界的各種極端集結在一起。集結在一起：這個說法其實並不貼切。傅柯對於經常往來的各路人馬以及各方團體之間，維持著相當嚴格的區隔。正如記者尚．丹尼爾所述，傅柯很有手腕，可以讓每個對話者覺得自己是唯一和他保持特殊關係的人，這經常導致這個時期的記述出現一些扭曲的觀點，因為這些觀點傾向將傅柯限縮於單一面向、單一角色。而且，不同人際圈子的封閉性或許正是它們得以存在的條件——我們可以想像，杜梅齊勒對於像格魯克斯曼這樣的人會怎麼想，我們也知道康紀言對克拉維勒的評價，這是克拉維勒親口說的。

我們在人際關係領域看到的這種「分歧」和「片段」出現在所有層次。這是第二個困難之處。法蘭西公學院的課程、書籍出版、抗爭活動、出國旅行……只要是牽涉到要定位某個事件發生的時間，或是要將事件重新嵌入某個可以賦予它意義的時序裡，一切就會混雜在一起，交叉，交錯，套疊，交織。在此處開展的敘述形式應該要考慮到這個片段化的面向。敘事有時會脫線，時間序有時會混亂。我選擇以整體的方式處理一些主題或問題，避免過度線性的敘述。我不想刻意去連結那些除了發生時間相同之外沒有其他關係的事實，相反的，我也不會把那些彼此相隔數年的系列事件看作互不相關。

*

時間是一九七一年十一月二十七日，地點在巴黎十八區（大量移工居住的平民區）的馬卡德街（rue Marcadet），埃德里希（Hedrich）牧師經營的綠色之家（Maison Verte）。大廳裡，作家惹內已經就座，他「沒有刮臉，白色的鬍子又濃又密」，傅柯也就座了。莫里亞克寫道：「下午兩點，馬卡德街，在我們要開會確定示威活動最後細節的這個大廳裡，來了一個小個頭的老男人，低調，幾乎不發一語，是沙特。他在我對面坐下，惹內和傅柯坐在我的左右兩邊。是我看錯，還是誤會了？可是似乎有人替他們互相引見，他們似乎是初次相遇——沙特和傅柯。」[1] 一九七一年十一月二十七日的這一幕意義重大：「我就這樣看到沙特和惹內面對面，聖徒傳記作者和聖徒本人。[a] 我就這樣見證了年老的偉大哲學家和年輕的偉大哲學家——沙特和傅柯——的初次相遇。」當然，沙特和傅柯兩人在凡森大學的驅離行動之後，都參與了一九六九年二月十日在巴黎互助會館舉行的會議，但是他們沒有交談，也沒有碰到面。所以莫里亞克寫道，這其實是「他們」的第一次「相遇」。

五年前，兩位思想家針鋒相對的論戰，引起知識界的密切關注。五年有如一個世紀。一九六八年五月的動盪如狂風橫掃法國社會，所有過去的基準點都倒塌了。若非如此，克洛德·莫里亞

a. 沙特於一九五二年出版《聖徒惹內：演員與殉道者》（*Saint Genet, comédien et martyr*）。

克這個老戴高樂派怎麼可能成為這一整段歷史的編年史作者，並且在示威活動中和左派學生們並肩前進，在當時所謂「抗爭戰線」的最前沿，和那些主張徹底顛覆現存秩序的知識分子一起作戰？

所以沙特和傅柯的相遇並不令人驚訝，他們相遇的背景是一次「反種族歧視」的行動。事情發生在巴黎阿拉伯人聚居的金滴區（Goutte d'Or），一個名叫杰拉里・班・阿里（Djellali Ben Ali）的阿爾及利亞年輕人辱罵一位女性大樓管理員，管理員的友人拿來一支步槍，結果不慎走火，年輕人因此喪命。這是一樁令人難過的尋常社會事件，一如數年後的審判期間《世界報》所說的那樣。可是在悲劇發生時，人們的感受卻大不相同。數千人群起示威「反對種族主義罪行」，傅柯發起組成一個調查委員會，對這個街區的生活條件進行調查。德勒茲、惹內、莫里亞克、帕瑟宏等人都加入了這個「杰拉里委員會」（comité Djellali）。

一九七一年十一月二十七日，在莫里亞克描述的這一幕相遇之後沒多久，幾個小隊的保安警察在波隆梭街（rue Polonceau）和金滴街（rue de la Goutte-d'Or）的街角集結，整個街區都被警方包圍。不過警察接獲的命令和以往一樣，就是不能動到沙特；於是示威者得以從容不迫地拿出他們的標語牌。他們把連署文字的標題「街區勞動者一起站出來」放上標語牌，內容譴責籠罩在金滴區的威脅來自「種族主義的網絡，後盾就是掌權者」，簽署者包括：德勒茲、德哈克（Michel Drach）、克萊兒・埃切黑利（Claire Etcherelli）、傅柯、惹內、莫妮克・朗治（Monique Lange）、雷希斯、米榭兒・曼索（Michèle Manceaux）、瑪莉安・梅洛龐蒂、米尼翁（Thierry Mignon）、尤蒙頓、帕瑟宏、沙特、西蒙・仙諾。幾位連署人加上一大群毛派分子，在幾個小隊的國家保安警備隊監視下，穿越空蕩蕩的街道。這就是那一系列著名的照片，我們可以看到沙特站在傅柯身旁，而傅柯手持擴音器正在說話。他們宣布將從第二天開始在聖布魯諾教堂（église Saint-Bruno）的聯誼室設置服務處，為所有需要法律服務的民眾提供協助，或是單純協助他們填寫移民經常必須提供的一些行政手續所需的證明、表格、文件等。

沙特非常疲憊，已經感到身體不適，這場小型集會一結束他就離開了，其他人則是繼續回到綠色之家開會。埃德里希牧師在那裡接待他們。隔天傅柯告訴莫里亞克：「昨晚我待到後來，去附近餐廳吃了晚餐，進去的時候有人大喊：『看哪，是沙特。』傅柯補了一句：「我不確定這算不算恭維。」

帕瑟宏、莫里亞克、傅柯、惹內等人輪流值班，維持移民服務處的運作。杰拉里委員會很快就壯大起來，催生出一個捍衛移民權利的委員會，發起好幾場示威活動。譬如一九七三年三月三十一日，數千人在美麗城大道（boulevard de Belleville）和梅尼蒙東大道（boulevard de Ménilmontant）遊行，抗議法國政府的「馮塔內通報」（circulaire Fontanet）限制移民取得居留證和工作證。傅柯和莫里亞克走在遊行隊伍的前頭。

委員會的會議有時很緊張，來開會的阿拉伯勞工幾乎都是「巴勒斯坦」委員會的成員，他們希望對於種族主義的譴責能夠擴大到對以色列的譴責。可是傅柯一向堅定支持以色列（沙特也是），而且立場始終不變，這當然就成了他和積極支持巴勒斯坦的毛派分子之間的主要分歧之一，而且毛派經常試圖「操縱」委員會及其行動方針。

若說這次反種族主義的動員是沙特和傅柯相遇的契機，那麼這次動員也給了傅柯和惹內短暫結盟的機會。傅柯仰慕這位作家很久了，早在瑞典時期，他就在烏普薩拉的課堂上提過他充滿魔性的作品。長久以來，惹內一直支持少數族裔，他對於帶有種族主義色彩的一切都深惡痛絕。一九七〇年，他在美國和黑豹黨的成員度過兩個月。他非常支持巴勒斯坦人，也在難民營住過好幾回。惹內的這種關心，甚至熱情，終生不歇。一九八六年，他過世數週後出版的遺作《愛俘》（*Un captif amoureux*）有很大篇幅留給他在巴勒斯坦難民營的生活。他是如何來到這個杰拉里委員會，出現在傅柯的眼前？是凱特琳・馮・畢羅（Catherine Von Bülow）牽的線（她在「喬治・傑克森謀殺案」的小冊子編輯出版時讓惹內和傅柯聯絡上）。她是德國人，長期住在美國，是紐約大都會歌劇院舞團的舞者，後來定居法國，在伽利瑪出版社找到工作。她在那裡認識了傅柯還有惹內。有一段時間她甚至和惹內非常親近，惹內到巴黎的生活都由她打點。她積極參與赤色濟難會和《人民事業報》的活動，所以當杰拉里委員會發起行動的時候，她都在「戰場」。她在一部非常動人也非常驚人的回憶錄裡述說了自己的生命歷程。[2]傅柯和惹內會在金滴區的街上散步，坐咖啡館。惹內或許比傅柯自在。一如凱特琳・馮・畢羅所說，惹內對阿拉伯世界非常著迷，而且這應該也是他很快就從巴黎這些示威遊行的喧囂舞臺抽身的原因。馮・畢羅說：「他唯一感興趣的，就是巴勒斯坦人的抗爭。」永遠沒有人知道他身居何處，巴黎，摩洛哥，或其他地方。他出現，他消失。永遠沒有人知道他何時現身，也不知道他會待多久。而有時候，他就在那裡，穿著他那件永恆的皮外套。然後又「隱沒」了，沒有人知道他的行蹤，也沒有人知道他會不會回來。那段時間，傅柯和惹內之間有某種默契，至少在他們投入的事情裡，因為根據馮．畢羅的說法，他們除了抗爭行動之外，沒有什麼事情好聊，也幾乎沒有共同點。可是傅柯很欣賞惹內。他對這位作家表達至高敬意的作為就是：他想讓惹內認識杜梅齊勒。惹內同意。可是杜梅齊勒不想，他不喜歡他的人，也不喜歡他的書。那麼，何必認識這個人呢？他這麼回覆傅柯。惹內和傅柯的關係很快就降溫了，在這幾回合的抗爭活動之後，他們就沒再來往。事實上，根據幾份訪談所述，在他們並肩而行的這個時期，惹內經常對傅柯冷嘲熱諷，至於傅柯，他也不再保有年少時期對《竊賊日記》（*Journal du voleur*）作者的仰慕之情了。[3]

*

一九七二年十二月十六日，星期六，下午四點，雷克斯電影院（Le Grand Rex）前迴盪著抗議者的呼喊：「警察，種族主義者，凶手……。」數十人試圖在「好消息」（Bonne-Nouvelle）地鐵站前集會。一百三十六位知識分子號召了一場「象徵送葬與抗議」的示威活動——一名阿爾及利亞籍的勞工穆罕默德．迪亞布（Mohamed Diab）幾天前在警局派出所裡被殺，死因極為可疑。這場集會遭市警局禁止，國家保安警備隊的警力立刻發動攻勢，衝散正在集結的隊伍。這陣暴力的旋風只持續了幾分鐘。警方盡量避免攻擊在場的知名人士，可是傅柯和莫里亞克不斷介入調停，並且從警察手中拖回數名被拘捕的示威者，最後他們也和其他人的下場一樣。莫里亞克、傅柯和惹內都被警察毆打，言詞侮辱，暴力相向，帶到波莊警局查驗身分。莫里亞克在他的日記裡寫下：「我們經過其他幾間牢房，看到裡頭擠滿年輕的同志。傅柯和我，我們兩個被單獨囚禁在一間牢房裡……惹內經過，我們交談了幾句，他被大陣仗押解，不知去向何處。」[4] 所有人都在午夜獲釋，但是接下來的幾天，各家報刊爭相報導此事，掀起軒然大波。

＊

傅柯沒有加入任何政治運動，可是在這個時期，他跟《人民事業報》的毛派分子走得很近，因為丹尼爾．德費跟他們的關係非常密切。在傅柯參與的所有行動中，不論是監獄訊息小組還是杰拉里委員會，毛派的身影都非常醒目。他自己也毫不猶豫地參與「毛仔」（maos）在法國各地成立的司法真相委員會的會議。譬如他就出席了司法真相委員會於一九七二年十一月底在格勒諾布爾舉行的這場群眾集會，出席者有一千五百人，主旨是譴責行政單位失職——一九七〇年該地區的小鎮聖羅宏迪蓬（Saint-Laurent-du-Pont）一家名為「七分之五」（5／7）的舞廳發生火災，造成一百五十人喪生。傅柯發言提及年輕勞動者的處境：他們只能找到一些粗活或是搬運的工作，薪水少得可憐。他說：「這個年輕人，因為沒有住處，他當然得出去，而他出去的時候，又是當頭一棒：進一家舞廳要十二或十五法郎，點一杯柳橙汁要八或十法郎，諸如此類。我會說我們在剝削，在搶劫這些男孩和女孩。」傅柯先是譴責這種「流氓稅」所代表的組織劫掠行為，亦即以夜總會為課稅對象的敲詐勒索體系，繼而抨擊存在於政治人物與這些貪腐形式之間的連結。他的結論是：「不論是低調或高調，大張旗鼓或輕聲細語，一整套網絡已經在整個國家建立起來：披著綬帶的國會議員、共和民主派聯盟（Union des démocrates pour la République）[b]的幹部、公民行動部（Service d'action civique）[c]，就像黑牌或沒牌的警察：這一切正在看管所有人民，負責讓他們步伐一致或讓他們噤聲。至於行政機構，在這些事情當中，到底都在做什麼？行政機構只做了一件事，而且做得很好，就是閉上眼睛，袖手旁觀，讓七分之五舞廳被建造，開張，然後焚毀〔……〕；不管在哪裡，每次有人想要獲利，行政機構都袖手旁觀。」[5]

一九七二年，傅柯在《現代》期刊的特刊上發表了他和皮耶・維多（Pierre Victor）關於人民正義[d]的長篇對話。這期特刊「由毛派積極分子主編」，參與者包括格魯克斯曼、勒東帖克、杰斯瑪等等。維多的本名是班尼・列維（Benny Lévy），他是毛派運動的領導者之一，一九七三年起成為沙特的最後一任祕書。他還在《造反有理》（*On a raison de se révolter*）一書中，和戈維（Philippe Gavi）一同擔任沙特的對話者，他也是一九八〇年沙特在過世前不久發表的幾篇訪談的作者。這些訪談

b. 共和民主派聯盟是戴高樂派政黨，存在的時間是一九六七至一九七六年。

c. 公民行動部是法國政治團體，為支持戴高樂而創立，存在的時間是一九六〇至一九八一年。

d. 「人民正義」原文為justice populaire，亦可譯為「人民司法」。後文出現justice時，譯文亦有「正義」和「司法」兩種翻譯方式。

令沙特的好友們震驚，也讓波娃感到憤怒悲傷，因為她在書中看到沙特的思想轉向她陌生的主題。[6]必須說的是，維多脫離法式毛派的戰鬥空想社會主義陣營之後，以同樣的虔誠和同樣極端又狂熱的信仰需求遁入宗教，皈依猶太教正統派。六〇和七〇年代的這些極左派積極分子的人生軌跡可能經常令人感到驚訝，甚至不只是驚訝（或許必須這麼想，這些年的過激甚至譫妄只可能導向同樣激進、同樣激發幻覺的信仰改宗，這也正是我們在後來那些年看到的）。

可是在一九七二年，事情還沒進展到那裡。一如所有受訪者所說，此刻的維多還是一個「具有群眾魅力的領袖」，領導一小隊「反抗軍」：七〇年代初期的毛派積極分子就是這麼思考和生活的。「反抗軍」活在一個被占領的國家，掌權的是那些老闆，他們的部隊就是警察。維多和傅柯進行對話的這個想法出現在一九七一年六月，裘貝事件的覆核調查之後（傅柯在調查中扮演第一線的角色）。毛派分子希望成立一個人民法庭來審判警察，就像他們在一九七〇年因為幾名礦工喪生而在朗斯（Lens）審判煤礦公司（Compagnie des Houillères）。沙特是當年調查的要角之一，那次的覆核調查在當時引起相當程度的迴響。維多和傅柯在《現代》的對話正是從人民正義的概念開展出來的。傅柯討厭法庭的概念，他宣稱：「我們必須搞清楚，人民正義的這些行動是否能依法庭的形式辦理。我的假設是，法庭並非人民正義的自然體現，它的歷史功能其實是要趕上、控制和遏制人民正義，同時將它重新納入國家機器典型機構的內部。」他還提到法國大革命期間發生在一七九二年九月的大屠殺：「九月的處決既是對內部敵人的戰爭行動，同時亦是對抗當權者陰謀的政治行動，也是對壓迫階級的報復行動。在暴力革命鬥爭時期，這難道不是一個人民正義的行動嗎？至少初步是近似的：一種對於壓迫的反擊，在策略上是有用的，在政治上是必要的。處決不正是從九月開始的嗎？而來自巴黎公社或支持巴黎公社的一些人涉入其中，組織了法庭辯論的現場：法官，坐在一張桌子後面，代表第三方權力機構（在「高呼復仇」的人民和「有罪」或「無罪」的被告之間）；審訊，要確立「真相」或取得「供詞」；評議，才能得知什麼是「公正的」；權力機構，由權威途徑強加給所有人。我們在其中難道沒有看見國家機器脆弱胚胎的再現？我們難道沒看見階級壓迫的可能性？在人民及其敵人之間建立一個中立的，並且有可能區分真假，區分有罪、無罪，區分公正與不公正的權力機構，這難道不是違背人民正義，讓人民正義在爭取理想仲裁的真實鬥爭中繳械的一種方式嗎？所以我會質疑，法庭不是人民正義的一種形式，而是人民正義的第一種扭曲變形。」

維多回應：「是的，不過你不要拿資產階級革命當例子，請你以無產階級革命為例。就拿中國來說吧，第一階段，是群眾意識形態的革命化，農村起義，農民群眾對抗敵人的正義之舉：處決專制君主，對數世紀以來遭受的所有橫徵暴斂進行各種反擊，諸如此類。處決人民的敵人，這些行動繼續開展，我們會同意，這是人民正義的行動。這一切都很好，農民的眼睛雪亮，農村裡一切進展順利。可是到了下個階段，紅軍成立了，存在的不再僅僅是起義的群眾及其敵人，而是群眾、他們的敵人和一種統一群眾的工具，亦即紅軍。此時，所有人民正義的行動都得到支持，而且是有紀律的。必須要有司法管轄權，以確保各種可能的復仇行為合於法律，符合人民的法律（跟舊有的封建司法管轄已經完全無關）。必須確保這樣的處決、這樣的復仇行動不是一種清算

（也就是出自某種私心的單純報復，對象是同樣以私心為基礎的所有壓迫機器）。在這個例子裡，有你所謂的第三方權力機構，在群眾及其直接壓迫者之間。你是否堅持認為，那個時候的人民法庭不僅不是一種人民正義的形式，而且還是一種人民正義的扭曲變形？」

傅柯：「你確定在這樣的情況下，第三方權力機構可以在群眾和壓迫者之間的夾縫生存嗎？我不認為。相反的，我認為群眾自己會來當中間人，介於以下兩種人之間：一種是背離群眾意志，只為滿足個人復仇慾望的這種人，另一種人很有可能是人民公敵，卻被前一種人當成個人的敵人……」

在這段長達四十頁的對話裡，傅柯提出了一段司法體系和法庭形式的歷史。在兩位對話者的言詞之中令人印象最深刻的是兩種截然對立的態度：維多是一個屬於秩序、組織、機關的人。傅柯則像是對於機構，對於監視一切社會運動和暴動的機構造成的後果有一種本能的執拗抗拒。譬如，我們來讀讀傅柯關於何謂法庭（外表上和實質上）的這段描述：「讓我們稍稍仔細一點來看法庭的空間配置，以及法庭裡或面對法庭的人的位置。這當中至少包含著一種意識形態。這種配置是什麼？一張桌子；在這張把兩位訴訟當事人隔得遠遠的桌子後面，是第三方的幾位法官；他們的位置首先表明他們是中立的，不偏袒任何一方。其次，這意謂他們的判決不是事先做出來的，而是依據某種追求真相的規範以及某種數量的關於公正與不公正的理念，以訊問的方式聽取雙方陳述之後才成立的。第三，他們的決定會有權威的力量。這就是這種簡單的空間配置最終的意涵。然而，認為在雙方當事人之外有可能存在一些中立的人，認為他們可以依據絕對有效的正義觀念進行判決，認為他們的決定應該被執行，我認為這樣的想法還是走得非常遠，跟人民正義的理念似乎也非常不符。就人民正義而言，你沒有三個組成要素，你只有群眾和群眾的敵人。」而為了回應維多的反對意見（他總是提起中國和革命法庭的概念），傅柯如是說明了自己的立場：「在和我們一樣的社會裡，司法機關曾經是至關重要的國家機器，它的歷史卻始終被遮掩。我們研究法律史，我們研究經濟史，可是司法史、司法實務、刑罰體系的實際樣貌、壓制體系的樣貌，這些歷史，很少有人談論。不過我相信，司法作為國家機器在歷史上有著絕對根本的重要性（……）。在中世紀基本上只有稅賦功能的刑罰體系，從某個時期開始專注於反暴亂的鬥爭。在此之前，鎮壓民眾暴動原本一直都是軍事任務，後來交由一個司法－警察－監獄的複合體系來負責，或者該說，由這個體系來預防（……）。這就是為什麼革命只能透過徹底摧毀司法機器來進行，而且所有可以讓人想起刑罰機器，所有可以讓人想起刑罰機器的意識形態，以及允許這個意識形態偷偷滲入民眾習俗之中的一切都應該排除。」

這次對話充分說明了一九七〇年代初期法國極左派政治與意識形態的視野。我們也可以看到，傅柯雖然以如此令人困惑的熱情加入這樣的圈子，但他對於結盟團體的政治思想並未照單全收。譬如，我們可以讀到：

傅柯：「當你說：這是在**無產階級意識形態**的控制下，這裡我想問，關於無產階級意識形態，你指的是什麼？」

維多：「我指的是：毛澤東思想。」

傅柯：「好。不過你會同意我說的，法國無產階級群眾所想的，不是毛澤東思想，而要規範這個由無產階級和邊緣庶民構成的新部隊，也不一定要用革命意識形態。」（必須強調的是，傅柯在整場論辯中堅持「非無產階級化的庶民」作為人民起義與革命進程的行動者。）

其實，傅柯由法庭看到的是資產階級意識形態的複製：「法庭也意味著出席各方有共同的類別（刑罰的類別，諸如偷竊罪、詐騙罪；道德的類別，諸如誠實和不誠實），而且出席的各方都同意聽從這些類別的區分。可是，資產階級想讓人相信的正義，他們的正義，正是這一切。所有這些概念都是資產階級用來施行權力的武器。所以人民法庭的概念讓我不舒服，特別是如果知識分子必須在其中扮演檢察官或法官的角色，因為資產階級正是經由知識分子的中介，散播並且強迫大家接受了我所說的這些意識形態主題。」

還有，當維多總括這次討論，提出這樣的說法：「在意識形態革命的初期，我贊成劫掠，我贊成『過激』。必須將棍子往另一個方向揮舞，要顛覆世界，不敲碎幾顆蛋是不可能的。」傅柯只是簡單回應：「最該敲碎的就是棍子。」[7]

後來有好幾次，傅柯都用了這次「與毛派對談」裡面關於「人民正義」的同樣說法。譬如同樣在一九七一這年，他和喬姆斯基在荷蘭的電視節目同場辯論。兩人的交流一開始談的是「自然」的概念、什麼是「科學理論」等等。兩位思想家輪番釐清自己相較於另一位對話者的立場，這場討論因而成為一份極為重要的文獻。我們在裡頭看到，談到科學史的時候，傅柯依然堅持他在一九六〇年代中期和末期所寫的，他說：「只有從一個規則體系出發，才會有創造力。」但是這和喬姆斯基的觀念相反，傅柯再次將他對於變革的分析——像在《瘋狂史》裡所做的——和社會經濟的面向捆綁在一起：「我想知道，讓科學成為可能的規律性體系和限制體系是否存在別處，甚至在人的思想之外，在社會形式、生產關係、階級鬥爭等等事物之中。譬如，在某個年代，瘋狂在西方成為科學研究和知識的對象，這在我看來似乎與特定的社會經濟狀況有關。」來到政治問題時，喬姆斯基似乎無力招架傅柯的激進論點。傅柯談到「正義」時，喬姆斯基表示希望能在一種「比較正義的正義」的理想下進行他的批評，傅柯反駁道：「您是說，如果您不認為您對抗警察的戰爭是正義的，您就不會開戰。我可以用斯賓諾沙（Spinoza）的方式回應您。我要告訴您，無產階級對統治階級發動戰爭不是因為他們認為這場戰爭是正義的。無產階級對統治階級發動戰爭是因為——這是史上頭一遭——他們想要掌權。而因為他們想要推翻統治階級的政權，所以他們認為這場戰爭是正義的。」當喬姆斯基試圖提出反對意見時，傅柯堅持道：「我不同意。我們發動戰爭是為了贏得勝利，不是因為戰爭是正義的。」傅柯在他的發言過程中，不斷提出令這位美國語言學家無法回應的說法：「無產階級掌權的時候，有可能會對他們剛剛戰勝的那些階級行使某種暴力、獨裁甚至血腥的權力。我看不出我們能對此表示任何反對意見。現在，您會對我說：如果無產階級對他們自己行使這種血腥、專制又不正義的權力怎麼辦？我會回答您：只有在無產階級沒有真正掌權，而是由一個無產階級外部的階級或是無產階級內部的一群人（官僚或小資產階級的殘餘）來掌權，這種事才會發生。」喬姆斯基似乎有點狼狽，對此說法持保留態度：「這種革命理論不能讓我滿意。」[8] 若干年後，他重提這場辯論，並且回顧他的論點：傅柯似乎將正義或「人類本質的實現」這些概念描述為單純是資產階級社會或我們的階級體系的產物，但是就他而言，他還是堅持認為，社會抗爭只有基於它的行動將導向更正義的社會時，我們才能說這場抗爭是合乎正義的。而暴力的問題更是如此：只有在我們能證明暴力將有助於提升人權的時候，我們才能說暴力是合乎正義的。他總結了他和傅柯在那個節目裡的意見分歧之處：「我談的是正義，他談的是權力。」[9]

一九七三年，沙特接受一份比利時期刊訪談，評論傅柯在《現代》期刊上關於人民正義的立場的論述（沙特不知道傅柯和喬姆斯基的這場對談，因為對談內容要到一九七四年才會出版）。七年前，沙特在訪談中回應《詞與物》的「結構主義者」傅柯，指控他是資產階級最後的堡壘，而這次，沙特談的是一個立場比他自己還要左的傅柯的論點，他解釋說：傅柯的觀點導致他「將人民正義理解為單純的暴力行動，不管這些暴力行動在哪裡發生」。他補充道：「我們並不合拍，毛派和我是一邊，他和其他人是另一邊。我們認為人民很有可能創造出一個正義的法院。〔……〕傅柯呢，他是激進派，他認為一切資產階級或封建的正義形式都設定要有法庭、法院、法官在一張桌子後頭，所以我們要廢除它。正義首先意謂著一場推翻制度的巨大的運動。可是如果在這場偉大運動的過程中，革命正義的形式出現了，也就是說，我們以正義之名詢問人民遭受過哪些損害，那麼不管有沒有坐在桌子後面的那些人，我都看不出有什麼不好。」[10]

從傅柯的背景和他關注的重點來看，我們可以理解他可能會對發生在他和維多對談兩個月後的一則社會新聞極感興趣。這個事件占據了一九七二年一整年時事新聞版的頭條，那就是布盧埃昂納圖瓦（Bruay-en-Artois）案件。事情發生在法國北方的一個礦區小城，一個十六歲的少女在夜裡，在一塊空地上被謀殺了。預審法官懷疑凶手是城裡的一位名人，也就是煤礦公司聘用的不動產交易公證人，他起訴這位皮耶・勒華（Pierre Leroy）並將他監禁。檢察官要求讓被告獲得保釋，「小法官」竟然拒絕了上級的請求。而整個小城的工人都支持他對抗「階級正義」的意向。帕斯卡（Pascal）法官說了很多。他說了太多嗎？總之，他被控侵犯預審機密，於一九七二年七月二十日被最高法院下令移交此案。[11]

顯然，毛派早在這個日子之前就掌握了這個案件，五月四日就已經成立一個司法真相委員會，透過毛派積極分子和幾個記者出版的油印日報《海盜報》（*Le Pirate*）譴責「資產階級製造的階級新聞」。委員會發起了幾次集會、遊行、絕食抗議。北方的毛派積極分子編寫的傳單為此事定下基調：「一個工人之女悠閒地來探望她的祖母，卻被人剁碎。這是吃人的行徑。不論資產階級的司法如何判決，皮耶・勒華都必須接受人民正義的審判。」五月初出刊的這期《人民事業報》用這樣的標題在頭版宣告此事：「現在，他們屠殺我們的孩子。」在報紙的內頁，可以讀到這段聲明：「只有資產階級才做得出這種事。」在這篇由「憤怒的布盧埃」居民署名（而非撰寫）的文章裡，街頭巷議被人用某種激昂的方式報導：「一定要讓他一點一點地受苦。」或像這樣：「我會把他綁在車子後面，開到時速一百。」[12]可是《人民事業報》的社長沙特卻不願袒護這樣的言詞，在下一期的報刊裡，他提出質疑：「私刑，還是人民正義？」沙特先是保證了他對「階級仇恨」

原則的深切贊同——這是「剝削行為在所有被剝削者心中激起的基本情感」」——繼而堅定地撥亂反正，拒絕在沒有證據的情況下指點誰是罪犯。沙特寫道：「我們有必要指出，人民合理的仇恨是針對公證人這種典型階級敵人，為的是他所進行的社會行動，而非針對皮耶．勒華這個殺害小布莉姬特（Brigitte）的凶手，因為我們尚未證明是他殺了布莉姬特。」[13]沙特試圖讓他的「同志們」回歸理性的努力終究是白費力氣，維多在一份以《人民事業報》集體署名的分析稿回應沙特，就在同一期報紙，放在沙特的文章旁邊：「輪到我們提問了：如果皮耶．勒華（或他的兄弟）是被錯認了，人民是否有權控制他的人身？我們的答案是肯定的。為了推翻資產階級的權威，受侮辱的人民有理由建立一個短暫的恐怖時期，有理由去侵害一小撮卑鄙、可憎的個人的人身。不讓幾顆人頭落地，要奪取一個階級的權威是很難的。」[14]《人民事業報》的另一期布盧埃專題在一九七二年八月出刊，報社的論點完全沒有改變。儘管如此，沙特還是應司法真相委員會之邀造訪當地。

傅柯也去了那裡。在這場全城動員，關注司法問題的行動裡，他看到人民抗爭的典範：人民第一次將社會新聞政治化，政治抗爭不再只是爭取薪資，也可以對整個司法體系提出質疑。[15]但是要確切界定傅柯到底在布盧埃事件裡參與到什麼程度，實在很難。譬如，根據埃瓦爾德（François Ewald）的說法，將傅柯的名字和布盧埃事件連在一起，是很大的錯誤。埃瓦爾德當年在布盧埃高中（lycée de Bruay）任教，同時也是司法真相委員會裡最極端的毛派領導人之一（在《人民事業報》刊登的幾張照片上，他出現在遊行隊伍的前頭）。照他的說法，傅柯只是跟所有人一樣，來現場瞭解而已，畢竟沙特和克拉維勒都來「看」了這塊惡名昭彰的空地。戈維也肯定這樣的看法：他在這個時期經常碰到傅柯，他還記得傅柯對毛派分子的態度極為挑剔。莫里亞克在日記裡則是以迥然不同的方式提及傅柯的立場，在一段標記一九七二年六月二十三日的對話裡，他對於傅柯的激進感到驚訝，傅柯回答他：「我去過那裡。你只要去看看那個地方就知道了——還有那片樹籬，不是人家說的山楂樹，而是千金榆，非常高大，修剪過的，就在陳屍地點的對面。」莫里亞克提出相反的看法，他認為問題不是要去知道公證人和他的女友是不是凶手（他說：「有可能他或她，或者他們是凶手。」），而是要去譴責外部勢力介入，在沒有證據的情況下就決定他們有罪。傅柯卻告訴他：「如果不是因為這些干預，勒華就會被釋放。帕斯卡法官就會在檢察官的壓力下讓步。這是永遠受到保護的北方資產階級第一次不再受到保護，是在這層意義上，布盧埃昂納圖瓦發生的事才會如此重要。」[16]

莫里亞克還報導了他和傅柯關於布盧埃的另一段對話，對話發生在數年之後，時間是一九七六年二月：

莫里亞克：「所以您不再認為公證人是凶手了？」

傅柯：「是的。」

莫里亞克：「可是您還記得您的推論吧，在您造訪當地之後。」

傅柯：「是的，我立刻建立了一整套理論……」[17]

所以我們可以得出這樣的結論：儘管長期以來傅柯對於公證人涉案確信不疑，儘管他對布盧埃事件深感興趣，但他對於《人民事業報》上刊登的文章顯然相當不以為然，就這一點來說，他跟沙特的頻率應該是相同的。在籌備發行《解放報》的討論中，傅柯也特別強調了這一點。在一場會議上，一位與會者說道：我們的計畫，就是要在「人民的監督」下寫文章。傅柯則是質疑這個「監督」的意涵，他援引的反例正是《人民事業報》關於布盧埃的文章。傅柯說，必須事先誠實告知受訪對象，接下來文章會怎麼寫的問題。他們應該要知道，我們聽他們說話是為了將這些話複製到引號裡：「聆聽，是的：每個人都應該知道，他們透過說話的事實，在參與寫作，可是在《人民事業報》，我的印象是，你們把篩揀的可能性留給自己。所以我說：不。」[18]

為何要花這麼多篇幅談布盧埃事件？因為根據受訪者的說法，這個事件衍生的分歧，是導致某種極左派形式終結的斷裂點。這是朱利（Serge July）所做的分析，他也是當年最積極參與布盧埃戰役的毛派積極分子，而這些備受爭議的文章有一部分就是出自他的手筆（他後來當了《解放報》的社長，隨著時光流逝，他漸漸轉變為一個形象誇張的媒體老闆，也漸漸將這份誕生於「抗爭」的報紙帶上法式新保守主義之路，對批判思想和批判思想家們充滿戰鬥的敵意）。

前面提到，一九七一年六月裘貝事件發生的時候，傅柯成立了一個調查委員會，發起人包括克洛德·莫里亞克。大量記者動員起來，捍衛他們的職業應有的權利。在這些人當中，有幾位產生了創辦一家新聞社的想法。伊芙琳·勒葛黑克（Evelyne Le Garrec）、瓦鐸（Claude-Marie Vadrot）、韋尼耶（Jean-Claude Vernier）等人請克拉維勒擔任這個在一九七一年六月十八日誕生的「解放新聞社」（Agence de presse Libération）的社長。這個新聞社很快就以APL的縮寫名號為眾人所知。克拉維勒和莫里亞克一樣，原本是戴高樂派，卻在一九六八年之後加入極左派陣營。戰後那幾年，史達林派的馬克思主義統治著知識界，克拉維勒是戴高樂派知識分子期刊《精神自由》的撰稿人，當時莫里亞克在這份期刊上大肆抨擊左派知識分子「依賴自己的聲望，恣意背信忘義，濫行蠢事」。[19]克拉維勒則寫小說，寫劇本。他也在中學當過哲學教師，可是他有欠認真的態度引起一位總督學無法消滅的敵意——大家都猜到了，他叫作康紀言。克拉維勒離開教育界，做過各種工作謀生，後來去投靠一位舊時「坎涅」同窗好友，當時是戴高樂將軍的技術顧問。這位好友也是反對提名傅柯出任高等教育司副司長的人士之一。後來在一九六六年的某一天，克拉維勒因為「本·巴爾卡事件」（l'affaire Ben Barka）[e]跟戴高樂將軍關係破裂，於是去了《新觀察家》週刊，很快就成為那裡的明星專欄作家。《詞與物》出版後，他把傅柯的這部作品捧上了天：「這是康德。」他在文中數度重複這樣的說法。[20]後來克拉維勒和很多人一樣，受到一九六八年的衝擊，這位虔誠的天主教徒於是在他為電視節目《平等的武裝》（*À armes égales*）拍攝的短片中呈現了他發展的極左派詩論：一九七一年十二月十三日星期三，克拉維勒必須和這位以極端保守主義著稱的圖爾市（Tours）副市長華業（Jean Royer）進行對談。克拉維勒在他的短片裡，以激昂的評論伴隨影像，提

e. 本·巴爾卡（Mehdi Ben Barka）是摩洛哥政治人物，長期參與非洲大陸脫離殖民統治的政治運動，一九六五年十月於法國巴黎遭綁架失蹤，屍體未被尋獲，引起極大爭議。

及龐畢度總統對於抵抗運動（la Résistance）的「憎惡」。這段話讓節目主持人大為吃驚，於是將它刪除。現場直播時，短片才剛播完，克拉維勒就當著數百萬電視觀眾的面前起身高呼：「各位審查官，大家晚安！」繼而離開攝影棚，因而在新聞媒體上掀起一連數日的軒然大波。

APL的目標是：蒐集和傳播有關抗爭與社會運動的資訊，傳播那些難以通過其他新聞社的過濾，難以在報紙欄目安身的照片和新聞稿。傅柯從一開始就跟這家通訊社有聯繫：譬如，他想跟克拉維勒和沙特一起調查歐維內（Pierre Overney）的死因，後者是毛派積極分子，於一九七二年二月二十五日在巴黎西郊畢雍庫赫（Billancourt）的雷諾（Renault）汽車廠前遭人殺害。傅柯開車載沙特一起過去（實在很想知道他們在路上說了什麼！）。可是當時情勢緊繃，根本不可能跟工人進行任何討論。

APL很快就跟另一項計畫接上了線：《人民事業報》的毛派分子覺得他們太自我封閉了，他們得在宗派式的隔絕和暴力冒險之外找到其他出路。赤色濟難會之前已經扮演這個角色：團結「民主人士」，擴大抗爭，反對所有針對極左派運動的鎮壓行動。傅柯也在其中扮演相當活躍的角色。一九七二年底制定的計畫非常簡單，也非常有野心，就是推出一份屬於人民的日報，既可以反映抗爭現狀，又不會淪為某個政治潮流的機關報。沙特同意出任社長，儘管他的健康狀況不佳，他還是熱情參與這段漫長而艱辛的孕育期，造就了日後成為法國大報的這個媒體。[21] 沙特甚至接受雄塞爾（Jacques Chancel）的邀請，去上了他在一九七三年二月七日播出的節目《X光透視》（*Radioscopie*）。沙特從一九六〇年在阿爾及利亞戰爭期間發表〈一二一人宣言〉（Manifeste des 121）

之後，不曾在國營的廣播電臺上說話，可是為了讓這份報紙的誕生可以得到最廣泛的迴響，他去對談了一個小時，參加關於他生活與著作的問答遊戲，並且始終盡力將對話拉回當時似乎是他唯一關注的問題：《解放報》。

創刊宣言說這份新報是「資訊叢林裡的一場伏擊」：一份終於「讓人民發聲」的日報。在一九七二年的最後幾個月和一九七三年初，幾場會議在巴黎第三區的布列塔尼街（rue de Bretagne）召開，討論報業必須有什麼樣的創新形式。出席的有維多和朱利，代表毛派分子；以及戈維，代表的正是開始轉向非毛派思潮的那些人；還有一群知識分子：沙特、莫里亞克、傅柯、阿斯楚克（Alexandre Astruc）等等。這些知識分子不只捐錢，他們也想實際參與報紙的製作。譬如傅柯，他提議要賦予在法國各地成立的「解放委員會」一個重要的角色：每個委員會不只要發行報紙，還要負責蒐集資訊，反饋資訊，從而扮演公眾作家的角色。而且在傅柯看來，所謂「人民的監督」應該透過外部團體的斡旋來實施，像是出獄受刑人的人權運動、同性戀運動、婦女運動等等。

傅柯也願意負責一個名為「工人記憶」的專欄，在標號「００」的其中一份報紙上，[22]他和雷諾國營汽車廠（Régie Renault）一位名叫侯塞（José）的工人對話，他提到想把這個計畫發展成這份日報的某種固定連載的專欄，他說：「工人的腦子裡有一些源自偉大抗爭的重要經驗，譬如人民陣線、抵抗運動……。可是報紙、書籍、工會只會記住它們願意接受的部分，而且是在它們沒有『忘記』的時候。因為有了這些遺忘，所以我們無法從工人階級的知識和經驗中獲益。如果我們可以透過報紙蒐集所有這些回憶，繼而述說這些回憶，運用這些回憶，並且由此界定出一些可能的抗爭工具，這會很有意思。」[23]「連載」的內容可以上溯至十九世紀甚至更遠，這樣的「連載」可以重建人民抗爭的歷史。

一個月後，傅柯再次與這位葡萄牙籍的雷諾車廠工人對談。文章的標題介紹傅柯是「法蘭西公學院的抗爭者兼教授」：

侯塞：「一個為人民服務的知識分子，他的角色可以是把來自被剝削者的光更廣泛地反射出去，他的功能是鏡子。」

傅柯：「我在想，你會不會有點誇大了知識分子的角色。我們都同意，工人不需要知識分子來讓他們知道自己在做什麼，他們自己知道得很清楚。對我來說，知識分子就是熟悉內情的那種人，他熟悉的不是生產機器，而是資訊機器。他可以讓人聽到他的聲音，他可以在報紙上寫作，提供自己的觀點。他也是熟知舊時資訊機器的行家。他的知識來自大量的閱讀，而他讀的這些書是其他人無法直接擁有的。所以，他的角色不是去形成工人意識（因為它一直都存在），而是讓這種意識，讓這種工人知識可以進入資訊系統，讓它可以進行傳播，並且幫助其他工人，或其他還沒有這種意識的一些人，知道正在發生什麼事。我同意你所說的鏡子，如果我們把它當成一種傳輸的方式。〔……〕我們可以這麼說：一個知識分子的知識跟工人知識相比，永遠是不完整的。我們所知的法國社會史跟工人階級擁有的大量經驗相比，是徹底不足的。」[24]

傅柯想做的不只是這份報紙的知名「贊助者」，也不只是時不時幫他們寫寫文章，他想要的是積極參與：實際完成報導，參加會議，參與決策。他很快就發現，投身新聞業這個想法，只有每天都待在那裡才會有意義。可是他當然不可能一輩子都耗在編輯部，像那些實際在確保報紙出刊的人一樣。此外也必須說，這些編輯並沒有那麼希望這些知識分子太常出現，因為就像戈維今天說的，他們的「操控」意識似乎遠遠超過傅柯的想像。

傅柯在《解放報》的撰稿工作也沒撐過這個預備階段，除了一、兩篇在一九七四年招來利沃侯澤激烈回應的關於罪犯無政府主義（illégalisme）的匿名文章之外，他沒有在《解放報》上寫過文章。而且，在《解放報》的日子也不是真的很輕鬆。就像後來克拉維勒寫的：「我記得我曾經和一個團結、勇敢、熱情的馬克思主義者團隊，一起為一份極左派報紙《解放報》的創刊盡過一點棉薄之力。可是他們很快就不再相愛了。他們要是掌握了世俗權力，不出幾個月就會自相殘殺了。」[25]到了一九七五至一九八〇年間，傅柯更願意在《新觀察家》週刊發表文章。直到一九八〇年前後，他才開始固定為《解放報》供稿。[26]莫里亞克也說他和傅柯在一九七五至一九七六年間有幾次聊到《解放報》：傅柯說看到這份報紙成天撒謊，他很難過，簡直不輸那些歪曲事實的右派報刊。在那個時期，傅柯的政治言論出現一個主題：如果想要可信，如果想要有效，首先要認識真相，更要**說出**真相。說真話，「真相表述」（véridiction）應該是一個介入型的新聞事業的基本原則。

傅柯和克拉維勒後來維持相當緊密的聯繫。克拉維勒於一九七六年策劃了一個電視節目，拍攝地點是他位於弗澤萊（Vézelay）的住家。他邀請傅柯來參加，傅柯答應了。出席的還有鍾貝

（Christian Jambet）、拉德侯（Guy Lardreau）、格魯克斯曼。這些人的政治取向已經轉變：極左派的主張已經死亡，從前的毛派轉而思索上帝或極權主義的本質。可是他們當年在極左派當道的時期（特別是在毛派運動之中）形成的關係將繼續發揮作用，一如戰後史達林派之間交織而成的關係，那些友誼、互助、合作的網絡，在他們拐彎轉向右派之後，依然繼續發揮作用，而且一直持續下去。

克拉維勒確實對傅柯十分著迷，他一天到晚提到傅柯。他在一九七五年出版的《我所相信的事》（*Ce que je crois*）裡花了數十頁的篇幅在談傅柯，其中引述了一九六八年四月的一封信，傅柯在信中感謝克拉維勒如此瞭解他在《詞與物》裡想做的，而且對他的理論著作做出如此精闢的分析。[27]《求知的意志》出版時，克拉維勒在一九七六年的一篇文章裡坦承自己對傅柯的執迷：「大家都知道我對傅柯的偏執，我把他視為康德，我認為『在他之後，我們已無法再像從前那樣思考』。而且，我相信我已經明確指出，康德沒多久就入睡了，而傅柯卻不斷透過漸漸增強的震動讓我們清醒的狀態更加敏銳，讓我們維持清醒。」[28]克拉維勒在一九七九年過世時，傅柯為這位戰友寫了一篇動人的悼詞，這篇短文發表在《新觀察家》，文中將克拉維勒和布朗修做對比——大家都知道這對傅柯意謂著什麼！——：「布朗修：半透明，一成不變，守候著一個比白晝更透明的白晝，關注那些只在抹去符號的運動中示意的符號。克拉維勒：不耐煩，聽到一點聲音就跳起來，在幽暗中高喊，召喚暴雨。這兩人——怎麼找得到反差更大的兩人？——將唯一的壓力引入我們生活於其中的黯淡世界，這壓力不會讓我們接著為之大笑或臉紅，這是打斷時間連貫性的壓力。」他的結論是：「他置身之處，無疑是我們時代最重要的事物的核心。我想要說的是：在歷史與時間一點一滴形成的西方意識中，這是一個非常廣泛也非常深刻的破壞性改變。構成這意識的一切，將某種連續性賦予這意識的一切，斷言這意識將臻於完美的一切，被撕裂了。有些人希望重新縫合。他卻告訴我們，必須以不同的方式去經歷時間，即便是今天。尤其是今天。」[29]

*

「我們做了什麼？老天，我們到底做了什麼？」一九七一年的某一天，一位法蘭西公學院教授（就是維耶曼！）打電話給杜梅齊勒，向他訴說他的驚恐。他在傅柯的遴選過程中幫了很多忙，但他在報上讀到這位新科教授所作所為的相關報導，卻令他感到相當惶惑：傅柯跟沙特和左翼人士站在一起，傅柯走在移民的遊行隊伍前頭，傅柯在監獄門口……「我們做了什麼？」這位教授大喊，或許是想聽聽眾人視為道德與學術權威的杜梅齊勒的意見。可是杜梅齊勒只是安慰他這位同事：「我們做得很好。」這是他的回應。不過，他其實很不能接受傅柯的政治取向。只是他沒有把這位得意門生的「放縱無度」看得太嚴重。甚至有人可能會說，他沒當一回事。在他看來，這就是每個人會為自己也為其他人演出的那種戲碼，而且他也七十多歲了，不想為了政治問題而動搖如此深厚的友誼。長久以來，他已經不再受這種事影響了。傅柯來看他的時候，他們會避開政治話題，頂多是杜梅齊勒時不時會用開玩笑的語氣問他：「你又跑去監獄門口幹什麼好事了！」

沒有什麼可以動搖這兩個男人十五年前在冰天雪地的北國公路上，在烏普薩拉的新卡洛琳娜圖書館走廊上建立的深切情誼。

歷史證明杜梅齊勒是對的，而那位擔心傅柯行徑遠離學院的教授是錯的：傅柯不僅是一位非常了不起的教師，他還跟所有同事一樣，參與了公學院的各項活動。勒華拉杜里的評論是：「有兩個傅柯，一個是遊行示威的，一個是公學院聯席會的。傅柯對他的學院角色非常認真。」傅柯參與學術工作總是全力以赴，只是他時不時會試著讓公學院做一點出位的事：譬如，他提議讓作曲家布列茲成為教席的候選人。他參與討論，提出自己對於公學院可能遴選的申請者的看法。他知道如何排除他絕對不想要的候選人，也知道如何幫他支持的對象進行動員。一九七五年，如前面所見，他提出了羅蘭．巴特的遴選案。一九八一年，他投票支持布迪厄。其實，他應該只是覺得自己和布迪厄非常接近，因為布迪厄在他為遴選案編寫的小冊《著作與研究計畫》裡提出這樣的看法：「一定要談再生產（reproduction）[f]嗎？不必，確實不必，如果您想到的是一種近乎生物性，可以照樣繁殖的能力。但這裡說的其實是這種專屬社會性的『次級繼承體系』（second système d'hérédité），它傾向於透過有意識或無意識的轉移累積資本，確保社會結構的永續存在，或者，要這麼說也可以，它確保的是構成『社會秩序』的種種秩序關係的永續存在。這要透過不斷改變和持續更新，這些改變和更新當然是來自個人，而且也來自差異的種種展現，這又讓人們對『變異』（mutation）發出吶喊。社會動力學和社會靜力學之間的老派學術區分讓人太常忘記，社會生活，亦即社會世界的生活，不過就是所有傾向於維持或推翻結構的行動與反應的集合，也就是說，權力的分配時時刻刻都在決定為了推翻或維持而進行的抗爭力量和抗爭策略，也因此決定了這些改變或延續結構的抗爭所擁有的機會。」[30]

傅柯不只把自己的票投給布迪厄，他還拉了布列茲的一票。姍姍來遲的布列茲側著頭問他：「要投誰？」他答道：「投布迪厄。」日後他很喜歡誇耀這段往事，說他就這樣幫社會學家拉到了作曲家的票。[31]

布迪厄在一九八二年四月二十三日做的「首講」，在最初幾分鐘就提到了傅柯。「只有歷史可以讓我們擺脫歷史。」他說：「所以社會科學史——前提是它也被視為一門無意識（l'inconscient）的科學——在康紀言和傅柯闡述的歷史認識論的大傳統之中，是從歷史脫身的最強而有力的方法之一。從歷史脫身，亦即擺脫某種內置的過去（un passé incorporé）——這過去存活於現在之中，或者如同知識分子的風尚，在出現之際就已經成為過去。」[32]

傅柯在法蘭西公學院的課是星期三。第一年他講的主要是「求知的意志」，當時這個題目還不是書名，而是研究主題，主旨是為這個「意志」在某個「思想體系史」裡「定位」並且「界定角色」，同時也凸顯出兩種哲學模式的對立：亞里斯多德模式和尼采在《快樂的科學》所發展的模式。一九七一至一九七二年講的是「刑事理論與制度」；一九七二至一九七三年是「懲罰的社

---

f. 法文 reproduction 兼有「生殖」和「再生產」之義。

會」。一九七三至一九七四年是「精神醫學的權力」；一九七四至一九七五年是「不正常的人」。最後，在一九七五至一九七六年，他處理的是將戰爭的概念運用在政治思想裡，這個帶有暗示性的課名當然得放進引號裡：「『必須保衛社會』」，他在課堂上提出這個問題：「若要對權力進行非經濟分析，現在我們手上有什麼可用？」接下來，他在一九七六至一九七七年停課一年。一九七七至一九七八年恢復上課，他在名為「安全、領土、人口」的課程裡分析「人口管理」；接著進入了「自由管治體系」（gouvernementalité libérale）的研究，課程名稱是「生命政治的誕生」，時間是一九七八至一九七九年。從這個時候起，他的研究轉往《性史》所開闢的方向：他逐漸在歷史的時間軸上往前追溯，從此目光朝向基督紀元最初的幾世紀，在一九七九至一九八〇年，在「對活人的管治」的課程裡，他關注的是懺悔和「告解」的技術；之後轉向古代哲學，講「主體性與真相」，時間是一九八〇至一九八一年，他想要「開始調查已經建立的認識自我的模式」；接著是一九八一至一九八二年，在「主體詮釋學」的課程裡研究「關注自我」與「陶養自我」；以及一九八二至一九八三年在「對自我和他人的管治」課程裡，思考古希臘「說真話」（*parrhesia*）及其與政治、與哲學生活之間的關係；之後是一九八三至一九八四年「說真話的勇氣」，這是他最後的一門課了。

一直到一九七〇年代末，傅柯還在星期一另外開了一小時的研討課。他在課堂上宣布，研討課只接受實際在做研究的人，可是每堂課他都得面對百人以上的聽眾。他試著要設立更嚴格的規範去限定「入場權」，可是公學院的行政部門提醒他要遵守規定。確實，公學院的基本原則是：

教學應該對所有人開放。最後他放棄了研討課，選擇兩小時的演講課，從一九八一年一月開始，時間是星期三的上午。一九八四年，他舊事重提：「原則上我們沒有權利進行封閉式的研討課。我如果進行封閉式的研討課——譬如我們以皮耶・希維業為主題的那次——就會出現怨言〔……〕只是，對某些類型的研究來說，要求教授拿他們的研究進行公開報告，卻阻止他們進行封閉式的研討課（他們可以在研討課上和學生們進行這些研究），我相信這是矛盾的〔……〕所以，我希望得到授權，可以將教學區分為兩類：一類是合乎規定的公開教學，此外還有一類教學或研究，是以封閉團體的方式進行。我相信這是可以進行的狀態，或者無論如何，這可以更新我們所提供的公共課程。」[33] 總之，他在他的辦公室或咖啡館聚集了一小圈人，要跟他們一起進行研究。要為這個輪廓一直大幅變動的小「傅柯幫」建立一份精確而詳盡的名單實非易事，而且圈子裡似乎不乏衝突失和，有幾次還鬧到不歡而散。這並不奇怪，一個這樣的圈子有時就像「宮廷」，它的運作隱含著爭奪地位和優先權的對抗與爭鬥。任何圍繞著「大師」的研討課都是如此，我們也看不出傅柯的研討課如何能跳脫這樣的法則。傅柯對此並非視而不見，他也經常為此感到憂心，不斷自問：我不在的時候，他們之間會發生什麼事？

每年年底，傅柯都會依規定為公學院的《年刊》撰寫一份課程摘要，通常他會用幾行字標示出研討課的主題和曾經在課上做過報告的人名。一九七〇年，研討課的主題是十九世紀法國的「刑罰」；一九七一至一九七二年，討論的是皮耶・希維業的「案例」（在傅柯提到的參與者當中，德勒茲赫然在列）。一九七二至一九七三年，重點在準備出版關於皮耶・希維業的檔案。一九七三至一九七四年的研討課分成兩個主題：「精神病案件的法醫鑑定」和「十八世紀醫療機構與醫療建築史」。後面這個研究主題促成了另一部集體著作的出版：《治癒的機器》(*Les Machines à guérir*)。[34]一九七四至一九七五年繼續研究精神病醫學鑑定的主題。一九七五至一九七六年探討犯罪精神醫學裡的「危險個體」概念。一九七七至一九七八年的研討課分析「所有傾向強化國家力量的事物」，「基本上是秩序、紀律、規章……的維持」。一九七八至一九七九年研究的是十九世紀末的法律思想。一九七九至一九八〇年，研討課的主題是十九世紀自由主義思想的一些特定面向。[35]

傅柯喜歡團隊工作，喜歡集體研究，這顯然是美國大學最吸引他的其中一個原因：可以開設他如此熱愛的研討課。他經常和拉比諾提及此事。

*

前面已經提過，傅柯在左翼時期以後依然和某些人維持著當時建立的友誼，然而在一九七五年傅柯重新調整政治取向之後，有一個人和傅柯的友誼卻沒能倖存。最奇怪的是，他們的交情是最長久，而且肯定也是最真誠的。然而事實就是如此，我們甚至不能說他們決裂了，因為他們就只是不再見面了，或者應該說，是傅柯有意要淡化這段他曾經如此看重的情誼。這就是他和德勒茲從一九六二年以來建立的交情。

這段友誼是在克雷蒙費弘，誕生於尼采的身影之下。多年來，他們的友誼公開展現在眾人的目光下，在兩位哲學家對彼此發表的作品相互致意之中不斷茁壯，不斷鞏固。德勒茲在《藝術》（*Arts*）雜誌中熱情地評論傅柯關於胡瑟勒的著作。[36] 一九六六年，他又在《新觀察家》週刊寫了一篇《詞與物》的書評。[37] 一九七〇年，他在《評論》月刊為《知識考古學》寫了更長的評論，標題廣為人知：〈一位新型的檔案學者〉（Un nouvel archiviste）。[38] 一九七五年，同樣在《評論》月刊，他寫了《監視與懲罰》的書評，題目是〈不是作家，是一位新型的地圖繪製者〉（Ecrivain non: un nouveau cartographe）。[39]

傅柯給他的回報是：一九六九年在《新觀察家》週刊發表〈雅莉安上吊了〉（Ariane s'est pendue）一文，向《差異與重複》（*Différence et répétition*）致意。[40] 一九七〇年，在《評論》月刊為《意義的邏輯》（*Logique du sens*）和《差異與重複》寫了更長的評論，文章的標題是〈哲學劇場〉（Theatrum philosophicum）。他在這篇文章的開頭寫道：「我必須談論兩本書，在我看來，它們是鉅作中的鉅作。它們如此偉大，或許因而難以談論，所以也很少人談論。我相信，這部作品會在我們頭頂盤旋很長的時間，對克洛索夫斯基的作品發出謎樣的迴響——這本書又是另一個重要且過度重要的標誌。可是有一天，或許，這個世紀將成為德勒茲的世紀。」[41] 他顯然是在奧古斯丁的意義下使用「世紀」一詞，亦即：人間的世界，我們所生活的世界。他稍後又強調，在他使用這個詞的脈絡裡，「世紀」應該以貶義的方式來理解：與菁英對立的常人見解。一九七八年，傅柯在日本接受訪談，他宣稱德勒茲對他來說顯然是「非常重要」的一個人，他認為他是「現今法國最偉大的哲學家」，此時訪談者問他是否依然認為「這個世紀將成為德勒茲的世紀」，傅柯堅持做了這樣的澄清：「我記得非常清楚我說這句話的意涵。句子是這麼說的：現在——當時是一九七〇年——很少人認識德勒茲，若干行內人知道他的重要性，可是或許會有這麼一天，『這個世紀將成為德勒茲的世紀』，也就是說，在基督教意義下的『世紀』這個詞，是與菁英對立的常人見解，我要說的是，這無礙德勒茲作為重要的哲學家。我是在『世紀』這個詞的貶義之下使用它。」42

傅柯－德勒茲：這個關係首先是哲學友誼，然後是政治友誼。一九七一年傅柯創立「監獄訊息小組」的時候，德勒茲顯然是最早加入的幾個人之一。他參與了裘貝事件的調查委員會，也積極投入杰拉里委員會。一個關於知識分子角色的長篇對談見證了他們在當時極為契合。這場對話的主題是關於「知識分子與權力」，刊登在一九七二年《弦》期刊的德勒茲專輯。傅柯和德勒茲在對談中界定了知識分子與上個世代所謂的「介入」（engagement）之間的新關係。從此，這不再是將抗爭「整體化」，變成理論，述說其意涵。他們針對沙特式的「整體知識分子」（intellectuel total），提出了「特定知識分子」（intellectuel spécifique）。特定知識分子：意思是，抗爭只在一些特定地點、特定地方展開。傅柯說，地方抗爭是「革命運動的一部分」，只要這些抗爭「是徹底的」，也就是「沒有妥協，沒有改良主義，也不試圖只是改換掌權者而保留同樣的權力。這些運動是和無產階級自身的革命運動連結的，只要無產階級革命運動必須與處處延續這權力的一切控制和束縛進行鬥爭」。傅柯接著說，產出統一性和局部抗爭普遍性的就是「權力系統本身，亦即權力的行使與施行的所有形式」。德勒茲的回應是：「如果我們不去跟這個擴散的整體正面對陣，我們就不可能在任何權力施行的點上碰觸到任何東西，所以，從現在起，我們注定要去摧毀，從不論多小的請願開始。一切局部的革命防禦或攻擊都會以這種方式與工人抗爭相結合。」[43]

一九七五年，一九七六年，一九七七年：政治地景發生了變化。這段對話的兩位主角都不再使用相同的語彙了。不過傅柯在這個時期的幾本書似乎始終浸染在這組主題的某些元素裡，特別是《監視與懲罰》。不過，書就是這麼回事，一本書在它出版時所表達的，是作者在構思和寫作時的想法。出版總是比研究多了成書的時間延遲。或許這種時間差可以解釋一九七六年和一九七七年傅柯在《求知的意志》出版後所經歷的「危機」。我們是否該將後來讓傅柯與德勒茲疏遠的原因歸咎於這個「危機」？畢竟他們從此沒再相見。

真正的原因似乎更直接，就是政治。德勒茲和傅柯在一九七七年曾為了反對柯羅桑（Klaus Croissant）的引渡案並肩作戰。柯羅桑是「巴德爾幫」（bande à Baader）[g]的律師，他向法國請求政治庇護，因為他在德國踰越辯護權限，向被告提供支援物資，有可能因此被判刑。在他即將被引渡之際，傅柯起身激烈抗議。他在一九七七年十一月十四日的《新觀察家》週刊為文捍衛「被管治者的權利」，特別是與他們生活於其中的體系「意見全面歧異」的那些人的權利，他希望他們的權利能「在法庭上得到辯護」，他援引「因極權政權的存在而生」並且是「以一個不太可能成為『未來管治者』而是『永遠異議者』的人物為中心」的「當前的」政治「觀念」：「這是一種權利，

g. 巴德爾幫是以南美洲的反帝國主義游擊隊為模範的德國極左派團體，又稱「赤軍團」（Rote Armee Fraktion）。

讓您可以請一位律師為您發言，和您交談，讓您得以被人聽見，並且保護您的生命、您的認同，以及您拒絕的力量。」這種權利，「不是法律的抽象概念，也不是夢想家的理想」，這是一種「權利，它屬於我們歷史現實的一部分，不該被抹去」。[44]當柯羅桑從牢房被帶出來，準備要被驅逐出境時，傅柯和數十人在巴黎桑泰監獄（prison de la Santé）門口圍成一堵象徵性的路障，後來他們遭到警方暴力驅散，傅柯甚至有一根肋骨骨折。幾天後，依舊是在《新觀察家》週刊，他強烈質疑左派領導人，要求他們採取更堅定的立場，特別是要捍衛柯羅桑被逮捕前，曾於巴黎「藏匿」他而被起訴的兩位女性。[45]司法部長佩雷菲特（Alain Peyrefitte）試著回應他這位高等師範學院的老同學，傅柯的反駁則是極為苛刻。柯羅桑被引渡後，傅柯於十一月十八日號召包括沙特、波娃、莒哈絲等諸多名人，一同參與在共和廣場（place de la République）的示威活動。我們看到：傅柯對這位德國律師的支持不遺餘力，他是真的全心投入，可是他想將他的戰鬥局限於嚴格的法律問題裡，他想要支持這位律師，而不是這位律師的委託人，要他支持他視為「恐怖分子」的那些人是不可能的。然而，這似乎正是他責怪德勒茲的原因。德勒茲也為柯羅桑辯護，但兩位哲學家簽署的是不同的文字。傅柯簽署的文字僅限於辯護權和拒絕引渡，德勒茲和瓜達希（Félix Guattari）一同連署的那份則是把西德說成一個正在失控，朝著警察獨裁方向發展的國家。應該就是在這個時刻，傅柯和德勒茲之間的「不和」開始了，或者說得更精確些，是傅柯開始看德勒茲不順眼。因為他們沒有鬧翻，沒有爭吵，沒有解釋，就只是他們長久以來的默契瓦解了。

莫里亞克一九八四年三月十日的日記裡有個段落證實了這樣的假設。那時候莫里亞克和傅柯正試圖介入，為移民工人被迫遷離金滴區住處的事件發聲，他們在想，可以找誰來連署他們要寄給巴黎市長的這封信：「X……那就太好了。」（說話的人是傅柯。）可是不行，他沒辦法去找他。莫里亞克很驚訝地問他為什麼，傅柯答道：「我們已經沒來往了……從柯羅桑的事情之後。我不接受恐怖主義和血腥，我不贊成巴德爾和他的幫派……」[47]莫里亞克從來都會指名道姓，這次卻沒直說傅柯提到的這個人是誰。不過，他稱為「X」的這個人顯然就是德勒茲。我自己也可以為傅柯這種刻意疏遠的深層政治動機做見證，他在一九八〇年代初期跟我提過好幾次這件事。總之，傅柯和德勒茲確實不再往來，他們分道揚鑣了。他們都繼續閱讀對方的書或文章，從此，這是他們唯一的聯繫方式了。是因為兩人之間的距離，所以傅柯拒絕考慮德勒茲進入法蘭西公學院的遴選嗎？一九八二年，布迪厄正式進入公學院未久，他向傅柯提起這個遴選案的可能性，傅柯回答他：「不行，不可能，我答應過維耶曼，永遠不要幫德勒茲進來。」布迪厄的結論是，傅柯不想要有競爭對手。布迪厄樂於如此描述這樣的傅柯，他對自己在智識領域的地位非常著迷，並且眼睛直盯著潛在的對手（這種事應該不假，不過應該也同樣適用於布迪厄）。或許傅柯真的向一九六九年讓他獲選的那個人做過保證，而且也覺得自己要遵守這個承諾？（過了幾年，在傅柯過世之後，布迪厄在公學院的會議上提出德勒茲的名字作為可能的候選人，開始進行正式提出遴選案的一些必要步驟，這時他遭遇了極為強烈的敵意，使他不得不在正式成案之前就放棄。信心滿滿的德勒茲心裡非常失望，我想，甚至可以說是痛苦。他熱情地感謝布迪厄想到他，而且至少也嘗試過了。[48]一九九〇年代初期，布迪厄提出了德希達的名字，同樣的不幸又再次重演。[49]）

柯羅桑被引渡之後一個月，傅柯在德國經歷了一次奇怪的不幸經驗。一九七七年十二月，他和丹尼爾・德費人在柏林，他們想去東柏林。他們面對的是一個不客氣的警察官僚體系，警方搜查他們的證件，複印他們的筆記，質問他們筆記本裡記錄的書籍相關資料。傅柯後來提到此事時，說他們留下「令人恐懼的印象」。兩天後，這次是在西柏林：他們走出旅館的時候，三輛警車在他們前面停下，他們被一群手持衝鋒槍的警察包圍了。他們雙手高舉，被警察搜身。他們做錯的事，就是在早餐時談論了一本關於烏麗克・邁因霍夫（Ulrike Meinhof）[h]的書，結果被人告發。於是他們被帶去警局的大樓查驗身分。我們什麼也沒做，傅柯在《明鏡》（*Spiegel*）週刊上這麼說。我們只是有知識分子的氣質，所以有潛在的嫌疑。知識分子：對所有的政權來說，這些人都屬於「某種骯髒的物種」。[50]一個月後，傅柯在西德漢諾威市（Hannover）冰冷的街道上遊行，聲援一位因為支持一本禁書而被大學開除的教授布魯克納（Peter Bruckner，傅柯後來為布魯克納的法文版小書《國家的敵人》〔*Ennemi de l'État*〕寫了一篇序言[51]）。不過此刻他所在的這個德國，比起他此行要來認識的那個實施「職業禁令」的德國親切些。他和凱特琳・馮・畢羅一起參與了一九七八年一月底在西柏林舉行的TUNIX（什麼都別做）大集會，一連三天，三萬人熱切地辯論迎向「替代方案」運動的所有抗爭的可能性。

德勒茲和傅柯對「柯羅桑事件」的評價極為不同，其實只是反映了他們的想法在一般政治問題上徹底分歧的改變。他們的對立在「新哲學家」的爭吵中非常清楚地展現出來。德勒茲在一本小冊子裡痛罵那些被他視為替電視節目表演雜耍的人士所販賣的空洞概念，他將格魯克斯曼及其同夥批評得一無是處。他說這些人的前言不對後語，還有他們的「烈士榜」，都讓他覺得「恐怖」：「他們以死屍為生。」德勒茲的用語非常激烈，他的文章通篇都是這樣的句子。這些嚴酷的話語出現在一九七七年六月五日。[52]德勒茲清楚知道傅柯一個月前才在《新觀察家》上讚美過格魯克斯曼的《大師思想家》（*Les Maîtres-Penseurs*）。格魯克斯曼過去是極端的毛派，他在一九七四年出現戲劇性的大翻轉，從此開始有系統地譴責古拉格（Goulag）、各種極權制度，以及導向極權的各種哲學。傅柯感謝他在哲學的話語裡讓人聽見「這些逃亡者、這些犧牲者、這些不改其志的人、這些永遠在被矯正的異議分子——簡言之，這些『血跡斑斑的頭顱』和其他黑格爾想在世界的黑夜裡抹去的空白形狀」。[53]

毫無疑問，傅柯當時的選擇更多是出於政治考量而非哲學考量（意思是他對格魯克斯曼的哲學成就應該沒有非常推崇[54]）！所以傅柯徹底擺脫了他與維多對話時的那種激化的極左派思維——所以這種極左派思維只持續了幾年。他從此不再講「革命」和「無產階級」語言，而且，他從前接觸哥穆爾卡（Gomulka）[i]治下的波蘭時所建立的反蘇維埃和反共的意識，以更強的毒性在他身上重新得到確認。（「我是『初段班』的反共者，」他喜歡開這樣的玩笑：「因為如果到了『中

h. 烏麗克・邁因霍夫是德國極左派人士，「赤軍團」的創建者。

i. 哥穆爾卡是波蘭政治人物，曾任波蘭共產主義工人黨（統一工人黨）第一書記。

段班』才反共，那就太遲了。」他對德勒茲新起的不信任正是由此而來。有一次他對我說（時間是一九八〇年代初期）：「您注意到了吧，德勒茲的所有立場都是站在蘇聯那邊。」（我曾經將這段對話向布迪厄轉述，他的評論是：「這是真的，不過得再加上，傅柯的所有立場都是站在美國那邊。」）不過這絲毫沒有阻擋傅柯一再說出德勒茲是「法國唯一的哲學心靈」（但也承認德勒茲在一九八一年出版，討論畫家法蘭西斯・培根〔Francis Bacon〕的《感覺的邏輯》〔*Logique de la sensation*〕一書相當難以理解）。傅柯過世前最深切的心願之一，就是跟德勒茲和解。丹尼爾・德費知之甚明，所以請德勒茲在傅柯的葬禮上講話。這應該也是德勒茲的願望。兩年後，在一九八六年，他為傅柯的著作寫了一部洋溢著智識與情感的書。為什麼要寫這本書？「因為對我自己的必要性，」德勒茲答道：「因為對他的欽佩，因為對他的辭世以及他未竟之業的情感。」[55]

5 我們都是被管治者

一九七五年九月二十二日，馬德里一家大飯店的酒吧裡，尤蒙頓宣讀著一篇聲明。「十一名男女剛剛被判處死刑。他們被特別法庭定罪，他們無法享有司法的保護。他們無法享有依證據定罪的司法保護，他們無法享有賦予被判刑者辯護權的司法保護，他們無法享有提供法律保障的司法，因為他們被控訴的罪行如此重大。他們無法享有禁止虐囚的司法保護。在歐洲，我們過去一向為了這樣的司法而戰，今日，我們仍須在它每一次遭受威脅的時刻挺身抗爭。我們無法斷言這些人無罪，這是我們無法確定的事。我們要求的不是遲來的寬容，西班牙政權過往的表現也不允許我們保有這樣的耐心。我們要求的是司法基本規則得到尊重，不論對象是西班牙人，或是來自其他地方的人。」

坐在這位聲名顯赫的法國演員身旁的有作家德布黑（Régis Debray）、希臘導演科斯塔加夫拉斯（Costa-Gavras）、記者拉庫居赫、婁杜茲神父（Laudouze）、克洛德．莫里亞克和傅柯。還有，這份聲明是傅柯寫的。

幾天前，凱特琳．馮．畢羅在電話裡告訴傅柯：「我們必須有所行動，我們不能讓佛朗哥獨裁政權處決這些年輕的抗爭者。」傅柯同意：他必須「有所行動」。可是要如何行動？首先是思考。但是要快速思考。一場會議敲定了第二天早上在凱特琳．馮．畢羅的家裡舉行，參加的人有克洛德．莫里亞克、尚．丹尼爾、德布黑、科斯塔加夫拉斯，還有代表《基督徒見證》（*Témoignage chrétien*）週報的婁杜茲神父。科斯塔加夫拉斯提議直接去西班牙，透過身體的實際到場，展現出請願書、宣言和示威都不足以展現的團結。「傅柯立刻被這有點瘋狂的主意吸引，他很快就說服了我。」莫里亞克說：「我們得到尤蒙頓的首肯，他沒來開會，但他會和我們一起行動。」[1]

至於德布黑、尚．丹尼爾和科斯塔加夫拉斯提出的進一步建議，說是要辦一場記者會，傅柯就不甚熱中了，他說：「我們所欠缺的，是可以讓我們的行動戲劇化的點子，我們在西班牙的實質性出現，我們冒著行動有可能帶來的風險（或許不會太嚴重，但確實存在），這很重要，這是新的，這種事從來沒有人做過。如果最後是為了辦一場記者會……」[2]傅柯比較贊成在街上發傳單。經過大量的討論和猶豫，各路先行者終於達成協議：辦一場記者會，可以，但是還要發一篇由知名人士連署的文字，他們建立了一份名單：沙特，當然要有。阿哈貢，無論如何也要。莫里亞克負責去找馬勒侯（André Malraux）。凱特琳．馮．畢羅提到西蒙．波娃的名字，引起傅柯暴怒，事後她微笑以對，但傅柯當時的怒氣確實令她感到驚訝：「啊，不要，別找這個老太婆，否則我就不去了。」他對於波娃在《詞與物》出版時對他的攻擊依然耿耿於懷。

莫里亞克後來拿到馬勒侯的簽名，傅柯拿到阿哈貢的。最後，五個人名出現在這份呼籲文字底下：馬勒侯、孟戴斯．弗朗斯、阿哈貢、沙特、雅各布。然後共有七個人負責把這份訊息帶到西班牙。尚．丹尼爾為這場在巴黎策劃、極其敏感的行動提供了《新觀察家》的後勤支援，但他無法加入行動小組，因為星期一他不可能有空，那是他的週報截稿的日子。不過拉庫居赫加入了，而且報導了這個存在時間很短暫的團隊，在一個瀕臨垮臺卻依然殺戮連連的法西斯國家裡的行動。七小時。他們停留的時間不能超過七個小時。這樣的時間已經足以成就一項輝煌的壯舉。他們並沒有抱著要拯救死刑犯的希望，而是想在西班牙的首都說出他們的憤怒。

在機場等候登機時，傅柯對莫里亞克和他同行的妻子瑪希克洛德（Marie-Claude）說：「馬勒侯，我當學生的時候非常崇拜他，他寫的書，我可以整頁整頁背出來。」

一行人順利抵達馬德里，記者會開始了，尤蒙頓有足夠時間當著記者的面前以法文宣讀這篇文字。「我們來馬德里，」他讀出結論：「是為了帶來這個訊息。事態的嚴重召喚著我們，我們來到這裡想表達的是，憤怒震撼著我們，憤怒讓我們以及如此眾多的人們跟這些遭受威脅的生命團結在一起。」等他想將麥克風交給德布黑宣讀翻譯成西班牙文的版本時，便衣警察闖入了大廳，喝令他們坐著不許動。科斯塔加夫拉斯充當口譯員。傅柯問道：「我們現在是被逮捕的情況嗎？」警察回應：「不是，但是所有人都必須坐著。」傅柯手上還拿著幾份傳單，警察想要拿走，但他拒絕交出。反叛的哲學家和維持秩序的人之間，出現了一陣短暫的對峙。這是傅柯的千百種臉孔之一：「蒼白，緊繃，輕顫，」莫里亞克說：「隨時會爆發，隨時會衝出去，會發動最無用、最危險也最美的攻擊，令人欽佩，因為我們感覺得到（我們知道），他的拒絕、挑釁、勇氣，是一種身體上的反應，是一種精神上的原則：他的身體無法忍受警察的碰觸並且接受警察的命令。」[3]幾天之後，傅柯在《解放報》上評論這個事件：「我視警察的工作為一種身體的武力，所以，站在警察對立面的人，不必容許這種偽善——以我們必須立即遵從的命令來掩飾武力。站在警察對立面的人必須貫徹到底，直到看見他們所代表的是什麼。」[4]傅柯在莫里亞克再三要求之下才讓步……暴力威脅並沒有讓傅柯失去幽默感，他對莫里亞克低聲說：「如果他們有衝鋒槍，我會更快讓步，這是很自然的。」[5]這也是尤蒙頓對這次遠征西班牙留下的最生動的回憶之一：傅柯以身體展現的勇氣。而且，這樣的特質在所有關於傅柯抗爭行動的敘述與見證中不斷重現，對抗鎮壓的行為，對抗警方的作為。對抗「規訓」。

片刻之後，一隊身穿制服、配備衝鋒槍的警察開始逮捕所有在場的記者（大多數是外國人）。他們被戴上手銬帶走，部分人士在兩小時之後獲釋，其他人則被羈押至天黑才獲釋。[6]在同一個押解隊伍中，有七位法國「傭兵」沒被上手銬（這是第二天佛朗哥派的《向上報》〔*Arriba*〕的說法），他們和所有被捕者一起離開了飯店。傅柯在《解放報》上詳述當時的情景：「尤蒙頓最後一個出來。他走到飯店臺階的高處，樓梯兩側都是荷槍的警察；臺階底下，警方早已淨空，警車巴士停得很遠。在警車巴士後方，數百人觀看著這一幕。場面有點像在排演電影《Z》，[a]左派國會議員隆布拉基斯（Lambrakis）遭棍棒襲擊的那一幕。尤蒙頓神情威嚴，頭微仰，從臺階上緩緩下行。就在此刻，我們感受到法西斯的存在。圍觀的人們對此視而不見，彷彿此情此景早已見識過千百回。還有這種悲哀〔……〕以及這種沉默。」[7]

這些信使被押送到機場，經過仔細、漫長、沒完沒了的搜查之後，坐上一架即將前往巴黎的飛機。這時爆發了一起意外事件。一個警察以西班牙語羞辱婁杜茲神父，科斯塔加夫拉斯的回應是以西班牙語高呼：「打倒法西斯，打倒佛朗哥……」警察衝向他，命令他一起下機。科斯塔加夫拉斯拒絕。飛機無法起飛。等待又再次開始。最後，事情得到解決，飛機在跑道上滑行，接著飛往巴黎，數十名記者和攝影師早已在場守候。

幾天之後，死刑迫在眉睫，傅柯和莫里亞克赴喬治五世大街參加在西班牙大使館前舉行的示威活動。他們也參加了一九七五年九月二十九日的遊行，不過這次他們是各自加入的，浩浩蕩蕩的隊伍從共和廣場往巴士底廣場前進，而當時第一批處決已經執行。莫里亞克想要命名為《戴高樂、馬勒侯、傅柯》(*De Gaulle, Malraux, Foucault*) 的這冊日記就以這次遊行劃上句點：在這場示威活動的最後，當催淚彈開始炸射，當國家保安警備隊開始衝擊群眾的時候，這位前戴高樂派，這位戴高樂將軍的前祕書，也和數千名極左派抗爭者一起舉起了拳頭……

在西班牙大使館前，一位年輕的抗爭者問傅柯願不願意來跟他組織的社團談一談馬克思，傅

a.《Z》(或譯《焦點新聞》)是科斯塔加夫拉斯一九六九年的電影，獲同年坎城影展評審團大獎。內容根據希臘真實政治事件改編，描寫反對黨領袖於演講後遭暗殺，一位法官無畏壓力求索真相的過程。

柯聞言大怒：「別在我面前提到馬克思！我再也不想聽到有人談這位先生了。您去找那些靠他吃飯的人，去找那些靠這賺錢，靠這當官的人談吧。我對馬克思已經沒什麼好說的了。」[8]不得不說，對這位哲學家提出這樣的要求，時機確實不宜，不過這個事件在莫里亞克筆下遠不只是一樁單純的軼事。因為馬克思主義在法國知識分子的生活裡是諸多討論的核心主題，而一九七四年索忍尼辛（Soljénitsyne）的《古拉格群島》（*L'Archipel du Goulag*）在法國出版，展現了它對於馬克思主義的巨大破壞力，而且所向披靡。過去三十年間無所不在的法國馬克思主義，曾是一切理論或政治思考的必經之路，是那個時代不可踰越的地平線。到了一九七〇年代中期，馬克思主義就這樣從知識界的舞臺走上崩潰與消失之路，而且持續了很長一段時間。索忍尼辛的著作對傅柯的影響很大，在一九七六年傅柯和渥爾澤勒的對話裡，傅柯問他的對話者：「『你讀過索忍尼辛嗎？』因為那時我們談到集中營文學的問題，這是當年非常重要的主題。一方面因為這是我們唯一可讀的、來自蘇聯的文學作品，另一方面也因為它具有某種連貫性，而且它所指涉的政治現實，帶出了社會主義運作的所有問題〔……〕這是近二十年最重要的文學現象（要加上引號）。」[9]就在一年前，傅柯以「監獄群島」（L'archipel carcéral）作為《監視與懲罰》其中一章的標題。他在一次訪談中說，這是「因為索忍尼辛」，他要表明的是「一個社會透過某個類型的懲罰體系所達成的這種分散，同時又是普遍的覆蓋」。[10]

*

友誼就是這樣誕生的！傅柯和尤蒙頓之間的友情一直維繫到傅柯過世。而這段情誼過沒多久又衍生出另一段情誼，而且更加情深意切——傅柯和尤蒙頓的妻子西蒙・仙諾也成了好友。他們經常見面，經常通電話。傅柯提到這位女演員的時候總是說「我女朋友」。[b] 當他說「我跟我女朋友去吃午餐」或是「我得打電話給我女朋友了」，大家都知道他說的是「那個西蒙」——這是傅柯給她取的另一個名字。一九八二年，傅柯和西蒙・仙諾跟庫希內（Bernard Kouchner）去了波蘭，這次也一樣，他們是去一個受壓迫國家的中心地區，表達他們與奮力抵抗的人民團結在一起。

傅柯過世後，尤蒙頓講起他和這位哲學家的交情，或是拿出傅柯在一九八一年秋天奧林匹亞音樂廳（l'Olympia）演唱會之後寫給西蒙・仙諾的信箋，總是無法抑制自己的情緒。那是一封熱情洋溢的信，傅柯先是為這個美妙的夜晚向他們致謝，繼而藉此機會向他們發表真誠的友誼宣言：「如此完美的演出留給單純的記憶，如此出色，震撼人心。」傅柯在一九八一年十月十四日的信裡寫到關於尤蒙頓的表演，他接著寫道：「還有我們舊日的情誼，如此美好。這麼多年以來，我一直非常珍惜這份情誼。從昨天起，您和蒙頓讓我珍愛更多過去和現在的事物了。我親吻你們。」

一九七五至一九八四年間，他們一同簽署了許多請願書和宣言，也跟「世界醫生」（Médecins du Monde）組織發起人之一的庫希內一起籌劃了一些行動。

b.「我女朋友」原文為 ma copine，亦常見於女性提及女性好友時的說法，可想成「我的好姐妹」。

尤蒙頓記得的唯一一次意見分歧，是在一九八三年夏末：「那天，格魯克斯曼、庫希內和我寫了一篇文章，要求法國政府在查德（Tchad）採取更堅定的態度對抗格達費（Kadhafi）。傅柯不想簽署，西蒙也跟他站在一起，他們不希望人們覺得他們在要求發動戰爭。」

尤蒙頓、西蒙・仙諾、傅柯，他們隨時準備好要揭發不公不義，隨時為了某個司法案件而迅速動員。當諾貝爾斯皮斯（Roger Knobelspiess）在牢裡高喊自己無罪時，這個小組被打動了，他們為這名在一九七二年因持械搶劫而被判處十五年徒刑的囚犯（他徹底否認犯行）籌劃了辯護行動。一樁持械行搶，判刑十五年，贓物是八百法郎。[c] 這當中有太多可議之處。後來，在一段獲准外出卻演變成「越獄」的過程中，他犯下一連串持械搶劫的罪行，這次他認罪了，並且在一九八一年接受審判。不過諾貝爾斯皮斯是個桀驁不馴的受刑人，他是會對司法機器發出咆哮和譴責的那種人。他是注定要關在高度戒護區的受刑人。而且他還寫書讓人聽到他的聲音，其中一本於一九八〇年出版，書名就叫作《高度戒護區》（*QHS*）。[d] 一如書上第一頁所說，這本書是「在一個辯護委員會的要求之下寫的，委員會成員包括傅柯、惹內、格魯克斯曼、莫里亞克、尤蒙頓、西蒙・仙諾、蒂博（Paul Thibaud）等人。這本書同時也得到法官聯合會、法國律師聯合會、法國民主法學家協會的支持」。書一打開就是傅柯的序言。「這是一本令人不舒服的書，」傅柯寫道：「整整十年，一場眾聲喧譁的辯論在法國、也在其他國家展開。有些人急不可耐：他們期待制度本身會在一般人的靜默下，自行提出改革方案。幸好事情並非如此。現實的深層轉變源自激進的批評，源自明確的拒絕，以及永不沙啞的嗓音。諾貝爾斯皮斯的書正屬於這場戰役。」傅柯也拆解了關於監禁與牢房這種不可改變的邏輯：「他因為他堅決否認的一樁犯行而被判罪，在不承認自己有罪的情況下，他能夠與監獄和平共存嗎？而我們看到的是這樣的機制：既然他反抗，就把他移送高度戒護區，既然他在高度戒護區，他就是危險的。既然在獄中是『危險的』，一旦獲釋，情況就會更嚴重。所以，他有能力犯下我們控訴的罪行。他否認也沒用，反正他就是有可能做出這件事。高度戒護區提供了證據；監獄**證明**了預審法庭可能不足以論證之事。」[11] 第二本書《頑強》（*L'Acharnement*）由莫里亞克作序。諾貝爾斯皮斯於一九八一年受審，他承認在一九七六和一九七七年間犯下六件持械搶劫案，如同《世界報》所述，這算是在修正一九七二年的司法錯誤：這次他被判五年監禁，不過重罪法庭請求總統給予特赦，密特朗總統也同意了。重獲自由之後，他在一九八三年涉嫌參與襲擊一輛運鈔車，在諾曼第的翁弗勒爾（Honfleur）附近再次被捕。右派媒體語帶戲謔地譴責：為匪徒辯護、簽署宣言的那些人到哪去了？而回應立刻就來了，西蒙．仙諾和傅柯馬上出面反擊。傅柯在《解放報》直言：「要說驚訝，我是很驚訝，但不是因為發生的事件，而是因為事件的反應和這些反應的嘴臉。要問發生了什麼事嗎？一個人因為一樁持械搶劫被判十五年監禁，九年後，盧昂（Rouen）重罪法庭宣告罪刑明顯過重。他獲釋之後，剛剛再度因為其

c. 法國當時法定最低工資為時薪三點九四法郎。

d. QHS是quartiers de haute sécurité的縮寫。

他事實而被控犯罪。結果所有的媒體都高喊那是錯誤，那是騙局，那是毒害。請問媒體高聲指責的對象是誰？是那些要求司法量刑更公正的人嗎？是那些肯定監獄不具備改造受刑人特質的人嗎？容我提出幾個簡單的問題。錯誤在哪裡？那些試著對監獄認真提問的人已經談了好幾年：監獄的設置是為了懲罰與改正。監獄懲罰人嗎？或許是。監獄改正人嗎？當然不。既沒有再安置，也沒有培訓，反而是在建立和強化一個『罪犯界』。因為偷了幾千法郎而入獄的人，出獄時成為匪徒的機會遠高於成為一個誠實的人。諾貝爾斯皮斯的書說得很清楚：高度戒護區是監獄裡的監獄，這裡有可能製造出一些瘋狂的人。諾貝爾斯皮斯說了，我們也說了，這必須讓大家都知道。我們目前所知的事實，可能可以證明我們所說的。」而對於提到知識分子不負責任的那些人，傅柯嚴詞回應：「至於你們這些人，會拿今日的罪行來合理化昨日的懲罰，你們根本不懂理性思考。不過，更糟的是，只要你們和我們一樣，不希望有朝一日遭受在恣意武斷底下沉睡的司法所帶來的迫害，那麼，對於我們和你們自己而言，你們這些人都是危險的。你們也是一種歷史性的危險。因為司法應該永遠自我質疑，一如社會只能仰賴社會對自身及其制度所施行的工作而存活。」[12]

*

《監視與懲罰》於一九七五年春季出版，得到相當大的迴響。《世界報》以兩版的跨頁報導傅柯的新書，《文學雜誌》(*Magazine littéraire*) 也為此做了特刊，這只是諸多媒體迴響中的兩例。歡呼喝采的喧譁才剛平息，傅柯就又站上了臺前。在這部以「監獄的誕生」為主題的大師之作出版一年半後，他出版了《性史》。或許我們會問，這兩本著作之間有何關聯？它們的關聯是顯而易見的，傅柯立刻宣稱：這兩本書跟我們談的都是「權力」及其施行方式。既然傅柯在《監視與懲罰》裡展示了權力透過約束身體的「規訓」程序穿透整個社會，那麼，他提問的對象是這些將性連結至權力網絡的機制，也就沒那麼令人驚訝了。或者，更精確地說，他提問的對象是「性」體現為現代世界的一種體驗與個性的特殊形式的這種方式，而這種方式與現代世界攜手，作為其權力運作的一種部署（dispositif）。

這部《性史》是兩種類型的關注交匯而成的產物：一份舊時的研究計畫和「時事」。舊時的計畫，前面已經看到。從《瘋狂與非理性》的序言開始（寫於一九六〇年），傅柯就宣布要寫一個關於這個主題的作品（而且，《瘋狂與非理性》裡有很長的一章，內容涉及十七世紀「同性戀」人格的發明，這一章對於這本書有非常關鍵的重要性，一如我在《同性戀問題反思》裡說的，我們可能會問，傅柯是不是在為我們提供理解這個計畫起源的深層動機，他自己也在一份很長時間都沒有發表的訪談中強調了這一點[13]）。一九六三年，我們在傅柯寫的關於巴代伊的文章〈踰越的引言〉裡，也可以找到同樣的回聲。當時傅柯對性的思考依然停留在禁止和踰越這兩個用語所界定的現實與可能。一九六五年，他在巴西舉辦講座時也對勒布杭提過這個計畫。傅柯拿《詞與物》的手稿給勒布杭看，並且對他透露自己接下來想寫一部性的歷史。又說：「這幾乎是不可能的事：我們永遠沒辦法找到文獻。」新的回聲出現在一九六九年的《知識考古學》，還有一九七〇年的《言說的秩序》。所以這個想法上溯極遠，可以在傅柯的理論（及個人）的關注中看到，而且也和他的思考方式常相左右。碰觸了「後六八」和一九七〇年代初期的現實之後，這個想法終於實現，不過傅柯當時看待這些問題的目光已經跟先前十年不一樣了。他的分析不再以禁止、禁忌、壓抑、排斥、沉默為核心，而是關注強制說話的命令（injonction à la parole）、落實為言說與言說的範疇（mise en discours et en catégories discursives），他甚至從此認為（說是某種自我批評或許更貼切），「壓抑」和「禁忌」的主題最終很可能只是性的機制（dispositif）的齒輪，亦即在權力巧妙的效力作用下，自詡「踰越」的發言也參與了讓主體臣服的技術的順利運作（亦即在性的個別化過程中，參與了臣服的主體的生產）。在那個由於賴希（Wilhelm Reich）和馬庫色的啟發（今天我們很難想像他們作品的影響力在那些年有多麼大）而使性解放意識形態盛放的年代，在那個所有思考與行動模式都遭到精神分析的聖典入侵的年代，傅柯投身於對這兩股思潮的徹底批判。因為，他指出，這兩種現象有一個共同點：它們都是一種關於性的話語，無所不在而且永無休止。所有人都不停地在談性，以表示他們不能談論性，因為性受到資產階級道德、婚姻模式與家庭模式等等的壓抑與克制。有人說，佛洛伊德或許讓我們從這種道德中解放出來，不過也有人說，這種方式如此軟弱，如此謹慎，如此因循守舊，所以我們也必須揭露，精神分析本身具有規範化的功能。不過，不論用什麼技巧或方式，所有人都希望大家談論性事（sexe），談論性（sexualité），以揭開一個人真實的本質，或為他提供幸福未來的前景。關於這種「壓抑」，傅柯說：「我們談到它的時候，不再輕描淡寫。我們意識到我們在衝撞既有的秩序，我們的聲調顯示我們知道自己是顛覆性的，我們熱切渴望為現在驅魔，並且召喚我們自認正在努力讓它實現的未來。某種像是造反、像是應許的自由、像是另一套法則即將實現的感覺，在這種性壓迫的論述中很輕易地浮現。某些舊有的預言功能在此處重新啟動了。美好的性，明天見。」[14]

從最初幾頁開始，傅柯就對這種「壓抑假設」以及由此蓬勃衍生的理論或政治表述大加諷刺。他所為何來？他要「對一個社會提出質疑，這個社會有超過百年的時間，一直在大肆譴責自身的偽善，絮絮叨叨地談論自身的沉默，熱中於細數它不訴說之事，揭露它行使的權力，並且承諾要擺脫那些推動社會運轉的法則。〔……〕我想要提出的問題不是：為什麼我們會受到抑制？而是為什麼我們說自己受到抑制的時候，帶著這麼多的激情，這麼多的怨恨，怨恨我們剛經歷的過去，怨恨我們的現在，怨恨我們自己？是透過何等的螺旋，讓我們走到這裡？我們肯定性（sexe）遭到否定，我們公然展示我們把性隱藏起來，我們說我們讓性閉上了嘴——而這一切以露骨的字詞寫成，試圖透過最赤裸的現實讓人看見，在性的權力及其作用的實證之中得到確認。我們可以理直氣壯地追問，為何如此長久以來，我們將性與罪結合在一起〔……〕可是我們也必須思考，為何今日對於過去將性變成一種罪，會懷有如此強烈的罪惡感？」[15]不過，拒絕將這種「壓抑假設」當成顯而易見的事實，並不表示就要徹底翻轉這個假設。傅柯的著作再度聲稱他的研究是歷史的也是批判的，是考古的也是系譜學的：「目的是要在其運作及其存在理由（raisons d'être）當中，界定權力－知識－快感的統轄體系（régime），這樣的體系在我們這裡維繫著關於人類的性的言說。因此，首要的重點（至少在第一時間）不在於知道我們究竟對性說是還是說否，不在於我們是不是明確表達了禁止或允許，不在於我們肯定了性的重要還是否定了性的效應，不在於我們是不是懲罰了用來指稱性的字詞；而是要去檢視我們談論性的這個事實，我們談論性的場所和觀點，鼓勵人們談論性的機構，這些東西積累並且傳播我們所說的性，簡言之，就是整體的『言說事實』（le “fait discursif”），亦即性落實為言說的運作過程（la mise en discours du sexe）。」所以，重要的不是要「知道這些言說生產和這些權力效應是不是導向明確表達性的真相，或者剛好相反，它們表達的是一些以遮掩這個真相為目的的謊言；真正重要的，是要找出『求知的意志』，它既是這些真相或謊言的載體，也是它們的工具」。[16]

傅柯曾經在《知識考古學》繼而在《言說的秩序》裡檢視過言說「稀釋」（raréfaction）的原則，此刻卻徹底改變了研究方法。現在他感興趣的是這個「性落實為言說的運作過程」、強制說話的命令以及這種命令披覆的外在形式；是這種〔言說〕[e]繁殖的歷史、這種繁殖所依據的種種原則的歷史，以及其倚賴的那些權威部門的歷史，他試圖證明從十七世紀起，性就遠遠不是某種限制話語的程序的受害者，而是順從於「某種激勵的機制」：「求知的意志並未因為不得解除的禁忌而中斷」，反而「更熱中於建立一門性的科學。」[17]他對精神分析的攻擊直截了當：這樣的事實毋庸爭辯，「我們的文明是唯一花錢僱人聆聽每個人告白性事的文明。」[18]

《求知的意志》是一本小書，只有兩百來頁，大小跟口袋本差不多，可是裡頭提及的主題和問題多到需要一整本書來分析。[19]傅柯的心力投注於先前為法蘭西公學院教席遴選而編寫的小冊中所說的關於遺傳的研究，他也在他的蒸餾器裡放進一些關於自由主義和人口管理以及「生命政治」（bio-politique）的初稿。當然，我們會看到，書中有對於如何區分常態與病態的不懈提問，也提及精神醫學目光下的「反常者」（pervers）。寫到權利、法律和規範的那幾頁令人讚嘆，書中也可以看到一些令人震驚、引來無數評論的銘言，譬如這句：「權力來自下方。」對於這個句子及其衍生的誤解，傅柯後來非常堅持這樣的論點：我們不能只讀這句而不讀後續的那些句子：「權力來自下方，也就是說，在權力關係的根源裡，支配者與被支配者之間並不存在一種如同通用模具的二元且全面的對反關係——那種二元對反的特質是從上到下，反應在範圍愈來愈小的團體裡，一直到社會體的深層之中。我們反而必須假設在生產機器、家庭、縮小的團體和諸多機構裡形成並運作的這些多重力量關係，它們是遍及整個社會體的裂解作用的載體。」[20]《求知的意志》延續《監視與懲罰》的路線，傅柯試圖以此瓦解各種與馬克思主義傳統有關聯的權力理論，以及這些理論的不同版本。這些理論在他著手書寫這幾部作品時的能見度還是很高，直到這幾部作品出版後才開始鬆動。而且，正如他對壓抑假說的批評可以作為某種自我批評，用來批評貫穿其舊作（特別是《瘋狂史》）的主題，那麼，「權力來自下方」的想法也可以作為他跟自己激進左翼年代的「自發性」（spontanéisme）決裂、跟他曾經聲稱的「人民知識」決裂的方式。

不過，《求知的意志》的出發點和原動力，應該是傅柯要跟精神分析決裂，特別是跟拉岡派的精神分析決裂。傅柯知道大家會對他提出反對意見：您搞錯敵人了。您把兩種人搞混了，一種

e.「言說」二字為譯者所加。

是談論壓抑和查禁，並且認為要將性從這些枷鎖之中解放出來的那些人（佛洛伊德－馬克思主義者〔freudo-marxistes〕），一種是滿口「法律」用語，而且認為「法律是由慾望和構成慾望的匱缺所建構起來的」那些人（這是傅柯的說法，可是所有人都在這後頭認出拉岡的聲音）。不過，傅柯解釋說，這兩種形式其實是相關聯的，雖然它們最後的結論和選擇相反，但它們共享同樣的「權力表徵」（représentation du pouvoir）——這種司法政治觀總是糾結著權力單一集中的君主制模型。一定要讓國王的人頭落地！

從《詞與物》開始，傅柯走過的是怎樣的路途！當時有三種人文科學逃過傅柯的批評：結構主義版的民族學、語言學和精神分析（也就是說，拉岡派的精神分析）。甚至可以說，傅柯得以在這本帶給他聲望的書裡進行這些考古工作，都是從拉岡（和李維史陀）開始的。而今天，《求知的意志》進行的系譜調查卻是在反對拉岡。傅柯甚至可以把他準備發表的一系列研究，以「精神分析的考古學」為名出版。[21] 傅柯與拉岡決裂，同時也和所有反對拉岡的分析的那些勢力決裂——包括解放的意識形態、佛洛伊德－馬克思主義、慾望理論、薩德和巴代伊的遺緒。傅柯解釋說，這些或許是相互矛盾對立的教義，但它們彼此緊密相連：它們都處在同樣的知識與權力「部署」之中。基本上，在《詞與物》的暫時中斷之後，傅柯在《求知的意志》裡重拾他在《瘋狂史》裡對於精神分析的徹底質疑。[22]

傅柯想把他系譜學的目光投注在這些對立的論述上，他要將這些論述重新導向什麼樣的歷史定錨點？他宣稱這種回溯會讓我們走上一場通往告解與懺悔的基督教義的旅程。「告解曾經是——而且今日依然是——支配著關於性的真正言說生產的通用模具，然而事情已經有了相當程度的轉變。長久以來，告解一直牢牢鑲嵌在悔罪的實踐之中，可是漸漸的，告解隨著新教、反宗教改革、十八世紀的教學法、十九世紀的醫學散播開來……」[23]布朗修可以如此評論：從神父的告解室到精神分析師的長沙發，這段歷程雖然只有幾個世紀，但是讓人談論性，在性事裡解讀個人祕密（亦即個人的真相）的狂熱始終不變。[24]最後，我們在《求知的意志》裡再次發現了這個對於科學概念的質問，這樣的質問似乎從最初就經常出沒於傅柯的所有著作。因為告解這種獨特而簡單（一如中世紀和十六世紀的悔過指南所述）的實踐已經讓位給了「各種不同言說特質（discursivités）的大爆發，這些不同的言說特質採取的形式是人口統計學、生物學、醫學、精神醫學、心理學、道德、教學法、政治批評」。[25]傅柯說，「我們要做的是去找出這種跟性有關、標誌著現代西方特質的求知的意志是透過什麼樣的過程，讓告解儀式得以在科學規律性的模式裡運作，我們如何在科學形式之中建構出這個榨取性告解的規模巨大的傳統行為？」[26]他想要對「這一整套」讓告解在科學的新形式裡運作的權力「機器」進行檢視的關鍵在於：指出西方文化對於讓人臣服，歷經數個世紀究竟完成了什麼偉業。征服（assujettissement），就是建造「臣民」（sujet），同時也是建造「主體」（sujet）。[f]可以看到，我們距離《監視與懲罰》其實不是太遠。

f. 因為 sujet 兼有「臣民」和「主體」二義；而 assujetissement 可以是「讓主體臣服」，也可以是「征服」（從征服者的角度）或「臣服」（從臣民的角度）。

《求知的意志》是一本非常薄的書，然而傅柯的所有著作似乎都在這裡重逢、在這裡集結。但是在傅柯的眼裡，這只是一首序曲，是一系列歷史研究的開場，他所做的只是在驗證初始的假設。書出版的時候，封底列了這份清單：

性史

1. 求知的意志

即將出版：

2. 肉與體（La Chair et le corps）
3. 兒童十字軍東征（La Croisade des enfants）
4. 女人、母親與歇斯底里者（La Femme, la mère et l'hystérique）
5. 反常者（Les Pervers）
6. 人口與種族（Populations et races）

傅柯在書裡還為這整份清單做了補充，宣告將出版一部名為《真相的權力》（*Le Pouvoir de la vérité*）的作品。

一如以往，傅柯打算自己完成這些歷史研究。這就是他的史學實踐。不只是閱讀關於某某問題、某某時期已經寫好的著作，還要親自去看。這應該是傅柯在哲學思想中引入的最大斷裂之一。他在一次訪談中宣稱：「長久以來，哲學、理論思考或『思辨』一直跟歷史學維持著某種疏遠的（或者有點高高在上的）關係。我們會在閱讀歷史著作時（經常是品質很好的作品），要求它是某種被視為『原始』（所以『真確』）的史料；然後只要去思索它，或對它進行思考，再賦予它本身並不具備的某種意義和某種真理就夠了。自由使用他人的研究成果是一種被允許的行為。結果是沒有人想過要遮掩，他是在加工現成的研究成果；他引用現成的研究成果，毫不慚愧。我認為事情似乎改變了。」或許是因為「在馬克思主義、共產主義、蘇聯那邊發生的事」，導致事情似乎不再是「只要信任那些知道的人，只要高高在上地思考別人去那邊看到的事物就夠了」。總之，「在我們應該思考的事物方面，這種改變（讓人不可能接受來自其他地方的人）也激起了某種想望，讓人不再接受現成的、出自歷史學家之手的東西。我們要界定、要書寫一個歷史研究的對象，就必須自己去探究。要將真實的內容提供給針對我們自身，針對我們的社會、思想、知識和行為的思考，這是唯一的方法。反過來說，這種方式可以讓我們不會在渾然不覺的情況下，成為歷史隱性假設的囚徒。這種方式可以讓我們去思考帶有新面貌的歷史研究對象（……）這不再是一種對於歷史的思考，而是一種在歷史裡進行的思考。這種方式可以用思想來進行歷史研究的檢驗，也可以透過概念和理論框架的轉變來檢驗歷史研究。」總而言之，最重要的一點或許就在這裡，「這種研究必須由自己來進行，必須走到礦坑的底層；這需要時間；這必須付出代價。」[27]

歷史學家對於傅柯入侵他們領土的反應是非常多樣的：從狂熱崇拜到抱持懷疑，從可以合作到斷然拒絕，什麼樣的態度都有。[28]

《性史》的後續計畫公告了，資料也準備好了。在傅柯的桌上，每個預告的書名都有一個厚厚的檔案夾，等待著它們最後製作成書的時刻，等待著傅柯如此優美，如此獨特，如此注重細節的散文來奪取這些素材，讓它們改頭換面的時刻。傅柯的手稿：首先，他的字跡幾乎難以辨識，稿子上到處都是補字和紅槓。「開始又重新開始。」傅柯這麼說。不過他有信心很快寫完。他甚至給了一位朋友一個時間表：每三個月完成一卷。

《求知的意志》是他唯一毫不避諱以尼采風格命名的著作，除非我們認為《臨床的誕生》參考的是《悲劇的誕生》。這本書的文字犀利、熱情又充滿譏諷。這或許是傅柯異常精簡的書寫卻最能「撼動思想」的一本書。這應該也是這本書在傅柯看來反應平平的原因之一。這本書試圖對抗「後六八年五月」的極左派意識形態，傅柯想要逆風而行，跟「時事」的主流觀念正面碰撞，他要告訴各路人士，他們的行為和話語的歷史真相。他得到意外的成功，可是他該期待他一向粗暴對待的那些人來跟他道謝嗎？媒體的反應算是正面，甚至可說是非常正面。傅柯接受的訪談為數甚多，評論他的文章有數十篇，頂多是裡頭看得出有些保留的意見，可是傅柯卻覺得周遭充滿某種失望的反應，還有很多的不理解。或許他向德勒茲坦承過這種感受——時間是一九七七年初，當時他們還沒疏遠——德勒茲像是為自己寫了一份十五頁的「筆記」，他把這份「筆記」交給傅柯，告訴他這本書帶給他的所有新視野，這本書具有的力量與豐富性，他也說了自己在這些新視野之中的位置，以及他跟傅柯會有什麼樣的分歧。德勒茲在「筆記」中提到他和傅柯的一次對話：「上回見面的時候，米歇爾非常親切而友愛地對我說了大概是這樣的話：我無法忍受慾望（désir）這個詞；就算您用其他的方式使用它，我還是會忍不住想到或經歷到慾望＝匱缺，或慾望就是壓抑。米歇爾還說：所以我，我所謂的『快感』（plaisir），或許是您所說的『慾望』；可是無論如何，我需要不同於慾望的另一個詞。」德勒茲的評論是：「顯然，再一次，這不只是用字的問題。因為我幾乎無法忍受『快感』這個詞。為什麼呢？對我來說，慾望不包含任何匱乏（……）我無法賦予快感任何正面的價值，因為快感中斷了慾望的內在過程；快感在我看來是在細胞層和生物結構的那一邊……」[29]

儘管得到德勒茲的支持，傅柯似乎還是很沮喪。當然，如果最公開的攻擊出現了，他還是有力氣進行反擊，而且一句話就可以讓那位自以為可以用五十頁的書稿讓人「忘記傅柯」的隨筆作家斃命。[30]無恥的布希亞（Jean Baudrillard）以《忘記傅柯》（*Oublier Foucault*）為書名出書的時候（後來他還對傅柯的死因發表了一些令人作嘔的言論，通常是跟愛滋病有關，而發表這種法西斯惡意詆毀和其他許多糟糕言論的傢伙，竟然還有人吹捧[31]），傅柯使出絕招加上一陣狂笑，就讓他退散了：「我呢，如果我記得布希亞，那才是問題吧。」他甚至在其中隱約看見自己的重要性和影響力：「不管什麼文字，只要放在我的名字旁邊，不管作者是誰，書都會大賣。」他後來對尚保羅・艾宏和孔孚（Roger Kempf）的《陰莖或西方的民主化》（*Le Pénis ou la démoralisation de l'Occident*）一書也是同樣的反應。當時所有評論家都說這本書是反傅柯的，[32]這讓這本書得到了一定程度的迴響。

傅柯對此冷嘲熱諷（他們一起準備教師資格考的時候，傅柯已經對尚保羅・艾宏認識甚深，傅柯總是哈哈大笑說：「這傢伙，簡直就是可笑！」）。

可是他終究是受傷了。總之是覺悟了。究竟什麼可以讓他如此脆弱？不只是這些著作和這些攻擊的效應。會不會是因為比較親近的這些人緘默不語？總之，他後悔自己在只寫完前言，還沒有研究成果的時候，就出版了第一卷。他在德文版的作者序裡說：「我從一開始就把一本書像顆照明彈似地發射出去，而且書裡還不斷提到即將出版的那些書，我知道這麼做是很冒失的。這會讓人覺得這本書既隨便又武斷，這樣非常危險。書中的種種假設可能看來像是釐清問題的斷言，書中提出的分析框架也可能導致誤解，並且讓人以為是一個新理論。所以在法國，有些批評家突然改弦更張，提倡要對壓抑進行抗爭（這些人此前不曾在此領域表現出如此狂熱的態度），他們指責我否認性遭受壓抑。可是我從來不曾主張性的壓抑不存在，我只是想問，要解讀權力、知識和性之間的關係，整體來說，是否必須將分析指向壓抑的概念；或者說，如果將禁制、禁令、強迫放棄和隱藏放入更繁複也更全面的研究策略裡，而不以壓抑作為基本、首要的目標，我們是否無法對這些關係有更好的理解。」[33]

傅柯感受到的是被誤讀、被誤解的苦澀。或許還有，被錯愛。「您知道人為什麼要寫作嗎？為了被愛。」傅柯曾經對芙蘭欣・帕希雍特這麼說，當時她在克雷蒙費弘擔任傅柯的助理。傅柯在一九七六與一九七七年間真的「被錯愛」了嗎？《求知的意志》在書市大獲成功。這是傅柯印量最高的著作之一：一九八九年六月，銷量將近十萬冊。到現在還有一個「類口袋本」[g]確保此書穩定大量的發行。這或許是這麼多年來，將會成為傅柯最具世界性聲望也最具影響力的一本書。

然而成功也可能是有害的：它讓傅柯陷入「危機」。個人的危機，智識上的危機……

傅柯預告的那些書名，後來沒有一本出版。出現在書封上的那份清單依舊是一紙空文。會不會就像德勒茲說的，他過度封閉於他的權力分析之中，當他重整研究計畫時，得先跳脫這種直接對陣，才有辦法給第一冊寫出後續。可是他其實已經對所有先前提出的主題展開研究了，而且有好幾本書都帶有這些主題的痕跡。譬如，他為法國的雙性人埃丘琳・巴邦（Herculine Barbin，又名阿列克辛娜・B〔Alexina B〕）編輯了《我的回憶》（*Mes souvenirs*）。[34]他為美國版寫了一篇堅決反精神分析的評論長文，題目是〈我們是否需要一種真正的性？〉（Avons-nous besoin d'un vrai sexe ?）[35]這本書在法國出版的時間是一九七八年，收在傅柯為伽利瑪出版社推出的書系「平行人生」（Les Vies parallèles）。[h]傅柯如此介紹這個書系：「古代人喜歡幫名人做列傳；許多世紀以來，人們都在聆聽這些模範亡靈的聲音。名人列傳，我知道，是為了與永恆匯聚。讓我們想像一下名人以外的其他人，他們的人生，永遠發散出去，沒有匯合點，也無處容身。經常，這些人的人生除了他們遭受

g.「類口袋本」寬十二・五，長二一・五公分，差不多是三十開的版本。

h. Vies parallèles 原意為「平行人生」，若指稱對象是書，就是中文的「列傳」、「對照集」。後文提到普魯塔克，指的就是他的著作 *Vies parallèles*，一般譯為《希臘羅馬名人列傳》。

的譴責，別無回音。我們該在推離的力量之中抓住他們的人生；他們匆匆奔赴晦暗之地，在那裡，『這事已經沒人說了』，而且所有『傳聞』都佚失了，我們該找回他們短暫而閃亮的航跡。這和普魯塔克（Plutarque）大異其趣：這些人的人生平行到這種地步，沒有任何人可以跟他們匯聚了。」[36]

傅柯也為《我的祕密生活》（*My Secret Life*）作序，這本十九世紀英國放蕩主義者所寫的書曾在《求知的意志》中被多次引用。[37]傅柯還在《道路筆記》（*Cahiers du Chemin*）期刊發表一篇名為〈卑賤之人的人生〉（La vie des hommes infâmes）長文，作為同名新書的引言。他宣稱讀者將在書中看見一些奇人，看見一些「近乎虛構」的生命，他想蒐集這些人的基本資料，寫一部晦暗人物傳奇。」[38]這本書從未出版，至少不曾以先前預告的形式發表。既然傅柯提到的這些文字所呈現的是這些「已化為灰燼的卑微生命」的唯一足跡，所以，他還是要以某種方式讓文字背後瞥見的這些悲愴亡靈說話才行。這是唯一的話語，透過這話語或在這話語背後，我們還可以聽到或猜到這些亡靈：這是他們以憤怒或絕望之姿與權力交易的話語，或是他們在這場交易中作為客體、作為受害者的話語；也就是說，當一些「不幸的人」向國王說話，請求國王出手對付其他「不幸的人」，讓他們的世界裡看似失常的一切重新恢復秩序，像是家庭、鄰里……（可以想像傅柯會寫出「權力來自下方」這樣的話！）所以我們也會在《家庭失序》（*Le Désordre des familles*）裡看到一些這樣的文件，這是一本從「巴士底獄檔案」裡篩選出來的「國王封印信件」（lettres de cachet）合集，一九八二年由傅柯和阿蕾特．法居（Arlette Farge）共同編輯出版。[39]傅柯從二十年前就計劃要為這個「檔案館」書系寫一本關於「巴士底獄囚犯」的書，收在這個書系裡，現在終於出現了。

*

一九七六年十二月十七日，文學節目《猛浪譚》（*Apostrophes*）特別將攝影棚設置在羅浮宮裡，畢佛（Bernard Pivot）在節目中驚訝地說：「所以您真的不願意談您的書？」「沒錯，」傅柯答道：「首先，我們寫東西多少是因為我們在思考這些事，同時也是為了不要再去思考這些事。寫完一本書，也就是不能再看到它。只要我們有點喜歡自己的書，我們就會去寫。一但我們不再愛這本書，我們就會停筆。」特別是有另一本書值得更多的關注。「一本我愛的那種書：裡頭都是片段的現實、說出來的話、行為、文件、悲傷、苦難……」作者呢？別找了。那只是在蘇聯的一場審判的錄音帶，因為被告人斯特恩（Mikhaïl Stern）醫師的孩子們過人的勇氣而被帶到西方。一如書名所示，這是「一般審判」。這個男人有兩個兒子，他們想移民去以色列。國家安全委員會（KGB）要求從戰時就成為共產黨員的斯特恩醫師禁止他們流亡外國，斯特恩醫師拒絕了，於是他被移送司法偵辦——如果可以稱之為司法的話——罪名是接受賄絡。數十位控方證人應該要在法庭上證實賄絡的事，可是開庭時，證人集體撤回證詞，要證明斯塔恩醫師無罪，但他還是被判八年強制勞役。[40]這是傅柯想談的書：一份關於蘇聯「一般」現實的特殊文件。節目的主題不就是「人類的未來」嗎？當然，一如某位來賓剛剛說的，談論人類踏上月球的第一步是很重要，但是千萬別忘記「這些前來說出真相的男男女女所踏出的腳步」。別忘記，面對國家權力施加於身體時，還是有一些敢於說**不**的個體會進行反抗。

《新批評》期刊邀請傅柯參加一場關於《我，皮耶·希維業》的討論會，傅柯做出這樣的回應：我不想討論這本書，但我很願意寫一篇關於斯特恩醫師案的文章。這個提議沒有得到回應。

傅柯對「東歐異議分子」的協助向來不遺餘力。一九七七年六月，時任蘇聯最高蘇維埃主席團主席的布里茲涅夫（Leonid Brejnev）來巴黎，傅柯一如往常地想要「做些事」：他和維多想把法國知識分子和蘇聯異議分子聯合起來。傅柯以傲人的效率完成所有的籌備工作，邀請函上簽署了十二個名字，其中有沙特、雅各布、羅蘭·巴特等等。邀請函上寫著：「適逢布里茲涅夫訪法，敬邀出席與東歐異議分子相識的聯誼會，黑卡米耶劇院（théâtre Récamier），六月二十一日二十時三十分。」約定的時間一到，沙特在波娃的攙扶下抵達，尤涅斯科（Ionesco）已經在大廳裡等著了。這是所有見證者印象最深的一幕：一個年老病弱的男人，近乎失明，緩緩前行，引導他的是這位傳奇的女性。眾多異議分子都出席了：普利烏奇（Léonid Pliouchtch）、西尼亞夫斯基（André Siniavski）、阿瑪爾利克（André Amalrik）、布科夫斯基（Vladimir Boukovski），還有終於成功離開蘇聯的斯特恩醫師。負責在戲院裡接待這些名人的是傅柯，到場的人數相當可觀，現場也看到多家法國或外國電視臺的攝影機。

傅柯也參加了普萊耶爾音樂廳（salle Pleyel）的會議，還有聲援亞美尼亞導演帕拉贊諾夫（Andreï Paradjanov）的街頭示威。帕拉贊諾夫被蘇聯某地的法庭判處若干年徒刑，罪名是「同性戀與非法交易藝術品」。

＊

一九七九年三月，傅柯把他的公寓借給《現代》期刊舉辦一九七九年以色列－巴勒斯坦研討會，主辦人是皮耶．維多。「傅柯的客廳擺滿桌椅，還有一臺錄音機。」西蒙．波娃寫道：「儘管有些技術問題，第一場會議總算在三月十四日登場。沙特以一場短講做了開場。」[41]可是傅柯沒有參加這場研討會。薩伊德（Edward Saïd）說：「他想提供我們場地，可是不想參與討論。」[42]而且，如果我們相信波娃跟薩伊德兩人的說法，這次的研討會簡直是一場「災難」。

＊

傅柯－沙特。再次重逢，時間是一九七九年六月二十日。這次是為了救援越南的船民。庫希內和一個醫療隊成功地將一艘名為「光明島」的小船停泊在比農島（Poulo Bidong），提供援助給那些逃離故國的越南難民。可是庫希內和他的友人希望可以從此在馬來西亞和泰國的難民營以及西方國家的臨時難民營之間建立起一個接運人員的空運管道。於是他們在巴黎的呂帖西亞酒店（hôtel Lutétia）辦了一場記者會，臺上是沙特與雷蒙．艾宏的重逢，格魯克斯曼還為他們彼此做了「介紹」。時間是分離之後的三十年，也是自一九六八年沙特對他的高師範老同學做出無情指控（然而是非常合理的指控）之後的十年。過了幾天，季斯卡總統接見知識分子代表團，沙特和艾宏也是代表團成員，一如波娃所寫，季斯卡向他們做了「一些承諾，而這些承諾不過是張空頭支票」(她也寫道，沙特根本不覺得「他和艾宏的這次碰面有什麼了不起，可是有些記者卻對此大做文章」)。[43]在呂帖西亞酒店舉行記者會時，傅柯在大廳裡，尤蒙頓和西蒙・仙諾也在，傅柯發言希望大家「要求季斯卡先生提高在法國定居的難民人數上限」。後來沙特和艾宏對於總統府之行感到失望時，依然是傅柯邀請他們參加在法蘭西公學院的另一場記者會。傅柯為這次行動付出很多。當年他也參與了一九七八年十一月「越南之船」委員會的創辦。一九八一年，傅柯在瑞士日內瓦參加了一場「對抗海盜行為」的記者會，他起草並宣讀了一份類似人權憲章的宣言：「世界上存在著一種國際公民身分（citoyenneté internationale），它有自己的權利，它有自己的義務，它起身反抗一切濫用權力的行為，不論濫權者是誰，也不論受害者是誰。總之，我們都是被管治者，我們因此而團結。」

「因為所有政府都聲稱它們關照社會的幸福，所以政府承擔起這種權利，將它們的決策或疏忽所導致的人的不幸納入損益帳目裡。這種國際公民身分有種責任，就是要一直讓政府看得到也聽得到，人的不幸，政府責無旁貸。人的不幸永遠不該是政治的無聲殘留物。人的不幸奠立了起身與掌權者對談的一種絕對權利。我們必須要拒絕經常要我們分擔任務的提議：個體應該憤怒並且發言；政府應該思考並且行動。確實，好政府喜歡被管治者神聖的憤怒，只要那如同抒情詩。〔……〕個體的意志應該寫在現實裡，那是政府曾經試圖繼續壟斷的現實，我們必須日日勤做工，漸漸將這種壟斷剷除。」[44]

＊

一九八〇年四月十九日星期六上午，凱特琳・馮・畢羅打電話給傅柯：您會去參加沙特的葬禮嗎？「當然會去。」傅柯答道。幾小時後，他們兩人走在浩浩蕩蕩的送葬隊伍裡，二、三萬人跟著靈車，一直走到蒙帕納斯墓園（cimetière du Montparnasse）。傅柯說：「這是六八年五月的最後一場示威遊行。」人們也經常這麼說。傅柯和馮・畢羅閒聊，也和莫里亞克閒聊。「我們談到沙特，」馮・畢羅說：「傅柯告訴我：他年輕的時候，最想擺脫的就是他，他想擺脫沙特所代表的一切，擺脫《現代》期刊的知識恐怖主義。」[45]

6 赤手空拳的造反

在飛往德黑蘭的航班上，傅柯和渥爾澤勒開始覺得不安，他們即將在「黑色星期五」之後幾天抵達的地方，會是什麼樣的國家？一九七八年九月八日，軍隊向群眾開槍，造成約四千人死亡。搖搖欲墜的君主政權犯下屠殺罪行，引起舉世震驚與憤怒。人權聯盟（Ligue des droits de l'homme）、工會和左派政黨舉辦了一場抗議遊行。

傅柯這次伊朗之行，為的是一項新聞報導計畫。一九七七年，義大利《晚郵報》（*Corriere della sera*）社長邀他開專欄，可是傅柯毫無意願撰寫文化或哲學性質的文章，於是提議以現場調查代之。這是他推辭的手段嗎？有人是這麼說的。或是像其他人相信的，他只是在《求知的意志》挫敗後，感受到移動與逃離巴黎的需要？總之，《晚郵報》接受了傅柯提出的計畫。傅柯在新聞方面並非生手，我們在前面已經看過，他在《解放報》創刊時期的積極投入，他也長期而且定期為《新觀察家》週刊撰稿。至於「調查」，傅柯從他的「極左」時期就開始了，特別是在「監獄訊息小組」的活動期間。既然傅柯注重工作的集體面向，他要做的第一件事就是成立一個工作小組。他要渥爾澤勒負責協調。除了渥爾澤勒，傅柯還找來當時和他走得比較近的幾個人，包括格魯克斯曼和年輕的芬基爾克羅（Alain Finkielkraut，他過去也是毛派）。[1]

傅柯在《晚郵報》上如此描述自己的報導理念：「當代世界充斥著各種觀念，這些觀念誕生、騷動、消失或重新出現，震撼著所有人與事物。這不只發生在西歐的知識圈或大學裡，也發生在全世界，特別是在少數族群那裡，歷史至今仍未賦予他們說話或讓人聆聽的習慣。」他接著說：「世界上的觀念多過知識分子的想像，這些觀念比『政治人物』想像的觀念更活躍、更強大、更堅固也更熱情。我們必須在觀念誕生的時刻，在觀念的力量爆發之際做見證：不是在陳述觀念的書本裡，而是在觀念展現力量的事件之中，在觀念周遭的各種支持或反對這些觀念的抗爭之中。不是觀念在引領世界，而是因為世界擁有觀念（而且因為世界持續不斷地在生產觀念），所以世界並未被動地受到指揮世人或想要教導世人該如何思考的那些人永遠引領。這是我們想要賦予這些『報導』的意義，裡頭關於人們所思所想的分析會和發生的事情有所連結。知識分子會在觀念與事件的交會點上與記者一同工作。」[2]

出發之前，傅柯數度會見薩拉馬提安（Ahmad Salamatian），他是從一九六五年就流亡巴黎的伊朗民族陣線（Front national）運動的成員。民族陣線是中間偏左的政黨，主張政教分離、自由主義，非常「第三共和」。「激進社會主義，在民族解放的框架中」，薩拉馬提安自己如此定義這個政黨。這是摩薩臺（Mossadegh）在一九五三年流產的民主經驗中成立的政黨。傅柯和薩拉馬提安是在律師米尼翁（Thierry Mignon）和他的妻子希爾薇（Sylvie）的介紹下認識的。這對夫妻是在監獄訊息小組和保護移民權利的抗爭中認識傅柯的，他們在這些活動中都相當活躍。他們也參與了伊朗政治犯辯護委員會（Comité pour la défense des prisonniers politiques iraniens），在這方面，米尼翁律師已經為人權聯盟在伊朗執行過幾次現況調查團的任務。一九七一年起，傅柯開始連署伊朗政治犯辯護委員會的文件，他沒有直接參與活動，但他把自己的名字放在請願書底下，而且是在一九六六年創辦這個委員會的沙特旁邊。譬如在一九七六年二月四日，《世界報》刊出一篇抗議「法國當局面對伊朗公然侵犯人權的行為保持沉默」的文章，因為在伊朗有十九位「反法西斯革命分子」剛遭到處決。在連署的名單裡，我們可以看到沙特和波娃的名字，也可以看到密特朗、侯卡（Michel Rocard）、喬斯班（Lionel Jospin）、謝維納蒙（Jean-Pierre Chevènement），還有尤蒙頓、克洛德・莫里亞克、德勒茲和傅柯等等。整個一九七八年，反對沙赫（shah）[a]政權的暴動聲勢相當可觀，到了九月初，鎮壓轉為屠殺。

薩拉馬提安為傅柯提供書籍和檔案資料，告訴他一些地址、會面地點和會見名單。幾天之後，傅柯就踏上伊朗國境了：「如果您在宵禁時間之後才抵達機場，計程車會帶您以最快速度穿過城裡的街道：空空蕩蕩的街道。車子只會在荷著自動步槍的人們架設的路障前放慢速度。如果不幸司機沒看到路障，他們就會開槍。雷薩沙赫大街（avenue Reza Shah）一片寂靜，成排華麗的屋舍之

a. 沙赫：波斯語古代君主頭銜的音譯。

間，放眼所及只見紅綠燈在那裡徒勞地閃爍，宛如一只掛在死人手上的腕錶，指針還繼續走著。」3傅柯從抵達的第二天就開始工作，進行他的調查。不過，要接觸宗教陣營的反對派，困難重重，所以他先去見了民主陣營的反對派積極分子，也見了一些軍人，試著瞭解軍隊在執政者宣布以武力相見之後，即將扮演的角色。傅柯寫道：「朋友們幫我安排在德黑蘭市郊一處一塵不染的地方會見幾位高級軍官，都是反對派的。他們告訴我，動亂愈是加劇，政府就愈是被迫要調動軍隊維持秩序，而這些軍隊既沒有準備，也沒打算要做這些事。軍人很快就有機會發現，他們打交道的對象不是國際共產主義者，而是市井小民、市集的商人、受雇者、失業者，這些人也有可能是他們的兄弟姊妹，而他們自己不當士兵的話，也有可能是這些人。」4

傅柯繼續做他的報導工作。他和一位反對派的領導人聊天，這位反對派譴責「政權」（亦即「現代化－專制－貪腐的集合」），這讓傅柯想起他兩、三天前散步所見：「我突然想到，我在罷市八天之後重新開市時去參觀市場，當時有個小小的細節打動了我：露天貨攤上，數十架令人不可思議的縫紉機排成一列列，高貴而矯飾，就像我們在十九世紀的報紙廣告上看到的那樣：這些縫紉機上畫著常春藤、各種攀藤植物和含苞待放的花朵圖飾，以粗略的方式模仿古老的波斯細密畫。這些停擺的西化物件上盡是陳舊的東方印記，每一件上頭都刻著這些字：南韓製造。於是我有了一種明白的感覺，最近這些事件並不意謂最落後的群體面對過於急劇的現代化所表現出來的倒退；而是拒絕，是整個文化，整個人民，對於骨子裡是古老制度的現代化的拒絕。沙赫的不幸就在於他和這種古老制度合而為一，他的罪行，在於透過腐敗和專制，在一個不再想要過去的現在之中，維持這個過去殘餘的碎片。」傅柯於是從他所見所聞之中汲取了教訓：「在伊朗，現代化作為政治方案或社會轉型原則是過去的事〔……〕。如今，在伊朗政權垂危的政局裡，我們見證的是一個開展了將近六十年的章節，也就是伊斯蘭國家嘗試進行的歐式現代化，它的最終時刻。」傅柯以這幾句話為這篇文章作結：「所以，我請求在歐洲的諸位，別再跟我們談論一個過於現代的君主為一個過於古老的國家所帶來的幸或不幸了。在伊朗，古老的是沙赫，他落後了五十年、一百年。他的年代是那些狩獵為生的君主的年代，他懷抱著透過政教分離和工業化來開放國家的陳腐舊夢。他的現代化方案、他的專制武器、他的貪腐體系，就是當今的古老制度。」[5]傅柯不只接觸了政治人物和反對派的領導人，他還想聽聽學生、市井小民、宣稱隨時準備就義的年輕伊斯蘭教徒。他在墓園散步，那是當局唯一允許的集會場所，或是在大學，在清真寺的門外散步。他和渥爾澤勒一起上路，去拜訪什葉派領袖馬達里（Shariat Madari）教長（ayatollah，或譯：阿亞圖拉）。馬達里在庫姆（Qhom）的住所是若干「保護人權委員會」（Comités de défense des droits de l'homme）積極分子的避難所。[6]傅柯在那裡和馬達里教長會談，也和日後何梅尼（Khomeyni）回歸伊朗時成為總理的巴扎爾干（Mehdi Bazargan）會談。要進入馬達里教長的住所並不容易，士兵手持衝鋒槍在街道上戒備著。一整個星期，傅柯都在瞭解情況，聽著，看著。他隨時都在做筆記，他走個不停，四處拜訪，他想要看到一切，瞭解一切。渥爾澤勒還記得，這麼辛苦的幾天下來，他們簡直是氣力耗盡了。

在他們抵達伊朗的頭幾天，全國的清真寺都舉行了哀悼儀式，悼念鎮壓行動的犧牲者。悼亡儀式那天，一些毛拉（mollah，或譯：伊斯蘭學者）念誦的咒語製成錄音帶，到處播送，傅柯聽到他們的聲音四處迴盪，「那種恐怖，就像在佛羅倫斯（Florence）聽到薩佛納羅拉（Savonarole）[b]的聲音，在明斯特（Münster）聽到重浸派信徒（anabaptiste）[c]的聲音，或是在克倫威爾（Cromwell）時代聽到長老會信徒（presbytérien）的聲音[d]。」[7]不管遇到什麼人，傅柯都會問相同的問題：「您想要的是什麼？」而他得到的回答千篇一律：「一個伊斯蘭政府。」

傅柯在伊朗待了一星期。回到巴黎之後，他寫了四篇精采的文章，融合了一些引人注目、值得深思的細節和軼事，文章刊登在《晚郵報》，刊登時間從一九七八年九月二十八日到十月二十二日。[8]傅柯後來在十月十六日的《新觀察家》週刊發表了一個濃縮版本，文章是這樣結束的：「在歷史的曙光中，波斯發明了國家，又將國家的組建方式交付給伊斯蘭：國家的行政官員成了政教領袖的幹部。可是波斯又從同一個伊斯蘭裡衍生出一個宗教，給了人民無窮的精神力量去對抗國家的權力。在這種渴望建立「伊斯蘭政府」的意志裡，我們是不是該看到某種和解、某種矛盾，或是某種新事物的開端？〔……〕地球的這個小角落，它的土壤和地下是全球戰略必爭之地，對於生活在這裡的人們來說，以自身生命追尋我們其他人從文藝復興和基督信仰的重大危機以來，已然遺忘其可能性的這個東西：那就是**政治的精神性**。我聽到有些法國人在笑，可是我知道他們錯了。」[9]

*

一名地位顯赫的年邁宗教人士緩緩前行，在花園中央枝葉繁茂的蘋果樹下坐了下來。在他身邊，數十人圍成圓圈，聆聽他說話。說話的聲音近乎安詳，但是迴盪了千萬次的回聲卻震撼了世界。諾夫勒堡（Neauphles-le-Château）是巴黎附近的一個小鎮，何梅尼教長結束十四年的伊拉克流亡生活後，於一九七八年十月七日在這裡住了下來。來自歐洲各地、各種政治傾向的反對派伊朗學生和流亡人士都來這裡拜見他。來訪者也有幾位歐洲人，主要是記者，最早來的是布隆榭（Pierre Blanchet）和克蕾兒．布希葉（Claire Brière），他們當年都是《解放報》的記者。和他們一起來的還有傅柯。而且在幾天前，何梅尼抵達巴黎之時，布隆榭和克蕾兒．布希葉立刻收到巴尼薩德爾（Abol Hassan Bani Sadr）的通知，他是流亡的反對派領導人之一，也是何梅尼的「精神之子」，旅居法國非常久，當年住在巴黎郊區卡尚（Cachan）。後來，在一連串事件後，他成為伊斯蘭共和國總統，在位期間極短。巴尼薩德爾遭何梅尼罷黜後重回法國，又回到巴黎郊區。布隆榭和克蕾兒．布希葉收到通知後打電話給傅柯，他們在上次的伊朗之行認識了傅柯，他們也是去做報導的。於

---

b. 薩佛納羅拉是義大利道明會修士，佛羅倫斯神權獨裁領袖（一四九四至一四九八年執政），反對藝術和哲學，焚燒藝術品和非宗教書籍，後因施政嚴苛被市民推翻，處以火刑。

c. 重浸派信徒曾於一五三四至一五三五年間，在德國明斯特市建立神權統治，史稱「明斯特反叛」。

d. 克倫威爾於英國內戰期間將英王查理一世斬首，其後自任「護國公」。內戰期間，國會即通過以長老會為國教。

是他們一道前往卡尚，在巴尼薩德爾家裡等候何梅尼。傅柯和巴尼薩德爾談話，他請他向何梅尼說明，最好避免對沙赫做出過激的聲明，因為有可能會立刻被驅逐出境。這天晚上，傅柯只看見何梅尼的身影。第二天也一樣，在諾夫勒堡，所有記者都到了，都想要跟何梅尼說上話。他們等了幾天才被接見。

有過在伊朗的所見所聞，我們可以想像傅柯懷抱何等熱情，希望能見到這號人物。光是他的名字，就足以在伊朗的城市裡發動數百萬人的政治運動，洶湧的人潮似乎沒有任何東西可以阻擋，就連獨裁政權的機槍也沒有辦法。何梅尼教長才剛安頓好，就「掀桌」了，一如傅柯在《新觀察家》週刊的文章裡所寫。何梅尼說了不。不接受任何調停。不做任何妥協。不進行選舉，不要聯合政府。沙赫應該要離開，事情就是這樣。他還威脅要將所有轉向支持沙赫提出的拯救政權方案的政治人物統統逐出運動圈。諾夫勒堡周邊的騷動，「伊朗重要人士」的來來去去，在在證明了這一點：何梅尼堅不妥協並沒有讓他被邊緣化。事情恰好相反，所有人都相信「流動在一個被放逐十五年的老人和祈求他保佑的群眾之間的神祕電流所激發的力量」。伊朗的局勢「似乎被懸置在一場大型的比鬥，競技者是兩個配戴傳統徽章的人物——國王和聖者，國王手執武器而流亡者手無寸鐵；專制君主面對一個赤手空拳站在那裡，受到群眾歡呼擁戴的人。這樣的畫面自有其驅力，但是它掩蓋著一個現實，一個承載了成千上萬個死者之名的現實」。[10]

後來傅柯再次造訪諾夫勒堡，同行者有薩拉馬提安和米尼翁，這次發生了一個意外的小插曲：何梅尼親信當中的一位毛拉想阻止一位德國女記者進入花園，因為她沒有戴上遮臉的頭巾。

薩拉馬提安不以為然，他問道：「這是您希望我們的政治運動留給人的印象嗎？」後來何梅尼的兒子和女婿出面調解，斥責那位毛拉反應過度，女記者於是獲准進入。回程途中，在車上，薩拉馬提安、米尼翁和傅柯評論起此事，傅柯說他在伊朗的時候，看到穿戴頭巾是一種政治姿態給他帶來很大的震撼，他看到一些沒有穿戴頭巾習慣的婦女為了參加示威遊行，也戴上了頭巾。

＊

不久之後，傅柯決定再赴伊朗。出發前，他花了很多時間向巴尼薩德爾請益。巴尼薩德爾說：「傅柯來到我在卡尚的住處，我們開了幾次工作會議。他想要瞭解這場革命如何發生——它沒有憑藉外國勢力，它鼓動了整個民族，無視城市之間的距離，也無視聯絡的困難。他想要思考權力的概念。」

在初次造訪德黑蘭的一個月後，傅柯第二度來到德黑蘭，同行者依然是渥爾澤勒。傅柯進行他的調查，採訪了罷工的各階層代表：有中產階級「既得利益者」，像伊朗航空公司的機師，在位於首都的住家公寓裡受訪，又或者在一千公里以南，傅柯採訪了幾位阿巴丹（Abadan）煉油廠的工人。

一九七八年十一月，這個新的系列報導刊登在《晚郵報》，[11]傅柯在文末對何梅尼的角色——這個「近乎神話的人物」——提出質疑：「就算是傾全國媒體之力，也沒有任何一位國家元首，任何一位政治領袖，可以在今日誇口自己獲得如此個人、如此強烈的愛戴。這樣的心理聯繫或許和三件事有關：何梅尼**不在那裡**：十五年來，他都在流亡，除非沙赫離開，他才願意回來；何梅尼**什麼都不說**，他只說不——對沙赫，對伊朗政權，對政權的從屬關係；最後是何梅尼**不是政治人物**：沒有何梅尼黨，沒有何梅尼政府。何梅尼是一個集體意志的固著點。」而傅柯是如此界定伊朗的這場政治運動的：「這是赤手空拳的人在造反，他們想要抬起壓在我們每個人身上無比沉重的重擔，特別是壓在那些石油工人、那些帝國邊界的農民身上的重擔——整個世界秩序的重量。這或許是第一次對抗全球體系的大造反，是最現代的形式，也是最瘋狂的形式。」[12]

可是新的系列報導還沒刊登在法國報紙，爭議就已經登場了。十月十六日，《新觀察家》週刊刊登了一位伊朗女性讀者的投書，對傅柯先前發表的文章表達憤怒：「在二十五年的沉默與壓迫之後，伊朗人民難道只能在薩瓦克（Savak，祕密警察）和宗教狂熱之間做選擇嗎？」她接著說：「精神性？回歸群眾的源頭？沙烏地阿拉伯沉浸在伊斯蘭教之中，偷東西和偷情的那些人，手和頭因而落地。或許對於需要人道主義的西方左派來說，伊斯蘭教是可取的……前提是在別人的國家！和我一樣，許多伊朗人對『伊斯蘭政府』的概念感到驚惶而無望。他們知道自己在說什麼。伊斯蘭教在伊朗各地作為封建壓迫或偽革命分子的掩蔽物。在突尼西亞、巴基斯坦、印尼和我的國家，伊斯蘭教——唉——它經常也是被迫沉默的人民唯一的表達方式。西方的自由左派應該要知道，在一些渴望改變的社會裡，伊斯蘭的律法會變成什麼樣的鉛皮罩衫，他們應該要能夠不受到某種比疾病更糟的藥方引誘。」傅柯立刻做出了回應，他的文章刊登在下一期的《新觀察家》（一九七八年十一月十三日）。他寫道：「既然有人示威遊行了，而且有人因為高呼『伊斯蘭政府』而在伊朗被殺害了，那麼，去思考這個詞組的內涵為何，去思考是什麼力量賦予它活力，就成了一種基本責任。而且我曾經指出好幾個在我看來讓人不太放心的因素。如果不是H女士的讀者投書裡有一處對我的文字的誤讀，我是不會回應的。這個誤讀包含兩個令人無法忍受的部分：一、它把伊斯蘭教的所有面向、所有形式、所有潛在性都混合成同一種輕蔑，繼之以千年不變的譴責，以「狂熱」之名，將它們打包丟棄。二、懷疑所有關注伊斯蘭教的西方人，都是因為鄙視穆斯林（那麼鄙視伊斯蘭教的西方又該怎麼說呢？）。伊斯蘭教作為政治力量的問題是我們這個時代和未來幾年的根本問題，不論我們拿再少的聰明才智來看待這個問題，我們都會知道，首要條件是不要從摻入仇恨開始。」[13]

傅柯繼續對伊朗保持關注。一九七九年二月一日，何梅尼離開巴黎時，有幾名記者隨他搭乘同一航班，其中包括朱利和克蕾兒·布希業。傅柯也出現在機場，見證這場堪稱全球性的事件。二月十三日，他又為《晚郵報》寫了一篇文章。沙赫走了，何梅尼教長回來了。數百萬伊朗人出現在機場通往德黑蘭市中心的公路上，數百萬男女夾道高呼「何梅尼，你終於回來了」。傅柯對未來提出質疑。他在前一篇文章說過：「我不知道怎麼做未來的歷史，我對於遇見過去也有點笨拙，可是我喜歡嘗試捕捉**正在過去的事**，因為最近這幾天，一切都沒有完結，骰子還在滾動中。或許這就是『新聞記者』的工作，但我確實只是新入行的。」[14]在這篇新的文章裡，他以自己對於發生在眼前的運動所提出的質疑作為長篇系列文章的結論：「這場運動的歷史份量或許不在於它符合某種公認的『革命』模式，而是因為它有可能打亂中東既有的政治現狀，因而也打亂了全球的戰略平衡。這場運動的獨特性至今一直是它力量的來源，接下來很可能成為它擴張的力量。作為『伊斯蘭』運動，這場運動可以如野火燎原，燒遍整個地區，推翻最不穩定的那些政權，也讓最穩固的那些政權感到不安，這確實是好事。伊斯蘭教不只是一個宗教，也是一種生活方式，隸屬於一個歷史和一個文明，它有可能以數億人的規模構成一座巨大的火藥庫。從昨天開始，任何伊斯蘭國家都有可能從古老的傳統出發，從內部發生革命。」[15]

傅柯跨足新聞界，隨行觀察並試圖分析伊朗革命，這次行動在當下和事後都在媒體引發諸多評論。不過在當時，評論傅柯這次「介入」的那些人當中，很少有人讀完所有的文章。因為這些文字發表在義大利的報紙上，並沒有以法文發表，直到一九九四年才收錄在《言談書寫集》裡。原始版本則是長眠於《晚郵報》的檔案室（我就是在那裡找到的，當時我正準備要寫這本書在一九八九年發行的初版，而我當時摘錄的文字似乎都沒人引用過）。傅柯甚至反對這些文字在義大利結集出版。在他眼裡，這只是幾篇報導，不是為了做成一本書而寫的文字。今日讀來，我們可以感受到伊朗革命施加在他身上的奇特吸引力。這是一場脫離政治的革命，或者，無論如何，是脫出西方政治範疇的一場革命。而且是一場震懾所有觀察家的運動。傅柯過世後，尚．丹尼爾曾提起這個「我們共同犯下的錯」，朱利也不諱言，當時他所想的——和所寫的——跟傅柯是一樣的東西。不過他也補充說，「對於即將發生的事，我們已經可以預先感覺到所有的徵兆」。不要忘了，沙赫政權引發很深的反感，對遊行隊伍進行難以想像的血腥鎮壓也激起世人對伊朗人民的同情浪潮。所有人都希望沙赫在這場戰役中敗陣並且離開伊朗，卻沒有花太多心思去考慮後續事態會如何發展。傅柯很清楚地看到，這個國家不會回到傳統的政治形式，而且一旦全力推動起義的宗教勢力取得勝利，宗教勢力是不會消失的。沒錯，那些毛拉不會乖乖回到清真寺去。傅柯說得清清楚楚。這也是稍後傅柯面對詆毀時提出的說法：我早就預言過將要發生的事了。除了這麼簡單明瞭的形勢判斷，他還說過什麼嗎？他只是觀察並且試著理解正在發生的事嗎？還是說，他對這次起義的關心，導致他在輕率的支持行動上稍顯冒進，顯現出他對於伊始即露出端倪的事態欠缺洞察力？在歷史時刻的狂熱與深刻的政治判斷之間，在試圖理解正在發生的事件、掌握其邏輯並釋出其意涵，與贊同那些現象之間，要在新聞報導裡，以回顧方式呈現面面俱到、精心篩選的報導，這是非常不容易處理的。很難想像，傅柯如何能在沒有任何批判性距離的情況下看待這些現象。傅柯只想做個普通記者，渥爾澤勒這麼說。傅柯一直跟那些在伊朗的記者們一起行動，也和他們一起移動，特別是《解放報》的特派記者克蕾兒·布希業和布隆榭——不久之後，傅柯還同意讓他們做了一次很有分量的長篇訪談，收在他們關於伊朗的書裡（而為了這本書，傅柯在《快訊》週刊的一篇書評裡遭到強烈指責，說他是知識分子對革命的未來充滿幻想的典型範例）。[16]做個普通記者？如果今天已經沒有人會想對他寫過的東西提出責難，那麼他就是個普通記者。可是傅柯並不是。或許他忘了，或許他想要忘記，他不是別人，他就是米歇爾·傅柯。

其他人則是不遺餘力地在提醒他。自從新政權露出真面目，也就是在何梅尼返國不久之後，自一九七九年二月起，逮捕、處決、新一輪的血腥鎮壓行動都開始了，傅柯也成為一連串攻擊的標靶，這些攻擊有時非常猛烈。克洛蒂和雅克．布侯業勒夫婦（Claudie et Jacques Broyelle）這兩位改宗皈依，改授倫理課的前毛派分子——這是相當典型的軌跡——在《晨報》（*Le Matin*）的專欄裡攻擊傅柯。「伊朗人在夢想什麼？」傅柯問道。「哲學家們在想什麼？」布侯業勒夫婦反問傅柯。傅柯的回擊相當嚴厲，而且完全不回應他們的質問：「有人嚴詞要求我『認錯』，這種用語及指定的做法，不只讓我想起某些事，還讓我想起很多事。對抗這種事，我是失敗者。我不會再讓自己陷入一個從形式到作用都令我厭惡的遊戲，就算是『在媒體上』。」不過傅柯也宣稱，只要條件可以滿足一場真正的討論，他「渴望就伊朗問題來進行辯論」。[17]

幾天之後，傅柯在《新觀察家》週刊發表了一封寫給「伊斯蘭政府」的總理巴扎爾干的公開信。信中提及他們是一九七八年九月在庫姆相識，傅柯對他說：「當時我們談到所有以人權之名進行壓迫的政權。您表達了一個願望：如果想要一個伊斯蘭政府，這樣的意願如此普遍地受到伊朗人的肯定，我們就可以為人權找到實質的保障。您為此提出三個理由。一是精神面向，您說，它貫穿了一個民族的抗爭，在其中的每個人都有可能為了完全不同的另一個世界失去一切（而對很多人來說，這個『一切』正是他們自己）；這不是因為他們渴望被『一個毛拉政府』統治——我相信您確實是用了這個說法。而我所見的，從德黑蘭到阿巴丹，確實與您所說的若合符節。您也說過，伊斯蘭教在它的歷史厚度裡，在它今日的活力裡，有能力在人權問題這方面去面對嚴峻的挑戰。這項挑戰，社會主義並沒有處理得比資本主義好——這是最保守的說法。今天有些人說『不可能』，他們自認非常瞭解伊斯蘭社會或整個宗教的特質。我會比他們虛心得多，他們看不到的是，訴諸某種普遍性之名，這會阻止穆斯林在他們親手形塑新貌的伊斯蘭教之中尋找他們的未來。」傅柯也告訴他，他對全國各地進行的審判感到憂心：「在一個民族的歷史裡，沒有什麼比這些時刻更重要了，在這些罕有的時刻裡，所有人一同奮起，推翻他們不再支持的政權。而在這個民族的日常生活裡，也沒有什麼比這些如此頻繁出現的時刻更重要了，在這些時刻裡，公權力轉身對抗個體，宣告他是公權力之敵，並且決定殺死他——公權力從來沒有這麼多、這麼重要的責任需要履行。政治審判永遠都是試金石。」18

一個月後，傅柯在一篇長文裡再次回到「伊朗問題」。文章出現在《世界報》的頭版，標題是：〈造反無用？〉文中提到，在他看來「一個人對另一個人行使的權力始終是危險的」，而且「一個人必須始終反對不可踰越的法律和不受限制的權利」。傅柯重申自己的觀點之後，開始反駁那些攻擊他的人，他為自己的做法辯護，也繼續堅持他所依循的原則。文章結束在知識分子的定義和知識分子的基礎道德：「這段時間，知識分子沒有太好的『名聲』——我想我是在一個相當明確的意義上使用這個詞。所以此刻並非否認我們是知識分子的時機。而且我應該會惹人發笑。知識分子，我就是。有人會問我，我如何去想我所做的事，我的回答是：如果戰略家是會說這種話的人：『相較於整體的重大需求，這種死亡、這種呼喊、這種造反根本不算什麼；相對的，在我們所處的特定情況下，這種一般性的原則對我來說也不算什麼。』那麼策略家是政治人物、歷史學家、革命分子、沙赫或教長的支持者，對我來說是沒有差別的；我理論上的道德剛好相反。我的道德是『反策略性的』：當某種獨特性起身反抗時，我的道德表示尊敬，從權力違背一般概念的那一刻開始，我決不妥協。選擇容易，做來很難：因為同時也必須監看，稍稍在歷史的下方，盯著那些讓歷史斷裂，讓歷史騷動的事物，而且還得警戒，稍稍在政治的後方，盯著那些應該無條件限制政治的事物。總之，這就是我的工作：我不是第一個，也不是唯一做這種事的人。可是我選擇了它。」[19]

傅柯後來盡力協助離開伊朗的薩拉馬提安。他在一九七九年擔任伊朗外交部副部長，卻在一九八一年歷經數月的藏匿，最終出亡。

至於政治和新聞的參與，除了極少數的例外，傅柯有很長一段時間都敬而遠之。朱利記得他曾經提議過一些事，傅柯都拒絕了。傅柯的說法大致是：不能臨時充當記者，要做更多研究，要多認識一點。傅柯當時為尚．丹尼爾《斷裂的年代》（*L'Ère des ruptures*）所寫的長篇文章，字裡行間不僅充滿對於兩人往來情誼的懷念，更迴盪著對於一項失敗志業的懺悔，像在坦承自己對專精此業的那些人的崇拜，因為這一行經常需要重新審視確信的事物，卻又不能放棄信念，還要能改變評判的方式，還可以繼續忠於自己。這篇文章是向那些日復一日實現梅洛龐蒂教誨的人致敬，他勸大家「絕對不要隨隨便便就完全同意自己認為不證自明的事」。文章的標題是〈追隨一個不舒適的教誨〉。[20]

容我補充一句：為了這部傳記的新版而重讀這些文字（在二〇一〇年九月），我為它們與當前時勢的切合感到驚訝，甚至不安：我剛才引用的這些段落彷彿寫於幾星期前，而非三十年前。如果我們把賦予這系列文章生命力的激昂語氣擱在一旁——我們可以想像，傅柯會為他眼前所見感到十分驚訝——很顯然的，他將伊朗革命詮釋為第一次對抗全球體系的大造反，他堅信伊斯蘭教將被召喚至國際舞臺上扮演政治角色等等看法，在在呈現出一種近乎預言的清明，這種清明無論如何都徹底背離人們歸咎於他的那種盲目。尤其是他時時刻刻對那些徹底拒斥伊斯蘭世界的想法（這種拒斥經常出現在以傅柯的言論為標靶的攻擊行動之中）所表達的憂心——他思考伊斯蘭教有無可能從過去汲取所需，創造出一個開放的未來；伊斯蘭教的傳統有無可能作為發動某種革新的原動力；伊斯蘭教的戒律有無可能保護個體的權利——似乎和我們今日的提問相呼應（特別是諸多穆斯林國家的知識分子的提問）。傅柯應該是錯了，他以為自己認為可能而且可取的過程已經在發生，或者無論如何，正在實現的邊緣。然而實情並非如此！而他的過度樂觀將遭受真相的無情駁斥，而且是很長的時間。我們只能回到他的分析之中——這些分析其實並不過時，或許還非常有用——因為他亟欲相信的，恰恰符合我們此刻希望見到出現的。不言而喻，回到他的分析會是一種批判性的回歸，前提是不要忘記——這是他在反駁對他的指控時所提到的——「批判」一如布朗修的教導，它「始於關注、在場和慷慨」。[21]

*

很多人認為傅柯在犯下關於伊朗的這個「錯」之後，深受連串質疑與冷嘲熱諷的打擊，應該難以克服這個加諸他個人的新考驗，更何況是在遭逢評論界對《求知的意志》並不捧場的危機之後。這是無法否認的，但傅柯繼續他的研究工作。當然，他進行的不是他在《性史》封底公告的那些續篇，而是把他的計畫徹底打亂。他預告的那系列主題研究未能得見天日，他投入了一項浩大的解讀工作，對象是基督宗教的早期文獻。為了做這件事，他離開了他最喜愛的地方——國家圖書館。那裡的服務品質過於低落，傅柯再也無法為了取得一本書而忍受永無止境的等待，也無法為了查詢一丁點的文件，就要忍受種種阻礙和繁瑣的手續。他找到一個容身之處，在那裡，他可以使用所有他感興趣的書，那就是位於十三區冰川街（rue de la Glacière）的索勒舒瓦圖書館（bibliothèque du Saulchoir）。這是巴黎道明會的圖書館，館長是阿爾巴希克（Michel Albaric）。一九七九年六月的一個晚上，傅柯在阿爾巴希克的作家好友斯特凡（Roger Stéphane）家裡作客，在晚宴上認識了阿爾巴希克。不久之後，傅柯在國家圖書館遇到阿爾巴希克，傅柯抱怨起自己遭遇的問題。「那您就來索勒舒瓦呀。」這位道明會士對他說。「索勒舒瓦」是一間小閱覽室，玻璃落地窗外是個方形庭院。傅柯喜歡在窗邊坐定，在那裡度過一整天。

不過傅柯不只是思考他正在寫書的資料和書的內容，他也關心書的形式、書的流通方式，以及更普遍的問題——關於學術書籍出版風氣轉變的各種問題。在一九八〇年代初期，這甚至是他最關注的問題之一。關注的原因不一而足：他認為學術書籍的發行量太大，對於這些書的正確理解是有害的，而且會帶來大量的誤解。當一本書超出了真正的目標讀者群（也就是認識這本書所處理的問題和參照的理論傳統的那些研究者），這本書就有可能陷入「意見效應」，這種效應會打亂一本書汲汲營營要產出的「知識效應」。這是傅柯當時喜歡用的說法。逃離「意見效應」，致力於僅有的「知識效應」，這似乎是傅柯主要關切的重點。他的通關口令是：著作，嚴肅，嚴肅的著作。有一段時間，他打算日後所有作品都在弗杭出版社出版。這是一家最學術的出版社，位在索邦廣場（place de la Sorbonne），專門出版論文和學術著作。

這種對於出版問題的質疑，在傅柯突然和諾哈絕交之後，變得更為尖銳也更加根本。自一九六六年《詞與物》出版以來，他們之間一直維持著某種真誠而融洽的關係。可是諾哈在一九八〇年初發行了一份名為《辯論》（*Le Débat*）的新期刊，傅柯不怎麼欣賞諾哈在創刊號的刊頭所寫的編輯室報告——這是最客氣的說法——因為這篇文章似乎在攻擊諾哈自己在伽利瑪出版社主編的書系「人文科學圖書館」和「歷史圖書館」的所有作者。傅柯覺得這篇文章裡有好幾段是針對他的，而且，諾哈還為這本期刊的主編出版了一本猛烈攻擊傅柯的書。[22] 這剛好給了兩人一個機會，不必拐彎抹角地說話。諾哈在電話裡低聲下氣，傅柯卻是極盡能事地對諾哈展現輕蔑，並且羞辱他。傅柯對曾經這麼長時間擔任他出版者的這個人說了非常苛刻的話，說他是「叛徒」，說他的行為不過就是個「透過代理的歷史學家」，說他幫這些作者出書，靠著這些人而被當成歷史學家，可是他根本就厭惡他們。所以他決定將《性史》的續集交給別家出版社。他聯繫了幾家出版社，而由於消息很快就傳出去了，好幾家出版社也聯繫了傅柯。他最後選了門檻出版社（éditions du Seuil），跟羅蘭・巴特的好友兼編輯弗杭索瓦・瓦勒達成協議。

大家都知道，傅柯的著作後來還是在伽利瑪出版社出版了，這當中到底發生了什麼事？為何門檻出版社都公開說要出版這些書了，傅柯卻又改變心意？箇中原因相當簡單：伽利瑪出版社的社長克洛德．伽利瑪（Claude Gallimard）邀請傅柯見面，他提醒傅柯，他的出版社資助了阿利歐（René Allio）改編自《我是皮耶．希維業，我殺了我母親、我姊姊和我弟弟》的電影（在非商業發行的完整版影片裡，傅柯演出法官的角色）。作為回報，傅柯承諾在伽利瑪出版社出版他所有的著作。在此之前，沒有任何事可以讓他回心轉意，他是鐵了心要離開伽利瑪出版社。那麼，他跟伽利瑪之間有合約的束縛嗎？「他們最好去法院告我。」只要有人想聽，傅柯就會再說一次。可是這一次他覺得自己有道德上的束縛，於是他把書給了諾哈，但是他跟諾哈之間從來不曾真正和解。依照傅柯的個性，他的怒氣一旦發作就不可能輕易平息。傅柯身上確實有「古老的智慧」，但他身上也有憤怒的激情和潛在的能量，足以引發偉大的希臘悲劇。這是傅柯生命的永久標記：他經常跟他關係密切的人發生衝突。他在友情裡要求絕對忠實（這好像是一種同義反覆！友情不就是建立在忠實和忠誠之上嗎？），而且他從不原諒他認為是背叛或變節的事。他和諾哈絕交（以及傅柯在各種場合對他永無休止的惡毒批評）正是這類事件在傅柯人生最後幾年最明顯的例子。可是諾哈絕非傳奇的傅柯風暴唯一的受害者，有很多人的名字在傅柯面前都是禁忌。

所以傅柯還是讓他的書在伽利瑪出版，甚至在一九八三年和《辯論》雙週刊合作了一場與「法國工人民主聯盟」（Confédération française démocratique du travail）總書記梅赫（Edmond Maire）的對談。《辯論》雙週刊後來也刊登了他和巴丹戴爾（Robert Badinter）的對談。不過，傅柯和弗杭索瓦．瓦勒在門檻出版社的接觸和討論也不是無疾而終，傅柯希望他的新書是一個書系的起點，這個書系可以讓那些受困於出版與思想傳播現狀的嚴謹研究得到正視。這個書系不久就問世了，書系名稱聽來像某種宣示：「研究成果」（Des travaux）。書系由弗杭索瓦・瓦勒、維納、傅柯主編。他們在傅柯主筆的發刊詞裡說道：「此刻的法國出版業無法以適當方式呈現在大學和不同研究機構裡產出的研究成果，國外同類場域的研究成果在法國也有同樣的命運。其中的問題有經濟因素——製作成本、翻譯成本，以及書價。還有話題書占據的地位以及此類書籍在媒體上可以引發的迴響。這個書系無意取代話題書的地位，我們無意將學術書籍投入大眾消費的循環之中，而是要為同質的夥伴們搭建一些關係：把做研究的這些人和做研究的那些人聯繫起來。閱讀普及是好事，可是不能將不同的出版模式混為一談。我們會出版三種類型的文字：長期耕耘的研究成果——這類著作出版社經常望之卻步；簡明的研究成果——幾十頁的篇幅，節奏清楚地交代一項研究，日後可以發展成系列作品；外國作品的翻譯——我們需要這些譯作來為法國的研究工作開通新的道路。」[23]

第一本書在一九八三年二月出版，是維納的《希臘人相信他們的神話嗎？》（*Les Grecs ont-il cru à leurs mythes ?*）。在書的最後，我們可以看到一份「本書系即將出版」的書目，兩部即將問世的作品是：梅拉（Charles Méla）的《王后與聖盃》（*La Reine et le Graal*）和傅柯的《自我與他人的管治》（*Gouvernement de soi et des autres*）。[24]

一九八〇年代初期和傅柯接觸過的每一個人都記得，他們聽過傅柯以近乎強迫症的態度談論這些問題，他滿腦子都是知識工作的條件和研究工作的處境，揮之不去。他對報紙在傳播思想的角色上提出許多質疑，特別是對於報紙在造成各種普遍化的價值混淆這方面所起的作用。傅柯在一次訪談中提到：「我不認為當前進行理論與政治辯論的條件令人非常滿意，我甚至可以確定，這些條件可以更好，而且讓這些條件變得更好是重要的。因為，我們正處於比以往任何時候更需要理論與政治辯論的生命與活力的時刻。因為，和我們常聽到的相反，我覺得今日在法國各地發生的各種運動是非常有意思的。這當中有一種生命，一種增生，一種極其不凡的青春。在文學中是如此，在研究的領域也是如此，不論是人文科學或哲學。今日二十至三十歲的整整一個世代，他們在作品的認真和品質方面有出色的表現，在創新方面亦然。我相信我們終於擺脫了那些為了攀登未來高峰而充滿仇恨的人。而且在我看來，年紀稍長的研究者都該關心此事，要規劃出一個地方，讓所有這些新的潮流得以真正存在。」他還說：「所以我們必須為辯論的條件展開辯論。事實是，所有在大學裡認真完成的研究成果要出版時，都遭遇了最大的困難。幾年前，還可以輕易出版一些研究作品的出版社，現在已經做不到了。事態相當嚴重。因為書店櫥窗的前沿被一些草率完成的書所占據，這些書的問題小至語意不清，大至謊言，近乎一派胡言，從創始之初就開始胡扯世界歷史，或是用一堆口號和現成的句子重構較近期的歷史。這當然是讓真正的辯論無法出現的原因之一。」傅柯對「批評功能」的消亡感到遺憾：「不同思想之間的交流、討論，甚至相當激烈的辯論，已經不再有可以表達的地方。想想那些期刊。它們要嘛是一些小團體的刊物，要嘛是為某種乏味的折衷主義喉舌，被遺忘的正是批評性質的著作所具備的功能。在五〇年代，有布朗修和巴特，那時批評是一種作品。閱讀一本書，談論一本書，這是我們為了自己，為了讓自己獲益，為了改變自己，而專心致力的一種鍛鍊。好好談論我們不喜歡的一本書，或者嘗試在適度的距離談論我們稍微過度偏愛的一本書，這樣的努力讓某些東西從書寫過渡到書寫，從書本過渡到書本，從作品過渡到文章。布朗修和巴特帶給一九五〇年代法國思想的東西相當可觀。可是批評似乎已經遺忘了這種功能，突然倒向「政治－法律」的功能：揭發政敵，審判繼而定罪，或者審判然後編織王冠。這就是最貧瘠的功能，最不有趣的功能。我不怪罪任何人。我太清楚個體的反應是和種種制度的種種機制緊密結合的，所以我無法說誰該負責。可是很明顯，今天並不存在任何類型的出版品可以承擔真正的批評功能。」

這種貧瘠化的狀況有何解方？傅柯在同一場訪談中答道：「有幾件事是連在一起的，我們必須重新思考大學的定位，或者至少重新思考大學裡我最瞭解，而且在那裡從事文學、人文科學、哲學等各種研究的這個部分。過去二十年的時間，在這裡完成的著作成果非常可觀，我們不該任由它變得貧瘠。再者，我們必須重新思考大學出版社的問題，研究性和學術性出版社的問題。第三，我們必須努力讓出版期刊、小冊子等等的地方得以存在。」[25]傅柯也順帶譴責了大學提供的養成教育與某種競爭體系相連的荒謬。若要知道傅柯提到的現象是否源自大學的某種普遍「倒退」——這似乎可以說明一九八〇年代初期法國知識界的處境（這是他顯然會自己提出，並且以某種敏銳與極大的擔憂追問自己的一個問題，而且他不斷在私下的談話中提及），他在這裡回答了：「我並不同意『倒退』這個字眼，我相信事情剛好相反，如果能讓大學和真實的著作連結起來，這將會振興大學和大學教育。大學依然緊緊黏著在學校的習作之中，而這些練習經常是荒謬或過時的。要是看到一位參加哲學教師資格考的考生的作品是什麼模樣，鐵定會掉眼淚，那是造假的著作，根本與研究會有的、該有的樣貌毫不相干。」傅柯在一九六〇年代中期不是曾向德勒達勒吐露，為了認真寫作，他得「把教師資格考忘記」嗎？[26] 傅柯也在同一場訪談中建議一些不同的知識學習模式：「我認識不少學生，他們完全可以在文稿編輯工作、附帶評注的編輯工作、國外作品翻譯、介紹國外甚至法國的著作……這類的工作當中實際訓練自己。也就是說，做一些對自己和其他人都有用的工作。您瞭解我為什麼會認為將一部分出版活動回歸大學，或藉此讓大學直接參與，這其實是在強化大學研究著作的密度。」最後，傅柯以這段告白作結：「您知道我夢想什麼嗎？就是要創立一家出版研究性著作的出版社。我狂熱地尋求這種可能性，我要讓研究成果在它的運動之中，在它的問題意識的形式之中出現。我要找到一個地方，可以讓一項研究以它假設的、暫時的特性展現出來。」

這樣的構想讓傅柯得以整理出他心中認為一九六〇和一九七〇年代帶給思想領域的貢獻，當時，思想領域開始遭受保守派革命發動者的猛烈質疑，而且這場保守派革命很快就聲勢洶湧，宣稱其目標是消除生產出理論泡沫的一切，他們認為「六八年五月」拿來充作方便的名稱或充作象徵的，就是這種理論泡沫。

「在這場訪談開始的時候，您曾經提到理論和政治的辯論，您是否認為這兩者的條件是相同的？」

「我會回答您，這二十年來的政治風景之所以會有如此深刻的革新，正是因為曾經有過一種知識工作，它研究的問題看來不像政治，而它的分析卻又證明了這些問題與政治（la politique）是息息相關的。這種工作最豐碩的成果之一，恰恰是『政治』（le politique）[e]這個我們在大學裡聽到耳朵起繭的著名類別被掃到一邊去了。許多同時是生存、制度與思想的問題可以被提出來，並非透過『政治』（le politique）的定義。思想運動、制度分析，以及對於個人的、個體的日常生活提出的問題，這一切的交流都讓這兩種『政治』類別所形成的屏障得以打破。正是這種交流為運動提供了力量，讓想法、制度，以及我們對自己和他人的看法有所改變。如果我們事先就定下準則，如果我們已經決定什麼是政治，我們就會讓知識活動與政治辯論變得貧脊。」[27]

e. 這段訪談中出現了兩種「政治」（書寫上只有冠詞陰陽性不同），一是被傅柯放進引號的「政治」（le politique），指的是政治概念與體制架構；另一個政治（la politique）泛指各種各樣的政治事務與實踐。

7 爽約

巴士底廣場的人群黑壓壓的一片，人們高唱〈國際歌〉，紅旗迎風招展。「左派群眾」（依照後來盛行的用語）喧鬧地慶祝他們的總統候選人獲得勝利。密特朗擊敗了季斯卡。傅柯先前不想簽署呼籲支持社會黨候選人的聲明，他說：「我們得這麼想，大家都夠大了，可以在投票的時刻自己做出決定，繼而為此高興——如果有需要的話。」[1]就在一九八一年五月十日，在巴黎和煦的春日空氣裡，傅柯跟幾位朋友一起散步，那時勝選的消息剛剛發布，他們走在歡欣鼓舞湧上街頭的人群裡。幾天之後，傅柯認為「現在是時候了，應該要對即將開始成形的事有所反應了」。[2]他在《解放報》的一場訪談中，表達了對新政府的公開支持，他宣稱：「有三件事讓我留下非常深刻的印象。整整二十年來，一系列的問題在社會裡被提出來，而這些問題長久以來並未在『嚴肅』與『制度化』的政治裡獲得承認。似乎只有社會主義者理解了這些問題的現實面，並且對此做出回應——他們之所以獲勝應該不是與此無關。其次，要解決這些問題（我想到的特別是司法或移民的問題），必須採取的最初措施與必須發布的最初聲明，徹底符合所謂的『左派邏輯』。這也是密特朗之所以當選的原因。第三，最值得注意的是，這些措施和多數意見的方向並不一致，在死刑問題上是如此，在移民問題上也是，這些選擇並沒有遵循最普遍的民意。」[3]

可是，似乎有某種對於即將發生的事情的驚人預見，為傅柯帶來啟發，他又補充道：「在我看來，有許多人在這次選舉所經歷的是某種勝利事件，也就是說，是管治者與被管治者之間的關係的某種調整。這並不是被管治者取代了管治者的位子。歸根結柢來說，這是政治階級裡面的一次換位。我們進入了政黨政府，伴隨著其中包含的危險，我們永遠都不能忘記這一點。然而，從這次調整開始，最重要的就是要知道，是否有可能在管治者與被管治者之間建立一種關係，這種關係並非從屬關係，而是工作將在其中扮演重要角色的關係。〔……〕我們必須走出這種進退失據——要嘛贊成，要嘛反對——的困境。總之，我們可以挺直腰桿，正視對方。和一個政府一起工作不表示要隸屬於它，也不表示要全盤接受，我們可以同時工作卻又不改本性。我甚至認為這兩者相輔相成。」[4]

可是，社會主義政府向傅柯提議的並非這種一起合作的「工作」。他們確實曾經提供給他幾項職務：駐紐約文化參贊，或是國家圖書館館長。第一個職務似乎是他主動謝絕的。如果是大使，他應該會接受，可是他認為文化參贊的地位已經不是他的年齡該做的了，而且也和他的期待不符——這樣的職務，來自一個想要給予他榮譽的政府。至於另一項職務，他顯然是很願意擔任國家圖書館的館長。他早就提過——當然是說笑的，可是這證明他想過此事的可能性——豪華的官舍和令人難忘的辦公室可以任他使用。不過最後被任命的是密特朗的親信。兩年後，這項職務再度出缺，這次就沒再考慮傅柯了，雀屏中選的是他在法蘭西公學院的同事米凱勒（André Miquel）。為什麼傅柯跟社會黨政府之間的關係惡化得如此迅速？因為從伊朗事件之後，傅柯就有點跟政治保持距離，他在波蘭政變之際，轟轟烈烈地重返請願舞臺，熱熱鬧鬧地向當權者展現他所謂的「不改本性」，儘管當權者是左派。

一九八一年十二月十三日，全世界在驚訝中得知，波蘭之夢正在崩毀，雅魯澤爾斯基（Jaruzelski）將軍剛為持續數月的動盪與「團結工聯」（*Solidarność*）運動畫下粗暴的句點，多位反對派領導人被捕，坦克車在各大城市的街道巡邏。社會黨籍的法國外交部長謝松（Claude Cheysson）的回應，令所有懷抱希望，看著民主進程在華沙和格但斯克一步步建立的人大感錯愕。謝松公開宣稱，事件純屬波蘭內政，法國政府無意干涉。

第二天，傅柯家的電話一早就響了，時針才剛走過八點。打電話來的人是布迪厄，他認為謝松的聲明極為可恥，他邀傅柯對此做出回應。傅柯立刻同意，沒有絲毫猶豫。過沒多久，這位社會學家和這位哲學家就在沃吉哈赫街寫下一份呼籲抗議的聲明。兩人對彼此的認識還算深，他們在高等師範學院就氣味相投了，布迪厄是一九五一年入學的，此後兩人並無太多交集，可是有許多共同點拉近他們的距離。像是他們都非常敬重康紀言，兩人都以門生自居。而且一九八一年的年初，傅柯才剛在布迪厄的法蘭西公學院教授遴選案為他拉票。或許可以說，這兩位思想家的關係正是從聲明行動的時刻開始變得緊密，他們的專業和研究取向一直相距甚遠，這應該是他們第一次一同投入某項行動。事實上，布迪厄在後六八年五月的各種運動中，一直站在頗為退縮的位置，他不是積極分子，而且始終和六〇與七〇年代的左翼團體保持距離，一如他在五〇年代也和共產黨保持距離。這方面他跟很多人不同，他從來不曾加入共產黨。總而言之，在十二月十四日的這個早上，傅柯和布迪厄的頻率立刻就對上了，他們非常迅速整理出聲明的文字，措辭相當激烈。傅柯也受到布迪厄的提議吸引：跟法國工人民主聯盟取得聯繫，想法當然是要在工會和知識分子之間發展出一些連結——類似波蘭曾經存在過的，在團結工聯與文化、學術界之間的那種連結。

不過，他們還需要收集一些簽名放在剛寫完的文章結尾處，然後是公開發表。事情進行得十分俐落，幾小時後，聲明稿傳到《解放報》和「法新社」，作為法國左派象徵的幾個名字都出現在連署名單裡：瑪格麗特．莒哈絲——眾所周知的密特朗密友，還有劇場導演薛侯（Patrice Chéreau）、西蒙．仙諾和尤蒙頓。這天剛好電影導演梭特（Claude Sautet）和作家森普倫（Jorge Semprun）在尤蒙頓家午餐，兩人也激動地簽了名。德勒茲也受邀參與連署，但他選擇放棄，因為他不想讓剛執政的社會黨陷入尷尬的處境。[5] 於是這份呼籲的文字刊登在十二月十五日的《解放報》，標題是〈爽約〉：「法國政府不該像莫斯科和華盛頓當局一樣，讓大家相信波蘭軍事獨裁政權的建立是內部事務，波蘭人有能力決定自己的命運。這是一種不道德而且騙人的說法〔……〕。一九三六年，有個社會黨政府面對發生在西班牙的軍事政變；一九五六年，有個社會黨政府面對發生在匈牙利的鎮壓。一九八一年，有個社會黨政府面對華沙的政變。我們不希望這個政府的態度跟它的前任相同。我們要提醒這個政府，它曾經承諾，要以國際道德的義務對抗現實政治（Realpolitik）的義務。」接著是第一批連署者的簽名，名單很短，但威望十足：「布迪厄（法蘭西公學院教授）；薛侯（劇場導演）；瑪格麗特・莒哈絲（作家）；庫希內（「世界醫生」）；傅柯（法蘭西公學院教授）；莫里亞克（作家）；尤蒙頓（演員）；梭特（電影導演）；森普倫（作家）；西蒙・仙諾（演員）。」[6]

在十二月十五日的《解放報》上，這份呼籲的文字可說是被打發到版面下方的角落裡，看來報社主管並沒有想把它放在醒目的位置，而且根本沒人想得到，這麼幾行字加上幾個簽名會有什麼巨大迴響（甚至連簽名的那些人也不抱期待）。然而，主持歐洲第一臺（Europe 1）晨間黃金時段廣播節目的記者勒瓦伊（Ivan Levaï）立刻在十二月十六日邀請傅柯和尤蒙頓上節目說明他們的行動。第二天，《解放報》又登了一次抗議的文字，加上新的連署名單：演員貝多斯（Guy Bedos）、雕塑家伊普斯特紀（Ypoustéguy）、電影導演寇莫里（Jean-Louis Comolli）、歷史學者維達納凱等等，還附上一個收件地址：社會學者珍寧・維迭斯勒胡（Jeaninne Verdès-Leroux）的住址，她是布迪厄的學生，連署書和聲援信件可以寄至此處。情勢如洪水般一發不可收拾，幾天之內就收到數百封信件。《解放報》原本宣稱將逐日刊登新的連署名單，結果很快就因為郵件大量湧至而放棄。名單中有藝術界和學術界眾所周知的名字：華伊（Claude Roy）和羅蕾・貝隆（Loleh Bellon）、蘇珊・弗隆（Suzanne Flon）、阿利歐、康紀言、波拉克（Jean Bollack）、維納等等。還有數十位研究者、大學生、高中生、工會幹部，寄來他們在階梯講堂、教室、實驗室、辦公室等各種場所徵求的一頁頁滿滿的連署簽名。信件經常伴隨連署簽名：從表達單純支持，到願意為可能的行動提供協助的都有。這次請願似乎直接表達了一股同情的民意，這股民意讓五萬人為此走上巴黎街頭抗議波蘭政變，因而讓這次請願的迴響顯得更加可觀。在示威活動中，民眾對社會黨的領導階層發出噓聲，大喝倒采，並且高呼「各自回家，謝謝謝松」的口號。一場可觀的動員確實因為波蘭的事件而在法國展開，所有媒體也每天為此提供大篇幅報導。作為整場運動喉舌的《解放報》銷量大幅攀升，甚至還匯整這段期間每日刊登的報導和評論，出版了一份特刊。

社會黨和政府的反應與傅柯和布迪厄匆匆寫就的這份憤怒的宣言所引發的迴響程度相當，當時社會黨第一書記喬斯班在廣播節目中對尤蒙頓做出非常猛烈的抨擊，還提及這位影歌雙棲的演員曾於一九五六年赴蘇聯巡迴演出。第二天，尤蒙頓發表公開信反駁：「正因為我在一九五六年去了蘇聯，人們才不再讓我吞下『反革命』或『不沾兄弟黨的事務』或『無事可做』這些話。」[7]文化部長朗恩（Jack Lang）也急忙站上火線回擊。「何等的丑角，何等的欺騙」，他在《文學新聞報》（*Les Nouvelles littéraires*）上氣急敗壞地指責所有簽署請願書的人，[8]之後又在《晨報》刊登的一篇訪談中攻擊這群知識分子，說是在他眼裡，這些人體現了「結構主義者典型的邏輯前後矛盾」（我們知道在政治當中，可笑的東西根本不痛不癢！）。他還補了一句：「不得不說，連署者首先想要的是瓦解法國政壇的多數派，其後才是救援波蘭人民。」[9]「左派聯盟」確實在內爆邊緣，而右派正敲鑼打鼓要求那些共產黨籍的部長下臺，但是朗恩過激的論戰語氣也讓所有觀察家大吃一驚。事實上，他尖銳的用詞可以從當年密特朗當選總統後，籠罩法國的那種氣氛中找到很好的解釋。朗恩以知識分子的部長自居，自以為應該為他們的所作所為負責，而且他有點太快相信，所有這些真心認同左派的人會齊聲對新政權歌功頌德，因為這個新政權剛剛清除了右派，摧毀「舊政體」（朗恩當時正致力於傳播這樣的政治宣傳）。這位文化部長自然會將左派的掌權說成是從「黑暗」過渡到「光明」。在這樣的脈絡下，一份由名人領銜的請願書，對象是他們應該視為自己人的政黨（在朗恩看來），這根本是無法接受、難以想像、不可能發生的。然而，這就是剛剛發生的事。所以他要使出一切手段以火攻火——如同他昔日的一位女同事所說——並且證明他和他所尊崇的總統背後有大量的知識分子，他們都和他一樣尊崇總統。首先是另一份請願書，由文化部出資，以半版廣告的方式刊登在《世界報》。請願書由作家尚皮耶·菲耶執筆。他是朗恩的親信，負責將連署簽名集合在這篇譴責波蘭鎮壓人民，同時也支持密特朗做法的文章之下。這份聲明獲得許多名人響應，但多數人並不清楚人家要他們簽名的這篇文章被放在什麼樣的策略脈絡之中。連署者包括雅各布、拉庫居赫、卡斯特勒（Alfred Kastler）、楊凱列維奇、維德志（Antoine Vitez）等等。此外還有維達納凱，他後來否認曾經同意簽名。德勒茲也簽了名，然後是朗恩。菲耶還在十二月二十二日，在巴黎歌劇院辦了一場盛大的示威活動聲援波蘭人民，現場有兩千人應邀出席。傅柯、西蒙·仙諾、尤蒙頓和薛侯都去了那裡，他們先約在附近的一家咖啡館集合。其他人都有收到邀請卡，但傅柯沒有。莫里亞克說：「我跟科斯塔加夫拉斯說要拿一張我們的邀請卡給他，他根本不要。他激動得大叫，說他絕不讓步，如果有人要他出示邀請卡，如果有人不讓他進去，他會立刻走人，然後他會打電話（西蒙·仙諾、科斯塔加夫拉斯、薛侯還有我，我們也說會跟他一起走）。

打電話去哪裡？當然是《解放報》，我們以為事情會鬧大，他會為了進去而不惜任何代價。他還沒被擋就已經興奮莫名，而我們也下定決心要跟他站在一起，就算我們一點也不確定這麼做到底適不適當。」[10]結果什麼事也沒發生。傅柯十分順利進到巴黎歌劇院。

當時，爭論依舊持續：代表抗議群眾的布迪厄毫不留情地拒絕了朗恩和喬斯班。他主張知識分子在所有權力之前的獨立性，繼而呼籲重新回到已經被政治機器與共黨高幹左派扼殺的「左派自由至上主義傳統」。[11]經過這般友好的交流，社會黨政府與法國文化界最傑出的幾位代表人物之間確定決裂了。然而，就算社會黨人的反應看似對立，措辭尖刻，但他們對於抗議並非充耳不聞：傅柯和尤蒙頓上廣播節目的時候，總統府派人騎摩托車去要了一份節目錄音帶。其實，喬斯班和朗恩一樣，他們都是一方面以刺激的言詞反駁連署者，同時也努力要盡快修正錯誤，他們拒絕概括承受謝松的說法，堅稱這樣的說法只代表作者的立場，而非所有的社會黨人。

可是傷害已經造成，傅柯不會這麼快就忘記這些事。儘管社會黨及其政府做了各種努力，但傅柯從沒想過要跟他們和解。朗恩後來不就邀了他到辦公室要向他解釋嗎？傅柯去了，回來的時候對朋友們說：「我當他是白癡。」實際談話的氣氛或許沒那麼粗暴（傅柯對他說的是：「您的所作所為像個白癡。」），不過有件事是確定的：雙方的連結幾乎徹底崩毀，即便傅柯在一九八二年的九月還是跟波娃、維達納凱、尚・丹尼爾一起參加了密特朗的午宴。根據他告訴身邊親友的說法，這是他「逃不掉的」一場午宴。可以說傅柯和社會黨人不再有其他關係了，只有幾次特殊的例外，我們之後會看到。傅柯也決定永遠不再看《世界報》，因為社長佛維（Jacques Fauvet）批評「沒有能力承擔五月十日」[a]的知識分子。只要有機會，傅柯就會提起他不再讀這份報紙，並且邀請他的朋友和學生也這麼做。

這份「請願書」原本可以只是一次單純的波折，最後卻變成極其重要的政治事件。首先是對社會黨人來說，其次是對傅柯而言。因為布迪厄的想法實現了，他們立刻開始跟法國工人民主聯盟聯繫。「爽約」請願書的連署人聚會那天，布迪厄決心不錯過這個約，他打了電話給梅赫的同事。這位法國工人民主聯盟的總書記在十二月十五日《解放報》的訪談中數度提及他們首次接觸時的談話。「傅柯－布迪厄」抗議書──這是引發軒然大波的「爽約」請願書的另一個名字──就刊登在同一天的《解放報》。梅赫說：「這天早上，我們聯絡了許多知識分子，在此之前，他們和法國工人民主聯盟沒什麼特別的關係。他們希望工人－知識分子的連結可以在法國展現出來，這是一種屬於團結工聯的構造和力量。」[12]第一次會面安排在十二月十六日晚上六點，地點在巴黎第九區卡戴街（rue Cadet）法國工人民主聯盟的辦公室，總部的幾位領導人都出席了，梅赫也在其中，但停留的時間不久，因為等一下總理就要接見他。與會者包括傅柯、布迪厄和數學家嘉當（Henri Cartan），還有一些跟法國工人民主聯盟走得近的學者：杜漢（Alain Touraine）、朱里亞（Jacques Julliard）、霍桑瓦隆（Pierre Rosanvallon）等等。布迪厄堅持要在工聯和因為這次事件而聚集

a. 一九八一年五月十日，社會黨的總統當選人密特朗就職。

的知識分子之間建立某種永久的關係，以便在緊急情況下迅速做出回應。傅柯則是堅持創設一個訊息中心或新聞社，負責彙整、篩選、傳播有關波蘭局勢的政治、司法等各方面的訊息。

另一場會議在第二天召開，會議上擬了一份共同的文字，預計在幾天之後公開。十二月二十二日，一樣是巴黎的第九區，一場大會在蒙托隆廣場（square Montholon）的工人民主聯盟總部召開。因為這已經不是寥寥數人的委員會議，而是有上百人出現在大廳裡。講臺上排排坐著梅赫、布迪厄、傅柯、謝赫克（Jacques Chérèque）等人。數學家舒瓦茲（Laurent Schwartz）宣讀了幾天前草擬的提案：「只譴責軍事政變是不夠的……我們必須加入波蘭人民的戰鬥。」隨即宣告展開「徽章」行動：*Solidarność*（團結工聯）的字樣以紅字打印在小小的白色矩形裡，「徽章」很快就在與會者的外套和大衣的翻領上綻放開來。傅柯後來一連幾個月都戴著他的「徽章」。這天早上，他講了很長的一段話：「我們必須進行長期而且連續不斷的工作，首要的問題就是訊息的問題。團結工聯的聲音不能被扼殺，所以我們必須高度重視，要為團結工聯創立一個新聞社，可以每天發布一份訊息簡報。」傅柯也提議派遣一個司法和醫學小組去波蘭，並且提到「世界醫生」組織和他們「拯救華沙」（Varsovivre）的行動。

繼這場在法國工人民主聯盟的辦公室舉行的示威活動之後，是一連串在巴黎大學朱西厄（Jussieu）校區的會議，最後舉辦了二月二十日的波蘭「研究日」，主題是：「總結東歐－西歐關係」。傅柯積極參與籌備活動，也出席了數百人參與的「研究日」。

不過，參與這些研究小組的若干成員也對他們與法國工人民主聯盟的關係屬性提出了質疑，甚至是嚴重關切（他們指出，工會的行為大有可能像其他任何的組織或政黨，也就是說，工會有可能試圖在其引領的行動中，將一同行動的夥伴工具化，將夥伴們的角色簡化成工會為自身利益而制定的策略的支持者）。不滿的聲音在「研究日」的前夕爆發，這些人宣稱：「我們不想成為法國工人民主聯盟的同路人。」他們對工會的代表說：「你們以組織的身分出現在這裡，我們的身分是個人，我們會成為附庸。」傅柯盡力要平息這種情緒，他以和事佬的語氣為這次激昂到爆發的意見交流作結：「這不是什麼成為同路人的問題，這不是什麼並肩前進的問題，而是一起工作。」這句話清楚地界定了傅柯對於這次行動應有的導向的看法。不過他終究還是放棄了朱西厄校區的會議，因為他有點厭倦這些會議的「民俗」面向，尤其是徹底缺乏效率和效用的問題。布迪厄也因為同樣的理由早就退出。而由於他們默默離開，這場運動也很快就撐不下去了。

儘管如此，傅柯還是一連數月參與了在巴黎的波蘭人成立的團結工聯委員會。委員會的負責人布蘭斯坦（Seweryn Blumsztajn）對這位哲學家做了如此的描繪：「他以卓越的奉獻精神，把整天的時間拿來幫助我們處理最官僚也最重複的工作。我們永遠都可以信賴他。我常覺得我們害他浪費了一段寶貴的時間。譬如，他是我們財務監察委員會的成員，我還記得他那些塞滿數字的長篇彙報。我沒辦法不這麼想，他其實有更重要的事要做。」[13]有更重要的事要做？總之，傅柯非常認真看待自己投入協助波蘭人的事務，不遺餘力。譬如，一九八二年九月，他和西蒙·仙諾陪同庫希內一起參與「世界醫生」組織最後一次籌劃的「拯救華沙」代表團。同行的還有另外兩位醫師：牟貝（Jean-Pierre Maubert）和勒巴（Jacques Lebas）。「我們每個人都輪流開車，我們一起唱歌，傻笑，發表個人的評論。」庫希內說。三千公里的路程！為了把波蘭人「並不是真正需要的」藥品帶去給他們。不過，對於「那些對關入鐵幕的大半個歐洲依然懷抱希望的人」來說，這車隊是「不放棄他們的唯一方式」。[14] 車隊也以更為謹慎的方式運送了一些印刷器材。

在華沙，他們見到一些積極參與運動的人士、知識分子、學生。「我們杵在教堂門口，看著一支支團結工聯的鮮花十字架和蠟燭，」庫希內說：「然後，我們經過已經關閉的布里斯托旅館前方，傅柯指著一扇用木板釘死的窗戶給我們看。就在那個房間，一個名叫傅柯的法國文化代表，在燭光下，寫出了《古典時代瘋狂史》。」小組成員原本計劃去監獄探望團結工聯領袖華勒沙（Lech Wałęsa），但未獲當局同意。這趟短暫旅行最激動的時刻是去造訪奧許維茲集中營（Auschwitz）。「我們分開，分別下去，」庫希內說：「這樣每個人都可以排到一段時間，在焚屍爐前面待上一小段時間，足夠讓焚屍爐呈現出單純的熱的特質。」[15] 從波蘭回來之後，傅柯解釋了他剛完成的這趟旅行的原因：「波蘭人需要有人跟他們說話，他們需要我們過去。這是我此行的原因。但是，他們也需要我們在回來之後談論波蘭。此刻在法國並沒有關於波蘭、關於我們對波蘭的援助、關於對波蘭紓困的討論。波蘭的長期問題帶出了蘇聯集團的歐洲問題，歐洲分裂的問題。然而，除了一些短暫的時期——入侵之際或政變之際——人們並不會談論這些問題（……）。波蘭人說：『你們不只是放棄了我們，你們也放棄了你們自己。』意思是在放棄他們的同時，我們也放棄了我們自己的一部分。」[16]

這次為波蘭而做的行動是傅柯最後一次政治活動。這次行動帶著傅柯走上他自己過往的足跡，來到他二十五年前生活和工作的城市華沙，回到他當年不得不匆匆離去的這個國家，向他曾在《瘋狂與非理性》的序言裡提到的「波蘭自由的頑強豔陽」再次致敬。

傅柯繼續跟法國工人民主聯盟和梅赫保持聯繫。後來他還跟梅赫發表了一個長篇的對話錄，標題就叫作〈波蘭，然後呢？〉，這是他們共同的思考，關於工團主義、群眾運動、政治、左派及其歷史。傅柯在對談開始時說：「所以問題就是波蘭。在那裡發生的事，提供了一種運動的典範，這場運動徹頭徹尾都是工會運動，但是所有外表、所有行動、所有效應都有政治面向；在那裡發生的事，拋出的是歐洲的問題（這是再次拋出，不過是隔了很久之後的第一次）；這同時也是一次測試，看看共產黨的影響力在政府裡的分量。我們和法國工人民主聯盟的接觸是以這一點為基礎，這是很自然的；你們也很清楚。我們並沒有互相『尋找』，和一小撮知識分子『結盟』，對你們來說，並沒有什麼策略上的價值；而一個擁有百萬會員的工會的分量，對我們來說，也不一定可以保障什麼。我們在同樣的這個點上相遇，只恨相見太晚：長久以來，有些知識分子一直在為這類問題奔波；長久以來，法國工人民主聯盟一直是政治、經濟與社會思考最活躍的場所之一。」[17]

不過這裡我們也不該隱瞞布迪厄對於這份刊登在《辯論》雙週刊的對話錄有點光火，因為他剛在這份期刊上被人羞辱，另一方面也因為他覺得傅柯的方式似乎是想從中獲取個人象徵性的利益——這場運動始於集體倡議（或者更確切地說，是他，是布迪厄發起的倡議，而他希望的是集體倡議）。事實上，就整體情節看下來，我會覺得他們各有各的盤算：布迪厄的策略——當時他的名氣不如傅柯響亮——是試圖以系統性的方式結合兩人的名字（「傅柯和布迪厄」或者「布迪厄和傅柯」），好讓他看起來和傅柯旗鼓相當，而傅柯的策略則是要打破這兩個名字之間的這種聯想，要嘛是讓這兩個名字溶解在一個更大的整體裡（「一群知識分子」，沒有更多明確的說明），要嘛是讓他自己變成與工會領袖溝通的唯一對話者。布迪厄好幾次告訴我：「他玩的是他個人的遊戲，而不是集體的遊戲。」這應該沒錯。不過布迪厄那邊也可能是在玩「集體的」遊戲，但為的是「個人的」利益。總而言之，我記得他們一直互不信任，一直盯著對方在做什麼，然而這並沒有讓他們停止提出共同的計畫。

無論如何，這種「一起工作」並沒有發生在他們和執政的左派之間。傅柯後來試著將這種模式帶到跟法國工人民主聯盟那裡。譬如，他參與了他們編輯的關於社會保險問題的集體著作。[18]法國工人民主聯盟記得他們的合作，傅柯過世未久，他們就為他舉辦了一場展覽，並且出版紀念文集（裡頭有梅赫、庫希內、布迪厄等人的文章），[19]向這位哲學家致敬。

這種戰鬥熱情的另一結果是，傅柯在一九八三年的夏天打算寫一本小書，關於——反對——社會黨人。因為他對於七、八月間圍繞著「左派知識分子的沉默」主題所發動的喧鬧騷擾感到驚訝又惱火。實際的情況是，《世界報》的專欄針對連署左派請願書的那些人後來消失的事展開廣泛討論，起始點是蓋洛（Max Gallo）的一篇文章，這位作者在成為社會黨政府發言人之前是記者及作家（他當時是左派，後來在二〇〇〇年代轉而投入支持歐盟主權的右派陣營）。文章的語氣非常冷靜，很像是為尋求和解而寫的。對於那些質疑昨日的紀德們、馬勒侯們、阿蘭們、朗之萬（Langevin）們去了哪裡的人，對於那些緊盯著會議講臺，計算知識分子出席人數的人，蓋洛試著以分析來回答他們：「一九八一年五月到六月——這段時期和六八年五月當然有很明顯的關聯——可能看起來像是左派的一場勝利，而知識分子作為代表性的群體，相對來說參與得不多，或者至少不是積極參與。這群知識分子和新政權之間的問題可能從此就出現了。相互的不理解，挫折，以及政府機構徵召了一些只有形式上的政治認同，但在工作上卻不一定總是最『進步』的擘畫者。於是，許多知識分子感到被遺忘或被看輕，或者只是被召喚來歌功頌德。這樣的情況帶來嚴重的後果。」他以下面這個句子作結，看似認同一年半之前被社會黨如此猛烈攻擊的知識分子——特別是布迪厄和傅柯：「國家最需要的，並不是一些名人的名字出現在政治參與的講壇上，而是需要具體投入反思之中，完全獨立、徹底真實的投入。」[20] 在這樣的主張之後，一整個系列的文章——《世界報》發出了數十封問卷信函邀稿——和漫長的論戰登場了。不過布迪厄和傅柯都沒有發表文章。總編輯的來信，布迪厄用一張手寫的小卡片回覆，他只寫了一個簡單的句子，很有他的風格：「知識分子的沉默引來很多人的議論，尤其是那些最好閉上嘴的。」至於傅柯，他什麼也沒說。他私底下說：「一九八一年十二月，我想要說話的時候，他們叫我閉嘴。當我閉嘴的時候，他們卻為我的沉默大驚小怪。這只意謂著一件事：只有在我同意他們的時候，他們才給我發言權。」他還認真地強調他和法國工人民主聯盟一起進行的工作：「人們在質疑知識分子沉默的時候，我在和工會幹部一起思考社會保險問題。」追根究柢來說，他一點也不欣賞這種被他詮釋為實質禁令的做法：號召恢復媒體秩序（這是和「知識分子的沉默」同類的主題，很明顯是會讓那些報社老闆著迷的主題，這些人看到的都是他們最愛的「辯論」和「專題」類型的素材），還有號召恢復政治秩序，傅柯認為這當中透露出「潛在的貝當主義（Pétainisme）」[b]——這說法來自傅柯說過很多次的句子（「密特朗就是貝當。」只要找到機會，傅柯就會這麼說）。這場論戰結束之後一段時間，傅柯接受了人生最後的幾場訪談，他在過世前一個月發表的這篇訪談裡表達了他對這場論戰的看法：「當我們催促你們改變說詞的時候，你們用最老掉牙的口號譴責我們。現在，面對你們從前不可能看見的現實的壓力，你們就掉頭轉向，你們要我們提供的不是讓你們可以迎向這種現實的思想，而是可以為你們遮掩改變的說詞。一如我們曾說的，邪惡並非來自共產黨人掌權後，知識分子就不再是馬克思主義者的事實，而是因為你們那些盟友的顧忌，使你們沒有在可以發揮作用的時候與知識分子一同進行思想的工作，這可以讓你們有能力去管治。以不同的方式管治，而不是用你們那些老舊的口號和其他人裝年輕的技術來管治。」[21]

所以傅柯提出「以不同的方式管治」這個主題，作為對於批評他沉默的那些言論的答辯，但他自己選擇了回應的模式與時機，打算在一九八三年夏末出版一本小冊子（形式是訪談錄，原本是要由我進行訪談），他希望可以分析法國左派政府一連串失敗的根本原因。他認為社會黨人缺乏的正是「管治術」（art de gouverner），他想要在歷史的回顧中證明這一點。他開始閱讀或者重讀裘黑斯和布魯姆（Léon Blum）。[c]他甚至連書名都找好了（至少是暫訂的書名）：《社會黨人的腦袋》（*La Tête des socialistes*）（「這好像有點粗俗，不是嗎？」他問我。「我們再看看要不要用這個，還是可以想出其他更好的。」）因為他打算進行的正是去探索黨員的心理結構。那幾年，對極權主義現象的粗略分析隨處可見，這更是激怒了傅柯。他說：「『極權主義』這個講法，不是一個切題的概念。使用如此粗糙的工具，我們根本什麼也無法理解。我們必須去研究的，是政黨，是政黨的功能。」其實，政黨對傅柯來說，似乎是十九世紀最有害的發明之一，而且無論如何都是政治生活裡最危險的機構之一。這本小書原本計畫在保沃羅出版社（Éditions P.O.L.〔Paul Otchakovsky-Laurens〕）出版，出版社還派了一名檔案助理來協助傅柯在圖書館的研究工作。可是工作進行幾個回合之後，傅柯還是決定放棄這個計畫。他意識到，如果不投入幾年的時間，他根本不可能處理如此複雜又燙手的主題，畢竟已經有那麼多本書寫過這個主題了。其他的工作也在等著他，而且是更重要的工作。《性史》再次走上正軌，他並沒有放棄要在其後幾個月為這本書畫下句點。

*

一九八三年秋天，傅柯和庫希內，還有其他諸如格魯克斯曼、布隆榭、克蕾兒·布希葉、米

---

b. 貝當（Pétain）是一次世界大戰的法國英雄，戰後升任元帥。二戰期間奉命組閣，隨即與德國議和，北部由德軍占領，政府遷至南部小城維琪（Vichy），史稱「維琪政權」。此處或指密特朗帶領的社會黨，宛如貝當政權與敵人合作，通過《勞動憲章》（*Charte du travail*），廢除工會，禁止罷工。

c. 布魯姆是裘黑斯的嫡傳弟子，是法國第一位社會黨籍的總理（一九三六至一九三七年）。

榭兒．波維亞（Michelle Beauvillard）等人組成一個研究小組，他們給這個團體取了一個有點自嘲的名字「塔尼葉研究院」（Académie Tarnier）——和他們聚會的所在地塔尼葉醫院同名。研究小組的緣起，是試圖在政黨之外，將願意承擔傅柯在波蘭行動時所構想的工作的一些人集結起來，從事彙整訊息的工作，同時尋找行動的可能性。每一場會議都討論一個特定問題：黎巴嫩、阿富汗、波蘭（尤蒙頓參加了這場）等等。傅柯希望有一天可以拿其中一場會議來討論這個重點問題：法國的左派。傅柯和庫希內甚至計劃將他們的思考和討論發表在他們直接命名為《塔尼葉研究院》的這份刊物上。

傅柯死後，這個小組沒再存續多久：「我們確實是圍繞著他才聚集起來的。」克蕾兒．布希葉說：「他是這個小組在知識上與道德上的權威。他死後，會議繼續開下去已經沒有意義了。其實對我來說，這問題想都不必想。」

在這個時期，還有一些計畫是在傅柯和布迪厄的漫長對話之後誕生的。根據布迪厄的敘述，傅柯不斷說起：「如果我們不行動，萬一右派重新掌權，我們會遭到嚴厲譴責。」他們兩人都同意要盡可能將政治思考拖向某種「左派的邏輯」，同時強調社會黨人每件事都毫無作為，或建樹太少，或做得太糟。他們的討論衍生出一本「白皮書」的想法，預計由一群專家集體撰述，描述某些領域裡的不適與問題，同時提供解方和行動提案。文化、教育、研究……應該是這本介入型出版品的核心，但是這本書也沒能得見天日。

這些問題原本也是當時的規劃部長（ministre du Plan）侯卡創建的研究委員會應該著手處理的問題。委員會的主席是西蒙・諾哈（Simon Nora），布迪厄和傅柯也同意參加這個委員會。侯卡也是社會黨籍的政府高官當中少數沒有和他們斷絕往來的人物之一。尚・丹尼爾在勝利廣場（place des Victoires）附近的一家餐廳安排了幾次午餐會，與會的有侯卡、梅赫和布迪厄，還有《新觀察家》週刊的主管，像是季斯貝（Franz-Olivier Giesbert）或朱里亞。一直要到一九八八年五月，在右派重新掌權兩年之後，[d]侯卡成為總理，一九八一年的「請願者們」和社會黨政府之間的和解才真正實現：庫希內成為專責人道行動的國務祕書，布迪厄執掌一個由教育部長喬斯班成立的教學內容研究委員會。或許是因為，就像布迪厄有段時間所想的（然而這段時間並不長，布迪厄很快就改口了），這段「爽約」的歷史在社會黨領導者的意識中標誌著一次痛苦的撕裂，也深刻改變了他們的形象——關於一個政權可以跟知識分子保持何種關係的形象？因為他們知道如何記取他們得到的教訓嗎？誰能說傅柯不會成為什麼刑法改革委員會的主席呢？他不是曾經在當時的司法部長巴丹戴爾支持下，嘗試要創立一個「司法研究中心」嗎？而且直到他生命最終的時刻，他都還和巴丹戴爾持續會面。

d. 法國政治採雙首長制，會出現總統和總理「左右共治」的情況。密特朗任總統的十四年期間，兩度由右派組閣，第一次是一九八六年三月至一九八八年五月，右派政黨「保衛共和聯盟」席哈克（Jacques Chirac）出任總理。

＊

一九八四年，傅柯要庫希內派個任務給他：他們討論之後，提出幾種可能，最後庫希內醫師提議要他擔任下一艘「越南之船」的籌備者和負責人。傅柯接受了：他一完成《性史》就動身了。

8 禪宗與加州

「主教身穿紅袍主持儀式，」傅柯說：「他走向信徒，向他們揮手，口中喊著：『沙洛姆，沙洛姆。』[a]這時，廣場四周早已被武裝警察包圍，教堂裡也有便衣警察。警方往後退了；他們對此根本束手無策。我必須說，這有一種威嚴，有一種力量；這當中有一種巨大歷史的重量。」一九七五年十月，傅柯在巴西舉辦一系列講座，當時有一名記者（地下共產黨的成員）在警察局裡被殺害。他是猶太人，「可是，」傅柯接著說：「猶太社區不敢舉行莊嚴的葬禮。結果是聖保羅市（São Paulo）的大主教在聖保羅大教堂辦了一場儀式，而且是跨宗教的，紀念這位記者；儀式吸引了成千上萬的民眾來到教堂，來到廣場。」[1]在巴西，那是一個鎮壓的年代，大規模的逮捕，

a. 沙洛姆（shalome）是希伯來語，意為「平安」。（主持儀式的是天主教的大主教，但是參加儀式的群眾當中有很多猶太人，所以大主教以希伯來語向群眾致意。）

暴力橫行。傅柯不想在這樣的氣氛下繼續講學，他在大學裡公開宣示，聲明他拒絕在這不存在自由的國家任教。「那時候我們都受到警方監視。」勒布杭說。當時傅柯住在他家。傅柯很快就離開了巴西。

傅柯在一九六五年就來過聖保羅，後來在一九七三年又應里約天主教大學之邀而來；一九七四年，里約醫學院社會醫學研究所又邀他來講課。他在巴西各地旅行，還造訪了美景市（Belo Horizonte）。顯然，巴西是傅柯很喜歡的國家，他在這裡愜意無比。一九七五年的事件之後，傅柯知道自己從此在這裡不受歡迎了。或許是為了去碰撞這項半官方的禁令，他在一九七六年接受法國文化協會的安排，赴巴伊亞州（Bahia）的首府薩爾瓦多（Salvador）、勒西腓（Recife）、貝倫（Belém）等地，進行系列講座。不過他並沒有遇到任何問題。

雖說傅柯從突尼斯回來之後便長期在法國定居，但要說他就此放棄周遊世界還言之過早。光是法蘭西公學院的課程就占去他一大部分的時間：這些課程需要大量準備工作，極為耗神。不過公學院教授一年的責任只有二十四小時的教學時間（十二小時演講，十二小時研討）。以每週兩小時計，大概就是三個月的工作。傅柯為了滿足聽眾付出很大的努力，但是這也讓他有時間可以去旅行。在一九七〇到一九八三年間，他多次在巴西、日本和加拿大短住，當然，還有美國。

一九七八年四月，在日本，傅柯有一段奇特的經歷。他想要入門修習禪宗，於是在上野原市青苔寺[b]主持國際禪修營的大森曹玄禪師讓他在禪寺和僧侶們一起生活了幾天。法國大使館的文化專員波拉克（Christian Polac）和《春秋》雜誌[c]的一名記者與他同行。他們隨即一同發表了一篇關於傅柯這趟宗教世界之旅的報導。「我對佛教的哲學非常感興趣，」傅柯對接待他的僧人說：「不過我並不是為此原因而來。我最感興趣的，是禪寺生活本身，也就是禪修及其訓練與戒律。」當僧人問他，在他眼中，禪宗和基督宗教神祕主義之間的關係為何，傅柯答道：「基督宗教的靈修及其方法中讓人印象非常深刻的部分是，我們始終在尋求更多的個體化。我們試圖讓人捕捉到個體靈魂深處的東西。『告訴我你是誰』，這是基督信仰的靈修。而禪宗，在我看來，似乎所有連結到修行的方法都是相反的，都傾向要抹除個體。」在這段開場討論和參觀禪寺僧舍之後，接下來必須要過渡到行動了：傅柯努力修禪，但是就像他後來說的，「這很困難。」僧人為他解釋如何打坐，如何調息……直到禪坐練習結束，敲響小鐘。[2]傅柯對日本很感興趣，這是肯定的。他自己的解釋是：對於一個質疑西方的理性及其限度的人來說，怎麼可能不去看看這個文明，不去探訪這個在西方目光中構成某種「謎，而且是非常難解之謎」的文明？但他被日本撩撥起的好奇目

b. 原文作「Seionji」並不正確，《言談書寫集》也有同樣錯誤（見 *Dits et écrits*, t. 3, texte 236），實際地點是大森曹玄所在的「青苔寺」（羅馬字作 Seitaiji）。感謝楊剛先生協助查證。

c. 《春秋》是「春秋社」的書訊雜誌，該出版社以佛教書籍聞名。這篇報導〈M・フーコーと禅―禅寺滞在記〉後來收錄在《ミシェル・フーコー思考集成Ⅶ　知／身体》，頁二一九至二二八，筑摩書房，二〇〇〇年。感謝楊剛先生協助查證。

光並沒有像羅蘭・巴特或李維史陀一樣化為熱戀。

和傅柯關係最密切的國家是美國。他數度接受紐約州北部鄰近尼加拉瀑布的水牛城大學（université de Buffalo）法文系的邀訪，時間是一九六九年，然後是一九七〇年和一九七二年。他在申請簽證時遇到一些問題，像是簽證表格上出現「您是否曾隸屬共產黨組織」這樣的問題，他堅持回答「是」。法國大使館的文化單位不得不介入，好讓傅柯不論答了什麼都可以入境美國。開第一次系列講座的時候，傅柯在美國校園的知名度並不高，聽眾人數不超過百人。必須說的是，他講課是用法語。一九七〇年，他談交換與貨幣，一九七二年，談真相的歷史，從古希臘的司法分析談起。第一次旅居美國時，他住在大學的「俱樂部」，那是個相當矯揉造作的地方，人們會要求他吃晚餐要打領帶。傅柯一點也不喜歡，他喜歡穿高領毛衣去吃飯；永恆的白色高領毛衣也因為曾經出現在幾十張照片上而出了名。

一九七二年，法文系的一位教授約翰・西蒙（John K. Simon）透過一位專注於獄政改革的法學教授引介，辦了一場監獄參訪活動，造訪距離水牛城六十公里的阿蒂卡（Attica）監獄。一年前，這座監獄上演了非常嚴重的暴動以及血腥鎮壓，造成將近五十人死亡。這座外型像中世紀城堡的巨大堡壘讓傅柯非常震撼。一如他在接受約翰・西蒙訪談時所說的：他受到震撼，因為這個「迪士尼」入口的後頭，隱藏著一座「巨大無比的機器」、「一整套錯綜複雜」的廊道，乾淨整潔，規定了踏上廊道的人們走在直接、有效率、可以被觀看的路徑。在這場訪談裡，傅柯當然提到了他對監獄體系的關注：「傳統社會學——也就是涂爾幹式的社會學——基本上是用這樣的方式來提問：社會如何能在個體之間創造出某種凝聚力？個體之間建立的關係形式、象徵性或情感性的交流形式為何？什麼樣的組織系統，讓社會得以構成一個整體？至於我，某種程度來說，我感興趣的是反面的問題，或許也可以說，我感興趣的是反面的答案：社會是透過何種排拒體系，消除什麼人，創造何種劃分，透過何種否定和拒絕的手段，才得以運作？但是現在我要用相反的方式來提問：監獄是太過複雜的組織，我們無法將它化約為消極的排拒功能；監獄的成本及其重要性、我們在管理監獄時的用心、我們試圖為它提供的正當性，這一切似乎都指向監獄具有積極的功能。於是問題就變成去發現資本主義社會要讓其刑罰體系扮演的角色，去發現追求的目標為何，去發現這些懲罰與排拒的司法程序所產生的作用。這些司法程序在經濟過程中占據何種地位，在權力的行使和維持中的重要性為何；這些司法程序在階級衝突中扮演的角色為何……」[3]

一九七二年傅柯旅居水牛城時，也在歐布萊諾克斯美術館（Albright–Knox Art Gallery）做了一場關於法國畫家馬內的演講。

此後，傅柯前往美國旅行的次數變得相當頻繁。一九七三年，他在紐約做了幾場講座。一九七五年春天，他接受柏克萊大學法文系主任博薩尼的邀請，向一百多位聽眾介紹日後出版的《求知的意志》一書的大綱。這是傅柯在加州踏出的最初幾步，接下來的幾年，他在這裡受到隆重的歡迎。

一九七五年十一月，傅柯在紐約參加了一場「反文化」研討會，主辦者是哥倫比亞大學教授洛特杭傑（Sylvère Lotringer）主持的《符號文本》（*Semiotext(e)*）期刊。有上千人出席這場盛會。傅柯做了一場關於性的報告。他也和反精神醫學運動的創始人之一連恩對談，現場是一群非常「激進」的聽眾，也就是超左派（hyper-gauchiste），這或許可以解釋傅柯說話的調性和內容。他的發言勢如雷霆，但始終都是為了要維護理論分析與理論注視的權利：「我認為一九六〇年以來發生的，就是同時出現了新形式的法西斯主義、新形式的法西斯意識、新形式的描述法西斯主義的方法，以及新形式的反法西斯鬥爭。而知識分子的角色，自六〇年代起，恰恰就是依據自己的體驗、能力、個人選擇、慾望來定位自己，將自己擺放在某一個點上，讓他可以同時讓人看見法西斯主義的種種形式，並且描繪這些法西斯的形式，試著讓這些形式遭人唾棄，界定我們可以進行反法西斯鬥爭的特殊形式——很不幸的，這些法西斯主義的形式沒有人看見，或者太輕易被人容忍了。」傅柯以精神醫學和監獄為例，作了結論：「我相信『您在寫作還是戰鬥』是個古老的問題，現在已經徹底過時，而且無論如何，近日從事研究的特性並不認為理論或歷史分析要和確切的抗爭分隔開來。」[4] 後來發生了一個意外事件，讓傅柯大為光火：在他關於性的演講結束後（演講由譯者以英文宣讀），有人起身指控傅柯隸屬監獄方面的政府機關，來紐約是為了將美國激進分子的活動向法國當局報告。傅柯在和連恩進行圓桌對談時，又有人大喊：「連恩跟傅柯一樣，都被CIA（美國中央情報局）收買了。」這次，傅柯保持冷靜，答道：「是的，所有人都被中情局收買了，只有我是被KGB（蘇聯國家安全委員會）收買的。」儘管如此，這場研討會依舊是這位法國哲學家敲開美國大門的重要時刻。

還有另一個重大時刻，不過這次是屬於更傳統的學術正統：一九七九年十月，傅柯在史丹佛大學檀納人文價值講座（Tanner lectures）演講，主題是關於「牧養的權力」（pouvoir pastoral）。講座名稱是「全體與個體：迎向政治理性批判」（Omnes et singulatim : vers une critique de la raison politique）。三百多人到場聽講，多數哲學教授的缺席也因此更引人矚目：倒不是因為他們對傅柯有什麼不滿，而是因為這些教授對於他們認定「論證」太少的這種「法國思想」沒什麼興趣。也就是在這個時候，傅柯認識了德雷弗斯和拉比諾這兩位柏克萊大學的教授，他們正在寫一本關於傅柯著作的書。德雷弗斯是哲學家，研究海德格，但他同時也是電腦和人工智慧的專家，拉比諾是民族學家，在人類學系授課。他們打電話給傅柯，約他見面，傅柯立刻就答應了。「要謀殺我的人來了。」他們來到舊金山傅柯落腳的旅館時，傅柯對他們這麼說。不過傅柯和他們一起工作了八個小時，這是他們後續合作的開端，他們之間的知識交流和友誼一直維持下去。這兩位美國作者所寫的書裡收錄了幾段和傅柯的對話。[5] 另外幾篇訪談則是放在不久之後由拉比諾主編的《傅柯讀本》（*Foucault Reader*），裡頭編選的文字摘錄了書、文章、演講和未曾發表的序文。[6]

一九八〇年十月，傅柯再次造訪柏克萊。這次依舊是受法文系之邀，擔任「客座教授」。他也在柏克萊著名的豪威森哲學講座（Howison lectures）演講，主題是：「真相與主體性」（Vérité et subjectivité）。這系列的演講在大學裡得到來自各方的評論，柏克萊已經是以甘斗（Keith Gandal）和寇欽（Stephen Kotkin）所謂「大張旗鼓」的陣仗在迎接傅柯了。而且，實在有太多人想來參加這些宛如群眾大會的演講，最後警方不得不介入，幫忙把門關上。一九八〇年十一月，傅柯再次來到紐約，在紐約大學人文學院（Institute of Humanities）面對六、七百名聽眾演講。傅柯受到關注的範圍遠超過學界的小圈子：《時代》週刊花了兩頁篇幅——這是極罕見的事——報導圍繞著這位法國哲學家身邊發展出來的貨真價實的「祕教崇拜」，並且嘲諷他的理論「晦澀難懂」。記者的人物描繪並不親切（美國這份重要刊物反對知識分子、愚蠢粗俗的行徑眾所皆知），記者還語氣堅決地強調傅柯在美國學界不乏頑強的敵人，他的作品在美國學界經常遭受嚴厲的評判和攻擊。[8] 歷史學者蓋伊（Peter Gay）或民族學者紀爾茲（Clifford Geerz）也在批評者之列，他們不遺餘力地試圖阻止傅柯席捲的浪潮。保守主義者譴責傅柯的激進立場，馬克思主義者則將傅柯打成絕望的「虛無主義」。傅柯一再嚴詞反擊，釐清事實，更正一些對他所寫文字經常發生的錯誤解讀，對他所謂「批評中的龐然巨怪」做出抗議（他在措辭最尖刻的一次反駁中，用了這樣的說法）。[9] 甚至有人因為他對精神病患的收容機構所做的分析而譴責他，認為他該為紐約街頭出現這麼多的女性無家者負責！

不過，所有人都必須承認這一顯而易見的事實：印在海報上的傅柯名字從此吸引大批學生，坐滿階梯講堂。一九八一年十一月《時代》週刊的文章發表前，洛杉磯的南加大就是這種情況——他們為傅柯的研究舉辦一連三天的討論會，特別是一場歷史學者的圓桌對談，德塞托（Michel de Certeau）也參與了。

一九八二年，佛蒙特州（Vermont）的柏靈頓市（Burlington），傅柯在一個位於美國北部森林裡的大學度過了六個星期。一九八三年春天，他重訪柏克萊。這一次，傅柯在美國的聲望已達頂峰：他以「陶養自我」（La culture de soi）為題的公開講座再次爆滿。這並非誇飾，就像一九八〇年，他得在劇場演講而不是在大學講堂，劇場裡擠進了好幾百人。據說只有李維史陀超越傅柯，他的演講來了三千名聽眾。傅柯從此以英語演講，除了他並不是很喜歡的這種「秀」之外，傅柯也努力籌組工作團隊和研究小組。

最後一次旅行：一九八三年秋天，目的地依舊是柏克萊，邀請單位是法文系和哲學系。儘管幾乎所有本地的哲學家依然不知傅柯是何方神聖——畢竟他們的研究主題與此相距好幾個光年。這些哲學家當中最著名的其中一位提起傅柯的思想時，用了「蛙霧」（Frog fog）這樣的說法。這可愛的說法十分簡潔，可是難以用法文翻譯。無論如何，請容我試試。這意思或許是：「足以吞食青蛙的迷霧。」簡而言之，傅柯的思想是「歐陸的」，是雲霧繚繞的，邏輯或語言理論專家根本不關心這種「文學」，他們將這種「文學」擺放在柏格森和沙特那類非常法國的傳統裡，然後反手一掃就置之不理。傅柯的聽眾多半是歷史系的學生，譬如那些修過歷史學者布朗（Peter Brown）的課的學生。布朗的專長是希臘羅馬時代晚期歷史，傅柯很欣賞他研究聖奧古斯丁的鉅作。或者也有拉比諾在人類學系的學生。傅柯開了一門談自由主義的課，還開了一門範圍較小的研討課，探討一九二〇年代的「管治術」。他的學生依照時期和國家來分組：德國、英國、美國、蘇聯等等。他還開了另一門課，主題是在古希臘「說真話」的重要性：在「真相表述」及其與「關注自我」和倫理的關係當中，分析「真相表述」的問題，藉此探討「真相」的概念在不同年代的演變。傅柯在法蘭西公學院的課上發展的這項研究，應該是他最後、最重要的研究方向之一。[10]

學生們喜歡這位教授，他聲名遠播，他喜歡和學生交談。傅柯完全不是難以親近的人：他跟所有教授一樣有固定的「學生諮詢時間」（office hours），學生們可以來找他討論。他隨時都在法文系杜溫內爾館（Dwinelle Hall）的辦公室裡，隨時準備好要迎接問題和請求，也隨時準備好要提供建議和解釋。「剛開始那幾天，我們都不敢去，」霍恩（David Horn）說：「不過後來我們終於下定決心，結果一切都順利得不得了，我們後來甚至還跟他一起吃午餐或晚餐。」

傅柯在圖書館度過許多時間。每次回法國，他都會讚嘆美國的圖書館是非常美好的工作場所，藏書豐富，組織井井有序，工作人員為數眾多且十分稱職。這些圖書館的美好，是烏普薩拉的新卡洛琳娜圖書館的十次方。傅柯在圖書館一待就是幾個小時，工作，閱讀，做筆記，儲備資料卡和文獻。他完成了《性史》，但也構思了其他計畫：他打算繼續研究自由主義，並且重新著手進行另一本書。他告訴德雷弗斯和拉比諾，這本書他已經「寫了不只是草稿」，內容會涉及十六世紀的性道德以及天主教與新教教會裡「自我技術」（techniques de soi）、良心審查（examen de conscience）和靈魂照料（soin de l'âme）的作用。

對傅柯來說，美國意謂著工作之樂。但也是單純的享樂。他品味著這種存在紐約和舊金山的自由，流連在兩個城市的同志街區、酒吧、夜店。那裡的同性戀社群人數眾多，組織完善，而且決心讓人知道自己的存在，並且維護自己的權利。（雖然這一切在當時的歐洲，特別是在法國，也開始大量發展，但在傅柯對美國已經發展起來的同性戀世界十分熱中的時刻，歐洲的情況尚非如此。傅柯對這個同性戀世界的熱中既是個人的，也是知識上的，他喜歡沉浸其中，專心在其中獲取養分，思考個體之間的新生活模式、新關係形式的發明，也就是說，思考存在的「美學」與「風格化」，思考個體與集體所建造的自我。）

傅柯想要從此過完全的同性戀生活，他曾經如此難以接受、無力承擔的同性戀，如今卻發現那可以是光天化日下的一種生活模式和一種文化。一九八二年，他接受一份加拿大期刊的訪談，訪談內容在他過世不久後刊登在美國同性戀刊物《倡議者》（*The Advocate*）上，他直言不諱：「性（sexualité）是我們行為的一部分。它是我們在這世界上享有的自由的一部分。性是我們自己創造的東西——它是我們自己的創造，而不僅僅是發現我們慾望的一個祕密面向。我們應該要去理解，因為我們的慾望，通過我們的慾望，創立了一些新的關係形式、新的愛情形式和新的創造形式。性不是一種宿命；性是一種通往創造性生活（vie créatrice）的可能性〔……〕。我們不需要去發現我們是同性戀……我們要做的是去創造一種同性戀的生活模式。」[11]傅柯支持爭取每個人依自己性偏好過活的權利（「個體在性方面的權利相當重要，但是還有很多地方並不尊重這些權利」），同時也宣稱「一九七〇年代初期的解放進程」非常有益，他還說，「我們應該要再往前踏出一步。」而這一步就是「在社會上，在藝術裡，在文化中，創造新的生活形式、新的關係形式、友誼形式，創造一些可以透過我們在性、倫理和政治上的選擇而建立的新形式」。這就是為什麼傅柯會說：「我們不只要捍衛自己，更要將自己表現出來，不只是表現為某種身分，更要表現為創造力。」接著，他大談「SM（sado-masochiste）[d]次文化」：「SM的實踐是在創造快感，而SM確實是一種次文化。它是一種發明的過程，它運用一種策略關係，作為肉體快感的來源。」是的，這種「可能性，亦即運用我們身體作為多種快感的可能來源，確實是非常重要的事」。傅柯無拘無束地沉醉於這種SM性實踐中，整夜都待在舊金山佛森街（Folsom Street）的俱樂部。（「他們要我做什麼我都照做。」他向博薩尼坦承。）從此，我們看到他身穿一件「完美的」皮夾克，他在巴黎也這麼穿，有時白天穿，不過最常是在晚上，穿去「凱勒」（Keller，位於同名街道上的一家酒吧，在巴士底廣場附近：不過他總是擔心在酒吧無法隱身於自己尋求的匿名性之中，而這是他在美國比較容易做到的事：他之所以喜歡這種在男同性戀場所，在男人之間進行的性，恰恰是因為可以將身分證留在更衣室裡，他後來談起他經常造訪的幾家三溫暖，就是這麼說的）。[12]

在同一篇訪談裡，他也提到藥物（drogue）可以為這種快感文化帶來什麼：「我們應該試試藥物……藥物現在已經是我們文化的一部分了。就像有好的音樂，也有壞的音樂，藥物也是有好有壞。所以，就像我們不能說我們『反對』音樂，我們也不能說我們『反對』藥物。」而且，使用「好的藥物」的體驗，對傅柯來說，似乎並不限於他在巴黎自家陽臺的「幾株大麻」（前文提到的《時代》週刊也描述過）。莫里亞克在一九七五年寫過一次關於他和傅柯談話的報導，他評論道：「LSD、古柯鹼、鴉片，他什麼都試過了，只差海洛因沒有，不過他不會因為眼前的暈眩而向海洛因讓步。」[13]而根據維納的說法，傅柯曾經告訴他，一九七八年七月，他曾經因為鴉片的作用，在巴黎自家前面的沃吉哈赫街被汽車撞倒。在送醫途中，他要求通知西蒙・仙諾，說有一份請願書的文字要交給她。警察打電話給這位大明星，先為打擾她而致歉，然後說：「有一位傅柯先生要我們通知您，他出了車禍。」西蒙．仙諾當然很驚訝：「您不知道他是誰嗎？」她大聲驚呼：「他是法國最偉大的哲學家！」艾德蒙．懷特（Edmund White）則是在他的自傳《我的人生》（*My Lives*）裡提到，有一天夜裡，他的兩個朋友不得不在凌晨四點去紐約的一家三溫暖接傅柯，因為他在那裡使用LSD，「遇上一段糟糕的旅程（trip）[e]」。他們見到他的時候，他「尖聲嘶吼，語無倫次，在一個小包廂的角落裡縮成一團」，他已經忘記會講的所有英語，只記得其中一個來幫他脫困的朋友的電話號碼。他們帶傅柯回到他的公寓，給了他一些鎮靜劑，「接下來的十四個小時都待在他身邊」。[14]

在他和渥爾澤勒的對話裡，傅柯和他的年輕對話者聊了很多關於藥物的話題，他們說到藥物「除去了快感局部化的解剖學特質」：「歌頌高潮——像那些賴希的門徒所做的——這種方式在我看來依然是將快感的可能性局部化在性上面，而諸如黃藥丸（yellow pills）或古柯鹼那些東西，則是可以將快感的可能性炸開並且傳遍全身，於是身體成為一種全面快感的全面場所，而要達到這種境界，我們必須擺脫性。」藥物於是成了傅柯打算實踐和發展的這種快感「增量與強化」的關鍵因素，而這種快感的「增量與強化」當然會將我們推送到傅柯在《求知的意志》裡與**性知識**

d. 施虐－受虐。
e. 「旅程」是指使用藥物後的迷幻狀態。

（*scientia sexualis*）對立的這種**色情技藝**（*ars erotica*）。[15]

在《倡導者》刊登的那篇訪談當中，最重要的面向之一，或許是同性戀友誼的歷史成為主題：「若說今天有什麼事讓我感興趣，那就是友誼的問題。在古代之後的幾世紀裡，友誼構成一種非常重要的社會關係：在這種社會關係的內部，個體擁有某種自由、某種形式的選擇（當然是有限的），而且這種社會關係也讓個體得以經歷一些非常強烈的情感關係。友誼也具有經濟和社會意涵——個體有義務要幫助朋友，等等。我認為，在十六和十七世紀，我們看到這樣的友誼消失了，至少在男性社會裡（……）。我的假設之一是同性戀（我說的是男人之間的性關係）從十八世紀開始成為問題——我確定這個假設可以得到驗證，如果我們進行這項研究的話。我們看到同性戀在警方、司法體系等等的眼中成了一個問題。而且我認為，同性戀之所以在這個時代成為問題——社會問題——是因為友誼消失了。在友誼代表某種重要的事情的時代，在友誼被社會接受的時代，沒有人會留意到男人之間有性關係。你也不能說他們之間沒有性關係，只是這無關緊要。這沒有任何社會意涵，這種事在文化上是被接受的。不管他們是做愛還是接吻都不重要，一點都不重要。一旦友誼這種在文化上被接受的關係消失了，就有人會問：『男人在一起到底在搞什麼名堂？』問題就是在此刻出現的。到了我們的時代，男人做愛或是有性關係，被視為一個問題。其實，我確定我是對的：友誼這種社會關係的消失和同性戀被宣告為社會、政治、健康問題的事實，這兩件事是一起發生的。」[16]

傅柯在美國尋得的快樂：終於和自己和解。他樂在他的工作，他樂在他身體的快感。從八〇年代初，他就認真考慮要離開法國，離開他愈來愈難以忍受的巴黎，前往美國定居。他夢想生活在這個加州天堂。陽光晴好，風景明媚……

可是他沒有時間了：一場暴虐的新瘟疫開始蔓延，不久之後，傅柯將成為犧牲者。

9 「生命作為一件藝術品」

「這一系列研究發表的時間比我預期的晚，而且發表的形式已經完全不同了。」從五部研究著作的序曲《求知的意志》，到一九八四年，名為《快感的運用》與《關注自我》的兩本書出版，這當中已經過了八年。在這八年期間，傅柯徹底打亂他正在進行的工作，甚至數度改寫、重整，為了克服《性史》的寫作計畫開展以來遭遇的種種難題，傅柯備嘗艱辛。他先是依照自己宣告的計畫進行：一方面研究精神醫學，特別是精神醫學以其診斷的目光檢驗的那些人，譬如，他關注十九世紀的雙性人埃丘琳．巴邦，出版並且推介他的回憶錄；另一方面，傅柯致力要在基督信仰和要求信徒告解的教義裡，讓「性言說」的誕生之地現身。我們還記得，他一直說要寫一部「精神分析的考古學」。於是他開始閱讀告解手冊，沉浸在基督教文獻裡。結果，他提及一項涵蓋「整整三個世紀」的調查，他的研究於是朝向基督信仰的早期，這時他發現必須回溯的年代比他所想的更為久遠。他在為《法蘭西公學院年刊》寫的〈課程摘要〉中寫道，他的一九七九至一九八〇年授課主題是「對活人的管治」（Le gouvernement des vivants），這堂課基本上在「探討早期基督信仰的靈魂審查與告解的種種程序」。他提出這樣的問題：「為何在西方的基督教文化中，對於人的管治，要求受統治者不只要有服從和順從的行為，還要有『真相的行為』（actes de vérité），這種行為的特質就是，主體不僅被要求說真話，而且要說出關於自身、自身的過錯、自身的慾望、靈魂的狀態等等的真話？這種對於人的管治的型態——人不只被要求服從，更要透過陳述，去展現他是什麼。」傅柯從中分析了修道院裡「良心審查」的語言演變，這種審查結合了向前輩或導師告白的義務——要說出所有與自身相關的事：「所以，我們在這樣的告白之中看到的，是一種持續不斷的外部化——透過良心『祕術』的話語。如此一來，無條件服從和徹底告白就形成了一個整體，其中每個要素都隱含著另外兩個要素；隱藏在自我內心深處的真相的言語展示，有如對於人的相互管治不可或缺的一環，就像在修道院機構裡的實行方式。」[2] 這項研究成形了，傅柯在這個時期完成了一本書，他命名為《肉身的告白》（*Les Aveux de la chair*）。不過在這次長期面對基督宗教道德的經驗裡，傅柯發現，如果不做以下的兩件事，要思考早期基督信仰的問題是相當困難的：一是向先前的發展提問（傅柯確實不斷在區分產生於修道院機構的東西以及存在於古代哲學學派的東西，後來將目光轉向了後者）；一是試著去理解，受到「肉身教義」在一種過錯與罪愆的理論方向上再造、轉變的那些「與自我的關係」（rapport à soi）的形式究竟來自何處。因為傅柯在他對基督信仰的分析中發現的，是出現了一種新形式的「自我技術」，而非如他原本相信的那樣建立起一種更刻苦也更嚴格的生活模式。所以他必須放棄他為《肉身的告白》寫的〈導論〉，他在裡頭匆匆提及古代哲學和異教徒的道德。因為，究其實，他只是在〈導論〉裡複製了那些研究古代時期的書裡可以找到的一些「陳詞濫調」——把一種更自由也更寬容的性道德歸結到異教徒的文化，而這是文獻無法肯定的：實際上，基督信徒的「苦修」（austérité）主題在當時已廣泛存在。也因為（而且更是因為）在這種異教文化裡，最主要的問題不是多少有點嚴格的刻苦戒律，而是「自我的技術」、「自我的形塑」（formation de soi）。一場新的冒險由此展開：在古代哲學中尋找「關注自我」和「快感的運用」的主題，試著去理解異教倫理如何在基督信仰發展的前夕構成這些「建造主體的模式」（modes d'assujettissement）。法蘭西公學院一九八〇至一九八一年的課程名稱是「主體性與真相」：傅柯在他的〈課程摘要〉中寫道：「我們開始對被制定的自我認識模式及其歷史進行調查：主體如何在不同時刻和不同制度脈絡裡，被建立為一個可能的、適當的，或者甚至不可或缺的認識的對象？我們可以自己進行的體驗以及由此形成的知識，是如何透過某些模式而被組織起來的？這些模式是否曾被確立，被看重，被推薦，被強加於人？」傅柯接著說：「我們研究了西元前一世紀至西元二世紀期間，希臘羅馬文化裡的哲學家、道德家和醫者發展出來的『生命技術』（technique de vie）、『存在技術』（technique d'existence）。這些生命技術只應用在希臘人稱為aphrodisia的這類行為；我們很清楚，我們的『sexualité』（性）概念對這個詞來說，並非適切的翻譯。」現在，傅柯的新方法和他最初的計畫之間的連結是這樣的，他補充說：「我們看到，我們和那種圍繞在古老的壓抑假說及其習於提出的那些問題（慾望如何又為何受到壓抑？）所構成的性史距離多麼遙遠。問題在於行為與快感，而非慾望。問題在於自我的形塑是透過生命技術，而非藉由禁制與法律。問題不是要去證明性如何被排除在外，而是要證明在我們的社會中，將性與主體連結起來的這段漫長歷史如何開展它的進程。」[3]

一九八一到一九八二年間，傅柯在歷史裡往前回溯了一點，他開了「主體詮釋學」的課：「一份致力於關注自我的研究，它的起點很自然是〔柏拉圖的對話錄〕《阿爾喀比亞德》（*Alcibiade*）。書中出現三個問題，提到關注自我與政治之間的關係、與教學的關係、與認識自我的關係。」傅柯接著對照了蘇格拉底給阿爾喀比亞德的建議以及後來的斯多葛派倫理學的文字。從柏拉圖到斯多葛派的變化是：「阿爾喀比亞德理解到，如果他之後要照顧其他人，他就應該關注自我。現在則是為了自己而照顧自己。一個人應該為了自己——而且終其一生——成為自身的對象。」[4]

我們可以看到：隨著時光流逝，傅柯的研究計畫也隨著某種「發現的邏輯」的偶然性而有所改變，而在這種「發現的邏輯」裡擔綱演出的是猶豫和錯誤，僵局與後悔，之後會被新的直覺和新的獨特想法所戰勝或超越。《性史》成了一部自我技術的歷史，一部「主體」及其於西方文化黎明時期的自我建構模式的系譜學。一九八三年春天，傅柯回覆德雷弗斯和拉比諾提出的一系列問題。這兩位柏克萊大學的教授試著要從傅柯寫過和預告的諸多書名理出頭緒。傅柯為他們做了非常簡單的解釋。《性史》會有兩卷，第一卷是《快感的運用》，內容是關於異教倫理，以及基督信仰出現之前，異教倫理所規定的攸關性道德的自我技術。第二卷是《肉身的告白》，寫的是早期基督信仰。此外還會有另一本書，不屬於《性史》：這本書將匯集一系列關於「自我」（the self）的研究，特別是一篇關於《阿爾喀比亞德》的評論，傅柯說道，我們在這古老的文本當中可以找到「關注自我」主題最初的制訂方式。這也是他之所以希望將此書命名為《關注自我》的原因。拉比諾問傅柯，要在門檻出版社出版的是不是就是這本書，另外兩本則是在伽利瑪出版社？傅柯的回答是：**是的**。[5]很顯然他說的是在「研究成果」書系「即將出版」的書單裡介紹的這本書：《自我與他人的管治》。傅柯將他為《快感的運用》所寫的序（最早的版本）給拉比諾收錄在他主編的《傅柯讀本》，這篇序言道出了這個寫作計畫的印記，他寫道，《快感的運用》寫的是關於「古代晚期」：「我並沒有站在性體驗形成的開端來看問題（一如他在《求知的意志》中提到的方式），我試著在肉身的體驗中，去分析某種自我關係的模式；這需要相當可觀的年代移動，因為我必須研究古代晚期，我們可以在這個時期看到基督教肉身倫理主要元素的形成。」[6]在《性史》續集的這篇總論裡並沒有提到古希臘。

但是過沒多久，計畫又有了轉變：傅柯決定合併他的兩項計畫。於是他將書名進行大挪移：研究柏拉圖的部分擴充了，而且擴充到《阿爾喀比亞德》只是聊備一格（只引用了一次），關於古希臘的反思變成《快感的運用》這一卷的中心。至於普魯塔克、愛比克泰德（Épictète）、塞內卡（Sénèque）和蓋倫（Galien）[a]則出現在下一卷，這一卷接收了《關注自我》這個書名。再來是最後一卷，書名沒變：《肉身的告白》。到了這個階段，傅柯質疑自己是否有必要將作品分卷。他自問：把所有內容集合起來放在一本大書裡（當時算起來會超過八百頁），不是比較簡單嗎？不過還是

a. 普魯塔克、艾比克泰德、塞內卡、蓋倫都是古羅馬時代的哲學家，在世的年代是西元一世紀至二世紀。

得等整套書都寫完了再說。因為問題來了：原本應該拿來收尾的那卷老早就寫好了，比其他幾卷都早，而且完成的時候，整部作品根本都還沒以現在的這種形式在構思。所以傅柯希望重新修訂這一卷，進行必要的調整。由於傅柯不想有絲毫的延遲，他希望盡快讓大家讀到已經寫好的部分，於是他依作品涵蓋時期的年代順序，採取一種「簡單的安排方式」，將作品分為三卷。這麼做的問題不大，因為還沒定稿的這一卷，他想依據後來才寫的部分重新修訂，而這一卷所探討的時期落在整部作品分析的一連串歷史分期的結尾。一九八四年五月，傅柯完成了即將於六月出版的那兩卷作品的校稿工作，他相信他可以保證《肉身的告白》只要再花「一到兩個月的工夫」就可以全部完成（他這麼跟我說了好幾次）。他甚至認為，最後一卷可以在十月開學的時候出版。

根據一九八四年六月的「新書資料」，《性史》各卷安排如下：

第一卷：《求知的意志》（一九七六年出版）；

第二卷：《快感的運用》；

第三卷：《關注自我》；

第四卷：《肉身的告白》（即將出版）。

以下是這份「新書資料」如何介紹這套讓傅柯吃盡苦頭的書（當然是傅柯自己寫的）：

在《求知的意志》當中提出的這系列研究，最初的計畫並不是要去重構性的行為與實踐的發展史，也不是要去分析人們用來呈現這些行為的種種概念（科學的、宗教的或哲學的）；

而是要去理解，在現代西方社會中，有某種東西作為「性」的「體驗」被建構出來，而這種熟悉的概念在十九世紀初期之前，幾乎還不曾出現。

將性作為一種歷史上的獨特體驗來談，意謂著要做慾望主體的系譜學研究，並且不只上溯至基督宗教傳統的初始，還要回溯到古代哲學。

從現代時期，越過基督信仰，直到古代，傅柯在這過程中遇到一個非常簡單也非常普遍的問題：為何性行為，為何源自性行為的活動與快感成為道德關注的對象。為何在不同時期，這種倫理關注相較於人們對其他個人或集體生活領域（像是飲食行為或公民義務的履行）的道德關注程度似乎更強？這種關於存在的提問，套用在希臘－拉丁文化的時候，似乎連結到一整套可以稱作「存在之術」（arts de l'existence）或「自我技術」的實踐，意義相當重要，值得好好研究。

所以，最後這個範圍遼闊的研究，整體來說重新聚焦於慾望之人的系譜學研究，從古典時期直到基督信仰的最初幾個世紀。全書分為三卷，構成一個整體：

《快感的運用》研究古典希臘思想將性行為視為道德衡量與道德選擇領域的思考方式，以及這種思考方式所參照的主體化模式（modes de subjectivation）：倫理的實質、讓主體臣服的類型、自我的制訂與道德目的論的形式。同時也研究醫學和哲學思想如何制訂這種「快感的運用」（chrèsis aphrodisiôn），如何明確提出若干苦修的主題，這些主題將一再復返，出現在體驗的四大主軸：和身體的關係、和配偶的關係、和男孩的關係、和真相的關係。

《關注自我》分析的是西元最初兩世紀出現在希臘與拉丁文本裡的這種提問方式，以及此種提問方式在受到關注自我所支配的某種生活術（art de vivre）之中經歷的轉變。最後《肉身的告白》處理的是基督信仰最初幾個世紀的肉身體驗，以及詮釋學和慾望的淨化解讀在其中扮演的角色。

傅柯耗費很多工夫，終於為這個宣告多時的系列畫上最後一筆。他的退隱，他的「沉默」，他的「缺席」助長了種種流言蜚語，而且經常不懷好意：傅柯玩完了，他已經無話可說，他已經走入絕境……。報刊雜誌時時刻刻等著要挑他的毛病，挖他的弱點，宣告他的失敗。所有人——不只是欣喜若狂的敵手，還有迫不及待的仰慕者，或是憂心不已的朋友——都不斷在問同樣的問題：我們何時可以讀到續集？傅柯覺得自己像在被人追捕。一場真真確確的「精神獵捕（相當接近對人的獵捕）」，布朗修這麼說。[7]這說法或許看似誇張，但無論如何，傅柯看事情確實常有這種感覺。我還記得在一九八四年春天跟他的一次談話，當時他很擔心——有時甚至看起來驚惶失措——怕他付出這麼多的努力，結果卻得到敵意的回應。我告訴傅柯：「大家都非常期待您的書。」他的回答卻是：「他們是躲在樹林裡等著偷襲我吧。」

那正是他想要離開法蘭西公學院的時期。「有件事是確定的，明年我不會再開課了。」他在一九八四年初對布迪厄這麼說，布迪厄聽了也不知該如何理解這句話。傅柯也好幾次提到要放棄寫作。其實，他對維納和其他人（包括我）都說過，開始寫作是因為偶然，之後會繼續是因為不得不然。他常說寫作並非他真正選擇的活動，他和沙特完全相反——沙特在《詞語》（*Les Mots*）裡曾說，他從很小的時候就受到寫作的召喚。而且，傅柯覺得要為「榮耀」付出的代價實在太高了。那要怎麼辦？一個快要六十歲的人要如何改變人生？他想到了新聞業，他想要寫一個地緣政治專欄，可是過去的慣性或許無法如此輕易擺脫，而且，他想把他耗費十年生命、十年苦工持續耕耘的這幾本書寫完。他最親近的朋友之一艾維・吉伯（Hervé Guibert）在一篇提及一位哲學家臨終與死亡的短篇小說裡寫道：「他必須完成他的書。這本書他在十年間一寫再寫，毀掉，再毀掉，重新思考，重新製造，縮短篇幅又再擴展。這部永無止境之書，懷疑之書，一再重生之書，宏偉的節制之書。他想要永遠毀滅這部作品，向敵人奉上愚蠢的凱旋，讓他們可以到處散播流言，說他再也寫不了書了，他的心智早已死去，他的沉默只是在認輸……」[8]

可是現在，大功即將告成，試圖解開現代人類及其自我意識誕生之謎的野心——這種不可思議的、過度的野心——已然開花結果。這些書很快就出版了，傅柯毫不猶豫地痛批所有嘲諷他退避的那些人，他在《快感的運用》開頭寫道：「至於那些人，對他們來說，不辭辛勞，一再重新開始，一再嘗試，犯錯，徹底重來，還能步步為營尋得猶疑之道——總而言之，抱持保留態度與擔憂進行工作——對這些人來說，就是放棄。可是事情非常明顯，我們其實不是同一個星球上的人。」[9]

*

《求知的意志》之後的三卷，結果是最後一卷最早寫，而這個末位的排序正是它遲遲沒有出版的原因。傅柯開始動手修訂《肉身的告白》。「再一個月，或兩個月……這本書就會寫完。」他總是這麼說。其他計畫也在他的資料夾，在他的抽屜裡等著他，在柏克萊大學的研討課上漸漸成形。而且，他也一直想要休息：「我什麼時候才會把書寫完？我要先照顧好自己。」他在一九八三年四月這麼回答德雷弗斯和拉比諾。然而駭人的惡疾緊跟著駭人的苦差事來了，一九八四年六月初，傅柯不得不住院接受治療。他奮力抗爭，他抗爭到底。可是這次，這是一場未戰先敗的戰役。而由於他似乎曾經表示不願「遺作出版」，於是這本書就因為家人堅持尊重死者遺願，當時並沒有出版。杜梅齊勒這位老友、老同路人並不同意這個觀點，他說：「只要放上一段『敬告讀者』的文字來解釋這本書的情況就好了。」他對於這部作品未被出版感到無法理解，他也認為（他在一九八六年十月過世）盡快讓讀者可以取得此書非常重要，因為傅柯整個寫作的關鍵就在這裡。維納也一直同意這樣的看法。我們得再補充一個更全面的看法，那就是杜梅齊勒沒有對這些未發表文稿的出版設下任何限制，而且維納也一直認為應該「全數出版」。傅柯的一篇舊文似乎也支持他們的主張。這篇文章是他和德勒茲在一九六五年為當時伽利瑪出版社開始進行出版作業的《尼采全集》（一九六七年出版）所寫的序文。兩位哲學家在文中為了出版所有遺稿，為了自由閱讀手稿和筆記等等的權利提出辯護：「沒有人能夠預判一部鉅作會有什麼樣的形式和內容（也無法預判尼采可能會創造的其他形式——如果尼采當初放棄了他的計畫）。讀者頂多只能夢想：還是有必要將方法提供給讀者。」[10]

另外值得注意的是，十年來，傅柯在法蘭西公學院的課程有一大部分已經出版，還沒出版的部分也都在出版作業中，或是已經宣布「即將出版」，甚至連傅柯從沒打算要出版的「補充論文」：康德《人類學》的《導論》也於二〇〇四年在弗杭出版社問世了。這難道不是出版遺作嗎？當然是！而此事卻沒有人想到要抱怨。不過，面對傅柯在法蘭西公學院當著數百人說出的那些話，或是沉睡在索邦大學圖書館檔案室裡的一份打字稿，如果我們在處理這些事的時候，可以輕鬆自在地擺脫所謂「遺囑指示」的嚴格法律限制，那麼為什麼遇到傅柯曾說他差不多寫完的這本書，有人就要不斷提及這些「遺囑指示」呢？難道我們不能在此強調讀者處分文本的權利，而這種權利優先於繼承人維持不發表或恣意控制他人閱讀的權利？而全世界所有研究傅柯文本或以傅柯文本進行研究的這些人，他們的渴望——快感就別提了——難道都不重要嗎？（我寫這段文字的時候，傅柯辭世已經超過二十六年，這麼做完全不會冒犯到他死後的名聲，事情剛好相反！我們應該讓讀者可以讀到傅柯如此掛心，在他被惡疾吞噬生命之際仍然奮力書寫的這部作品！）[b]

*

一九八四年六月二日，傅柯身體不適，在沃吉哈赫街的公寓裡昏倒。他被送到十五區的一家

b. 本書出版時間是二〇一一年。《肉身的告白》後來終於在二〇一八年由伽利瑪出版社出版。

診所，在那裡待了幾天，六月九日被轉送硝石庫慈善醫院，那正是他在《瘋狂史》中花了很長的篇幅描述其角色及變革的機構。幾個月來，傅柯不斷抱怨他得了「嚴重的流感」，害他一直咳嗽而且也妨礙了他的工作。他不停地咳嗽，有時還加上劇烈的偏頭痛。

從一九八一年起，據說有一種新型的致命疾病在侵襲同性戀社群，報刊上稱之為「男同性戀癌症」（gay cancer），致病原因不明：當時我們對於流行病的實際情況，對於傳染模式等等，都一無所知。人們不知道那是病毒引起的，甚至有人把這種疾病歸因於一種裝在小瓶子裡，透過吸入使用的催情劑「poppers」。[c]最初的連環死亡消息傳開時，幾乎所有人都感到震驚，甚至無法置信。當時艾德蒙・懷特正在和克萊默（Larry Kramer）創立倡議組織「男同性戀健康危機」（Gay Men Health Crisis），呼籲眾人面對這個無從解釋卻又令人擔憂的狀況，傅柯卻嘲諷懷特說：「噢，不！艾德蒙，你就隨那些美國清教徒高興吧，讓他們去發明一種只會傳染——只會殺死！——男同性戀的疾病吧。這太完美了。或許這也可以幫您清理那些黑人……」懷特想要回話的時候，他才剛說出「關於這個……」，傅柯就繼續「戲弄」他：「噢，不！這太完美了。男同性戀和黑人！」[11]就在同一時期，有一次他也在和吉伯談話時放聲大笑：「只會侵襲同性戀的癌症，不，這太完美了，完美到不像真的，笑死人了。」[12]到了一九八二年，他開始意識到正在肆虐的悲劇，但是——人們對於這種疾病究竟是什麼，究竟如何傳染，依然一無所知——他對在美國展開的反對性自由的宣傳表示遺憾：「美國的同性戀社群正經歷一場嚴重的危機和一場雙重定罪運動的夾擊。從外部來看，好幾個州都透過新的立法來壓制性；而從內部來看，自從出現了『男同性戀癌症』這個無可否認的全球現象，整個同性戀運動及其新聞奧援，作為增強各種性關係的發動機而運作了十年的整個動力，都開始逆轉，變成另一種自願而且有組織的重要工具，大力宣傳『單一伴侶』、『一定要運動，不一定要做愛』等等口號。而且有許多人以天譴的角度來經歷和思考這個問題。」[13]

一九八三年秋天，傅柯覺得自己心力耗盡，到了一九八四年初，情況更加嚴重。或許是長期潛伏在體內的惡疾開始讓人感覺到病痛了。「我就像在雲霧裡。」他這麼說了不只一次。可是他繼續校訂《快感的運用》和《關注自我》的校樣，繼續修改《肉身的告白》的手稿。他拒絕中斷，也不願意休息片刻，他想要走到他的研究的盡頭，最終可以完成他啟動了近十年的龐大工程——對「性」在西方文化中的誕生以及對「慾望之人」的出現進行歷史和理論的探索。一如吉伯所寫，「所剩無多的時間」支撐著他的意志。[14]

所以他知道死神已來到門前嗎？知道自己感染了愛滋？傅柯當時會定期出席「塔尼葉研究院」的會議，一位塔尼葉醫院的主管說服傅柯去做了一些身體檢查，依照吉伯的敘述，傅柯很快就「可以得知病情」。那麼這位醫師是否讓傅柯知道，他感染的是愛滋？「我懷疑。」吉伯如是說，他曾在一本精采又駭人的自述小說裡描寫病毒如何奪取他的身體，占據他的生命，同一時間正是

c. popper的華文俗稱是「芳香劑」。

傅柯瀕臨死亡之際。「米歇爾的主治醫師明白，他不希望自己的病情被正式診斷出來，要緊的是得讓他有時間把書寫完。」這是丹尼爾・德費後來的推測，他也說在一九八三年底，他和傅柯有想過是否有可能是愛滋，但是很快就排除了這個想法。所以傅柯在寫給朋友的一封信中表示，他原本以為自己得了愛滋，可是最後發現不是。[15] 不過傅柯也有可能聽出醫生「不清不楚的說法」是什麼意思，或者至少聽出一部分，他明白自己被判了死刑。他會這樣問醫生：「我還有多久可活？」——這是吉伯的描述，當然是小說化的描述，不過我認為相當可信。沒有人知道答案是什麼。模糊、不明確、不肯定，這是可以想像的。不過對他來說最重要的是：還有多久的緩刑期。他還來得及完成那些書嗎？醫生開了高劑量的抗生素給他，他又開始工作了。他沒有把這個判決告訴親人、朋友。或許他自己也斷斷續續嘗試著，不要去知道自己知道了什麼。

儘管身體愈來愈虛弱，傅柯在一九八四年二月和三月還是去了法蘭西公學院講課，但是他的第一堂課被迫推遲三個星期。他在二月一日對臺下的聽眾解釋：「我沒辦法像從前那樣在一月初開始上課，我生病了，真的病了。有流言說我是為了擺脫一部分聽眾，故意把日期打亂。不是，不是，我是真的病了。所以請大家見諒。」[16]

艾維・吉伯其實是到後來才得知自己在書裡所說的恰是事實，他在書裡讚美一個人要維持這樣的緘默所需的勇氣：「就像繆左（Muzil，他在這本書裡給傅柯的化名），我也希望擁有這樣的力量，這種瘋狂的傲氣，還有寬宏大量，可以不對任何人告白病情，只為了讓友情自由如風，無憂無慮，長存常在。」[17]

儘管如此，傅柯還是告訴了當年已經八十六歲的杜梅齊勒。時間是傅柯過世前的最後一個冬天，也就是一九八四年初，傅柯打電話給他的老友，向他請教一個希臘文的詞源問題，當時傅柯正在法蘭西公學院的課堂上評論杜梅齊勒最近出版的兩本書。[18]話題岔開的時候，傅柯對這位一直有點被他奉為「精神導師」，而且又經常為他扮演「良知指導者」的杜梅齊勒說：「我覺得，我得了愛滋。」這種「我覺得……」的表述方式令杜梅齊勒震驚。後來，他由此得到的結論是，傅柯——他知道傅柯絕對不會自我欺騙——他生命的最後幾個月，都活在這種可怕的確信之中。[19]

一九八六年九月，維納為《批評》月刊的專題特刊寫了一篇文章，他想把他和傅柯在一九八四年二月的一次對話放進文章裡。這份期刊的負責人皮耶勒（Jean Piel）卻不願意刊登對話內容的這兩頁。以下是維納在文章裡的敘述：

「傅柯並不畏懼死亡：當話題轉向自殺的時候，他有時會對朋友們這麼說，而且事實也證明確實如此，儘管他是以另一種方式證明自己並沒有說大話。古老的智慧也以另一種方式成為他個人的智慧；在他生命的最後八個月，兩本書的寫作為他扮演了哲學寫作和私人日記在古代哲學中所扮演的角色：一種研究自我的自我工作，一種自我風格化的作品。此刻發生的一切，宛如某種英雄事蹟，我想起時總是激動不已。在這八個月當中，為了這兩本書，傅柯一寫再寫，他要清償他長期虧欠自己的這項債務；他不停地跟我談這兩本書，有時要我幫他核對譯稿，但他也抱怨一直咳嗽不止，而且持續低燒，拖延了他的進度；他很客氣地託我向我的醫生妻子諮詢，但她愛莫能助。有一次我跟他開玩笑說：『你那些醫生一定會以為你得了愛滋。』（用我們不同的情愛口味開對方玩笑，是我們友誼的儀式）。他帶著微笑回答我：『這就是他們心裡想的，聽他們問我的問題，我心裡就有數了。』今天的讀者或者很難相信，在一九八四年的二月，發燒和咳嗽還不會引起任何人的懷疑，因為愛滋在當時依然是一種非常遙遠而不為人知的禍患，這種疾病因此帶上了傳說甚至想像的色彩。他的親友都對此一無所知，這樣的情況，我們是後來才知道的。『你應該好好休息一下，』我接著說：『你做太多希臘文和拉丁文的研究了，這些事把你耗盡了。』『對，』他答道：『可是，之後再說。我要先把這兩本書做完。』『到底，』我單純為了好奇而問他（因為醫學史完全不是我主要的熱情所在）：『愛滋病真的存在嗎，還是，這只是拿來說教用的一種傳說？』『嗯，這麼說吧，』他沉思片刻，很平靜地回答我：『我認真研究過這個問題，我讀了不少相關的東西，是的，愛滋病存在；它不是傳說。美國的醫生對這種病做過很深入的研究。』他還用兩、三句話告訴我一些專業的細節，可是我忘了。總之，他是醫學史的專家，而作為哲學家，他關注時事，那時候來自美國的『同性戀癌症』（當時他們這麼說）短訊經常在報上出現。回想起來，我提出蠢問題的時候，他的鎮定讓我無法呼吸；他應該想過這樣的事總有一天會來，他在心裡思考過要如何回答我的問題，他信賴我的記憶，他藉此得到一絲苦澀的慰藉；現身說法也是一種古代哲學的傳統。」[20]

*

夏日已經在巴黎閃耀，醫院的大樓座落在遼闊的公園中央，得走上好一會兒才到得了。傳柯接待來訪的友人，心情顯然很好，有說有笑。他的兩本書剛剛上市，他對最早出現的幾篇評論下了一些評語。他看起來狀況變好了，還計劃要旅行：他想再到去年和德費一起去過的安達盧西亞（Andalousie）旅行，那趟旅程令他難忘。報刊上也報導了他健康狀況好轉的消息。有幾個人是傳柯想要見的，他託人轉達德勒茲、康紀言等。可是已經太遲了。不過幾天的時間，他的身體狀況就急轉直下。六月二十五日下午，法新社的一條電訊在各家報社的編輯部引發陣陣驚愕，接著，在廣播和電視播報了這條新聞之後，知識界也是一片愕然：「米歇爾・傅柯辭世。」

《世界報》刊登了醫療團的新聞稿：「硝石庫慈善醫院神經科主任卡斯田（Paul Castaigne）教授及索弘（Bruno Sauron）醫師在米歇爾・傅柯先生的家屬同意下，發布新聞稿如下：『米歇爾・傅柯先生於一九八四年六月九日進入硝石庫慈善醫院神經系統疾病科，因神經系統症狀引發敗血症，必須進行各項檢查。檢查結果顯示病灶為腦膿瘍。抗生素療程於初期成效良好；因病情暫時好轉，米歇爾・傅柯先生得以瞭解他最新的兩本書出版後的最初反應。由於病情急劇惡化，剝奪了一切有效治療的希望，米歇爾・傅柯先生於六月二十五日下午一點十五分過世。』」

「傅柯辭世。」這是第二天各大報的主要標題。一張照片占據了《解放報》的整個頭版，當天的《解放報》以八頁篇幅做了哲學家之死的專題，包括一篇朱利的社論、幾篇致敬的文章、一系列回憶之作（梅赫、布列茲、朗恩、巴丹戴爾等等）。還有一篇令人驚愕的綜合報導，那是一小篇加了框的文字，放在版面下方，努力駁斥當時已經在流傳的「謠言」——說傅柯可能是死於愛滋病。這篇未署名的文章寫道：「我們依舊對此謠言的惡毒感到困惑，彷彿傅柯一定得在恥辱之中死去。」[21]沒有人知道後來這幾天，有多少抗議信寄來報社，但信件確實如雪花般飛來。讀者們的憤怒在於：一家名為「解放」的報社怎麼能說死於愛滋病是「恥辱」？

傅柯過世的第二天，《晨報》也為這則悲傷的消息做了整版報導。《世界報》則是頭版大標題加上布迪厄的文章，以及內頁滿滿兩版由該報撰稿者述說理論與政治舞臺上的傅柯史詩，維納提到過世好友的著作時表示：「在我看來，傅柯的作品是我們這個世紀在思想上最重要的事件。」[22]布迪厄則是寫道：「將一種哲學——而且是如此微妙、複雜、反常的哲學——化約成教科書上的一個句子，沒有比這更危險的事了。而我要說的是，傅柯的作品是一場長期的探索，他探索踰越，探索人如何跨越那道與知識、權力密不可分的社會界限。」布迪厄以這幾句話為他的文章作結：「我希望我可以說得更清楚，這樣的思想熱切地想要理解對於自我的掌控，也就是說，對於自我歷史的掌控——對於思想類別的掌控的歷史、對於意願與慾望的掌控的歷史。也是這種對於嚴謹的自我要求，這種對於知識與實踐、對於生命技術與政治選擇裡的機會主義的拒絕，造就傅柯成為一個無可替代的人物。」[23]布迪厄後來也為義大利的期刊《指標》（*L'Indice*）寫了一篇長文。（參見〈附錄五〉）

幾天之後，傅柯焦慮的臉孔占據了整個《新觀察家》週刊的封面，總編輯尚・丹尼爾將社論獻給〈傅柯的熱情〉（passion de Michel Foucault），[24]同時刊登了幾篇文章和回憶的見證。布勞岱爾提到「舉國哀悼」：「法國失去這個時代光芒最閃耀的一個心靈，失去一個最慷慨大度的知識分子。」[25]

特別是在這期的《新觀察家》週刊裡，我們可以讀到所有關於傅柯的文章當中最感人的一篇。杜梅齊勒從前常說：「等我過世的時候，米歇爾會幫我寫訃告。」可是死神並未依照年紀的順序點名，現實跟這位神話學家的預言唱了反調。心亂心碎的老人匆匆寫就數頁，敘述他和傅柯如何相識，他們如何建立如此契合的情誼，數十年不變，從未有過一刻黯淡，從未有過一片烏雲、一絲風雨來攪局。接著，他提及自己曾在烏普薩拉圖書館陪伴這位哲學家邁出第一步，完成他的第一部著作。「傅柯的智識確實沒有邊界，而且是極為先進的。他將他的觀察站設在活人的領域，而在這些領域，身體和心靈、直覺和觀念的傳統區分顯得很荒謬，這些領域諸如：瘋狂、性、犯罪。他的目光從那裡出發，像一座燈塔的光，探照歷史，探照現在，隨時準備照亮最不令人放心的發現，他可以接受一切，但就是不在正統觀念上稍事停留。他的智識配備多重焦點，配備移動的反射鏡，由此而生的評判與其對立面同時存在，卻不會自毀，也不向後退。這一切，一如這般境界常見的情況，是以極度仁慈與善意為基礎的。」最後，杜梅齊勒寫道：「我們很快就建立了友誼。傅柯的離開，讓我覺得自己又少了一些什麼，不只是生命少了一些光彩，而且，是生命本身實實在在地少了一塊。」26

*

在這個六月的清晨，一大早，陽光還沒在巴黎現身，可是硝石庫慈善醫院後方的小院子裡已經聚集了數百名來向傅柯做最後致敬的群眾。漫長的等待。巨大的沉默。繼而，一個沙啞、低沈，因為哀傷而變調的聲音突然揚起：「至於推促我的動機，其實非常簡單。我希望，在某些人的眼裡，這樣的動機本身就足夠了。那就是好奇——無論如何，唯一值得帶著點頑固去實踐的一種好奇：不是試著要去吸收適合我們的知識的那種好奇，而是可以讓我們超越自己的那種好奇。如果對於知識的汲汲求取只能確保求知的成果，而不是以某種方式竭盡一切努力，確保求知者可以迷途，那麼，汲汲求取知識有何價值？生命中有些時刻，如果我們可以不用人們思考的方式來思考，不用人們看的方式來感知，要繼續觀看，繼續思索，求知的問題就是不可或缺的。〔……〕所以哲學——我想說的是哲學活動——如果它不是思想對於思想本身所進行的批判工作，如果它不是致力於求索知識並且求索不同的思考方式可以推進到何種程度，而是去為我們已經知道的事物提供正當性，那麼哲學究竟是什麼？」這是傅柯自己的話，是《快感的運用》序文的片段，朗讀的人是德勒茲。在場群眾靜靜聆聽。這群人各有各的來路，他們都在傅柯行經的千百條道路上和他相遇，他們都認識傅柯千百種面貌當中的一種面貌，他們和傅柯相遇在學術生涯、政治抗爭，或兩者皆是，他們對傅柯懷抱著友情、懷抱著深情……。在院子盡頭靠牆的地方，我們看到心情激動的杜梅齊勒和康紀言低調的身影。法蘭西公學院的教授維納、布迪厄、布列茲等人也出席了儀式。所有人都注意到了西蒙．仙諾和尤蒙頓，還有司法部長巴丹戴爾。到場的還有裘貝、尚．丹尼爾、庫希內、莫里亞克，以及其他許許多多知名或無名的追悼者——曾經和他一起連署請願書的民眾，還有只是每個星期三去聽他講課的聽眾。

幾小時後，在六月二十九日的這個下午，靈柩在旺德弗赫墓園（cimetière de Vendeuvre）入土。此時此地，群眾已遠離，只有家人在場，還有幾位友人。棺木上放著一束遠從巴黎一路至此不曾移動的玫瑰，花束上繫著三個人的名字：馬提厄（Mathieu）、艾維（Hervé）、丹尼爾（Daniel）。由於傅柯夫人堅持要舉行宗教儀式，所以由道明會的阿爾巴希克修士在索勒舒瓦圖書館主持，做了一段簡短的講道。之後，一切就結束了。

*

先要推開一扇吱嘎作響的鐵柵門，走上一條兩側種著扁柏的林蔭道，短短幾公尺之後，是一塊墓碑。這是一塊灰色的大理石碑，上頭寫著：

皮耶・吉侯多（PIERRE GIRAUDEAU）
瑪麗・波內之夫（ÉPOUX DE MARIE BONNET）
一八〇〇—一八四八

下方是同樣的金字刻著：

保羅・米歇爾・傅柯（PAUL MICHEL FOUCAULT）

法蘭西公學院教授（PROFESSEUR AU COLLÈGE DE FRANCE）

一九二六——一九八四

在路的另一側，我們可以看到一棟古老的大宅「庇榫」（le Piroir），傅柯過世前兩個月來過最後一次，在這裡看《關注自我》的校樣。

*

傅柯在最後兩本書裡的書寫方式大幅改變：他的書寫變得冷靜，不再激昂，「和緩下來」，[27]布朗修如是說，變得更素樸，德勒茲如是說。幾乎是中性的。跟過去的火光，跟從前「熾熱的」書寫相去甚遠。[29]彷彿死亡的靠近和幾個月來的預感帶著傅柯依隨塞內卡推崇的「哲學生活」模式——這是他最喜歡的篇章——走上安詳自在之路。在這方面，傅柯似乎內化了古代的智慧，因而改變了自己的風格：寫作的風格，一如做人的風格。因為這個問題成了他的問題，這就是「生命的風格化」，「生命的美學」。這當然也是歷史的問題，而且一如往常，是透過文獻明確呈現出來的。不過我們可以感受到，這個問題也一如往常地和傅柯的個人體驗有緊密的連結。這恰恰是德勒茲特別強調的：傅柯在這個時期所關注的，不是回歸古代，而是回歸到「我們的今天」。[30]傅柯不是曾對德雷弗斯和拉比諾說過嗎：「讓我驚訝的是，在我們的社會，藝術已經只跟物品有關聯了，而不再跟個體或生命有關聯……每個個體的生命難道不能是一件藝術品嗎？」[31]

*

一九八四年三月二十四日，傅柯過世前三個月，他在法蘭西公學院最後一次講課。在這最後的一堂課，傅柯來不及把準備的內容講完，可是這一年的課堂已經結束了。於是他只對聽眾們說了這些話，而這將是最後的告別（他是否也有預感？）：「就這樣了，各位，關於這些分析的一般框架，我是有些東西要跟你們說，可是沒辦法，已經來不及了。那就這樣吧，謝謝。」

附錄

王紹中 譯

附錄一

文學博士學位主要論文付印許可申請報告書

康紀言

康紀言先生為米歇爾・傅柯先生（漢堡法國藝文協會主任）提交之手稿申請文學博士學位主要論文付印許可。

《瘋狂與非理性：古典時代瘋狂史》乃傅柯先生一項研究的主題，研究內容的密度與篇幅可說不相上下（九百四十三頁打字稿，外加四十頁文獻附錄和參考書目）。儘管其中運用的文獻占了很重的分量（各種檔案、見證訪談、學理著述），不過這項寫作工程的指導觀念始終一絲不苟地展現出來。風格尖銳，不刻意雕琢，但遇到適當時機也不迴避，格言般的字句自然湧現。我們無疑面對的是一篇在精神病學史（histoire de la psychiatrie）的領域上，不僅翻新了觀念，而且也翻新了理解與呈現事實的技術的**論文**。

*

傅柯先生以「古典時代」來指稱歐洲歷史上的十七、十八世紀，或者說得更清楚，這個時期始於十六世紀末，一直延續到十九世紀的前三分之一——一門精神醫學（médecine mentale）及一種精神病學實踐於此刻創立，前者標榜的是科學的高度，後者標榜的是理論應用的有效性。傅柯先生著眼於透過差異或對比的方式來理解制度、態度、概念等方面的涵義，因此他向上回溯至研究時期之前，也向下探索至研究時期之後，於是他的社會結構剖繪和心智結構分析最終從文藝復興時期一直延伸到精神分析誕生之際。

傅柯先生主要致力於證明，瘋狂是在歷史過程中被以不同方式加以結構化的「社會空間」當中的一個感知對象，它毋寧是被社會實踐所造就的感知對象，而不是被某種集體感性所捕捉到的感知對象，更不是一個被某種思辨悟性以分析方式拆解出來的感知對象。瘋狂首先占據的是因為天災人禍逐漸減少而空出來的社會空間。當痲瘋病院被指定收容那些理智失常者時，對瘋狂的感知首先沾染上的恐怖，就是受到痲瘋病院過去關押著惡（le mal）這一點所引發。古典時代特有的「**發明**」是監禁（法國是在一六五七年），瘋人因為失去工作能力，在監禁中加入乞丐、遊民及失業者的行列——經濟危機剝奪了這些人自由勞動的機會之後，人們試圖將這些人轉用於一種強制勞動。這種行政和警政的實踐也是一種倫理的引導（une conduite éthique）。監禁將遊手好閑的人、揮霍者、放蕩者混在相同的譴責空間範圍裡。在古典理性（邏輯性質與社會性質無分別的價值）

透過非理性這個集體名稱而跟自己對立起來的這個東西的無分別中，瘋狂失去了其個別性。長期以來，對於「理智失常者」的監禁僅將目標設定在對他們的遏制或「改正」，而不是對他們的治癒。然而，從十八世紀中葉開始，遠遠在英格蘭的突克（William Tuke）、法國的匹奈（Philippe Pinel）和德國的雷爾（Johann Reil）所做的改革進行之前，瘋狂便重新獲得了某種特殊性。但是，不應將專收瘋人的監禁所（maisons d'internement）的出現視為對於瘋狂作為心理病理學事實的一種前科學的理解。情況看來毋寧是某些類別的被監禁者的抗議，最終達到一種劃分監禁空間的新方式。前一個時代將瘋狂混淆在非理性裡頭。正是在理性所操作的這個首次劃分的空間中，非理性在替瘋狂劃出特定空間的同時也將自己分裂。也在新的經濟結構和新的人口要求（殖民地移民）導致貧窮及救濟的概念有所改變的情況下，原本對於監禁的那種巨大的、以及虛幻無條件式的確信開始瓦解，而在無區分的禁錮空間中，瘋狂就在其他許多社會問題當中以一個特殊社會問題之姿浮現出來。簡而言之，必須有過一些警政和司法的實踐，以及一個**監禁的社會經驗**的歷史構成，一些反常的類別才會如同一些現實被提供給認識。醫學對於瘋狂的認識，出於科學的意圖，不知不覺地建立在以咒逐（anathème）為基礎的一種社會隔離的主動經驗上。

現代精神病學的整個早期歷史顯現出受到回溯性錯覺（illusion de rétroactivité）所扭曲的情況。據此，在人類的本性之中，瘋狂——儘管未被察覺——已然是**既定的**（donnée）。依照傅柯先生的說法，實情是瘋狂首先必須作為一種非理性的形式而**被構成**，被理性拒於門外，這是讓瘋狂最終作為一個研究對象而落在注視之下的必要條件。因此，理性自認為冷靜、公正、客觀的注視，實際上在暗地裡受到一種分隔反應（une réaction d'écartement）所左右。這種反應，在新生的精神病學、實證學科和慈善態度的眼中顯得不合理，卻是對於瘋狂的科學興趣之深刻理性。在文明史上，恐懼勾畫出觀察的對象。在文藝復興時期的瘋狂與實證階段（l'état positif）的瘋狂之間，穿插著一個道德化的歷史過程——文藝復興時期的瘋狂是存有論分裂的徵兆，是虛無從存在內部出現的徵兆（而不是出現於存在的終結，如同在死亡當中），而實證階段的瘋狂則是精神疾病的經驗現象。是社會倫理造就了瘋狂從巫術概念到科學概念的過渡。

*

但我們不能以監禁的實踐來總結或象徵瘋狂的整個古典經驗。傅柯先生不能忽略，瘋狂在某種程度上一直都是醫學關注的對象，儘管這種醫學關注不具自主性。如果說監禁係行政決定的結果，而這種行政決定幾乎從不依據任何醫學鑑定，那麼，禁令（l'interdiction）[a]的**司法**問題（不包含監禁的問題）則將一些標準強加於醫學的界定，這些標準的制定預先支配了日後精神病理學的分析。在精神病學的史前史時期，人作為權利主體比癡人或病人更為重要。正是透過司法讓渡（l'aliénation juridique）的管道，醫學才接近了對於精神錯亂（l'aliénation）種種面向及形態的認識。職是之故，直到十九世紀，醫學有關瘋狂的認識都無法成為一種自主的意識，恰恰是因為醫學一直從法律領域接收其判定模式。所以，精神疾病分類學（la nosologie mentale）首先受困且迷失於這種分類的做法——其框架模仿了自然學家的分類，但內容其實來自社會經驗。瘋狂始終在自然與社會之間被瓜分。因此，毫不奇怪，在法國大革命的年代，在「解放受監禁者」(la libération des internés)的時刻，當純正的「療養院式的」(asilaire)監禁之機構及技術最終得到鞏固之際，瘋狂——對於醫學判斷而言，已經成為理論的對象——依舊是倫理行為的對象，而病患－醫生的關係組合也繼續更進一步地隸屬於一種存在的「處境」而非一種認識關係。

突克和匹奈的改革及教學所顯露出來的，其實是看待瘋狂時一種在理性實踐態度上的演變(évolution)，而非一場概念的革命(révolution)——最終可以讓十七、十八世紀以某個社會道德模糊化的東西在自然之真相中顯現。而在十九世紀上半葉，瘋狂的三個基本面向(痲痺性癡呆症〔paralysie générale〕、悖德精神病〔moral insanity〕、偏執狂〔monomanie〕)對於實證主義年代承襲自十八世紀而不自知的一種瘋狂體驗的結構，其加以掩飾的程度更甚於重新掌握的程度。

因此，傅柯先生的研究所探討的是實證主義精神病學——在佛洛伊德革命之前——的初期階段的涵義。而透過精神病學，是實證心理學之到來的涵義被重新檢視。這個研究引發了對於心理學「科學」地位之起源的質疑，這絕非可以等閒視之的問題。

*

a. 指基於某些因素禁止某人行使其職能或其權利的司法措施，例如針對心智失能的人的禁治產或監護處理。

我們已然可以看出這份論文的關注之所在。傅柯先生的目光一路尋索，從文藝復興時期直至今日，瘋狂在造型藝術、文學和哲學的映照中提供給現代人的各式各樣的面貌；他時而將諸多主軸線拆解開來，時而將其纏結，他的論文展現為一項分析與綜合雙管齊下的工作，而其嚴密性導致論文讀來並不輕鬆，但卻總是讓心智的投入有所得。

至於文獻部分，傅柯先生為數可觀的文件檔案中，有部分是被人一讀再讀的資料，另一部分則是有史以來第一次被研讀及使用的文獻。一個專業的歷史學者對於一位年輕哲學家為了獲取第一手文獻所做的努力當然是非常認同。相對的，也沒有任何哲學家可以指責傅柯先生屈從於史料而喪失了哲學判斷的自主性。傅柯先生在運用他數量可觀的文獻時，他的思想自始至終保持著某種辯證法的嚴謹，這樣的嚴謹，部分源自他對黑格爾史觀的認同，以及他對《精神現象學》的熟悉。

這份研究的原創性主要在於，它站在哲學反思的高層次上重新檢視至今一直被哲學家和心理學史家所棄置，而任憑那些對於他們「專業」的歷史和史前史感興趣的精神病學家處置的題材，其中最常見的就是一些流行和常規性的問題。

傅柯先生不僅擁有高等教師資格認證的哲學涵養，還有隨後的心理學研究、心理學教學資歷（他曾任里爾大學文學院心理學的助教，以及巴黎高等師範學院心理學的助教），傅柯先生一直以來都對精神病理學及其歷史保持格外的興趣。

我不清楚傅柯先生撰寫論文時，是否有絲毫的意圖或意識，要對於我們今日或可稱為「變態社會心理學」的這個領域的歷史有所貢獻。但在我看來，他確實做到了。同樣的，在我看來，傅柯先生在這麼做的同時，在許多心理學家同意切斷他們的技術與某種針對這些技術的源頭及意義所做的探詢的時刻，傅柯先生也為重啟心理學與哲學之間有益的對話有所貢獻。

我確信傅柯先生的研究的重要性，因此我認為可以做出結論，傅柯先生的論文有資格面對文學與人文科學院的口試委員會進行答辯，基於我的職責，我建議院長授權該論文付印。

喬治・康紀言

一九六〇年四月十九日

附錄二

為法蘭西公學院教席遴選而撰寫的小冊

傅柯

這份「學經歷與著作」（Titres et travaux）是傅柯為法蘭西公學院教席遴選而撰寫的小冊，摘自《言談書寫集》第一卷（*Dits et Écrits*, tome 1, 1954-1969），本文刊載承蒙傅柯權利所有者及伽利瑪出版社授權。

學經歷與著作

在《古典時代瘋狂史》裡，我想要探究，在一個特定的時代，我們對精神疾病可以有什麼樣的認識。這樣的知識（savoir）當然展現在醫學理論之中，為不同的病理形態命名，分類，並且試著提出解釋；我們也看到這樣的知識出現在輿論現象（phénomènes d'opinion）裡——在瘋人激起的古老恐懼裡，在圍繞著瘋人的輕浮思想遊戲裡，在我們的戲劇或文學呈現瘋人的方式裡。在很多地方，其他歷史學家所做的分析可以為我提供指引。可是有個面向似乎無人探索——我們必須去研究瘋人如何被認定，被隔離，被社會驅逐，被拘禁，被處理；哪些機構負責收容他們，並且監禁他們，有時還治療他們；哪些權威部門（instances）決定他們是瘋人，根據的是哪些標準；哪些方法用來強制他們，處罰他們，治療他們；簡言之，在什麼樣的制度和實踐的網絡裡，瘋人同時被處理及界定。可是這個網絡，當我們檢視其功能以及那個年代的人為它所做的辯護時，它看起來非常連貫一致，非常協調：有一整套明確而且陳述清晰的知識在為它辯護。於是有個目標浮現在我眼前：被投注在複雜的制度系統裡的知識（le savoir investi dans des systèmes complexes d'institutions）。而我必須採取這樣的方法：不是像一般的做法，單單去瀏覽學術書籍的書庫，而是要造訪各式各樣的檔案，包括法令、規章、醫院或監獄的簿冊資料、法院判例彙編。是在阿瑟納爾圖書館（Bibliothèque de l'Arsenal）或國家檔案局（Archives nationales）裡，我展開對某種知識的分析工作，這種知識的可見主體（corps visible）並非理論或科學言說，亦非文獻，而是一種受到規約的日常實踐。

瘋狂的這個例子對我來說其實還不夠切題；十七和十八世紀的精神病理學才剛起步，我們還無法區辨它和單純的傳統意見遊戲之間的差別；在我看來，臨床醫學於誕生之際以更精確的用語提出了這個問題；十九世紀初，臨床醫學確實和幾門已經存在或是正在建構的科學之間有所連結，諸如生物學、生理學、解剖病理學；可是另一方面，臨床醫學也和醫院、救助機構、教學診所等一整套的機構以及行政調查之類的實務有所連結。我想問的是，在這兩套參照系統之間，一門知識是如何誕生、轉變並且發展，而且為科學理論提出了一些新的觀察領域，一些前所未有的問題，一些此前不曾有人察覺的研究對象；可是，反過來看，科學的認識又是如何被輸入其中，取得指示與倫理規範的價值。醫學的運作不僅僅是將一門嚴謹的科學和一個不確定的傳統組成一個不穩定的混合；醫學還被架構為一個知識體系，具有自身的平衡與連貫一致性。

所以我們可以承認，有些知識領域無法準確地等同於科學，卻也不僅只是一些簡單的心智習慣。於是我在《詞與物》裡進行了相反的實驗：排除一切關於實踐與制度的部分，但是並不放棄有朝一日重回這個面向的計畫；以某個特定年代的幾個知識領域作為研究對象（十七和十八世紀的自然分類、通用語法和財富分析），並且依次檢視它們，界定這些知識領域所提出的問題、所使用的概念、所進行驗證的理論之類型。我們不只可以逐一界定這些領域的內部「考古學」，我們也在領域之間看到了必須描述的同一性、類似性、差異集合（ensembles de différences）。一個整體的形構（configuration globale）出現了：當然，它還遠遠不能從總體上來界定古典精神（l'esprit classique）的特質，但它以連貫一致的方式組織了一整個經驗認識的領域。

於是，呈現在我面前的是兩群十分不同的研究成果：一方面，我發現「被投注的知識」（savoirs investis）獨特且相對自主的存在；另一方面，我也注意到，在這些領域中的每一個自身的架構裡，都有一些系統性的關係。於是有必要進一步釐清。我在《知識考古學》對此進行了概述：在意見與科學認識之間，我們可以看到某種特殊層次的存在，或可稱之為知識的層次。這種知識不只會在理論文本或經驗方法之中成形，也會在一整套實踐和制度之中成形；然而，這種知識並非這些事物純粹而簡單的結果——亦即意識不清的表達；事實上，這種知識包含專屬於它的規則，如此表徵著它的存在、功能和歷史；這些規則有些具有專屬於單一領域的特殊性，有些則是好幾個領域通用的；也可能有些規則在某個時代具有一般性；最後，這種知識的發展與轉變牽扯著複雜的因果關係。

教學計畫

即將展開的工作將遵循兩項圭臬：絕不忽略對於具體案例的參照，得以為分析工作充當經驗的田野；發展我所碰到或有機會遇到的理論問題。

一、這個得天獨厚獲選的案例是遺傳知識（le savoir de l'hérédité）的領域，我將在相當時間內專注其上。從飼養技術、改良物種的嘗試、集約耕種的試驗、對抗動植物流行病的努力，直到一門可視其萌芽於二十世紀初的遺傳學（une génétique）的建立，遺傳知識在整個十九世紀不斷發展。一方面，這套知識對經濟要求與極特殊的歷史條件做出了回應：發生在農地開發規模和形態上，在市場平衡上，在要求達到的獲利標準上，在殖民農業體系上的諸多變化，深刻地促成這套知識的轉變；它們並不單單改變了這套知識的訊息，也改變了其數量與規模。另一方面，這套知識可以接受一些可能由諸如化學或動植物生理學等科學所獲取的認識（證諸氮肥使用或拜十八世紀所提出的植物授粉理論之賜而成為可能的雜交技術）。然而，這種雙重依賴並不剝奪其內部規約

（régulation interne）的特點及形態；這套知識既催生了若干因地制宜的技術（如維勒莫航家族[a]的物種改良技術），也催生了認識論上富於開展性的概念（如由諾當〔Naudin〕[b]所指明或最起碼是由他所界定的遺傳特徵的概念）。達爾文沒錯，他在這種遺傳方面的人為實踐中發現了得以理解物種自然演化的模式。

二、至於必須開展的理論問題，在我看來可以將之歸整為三組。

首先，我們必須試著賦予這種知識一個地位：將之定位在何處，介於哪些界限間，以及選擇來描述它的工具是哪些（在我們前面提出的案例中，我們會看到相關素材極為龐大，從一些幾乎是無聲無息、透過傳統來傳遞的習慣，到一些實驗及明確傳達的準則）；我們還必須找出這種知識的傳播工具和管道是哪些，以及它是否以均質的方式擴散到所有的社會群體和所有的地區；最後，我們也必須試著確定這樣的知識可以具有哪些不同的層次、它的意識程度（degrés de conscience）、它在調整和校正上的可能性。於是浮現出來的理論問題是一種社會的和匿名的知識（un savoir social et anonyme），它不以個體的和有意識的認識（la connaissance individuelle et consciente）為模式或基礎。

a. 指法國的勒維克·德·維勒莫航家族（Famille Lévêque de Vilmorin）。一七四〇年代，該家族以販售植物、種子的店鋪發跡，在往後兩百年間，家族中先後孕育多位生物學家、植物學家、育種家、選種家等，是歷史悠久的種子生產商Vilmorin & Cie公司的創辦者。

b. 諾當（Charles Naudin）是法國生物學家、植物學家。

另一組問題攸關將這種知識提升為科學言說。從某種意義上說，這些過渡、這些轉換及這些門檻構成了一門科學之發生（genèse）。但是，有別於探究一門科學的初始根源、其奠基計畫及其可能性的根本前提（如同某些現象學類型的計畫所做的那樣），我嘗試觀察跟一門科學有關的種種潛伏的及多重的開頭。有時，我們可能會重新尋獲對一門科學而言構成其出身證明及如同其草創憲章的關鍵文本，並且確立其年代（在我將要當作案例的領域中，諾當、孟德爾〔Mendel〕、德弗里斯〔de Vries〕或摩根〔Morgan〕[c]的文本可逐一宣稱它們扮演了此項角色）；但重要的是，要確定什麼樣的轉變在它們之前、圍繞著它們或就在它們本身之上必須被完成，以便讓一套知識可以取得科學認識的地位和功能。簡而言之，這涉及跟一門科學之構成有關的理論問題——當我們想以歷史的角度而不是超驗的角度來分析這門科學的時候。

第三組問題關乎知識這一層次上的因果關係。人們可能長期以來便在事件與發現之間、或在經濟要求與某種認識領域的發展之間建立了廣泛的對應關係（例如，我們知道十九世紀的重大植物流行病在品種、其適應能力及穩定度的研究上具有何等的重要性）。但是我們必須以更遠為精確的方式確定——經由哪些管道及依循哪些規則——知識如何在並非沒有選擇或不做調整的情況下，將一些此前對它而言仍存在於外部的現象登錄進來，知識如何對一些外在於它的過程轉持接納態度，最後，發生在知識內部某個區塊或某個層次的一種調整如何能夠傳遞開來並產生作用。

對這三組問題的分析或許會讓知識在其三重面向之下呈顯出來：對於一個包羅著不同實踐及制度的整體，它點出了特徵、使之歸在一起並協調起來；它是始終處於動態的科學構成之所在；

它是科學史落在其中的一種複雜因果關係之環境。在一個特定的時代，存在著一些相當個別化的形式及領域的情況下，我們可以將知識分解成幾個思想體系（systèmes de pensée）。人們會明白：這完全不涉及確立一個特定時代所具有的這個思想體系的問題，或某個如同那個時代的「世界觀」的東西。全然相反，這涉及辨識出那些不同的整體，它們每一個皆是相當特殊的知識類型的承載者；它們讓一些行為模式（comportements）[d]、行事規則（règles de conduite）、法律、習慣或指示關聯起來；以如此的方式，它們形成了既穩定又可轉變的若干形構；這也涉及去界定存在於這些不同領域間的衝突、相鄰或交換的關係。所謂的思想體系，即在一個特定的時代，種種知識在其中相互區別、保持它們的平衡並且進行交流的那些形式。

我所碰到的問題，在其最一般的表述方式下，跟哲學曾在幾十年前提過的一個問題，其間或許不無相似之處。在純粹意識的反思傳統和感覺的經驗主義之間，哲學矢志去找尋的不是發生，不是關係，甚至也不是接觸表面，而是一種第三向度：感知和身體之向度。今日，思想史也許也需要進行一種類似的調整；在已建立的科學（人們經常撰寫其歷史）跟與論現象（歷史學家會處

---

c. 孟德爾（Gregor Mendel）為奧地利植物學家、遺傳學家。德弗里斯（Hugo de Vries）為荷蘭籍植物學家、遺傳學家。摩根（Thomas Hunt Morgan）為美國籍生物學家、遺傳學家、胚胎學家。

d. 法文 comportement 可以指個人的行為、舉止、待人接物的態度、表現，也可以指某種生物的所有活動及其對環境條件的生理反應之整體，例如蜜蜂在跟特定環境互動下所形成的習性。在傅柯的用法中，comportement 不是個體層次的東西，或可理解為帶著集體色彩的行為方式，在此譯為「行為模式」。

理）之間，我們應該進行思想體系史的研究。但是，藉著以如此的方式指出知識的特定性，我們不單單界定出迄今始終被忽略的歷史分析層次；我們很可能被迫重新檢視知識、其條件及認識主體的地位。

附錄三

創設思想體系史教席報告

維耶曼

本文係維耶曼為思想體系史教席之創設（接續伊波利特的教席），於一九六九年十一月三十日在法蘭西公學院教授聯席會議中所做的報告。

院長、各位親愛的同事，

大約兩年前，伊波利特向我們當中的一些人提到一個方案（他也公開這麼提過），對此我向他表達了百分之百的贊同。因緣際會下，今日我獨自一人——並且就在他辭世的這個時機下——重新提出這項方案，向諸位提議創設一個思想體系史教席。

I

倡議這項創設，係因此一教席將會樹立起新氣象及獨創性。在闡述我個人的看法之前，請容我由一般性質開始，先將此項方案重新置於哲學的傳統中來看，繼而放在法蘭西公學院的特殊地位上來看。

如果我們回到現代人——帶著一種獨特的堅持——批判笛卡兒在靈魂與身體、思想與廣延之間建立的二元論之主要理由上頭，我們將更清楚理解這個傳統的性質。

但是首先，正如一本現在已成經典、同時也是出於一位我們同僚之手的著作所提醒的，將笛卡兒化約在這種二元論上實屬對他的誤解。這可能是忽略了那套在這相同的思想和這相同的廣延之間的實體性連結（union substantielle）的理論。《沉思錄》（*Méditations*）的作者所主張的是，如果在分開考量的情況下，每種實體皆能夠藉由一個清楚明晰的觀念而被認識，那麼它們的連結在原則上仍然處於對理智之光予以抗拒的狀態中，其性質是感動我們卻不向我們闡明，因為由此連結中所產生出的並且表達著它的感覺及感受僅僅是「生命的指引」（guides de vie），而非真正客觀的再現。

這是否意味著我報告的這個方案所處的哲學傳統出於無知或惡意，否決了笛卡兒關於連結的理論？我們很容易就可以明白，情況並非如此。事實上，笛卡兒在觀念之分明性與感官之模糊性之間建立的二分法，只會使所有拒絕將連結事實（le fait de l'union）——亦即生命本身——視為自外於具體認識發展的人，以及所有致力於在觀念與物質分隔之下重新找到支持這兩者的經驗統一性（l'unité de l'expérience）的人感到厭惡。

一般而言，這樣的努力是歐陸當代哲學的特徵。更特殊的是，它出自法蘭西公學院開枝散葉的趨勢。如此，從《論意識的直接材料》（*Données immédiates de la conscience*）到《道德與宗教的兩個起源》（*Deux sources de la morale et de la religion*），柏格森形上學從未停止劃定及描述綿延之直覺（l'intuition de la durée），這對那些在空間中將之打散、將之物質化的人以及那些在觀念的永恆之中，對其進行反思、將其去蕪存菁的人一樣不可企及。同樣的，人們應該回頭讀讀梅洛龐蒂。從一開始，《知覺現象學》就把哲學家安置在身體的經驗中，這既不是生理學家自認可以在實驗室中將之化約成的反射盒（le paquet de réflexion），也不是哲學觀念論將之昇華於其中的超驗意識。就在本月所出版的一本遺作中，在出現過的眾多不同講法中，這個議題再次以獨一無二的方式被提及。[a]作者說：「那個被思考的東西（le pensé）並非那個被知覺的東西（le perçu），認識不是知覺，言語不是各種動作中的一種，而是我們走向真理的載具，一如身體是存有在世界中的載具一樣。」最後，容我提醒，在其哲學思想史教學計畫中，伊波利特總會將他的沉思關聯上年輕黑格爾所說的「思考生命」（penser la Vie）一言，並且期許自己「在人類經驗的脈絡中衡量真理的意義」，以此結束他的演講。

a. 係指出版於一九六九年的梅洛龐蒂遺著《世界的散文》（*La prose du monde*）。

＊

我有幸向諸位倡議的思想體系史教席，在注入新血的同時，將延續我所談的這個非笛卡兒傳統，在引述了幾位同樣為之增添光彩的哲學家後，我毋須再去證明其重要性。

為了遵循既有的程序，現在我需要做的，是證明被倡議創設的這門課程如何有別於生機論、現象學及黑格爾主義。不過，當我們對此一方案提出確實的分析時，這個部分將充分展現。

我不會深入細節去闡述構成此一方案之題材的各項主題，也不會去談應用在這些主題的各種方法：一門遺傳科學的形成、犯罪性及犯罪學等。我將局限在描述其基本的哲學意圖並且將其精神呈現出來。

II

首先，我們說的「思想」指的是什麼？

在心理物理學（la psychophysique）或心理生理學與思考之間，知覺現象學已經在我們對自己身體的經驗這個層次上界定出一個專屬的對象。同樣的，在記錄人的看法的史冊和研究各種觀念之形成的傳統科學史之間（後者僅限於研究在一種特定而明確界定的語言中表達出來的那些觀念），關於思想的描述找到了空間。這涉及一些尚未在科學理論或藝文領域所形成的再現中被客觀化或被思考的行為模式及行事方式，而對於它們的描述，目的在於呈現出這些行為模式及行為方式在跟若干制度、技術及實踐的緊密關聯下，促成了怎樣的個體經驗及社會經驗。

是以，監禁的研究帶來了對於自由的一些理解，其既不存在於米什萊（Jules Michelet）[b]所說的歷史中，也無法在康德所說的形上學中找到。同樣的，對醫院以及醫院治療病人方式的研究讓我們從生命及死亡中看到無論哲學或醫學史皆不會呈現的東西。我們是如此習慣於自己生活在其中的制度，因此傾向將它們視為自然事實，而且也對我們構想天地萬物的方式沒什麼影響。至於各種概念，理論書籍如此抽象地向我們描述它們，乃至於它們的日期和它們的起源在我們看來跟它們的本質無關，所以我們很容易想像它們完全是在一個理念的天空中預先形構的，耐心地等待一位學者在世界舞臺上生產出它們。就我們在此賦予思想這個詞的意義而言，它指的首先是在實踐與理論之間、在制度與概念之間的這些活生生的（vivantes）及被生活過的（vécues）關係。

我們也看到思想如何藉其與制度的關聯而有別於被生機論或現象學拿來作為其對象的中介現實（réalités intermédiaires）或起源探索（recherches d'origines）。為了將思想跟黑格爾所談的東西區別開來，只需一舉將察覺（apercevoir）當成其研究所講求的方法便足夠了。

黑格爾的方法企圖將歷史的個體性（l'individualité historique）與理性的總體性（la totalité rationnelle）調和起來，因而總是面臨在後者之中將前者可能擁有的特定的或獨特的東西破壞掉的

b. 米什萊是法國知名歷史學家。

危險。相反的，思想是多元的或偶然的形構。

如果我們將目標設定在分析行為模式類型，而不是去分析一些概念的連貫（enchaînements de concepts）或去分析這些龐大的文明單元（依黑格爾之見，時代精神依循必然法則體現其中），如何會有別的可能？思想關聯著多樣且脆弱的檔案。這種關聯迫使研究這些思想的哲學接受一種新的方法。對於文獻的建立而言，這種新方法亦即歷史學的方法。這種哲學的檔案，正如同可以在著述及言說中找到，它們也可以在醫院、警察和庇護所的紀錄簿中找到。通過這種方式，思想處於跟特定經驗內容連結的狀態中，這些內容的形構及演變，在突然的意見改變及短促的概念歷史之上，搭配著深而慢的節奏。

III

讓我們檢視一下這些思想，無論是在它們最涉入實踐和制度的地方，還是在它們（毋寧作為知識而非科學）與理論概念相近但又不與之混為一談的地方。無論是前者或後者，在任何一種情況下，思想都不是可在孤立狀態下被理解的單元。它們構成了一些體系，而我們現在必須更仔細審視的，正是這些體系。

傳統的科學史專注於連續性研究。針對一個概念，當傳統的科學史在古希臘古典或前古典時代找出這個概念的源頭，使這個概念遭受遮蔽、重生及轉變，直到讓這個概念在一門已經建立起來的科學整體中取得位置，傳統的科學史便認為它追溯了此一概念的發展。如此，一部關於原子論的歷史通常始於留基伯（Leucippus）和德謨克利特（Democritus），並且將一堆思辨、觀察、計算、實驗及理論歸在同一條軸線之下，囊括了一些異質的內容——如哲學的唯物論、古代及煉金術的元素理論、歐幾里得規則形體（corps réguliers）概念、化學的元素理論，總之既是伊比鳩魯的偶微偏（*clinamen*）同時又是量子躍遷（le saut quantique）。

透過現代人的觀念來解釋古代人所說的原子，彷彿這些觀念能夠突然照亮屬於過往的那些探索性的混亂內容，並且可以確保這些觀念將會挑選出一個客觀的基礎及一個科學的地位，對此我們立即看出其中的危險。但當我們將被我們視為同一學科的兩個有時非常接近的狀態相提並論，同時基於一種精神上的自然動作，於是便對柏格森允當地稱為追溯性幻覺（illusions rétrospectives）的東西繳械，對此我們比較看不到當中有著相同的危險。在如此的程序下，我們常有可能超出一個既定推論體系（système discursif）的邊界——讓一個詞或一個觀念在一個由若干詞及若干觀念所組成的整體中被界定（或至少被定位），而使之述說出超過其所能夠包含的內容。當我們在這些邊界持續劃定的體系內部生活及思考時，我們很難意識到這些邊界，它們構成了一個因為熟悉而幾乎無法察覺的視域而且指定了一個受規約的航道，儘管對實踐、對人的思辨而言並非立即可見。

在這些體系的關聯中——亦即在那些將之歸類及區分的規則中——重新理解詞及觀念，此乃將詞及觀念當成思想來領會。換句話說，就我們的觀點來看，制度化實踐（pratiques institutionnalisées）或經驗知識（savoirs empiriques）描繪出一些真正的歷史先驗（*a priori* historiques），而且我們無法將之歸結於單一準則（un canon unique），唯有對之進行的探究才能顯示出這些歷史先驗特定於每個時代、特定於每個知識群（groupement de savoirs）的內在關聯及其與其他知識群的關係。

當這種對於思想體系的研究以一些相對脫離制度的經驗知識作為研究對象時，它尤其有利於一門比較認識論（une épistémologie comparée）的發展，這種認識論更加出色地表露出支配它們的那些關係之本性。實際上，在幾個不同的體系之間——例如十八世紀的通用語法、自然史和財富分析——儘管作為它們各別論據的要素在其內容上毫不相干，這些關係有時卻是類似的。於是，我們可以在這些體系之間找出一些對應性及一些清楚表明其個別性的差距。還可能出現的情況是，在允許對要素進行分類的分類學規則（règles taxinomiques）之外，我們重新理解到一些派生關係的規則（règles de dérivation），其語彙（termes）並非在要素層次上被賦予的，儘管它們必然被用於通達這些要素。這樣的體系所特有的句法（syntaxe）可以想成一套有秩序的操作（une suite ordonnée d'opérations），建立在一套模型上——這就是我們在學校學習以語法方式分析時所做的事情，就在教學法棄之不用時，科學重新採納了它。而會改變的是，例如這些抽象規則之整體及秩序，並且由此我們將補足對具體要素及表面要素之間關係所進行的比較。

如果我們希望有一些跟我們更為貼近的例子，我們可以觀察一個人類科學群的實際發展情況。我們可以檢視一下語言學、民族學、神話學和宗教史對於一些概念的使用情況，諸如差異化對比（opposition différentielle）、對比體系（système d'opposition）、體系間的比較。在這種使用當中，我們可以察覺到一種關於我們將著手研究的思想體系的新闡述，而我們的研究也許帶著這項差別，即那些今日在我們眼前建立起來的思想體系對於它們的本性及讓它們彼此之間更靠近的親和性，相較於更早的思想體系，有著遠為清楚的意識。

IV

猶待處理的是，在時間中考究這些思想體系，描述它們出現、確立、棄置不用的方式，以及在這些方式之間比較這些特定的歷史。例如，跟制度實踐更密切相關並且如同受其控制的這些體系，以全然有別於那些相對於這種實踐保有著更多自由的體系的方式發展。即便它們之間顯現出對應性及類似性，但基於它們受控制或自由的事實，它們將在各自特屬的時間中發展。前一類體系可能要等很長的時間，首先構成它們的實踐知識才得以在一些理論性的著述中系統化或合法化；至於後一類體系，這兩個時刻之間不會看到這種差距。同樣的，如果我們研究一套思想體系如何取代另一套思想體系，例如生物學如何取代自然史，我們可以注意到當中起作用的斷裂點及決裂、保留、再詮釋及借用等方式，凡此種種皆係這些體系所特有的，並且沒有任何東西先驗上保證（或者僅僅是暗示）我們可以在其他研究的演替中找到，即便是在一些相鄰且可說是同源的體系上。

藉其關乎時間的所有見解，一套思想體系史會觸及其他所有的歷史。思想體系史之所以有別於後者，首先似乎僅在於它的領域以及它對時間軸及若干節奏的一種獨特劃分方式所給予的仔細關注。但是，如果我們繼續緊追不放，這些差異還隱藏了另一個更深刻並且可以揭露出一個原初哲學計畫的差異。對它的主題進行一個簡短的概觀，不但可以作為我的結論，也可以讓我們回到這篇討論的起點。

當歷史學家對其文獻展開詮釋時，就在他可說已然確立其內在涵義的同時（對象是一段墓誌銘、一份婚姻契約、一紙買賣承諾書），他試著推斷和重構這些文獻所透顯的人的意圖，並由此推斷和重構這些文獻所揭示的個體行為、個體類型、團體、社會階級等方面之社會涵義。根據具代表性而被選用的文獻的性質，歷史會在風格上有所改變，此處強調個體及事件，彼處則著重於若干集體及長時期。但是在這兩種情況下，我們都是從一個假設出發，即一份文獻表達了一個必須加以解讀的主體動態。如此，人始終在詞跟物之間居於第三方，並且設若某個新觀念誕生，人們就有權問自己：是誰發明了它？是哪個個體或哪個群體？誰在傳播它和利用它？乃至於不是因為人們將創新的責任擴展到集體上，人們就相應地擺脫了作為創造主體（sujet créateur）的概念。

另一方面，對於思想體系史而言，自認為造就了它的那些行動者（acteurs）不再占據舞臺的中央。說，言說，「這確實是行動；這不是將我們所思考的東西表達出來，不是將我們所知道的東西傳達出來，也不是讓語言的種種結構運作起來。」因此，「在言說的秩序（l'ordre du discours）上的一項改變既不假設著說話者，也不假設著新觀念、發明或創造性」，而僅僅假設著一些在言說層次上可以找到並在一種匿名實踐（une pratique anonyme）中降臨的轉變。

所以，思想體系史全然不是人的歷史或是那些思考著思想的人的歷史。歸根究底，唯物論和唯心論的衝突讓本是同根生的兄弟鬩牆，也就是說在相同的問題上意見分歧罷了，這是因為此一衝突落在後面這一個選項的狀態裡：人們會選擇個體或群體作為思想的主體，但人們選擇的永遠都是主體。對那些有意質疑的人，請他們重讀馬克思經常被引用的這句話。他說，建築師之所以有別於蜜蜂，是因為不論建築師再怎麼蹩腳，他都會先在頭腦裡把房子蓋好。放棄二元論與建立一套非笛卡兒式的認識論，正如我們所見，還要求得更多：保留思想，同時去除主體，並且試圖建構一部不帶人類性質的歷史（une histoire sans nature humaine）。

附錄四

關於傅柯的著述

維耶曼

本文係維耶曼針對傅柯為申請思想體系史教席所提交著述資料的報告，一九七〇年四月十二日在法蘭西公學院教授聯席會議中發表。

院長、親愛的同事，

針對由諸位所決議創設的**思想體系史**教席一職，米歇爾·傅柯先生名列候選人第一順位。他已經拜訪過諸位，並向諸位提交了個人簡歷、書目資料及教學報告。

因此，在諸位面前，我的報告將僅限於簡短回顧，依時間先後分析幾本在其學術生涯上具指標性的主要著作。其次，我將檢視他所提交以待諸位票決的教學計畫的幾個面向。

I

大約十五年前，在那本聚焦於十七、十八世紀的《瘋狂史》中，傅柯先生著手追溯的正是思想史的一個片段。這本書讓他一舉成名，讀者立刻便感覺到作者在許多基本觀點上改變或衝擊了思想史的傳統。

首先，他必須重新考量被分析的**材料的選擇**。當我們將自己局限在只處理一個概念或理論的歷史時，我們會去參考科學論文及哲學或宗教的著作。但是，在成為一個醫學概念之前，瘋狂在社會中是某種劃分個體的方式，是一種具有其判準、慣例（rites）及制裁方式的社會排拒（exclusion）。醫學僅以次要的方式介入其間，為此一劃分方式所產生的效果進行辯解、說明並在必要時加以修正。因此，有必要找出古典時代的人們是如何發現和認定瘋人，以及瘋人的地位、管理、機構是哪些。警察和拘禁所的檔案、法律的或習慣的規定、司法文件為本書的作者提供了資料來源。作者研究了「監禁」所回應的經濟和社會要求，既然人們將精神病患者隔開，而且跟失業者、遊手好閑者、貧苦老人放在相同的名目之下；拘禁所展示了社會如何進行分類、強制、鎮壓及治療。

如此構想下的一種思想史，它的主要素材是檔案而不是文本，是機構和技術而不是理論。於是，我們在剝除了個別變異的集體形式中發現了思想。從這個角度來看，緩慢的轉變趨向掙脫原初的發明，而經濟、政治和社會決定所起的作用比邏輯一致性更為重要。

然後，人們可能會自問，當撇開一些跟「瘋狂」一樣廣泛的概念而以更系統性的思想形式為目標時，這樣的分析是否仍然有效。這方面的拓展引領作者對傳統的思想史進行了第二次調整：這次是在**分析領域**中的調整。此乃《臨床的誕生：一個關於醫學注視的考古學》（一九六三年）這本書的目標。通常，研究的興趣會落在輿論現象及嚴謹科學上頭，而介於此二者之間的經驗認識領域則被擱置一旁。這一類認識稱不上科學，然而在它們的歷史過程中仍然呈現出一定的規律性。

針對此項目標，臨床醫學提供了一個得天獨厚的案例。乍看下，兩個事實讓歷史學家感到驚訝。臨床醫學似乎受許多外部因素所影響；在其存在和發展中，它跟一些機構及一些經濟或社會條件息息相關。另一方面，它取決於科學的進展，例如化學、生理學、生物化學，並且不斷求助於實驗室技術。因此，它似乎是不同科學和實踐行為的交錯地。設若有人想到，幾乎所有最早的一批臨床醫生（畢夏〔Bichat〕、雷奈克〔Laennec〕、拜勒〔Bayle〕[a]）的發現所面臨的都不是修正，而是直截了當地棄置不用，那麼究竟要如何才能在當中找到一門科學的開端呢？然而，臨床的歷史表明，此處涉及的是一種特定的知識，由特有的概念（例如「生理組織」或「病灶」）、特定的方法（例如病徵表）以及不斷獲得確認或宣告無效的觀察所構成。儘管有過這些在起步上與事實相違的錯誤，但臨床已經掌握到方法上的原理，不久後便得以將這些錯誤排除，並建立起一

a. 畢夏（Marie François Xavier Bichat）、雷奈克（René Laennec）、拜勒（Gaspard Laurent Bayle），皆是醫生、病理解剖學家。

些新的真相。從十九世紀初開始，臨床便獲得了相對自主性及在科學上相當豐富的產出。

如此，思想史感興趣於歸整及描述關於認識與技術的整體（ensembles de connaissances et de techniques），我們可以稱這些整體為**知識**（*savoirs*），這樣也可以跟一些簡單的意見及所謂的科學區別開來。

如何分析這些知識並將其個別化（individualiser）呢？此處亦然，傳統的思想史似乎也沒有提供必要的分析工具。實際上，要不它接受了對科學的傳統劃分方式，以便追索其中任何一門科學的連續發展，要不它唯有藉著描述一個時代之精神，才能重新理解它們的關聯及統一性。因此，這一次需要做的是去調整**分析的觀點**。只有進行比較研究才有可能跳脫威脅著思想史的障礙：專論和形上學。

這種比較可以在兩個方向上進行，因為我們可以比較幾種同時出現的知識（savoirs simultanés），或針對一些連續出現的知識（savoirs successifs），比較其幾種形式。第一種方法讓我們得以找出不同的知識家族；第二種方法讓我們得以掌握它們的轉變過程。《詞與物》（一九六六年）所致力的就是建立這種雙重的比較。

在古典時代，通用語法、自然史和財富分析具有一些共同要素：諸如符號和秩序之類的概念，諸如從一種原始且簡單的狀態出發而對一項起源（genèse）進行重建之類的方法，諸如再現（représentation）之類的理論。傅柯試圖確定他所研究的每一門學科針對這些共同的元素做了怎樣的利用，依循著怎樣的特定圖式對它們加以配置；在怎樣的基礎上它們相似，又在怎樣的基礎上它們有別。如此，一些延展在特殊認識與最一般思想形式之間的中介思想體系便被描繪出來。

再者，接近十八世紀末時，這些學科中的每一門都歷經了一個重要並且在兩個方面引人矚目的調整。首先，形成了一系列的新學科：歷史語法趕走了通用語法：自然史讓位給生物學；政治經濟學取代了財富分析。其次，藉著在概念及方法上的全面更新（這也打破了這些學科舊有的親緣關係），這項轉變倏然發生了。因此，有必要分析的不是一個觀念或理論的命運，而是這些同時發生的變化之間的連帶性、它們的等級關係，以及由此產生的新組合方式。

這三項研究表明，我們可以將思想史轉向對於**體系**的研究，而不是對科學或意見大雜燴的研究，這些體系形成了一些知識，並投注在制度、技術及行為模式中。**思想體系史**的任務以如此的方式獲得界定。

II

順著這個方向，傅柯先生著手研究幾個特殊面向。首先，繼續已經展開的盤點工作，找出新體系，在其組織方式及轉變上進行分析；接著，試探這樣的分析需要哪些工具，哪些概念最切合於**知識史**；最後，提出從本研究中衍生的理論問題。法蘭西公學院的教學將涵蓋這三個研究層面。

每年，講座的一部分或可用於歷史調查的後續。其中一項已備妥，它涉及十九世紀的遺傳知識。此處確實涉及我們稍早所說的「被投注的」知識：它被運用在農學和畜牧的實踐中：正是這種知識——甚至早於它在遺傳生物學中獲得進一步發展前——在實踐中促成有利品種的研究與確立、純正品系的構成、若干突變的維持；十九世紀農業技術的進步一部分跟這套知識的發展有關。此外，它涉及一個由種種認識所構成的整體，如果說從當代遺傳學的角度來看，這些認識算不上是科學的，但也絕非一些傳統意見的集合，而且這些認識確實形成了一套有連貫一致性的「知識」。人們將從達爾文將人為的畜牧實踐當成物種演化模型的事實中見證這一點；或者也可見諸下述事蹟：在獲得其生理學地位前，分散式及隱性的遺傳特徵（trait héréditaire discret et récessif）概念首先由人在此一實踐層面上取得。最後，這套知識能夠以各自有別的方式來掌握其特性：我們可以將之跟一個世紀前的情況相較，亦即在土地所有權轉變前，在農業大型開發創立前，在朝集約式植養轉移前，在殖民式植養發展前，在農學教育與研究組織起來之前；我們應當將之跟當時的生理學對於繁殖機制的認識相較，跟醫學對遺傳疾病的傳遞的認識相較；最後，我們應當去掌握這套知識跟這些不同的科學認識在二十世紀初整合成一門遺傳科學的轉變過程。

第二項調查計畫即將展開。它將以某種方式延續《瘋狂史》，但針對另一個時代並透過一個些許不同的對象。內容涉及確立在十九世紀人們如何試圖建構一套關於偏差的知識（同時涉及病理學、心理學、犯罪社會學、精神官能症、社會適應不良）；這套知識透過一系列控制機制（行政的、警察的、醫學的）的存在而成為可能，並且反過來也改正了它們的使用。另一方面，它仰賴著一些認識或技術的支持，例如統計、精神分析、遺傳學。但是，這套知識至今仍未成為科學，也許永遠不會成為科學。然而，卻是藉由它，我們的社會確認了一些基本價值並且確保了讓它獲得保護的那些劃分方式。

教學的另一部分或許可以隔年的方式，一年用於方法問題，一年用於理論問題。

根據傅柯先生的想法，方法問題應該成為團隊合作的議題。思想體系史確實不能僅局限於文本評論，而是能從其他學科所提供案例的啟發中受益。在歷史學家的幫助下，傅柯先生著手確定何者是所要處理的文獻，哪些檔案是重要的，哪些同質的系列（séries homogènes）可以被建立，它們隸屬哪種量化處理（例如，在有關遺傳知識的研究方面，人們可以嘗試確定有助於判別出十九世紀農業技術之傳遞與擴散的文獻系列）。在語言學家的幫助下，他可以找尋可被用作內容語意分析的方法、可針對不同言說形式建立類型學的方法（例如，人們可以在十九世紀的司法文本中、文學作品中、醫學研究中探討犯罪的判定）。最後，在關於其他文明的研究中，他將檢視人們如何記錄種種技術及認識，人們如何將它們跟一些經濟條件及社會形式關聯起來（我們可以某個時代在歐洲社會及在阿拉伯穆斯林文化中的醫學知識為例，進行這樣的對照）。憑藉這些方法，思想史將得以擺脫迄今一直跟它形影不離的詮釋性及印象式風格。

現在輪到理論問題需要被考慮。排序第一的是認識理論：設若我們承認各種知識的存在，在什麼方面我們應該修改這種在其傳統形式上並未為之留下任何位置的理論？實際上，知識既不屬於感性經驗也不屬於純思想。一方面，根據傅柯先生的看法，它為一些認識充作可能性條件，否則這些認識無法出現或相互協調；然而它本身擁有一種受歷史限制的存在；它形成於時間中並且以特定條件為基礎；它在一段特定的時間中產生作用，並且跟一種技術的、經濟的、物質的脈絡間有著持續的相應性；隨著部分關乎其內在組織，部分關乎其外在條件的若干轉變的發生，它最終消失得無影無蹤。基於相同的看法，傅柯先生也將針對關於認識之先驗條件的形式主義概念及牽連在經驗中的涵義（significations engagées dans l'expérience）的現象學概念進行檢視。

他提出要處理的第二個問題是主體的問題；知識的集體性和匿名性特徵難道不該回過頭來質疑哲學通常賦予主體和意識的角色嗎？知識確實應該在個體意識的層次上，在一個時代的人的實踐中，在他們的行為模式、抉擇或言說裡頭被發現；但是，另一方面，讓這種知識的不同要素結合起來並具有連貫一致性的這個體系，即便是生活在其中的人也無所感；個體確實可以擁有一些因為這種知識而成為可能的認識，使用一些因此而可能的若干概念，進行若干因此而可能的發現，帶來一些因此而可能的創新；但他們無法有意識地擁有這套知識的規約性原理或轉變的條件。觀念、作品和實踐都出現在這套知識的內部。因此，對於這種知識的「無意識」，我們應該賦予其地位，將之跟其他的無意識規約性相較，無論這些規約性是個體的（如同精神分析所探究的）或是集體的（如同語言學或民族學所研究的）。

最後，傅柯先生將檢視思想秩序上的因果關係；知識的轉變並不依循某項發生所具有的規律發展歷程進行，然而它也不是那些影響人類意識並被銘刻其上的外在過程直接且立即的結果。關於認識之歷史性（l'historicité des connaissances）的老問題必須從思想——作為被決定的、演變的並且被投注於一個文明之物質要素中的各種體系——之存在這個基礎上重新掌握。

附錄五

〈自由的思想〉

布迪厄

「不要問我是誰」

本文原以義大利文發表於一九八四年十月在羅馬出版的期刊《索引》（*L'Indice*）。

客觀上的靠近並不見得有利於客觀的感知及評價：在知識方面，我遠遠不能確定同胞、同代人、同窗和同事的身分享有什麼優勢。傅柯是法國人、在二戰結束那個年代就學的高等師範生、身處於存在主義的發展高峰期、資格考合格的哲學教師，他的出發點、參照點及決裂點、他的自我定位、他的導引明燈及他深惡痛絕的事、乃至有助於構成一個知識方案的一切，皆應歸諸這樣的歷史根源。除了在年分上的一點落差之外，我在所有這些**決定性的**特點以及隨之而來的其他特點，特別是在知識世界的視野上，都跟他有共通之處。我們之所以如此頻繁地站在同一陣營，也就是說我們經常是面對相同對手的盟友，而且有時會被相同的敵人搞混，這並非出於偶然。同樣的，我的嘗試——藉著勾勒出一部關於其思想既成形於其中又與之對抗的這個領域之知識史，而有益於提出一種對傅柯的公允理解——也暴露在虛假的比附或刻意分別的危險當中，在事關一位享有盛名的思想家的情況下，無論是哪一種皆提供了可觀的象徵利益。

然而我相信，對傅柯這樣一位從未停止努力與先知型知識分子自戀自滿之情劃清界線的知識分子而言，這種意圖——竭力不在其獨特之處，而在與人共通之處認識他作為「思想家」未盡詳明之處（son impensé de «penseur»）——自有其道理。在我們最後的某次對話中，我們花了很長的時間談我們知識發展上的若干重要轉折點，當下我們便產生了跟我們共同友人艾希邦一同進行幾次對談的想法，務求以最真誠的、盡可能最客觀的方式，探討跟我們思想上的努力相關的這整個在社會與知識面向上不可分的基質（substrat）：關鍵性的相遇、決定性的閱讀、根源性的拒斥、典範性的人物。這麼多完全私密的東西，並且經常是被精心掩蓋的東西（甚至對親密的人也不例外），將之披露出來，公諸於世，在我們看來似乎是好事，有助於對知識工作的釐清（儘管我們都對任何形式的個人表白懷有恐懼）。

我無意在一種任何偉大作品皆為目標的收編企圖中，對於可能是傅柯著述之「核心直覺」（l'intuition centrale）的東西提供我個人的直覺，我只是本能地反對人云亦云，對於任何意圖界定傅柯的分門別類方式感到極為不耐，想要盡點心力保護他，對抗將他簡化為這個或那個分類特質的做法：知識史學家、科學史學家、社會科學史學家、社會科學家、哲學家、哲學史學家、歷史哲學家、科學史哲學家，這些過於局限的標籤無一能界定他。回顧他與馬克思主義的關係或與法國的認識論（巴舍拉、康紀言）、哲學史或科學史（格胡、維耶曼）、人類學或結構史（李維史陀、杜梅齊勒）等傳統的關係，乃至他跟尼采、亞陶或巴代伊的關係，不是要將他化約到一些「源頭」或「影響」上，而是為了提供憑據，衡量那些**距離**，而透過這些距離，他建構了自己；不是要將他歸入人們想要監禁他的分類監獄中，而是為了使他能夠從監獄逃脫——他從未停止這麼做，而且如果他還在世也會繼續這麼做；那是為了對抗那些質問著「傅柯是馬克思主義者還是反馬克思主義者？他真的是哲學家嗎？」的思想分類專家、官僚科員，也為了捍衛這位用盡最後一點氣力、直到生命最後一刻仍在努力探索其思想界線（知識的及社會的）並且跟他自己、跟他自己的思想、跟他自己思想的社會形象努力抱持距離的人。

我們可以從他跟馬克思的關係開始，證明這種以唯物方式提出知識問題的嘗試（此乃傅柯思想工作諸多可能的局部性界定方式之一）不能化約為馬克思主義或反馬克思主義二選一的選擇題，它兩者都不是，同時又是這兩者。即便他有時引用了馬克思、從他那兒借用了幾句話或幾個概念，他的模式也從來都不是意欲被人視為馬克思主義者，亦即敬畏馬克思，而且受到馬克思主義報刊歌功頌德：在崇拜的邏輯中，那些最斬釘截鐵的引文及參照，都是最無謂的，明顯只是為了展示、宣揚、昭告信念而出現。相較於對理論的祭獻儀式（l'oblation théorique），傅柯更喜歡透過使用、落實而以低調、甚至祕密的方式致意。**這隱而不宣的**（*crypto*）一面（他會對馬克思感到羞恥、恥於自稱馬克思主義者因而只做不說？而這種不公開宣稱的馬克思主義還是馬克思主義的嗎？）、這種對尋常的崇拜（阿圖塞徒眾對此賦予了一種知識的正當性）公開保持的距離，這種視馬克思為諸多作者之一的方式，凡此皆讓那些信徒感到困惑，甚至令他們憂心。跟哲學家之間的情況也如出一轍：傅柯將自己知識計畫的決心與他對尼采的真正發現連結起來，這樣的傅柯曾說，對一些思想——例如尼采的思想——致上敬意的唯一方式，就是**使用它們**，作為某個用途，即便是以變形的方式，甚至冒著引起評論者非議的危險。

這種從分類身分（identités classificatoires）中掙脫出來的關係並非理所當然（只消想到沙特將馬克思主義推崇為「我們時代無可超越的哲學」），隨之而來的知識利益多少帶著一些損失及社會性的代價（當然，反過來，我們會想到所有仰仗或曾經仰仗種種提供給當朝象徵性權威——馬克思當然是，但也包括在學院圈子裡的康德、海德格或一些輩分稍低的大師——的合法繼承者的保證收益而活的那些人）。儘管有可能看似離題，我仍將在此提到跟政治（la politique）——這個面向也有著同樣的深沉姿態——的關係，以及所有政治道貌岸然形式（formes du pharisaïsme politique）的恐怖，這些形式經常以廉價的方式確保了依附在捍衛大道理的種種利益。有些人，甚至是知識分子，對他們而言，當左派執政時，比較容易稱自己是左派。對於傅柯以及其他幾個人而言，這是更加困難，甚至不可能的；機會主義者譴責「知識分子的沉默」，這最令人感到憤怒的。

然而，我們必須是在著作本身追索傅柯與馬克思（繼而追索與「馬克思主義者」之間）的對話，這樣的對話從未在他的任何一部社會科學著作中缺席。在《瘋狂與非理性：古典時代瘋狂史》

和《臨床的誕生》中，傅柯明確將瘋人在庇護所及窮人在醫院中的監禁跟一種生產關係理論和一種貧窮政治經濟學連繫起來：瘋人之所以需要特殊處理，是因為他們是最缺乏生產力的人口；同樣的，在自由年代（l'âge libéral）初期，醫院和臨床是從窮人身體的使用價值中誕生的：「這就是財富與貧窮兩造在臨床經驗的組織上所訂定的契約條款。在一個經濟自由的體制下，醫院找到讓富人感興趣的可能性；臨床則構成訂約另一方的逐步償還；臨床代表的是窮人這一邊，是為富人贊同的醫院資本化所支付的**利息**。」故作風雅所帶來的委婉效果無法掩飾相當粗暴的經濟主義（économisme）形式；醫院是不平等交換的場所：減緩病痛換來的是臨床的注視落在公開展示的身體。在《監視與懲罰》中，傅柯明確援引馬克思主義對不變資本及可變資本的分析，從而將現代監獄解釋為一種規訓權力，並且關聯到人的積累及資本積累。在《性史》中，他將性的規訓及調節跟生產需求關聯起來，將施加在身體的權力當成經濟發展及資本主義積累的一個條件。我們還可以舉出更多無論在思想方式或語彙上皆展現出跟馬克思主義強烈共鳴的文本。

在純粹狀態下帶著陽性定冠詞的政治（le politique à l'état pur）一概念之興起，連同「權力－知識」（pouvoir-savoir）的概念，有可能被視為跟馬克思主義宰制理論、跟將生產工具的所有制當成唯一（或主要）宰制原理的經濟主義的根本決裂——傅柯說「權力來自下方」；我們不再將權力擺放在一個核心的位置，我們在任何地方皆能發現它，也就是說在任何它所在之處，在家庭、小團體、言說、制度中。這項發現——傅柯本人應該不會否認——跟一九六八年五月運動所構成的那一類社會實驗（expérimentation sociale）應該不無關聯：監禁的道德規訓跟規訓符碼（codes disciplinaires）及言說有關，其程度高過於《瘋狂史》中所說的。不過實際上，遠早於《監視與懲罰》，並且可能從源頭便開始，傅柯已然跟受到阿圖塞派人士極力重振的階層化領域的建築式理論（並且其主導了整個年鑑學派的思想）分道揚鑣。從對於精神病禁閉的分析到對於性規範化的分析，在在都是要證明，對於那些單一經濟觀點者而言微不足道的現象，實際上在政治秩序的維護上發揮著至關重要的角色，而這套政治秩序的維護可能是經濟秩序運作上隱匿得最好的、最具決定性的條件。知識係一種權力工具、是一種社會技術：壓制與禁止，排拒和否決，凡此種種皆係專屬認知的分類操作方式，置個體於監視之下。**求知慾**（*libido sciendi*）乃一種**控制慾**（*libido dominandi*），一如臨床案例所見，在無可非議的求知意志的外表下產生作用。

藉著使知識之科學史成為政治科學的一個面向，傅柯從根本上轉換了巴舍拉或康紀言的意圖，乃至於到了這門歷史不再具有新意及特定性的地步。這兩人皆曾在錯誤或偽科學的歷史中尋找科學工作之真相（例如，參見康紀言《在生命科學中的意識形態及理性》〔*Idéologie et rationalité dans les sciences de la vie*, 1977〕），這是針對已然成形、發展成熟的科學所做的康德式反思所無法揭示的。作為「權力－知識」的科學始終暴露在錯誤之誘惑下，其源頭就在於一種被加載權力意志的求知意志。這種情況在社會科學中最為明顯，特別是在起步階段，而它們顯然也無法脫離這個階段：臨床醫學和精神病理學、法律和政治科學，傅柯研究的是真理與錯誤的邊界最為脆弱的那些科學，是意識形態加載程度最高的那些科學，因為它們對政治的影響力遠比自然科學重要得多。傅柯投身於一些被歷史學家棄置的領域，如醫院、監獄或告解室，以及法語稱為「人渣」

（rebuts de l'humanité）的一些反英雄人物（罪犯、雌雄同體或野孩子），致力於發現常規科學未盡詳明之處（l'impensé de la science normale）。這樣的方向順理成章地終結於一部社會科學的社會史，此乃最足堪其名的「知識－權力」（le savoir-pouvoir par excellence）。正是在這一點上，引領傅柯整個事業的那個批判計畫——在康德意義上的批判，傅柯曾將他的《人類學》譯成法文——浮現出來。人類學知識的批判，完成於對那些讓人的科學（la science de l'homme）經由人而成為可能的社會及邏輯條件的分析，也就是說，完成於一部關於**人的歷史發明**（*l'invention historique de l'homme*）的歷史。歷史系譜學——在跟古典哲學的**人類中心主義**一刀兩斷的同時，重新建構出現代人的社會發生（la genèse sociale de l'homme moderne）——透過完全不同的途徑，實現了康德認識人的認識能力之宏願，也就是說，透過這些其本身政治屬性、認知屬性分不清的技術，透過這些跟工業化同時出現並披著改革派外衣以作為警察及政治工具及作為知識規則及生命規則而產生作用的學科，〔諸如〕心理學、臨床醫學、精神病理學、社會科學、犯罪學、人口理論、政治經濟學、精神分析、精神醫學。作為範例，醫學注視不僅被它所涉及的知識體系所形塑，也被它實現於其中的宰制社會關係所形塑：有著一部「真理生產的政治史」。

這部關於人的生產（la production de l'homme）的社會史——此一生產係透過在關於人的真理的生產（la production de la vérité sur l'homme）上展開鬥爭而實現的——是自我認識（la connaissance de soi）的一個形式（若不直截了當地說是最足堪其名的形式的話）。並且，認識系譜在一種「道德系譜」上找到了其合理延伸。一方面，去探索認識方面的社會界線，或者換個方式說，去探索那些

「知識－權力」及各學科所帶給我們的知識可能性——特別是關於社會世界的知識——之社會條件；另一方面，去探索道德方面的社會界線、這個被古典哲學的人類中心主義接受為絕對開端的「主體」之歷史發生：此二者乃同一批判意圖的兩種實現。在兩種情況中，對界線的反思（réflexion）導向一種對於反思之界線的反思。權力——亦即政治——並未在表面上最私密的、超脫一切束縛及一切社會控制的關係中缺席，此即反思性的自我認識。「知識－權力」的概念旨在提醒人們，知識就在權力之中，而權力就在知識之中。在自我知識的案例中，情況亦然。破壞人類中心主義，這是認識及承認人類學的界線並且避免將人投射到已死的神所遺留的空位（例如以沙特的方式，就某種意義來說，這是具代表性的方式：他想將笛卡兒歸給上帝的真理和價值的創造權力還給人）。

《性史》處理的是意識的發生歷史、作為慾望的自我意識（conscience de soi du désir）這個「主體」的發生歷史。不幸的意識（conscience malheureuse）：「關注自我」（le souci de soi）首先是倫理的關注，從古代便已形成，圍繞在「得天獨厚的」的性問題上——為什麼？——並且隨基督教的到來而獲得實現。性是一段歷史的產物，在其中受到起規範作用的言說（le discours normalisateur）所提供的那種被扭曲的自我意識所影響，身體被分化去對抗自己：歇斯底里、手淫、戀物癖和中斷性交（coïtus interruptus）是政治規範統治施加在身體深處（l'intimité des corps）的四種典型樣貌。主體性乃是告解者的女兒（這或許解釋了那種由李維史陀所代表、廢除主體的新式人的科學對於被人格主義的愚蠢充塞的一整個世代所產生的蠱惑力）。這個被昔時的哲學置放在開端的主體是臣服的產物；如同「性」，它從**界限**——無論被接受或被違逆——的內在化當中誕生，而規訓的歷史正述說著其發生。

針對臣服的「主體」所展開的批判的、歷史系譜的計畫，不可劃分地是一個科學及政治的計畫：人類學認識無疑是我們所擁有的唯一機會，可以把我們從「人類學的沉睡」中喚醒，讓我們從所有誕生於關注自我的自我滿足形式（formes de la complaisance à soi）之中掙脫出來，讓我們擺脫內在於那種無〔視〕歷史界限〔之存在〕的思想（la pensée sans limites historiques）、那種〔以為自身〕無未盡詳明之處的思想（la pensée sans impensé）的幻覺的界限，一言以蔽之，產生出一個我們會是其主體——如此稀罕——的主體。理論——這種揭去權力面紗、讓它現出原形的視野——乃一種實踐，以及一種政治實踐。它並不企圖盡述所有的一切，關於所有一切的全部真理。它讓權力從所在之處現身，那些躲藏得最好的，經常是躲在被人視為理所當然的尋常秩序之中最微不足道、最毫無價值的東西裡。傅柯跟那種作為**學術人**（*l'homo academicus*）以及特別是學院哲學家寫照的再現（la représentation）——致使在生活中形成兩個部分，由嚴謹所主導的知識部分，以及激情所主導的政治部分——一刀兩斷，而他毋寧出於慷慨的偏好，將知識活動構想成一種政治的解放事業最足堪其名的形式：真相之政治（la politique de la vérité）——這是知識分子特有的職責——在一種以發現及宣告政治的真相（la vérité de la politique）的工作中實現。正是這樣的作為，將認識權

力真相的（反常的）慾望變成了權力慾的頑強對手。[a]

a. 布迪厄原注：大約一年前，正當「知識分子的沉默」的爭論鬧得沸沸揚揚之際，我們確立了一個以法國政治及社會狀態為題的集體寫作計畫。傅柯由這個角度著手研究一段社會主義言說的歷史。

注釋

第三版序（二〇一一年）

1. Michel Foucault, « Qu'est-ce que la critique ? (Critique et *Aufklärung*) », *Bulletin de la Société française de philosophie*, 84e année, n° 2, avril-juin 1990, p. 35-63. Citation : p. 39.
2. Michel Foucault, « *What is Enlightenment* », in Paul Rabinow, *The Foucault Reader*, New York, Pantheon Books, 1984，後亦收錄於Michel Foucault, *Dits et écrits*, Paris, Gallimard, 1994, t. 4, texte 339, p. 562-578（此處引用的是一九九四年的四卷版本）。

第一部　心理學在地獄

1「我出生的城市」

1. 一九八一年八月十三日寄給作者的明信片，上面的照片是「普瓦提耶法院」（Palais de Justice de Poitiers）及其主塔樓「繆蓓烱塔」（Tour Maubergeon）。
2. *Les Collèges Saint-Stanislas et Saint-Joseph de Poitiers. Notes historiques et souvenirs d'anciens, rassemblés sous la direction de Jean Vaudel*, Poitiers, librairie « Le bouquiniste », 1981.
3. 瑞根斯（Stephen Riggins）的訪談，*Ethos*, automne 1983, p. 5 (Et *Dits et écrits*, texte 336, t. 4, p. 524-538).

4. In Thierry Voeltzel, *Vingt ans et après*, Paris, Grasset, 1978, p. 55. 在這一系列的談話裡（一九七八年出版，但錄音的時間是一九七六年夏天），傅柯（他的名字並未出現）向一位二十歲的年輕人提問。年輕人搭了傅柯的便車，並且和他發展了一段關係。在這本由克洛德．莫里亞克作序的書中，傅柯問這位年輕人關於他的生活和他的政治參與——特別是同性戀運動——傅柯的問題經常變成長篇評論，他會提出自身的經驗和自己的看法。

2 黑格爾的聲音

1. Emmanuel Le Roy Ladurie, *Paris-Montpellier, 1945-1963*, Paris, Gallimard, 1982, p. 29. 關於同一時期巴黎路易大帝中學坎涅班上分隔「外省」學生（寄宿生）和巴黎學生（非寄宿生）的社會邊界，參見Pierre Bourdieu, *Esquisse pour une auto-analyse*, Paris, Raisons d'agir, 2004, p. 126.
2. *Ibid.*, p. 27-29.
3. Jean d'Ormesson, *Au revoir et merci*, 2e édition, Paris, Gallimard, 1976, p. 71.
4. *Ibid.*
5. *Ibid.*, p. 76.
6. Michel Foucault, « Jean Hyppolite, 1907-1968 », *Revue de métaphysique et de morale*, t. 14, n° 2, avril-juin 1969, p. 131 (et *Dits et écrits*, t. 1, texte 67, p. 779-785).
7. Jean-François Sirinelli, *Génération intellectuelle. Khâgneux et normaliens dans l'entre-deux-guerres*, Paris, Fayard, 1988.
8. *Folie et déraison. Histoire de la folie à l'âge classique*. Thèse principale pour le doctorat ès lettres, Plon, 1961. Préface, p. X et XI.
9. Michel Foucault, *L'Ordre du discours*, Paris, Gallimard, 1971, p. 80-81.
10. *Les Temps modernes*, n° 31, avril 1948.
11. Élisabeth Roudinesco, *La Bataille de cent ans. Histoire de la psychanalyse en France*, t. 2, Paris, Seuil, 1986, p. 150.
12. Cf. Raymond Aron, *Mémoires*, Paris, Julliard, 1983, p. 94.
13. Georges Canguilhem, « Hegel en France », *Revue d'histoire et de philosophie des religions*, Strasbourg, 1948-1949.

14. Jean Hyppolite, *Figures de la pensée philosophique*, PUF, 1971, t. 1, p. 196-212. 關於黑格爾引介到法國的歷程，亦可參見此書中的 « La “Phénoménologie” de Hegel et la pensée française contemporaine » (*ibid.*, p. 231-241).
15. Maurice Merleau-Ponty, *Sens et non-sens*, Nagel, 1948, p. 109.
16. *Ibid.*, p. 110.
17. Jean Hyppolite, « Histoire et existence », *Figures de la pensée philosophique*, *op. cit.*, t. 2, p. 976.
18. Michel Foucault, *L'Ordre du discours*, *op. cit.*, p. 74-75.
19. Michel Foucault, « Jean Hyppolite, 1907-1908 », *Revue de métaphysique et de morale*, *art.cit.*, p. 136 (et *Dits et écrits*, t. 1, p. 785).
20. *Hommage à Jean Hyppolite*, éd. par Michel Foucault, Paris, PUF, 1969.

3 梧爾木街

1. Bertrand de Saint-Sernin, « Georges Canguilhem à la Sorbonne », *Revue de métaphysique et de morale*, janvier-mars 1985, p. 84. 布迪厄對康紀言的回憶，可參見 *Esquisse pour une auto-analyse*, op. cit., p. 40-45.
2. Louis Althusser, *L'avenir dure longtemps*, Paris, Stock/Imec, 1992, nouvelle éd., Le Livre de poche, 1994, p. 40. 阿圖塞也說有時會看見傅柯「驚惶不安地」在走廊上遊蕩（*ibid.*, p. 370）。
3. In Thierry Voeltzel, *Vingt ans et après*, *op. cit.*, p. 43.
4. Dominique Fernandez, *Le Rapt de Ganymède*, Grasset, 1989, p. 291-292.
5. *Ibid.*, p. 82.
6. In Thierry Voeltzel, *Vingt ans et après*, *op. cit.*, p. 32, 35 et 14.
7. Michel Foucault, « Je suis un artificier » in Roger-Pol Droit, *Michel Foucault, entretiens*, Paris, Odile Jacob, 2004, p. 94-95.
8. Michel Foucault, « Est-il donc important de penser ? », entretien dans *Libération*, 30 mai 1981. (Et *Dits et écrits*, t. 4, texte n° 296, p. 178-182.)
9. Dominique Fernandez, *Le Rapt de Ganymède*, *op. cit.*, p. 82.

10. Michel Foucault, « Préface à la transgression ». *Critique*, nos 195-196, août-septembre 1963, p. 762. (Et *Dits et écrits*, t. 1, texte n° 13, p. 233-250.)
11. Dominique Fernandez, *op. cit.*, p. 132-133.
12. Jean-Paul Aron, « Mon sida », *Le Nouvel Observateur*, 30 octobre 1987.
13. 此觀點出自我寫的 *Réflexions sur la question gay*, « Les hétérotopies de Michel Foucault », Paris, Fayard, 1999.
14. « Le Retour de la morale », entretien dans *Les Nouvelles littéraires*, 28 juin 1984 (et *Dits et écrits*, t. 4, texte 354, p. 703).
15. Louis Althusser, *L'avenir dure longtemps*, *op. cit.*, p. 363-364 et 201. 到了六〇年代末期，阿圖塞的評判變得較為嚴苛：一九六九年，阿圖塞的發言引起軒然大波，他在高等師範學院舉辦的伊波利特追思會上公開宣稱，儘管他始終認為「梅洛龐蒂曾雕琢出法國當代最卓越的哲學作品」，但也必須承認，「作為哲學家」，「他在世時已經死亡」（*ibid.*, p. 442）。
16. 這些課程由德普杭細心編輯出版，Vrin, 1968.
17. 這些課程最近全部重新編輯出版，見 *Merleau-Ponty à la Sorbonne*, éd. Cynara, 1988.
18. Emmanuel Le Roy Ladurie, *op. cit.*, p. 44.
19. Jean-François Sirinelli, « Les Normaliens de la rue d'Ulm après 1945 : une génération communiste ? », *Revue d'histoire du monde moderne*, t. XXXII, octobre-décembre, 1986, p. 569-588.
20. Maurice Agulhon, « Vu des coulisses », in *Essais d'ego-histoire*, Gallimard, 1987, p. 21-22.
21. Jean Charbonnel, *L'Aventure de la fidélité*, Seuil, 1976, p. 56-57.
22. 瑪麗亞安托涅塔・馬裘基在她的書中摘錄了這封信：*Deux mille ans de bonheur*, Paris, Grasset, 1983, p. 379-380.
23. Jean Charbonnel, *op. cit.*, p. 39.
24. *Ibid.*
25. Rapport de Paul Mazon, *Annuaire de la fondation Thiers. 1947-1952*, nouvelle série, fasc. XLI.

4 瘋人嘉年華

1. Michel Foucault, « La recherche scientifique et la psychologie », in *Des chercheurs français s'interrogent*, Privat-PUF, 1957, p. 173-175. (Et *Dits et écrits*, texte 3, t. 1, p. 137-158.)
2. *Introduction* à Ludwig Binswanger, *Le Rêve et l'existence*, Desclée de Brouwer, 1954, p. 74. (Et *Dits et écrits*, texte 1, t. 1, p. 65-119.)
3. Ducio Trombadori, *Colloqui con Foucault*, 10-17, Cooperativa editrice, 1981, p. 41. 我引用的是法文的錄音謄寫稿。
4. 傅柯為《性史》第二卷所寫的序（法文版未收錄），見Paul Rabinow, *The Foucault Reader*, Penguin Books, p. 334 et 336. (Et *Dits et écrits*, texte 340, t. 4, p. 579 et 581.)
5. 瑞根斯的訪談（我的翻譯），*Ethos, art. cité*, p. 5. (Et *Dits et écrits*, texte 336, t. 4, p. 527-528.)

5 史達林的鞋匠

1. Ducio Trombadori, *Colloqui con Foucault*, *op. cit.*, p. 27-29.
2. *Ibid.*, p. 30.
3. Maurice Pinguet, « Les Années d'apprentissage », *Le Débat*, septembre-novembre 1986, n° 41, p. 129-130.
4. *Ibid.*, p. 127.
5. Emmanuel Le Roy Ladurie, *op. cit.*, p. 46.
6. Claude Mauriac, *Le Temps immobile*, t. III, *Et comme l'espérance est violente*, Grasset, 1977, p. 318-319.
7. Claude Mauriac, *Le Temps immobile*, t. IX, *Mauriac et fils*, Grasset, 1986, p. 290.
8. Michel Foucault, « Je suis un artificier », in Roger-Pol Droit, *Michel Foucault, entretiens*, *op. cit.*, p. 117. C'est moi qui souligne.
9. Ducio Trombadori, *Colloqui..., op. cit.*, p. 33.
10. Jean-Paul Aron, *Les Modernes*, Gallimard, 1984, p. 65-66.
11. Ducio Trombadori, *op. cit.*, p. 33.

12. Michel Foucault, *Les Mots et les choses*, Paris, Gallimard, 1966, p. 274.
13. Cité dans *Le Magazine littéraire*, n° 207, mai 1984, p. 57.
14. 對傅柯和阿圖塞的關係的更多分析，請見我的 *Michel Foucault et ses contemporains*, Fayard, 1994（即將發行新版），p. 314-350.
15. Michel Foucault, « Archéologie d'une passion », in *Dits et écrits*, t. 4, texte 343, p. 608.
16. Maurice Blanchot, « Où maintenant, qui maintenant », *NRF*, n° 10, 1953. 後收錄於 *Le Livre à venir*, Gallimard, 1959. 布朗修的專欄和評論文章結集（加上修訂）收錄於 *L'Espace littéraire, Le Livre à venir* et *L'Entretien infini*. 完整匯編（包含原始出處和發表日期）可參見 Françoise Collin, *Maurice Blanchot et la question de l'écriture*, Paris, Gallimard, coll. « Tel », 1986.
17. Karl Jaspers, *Strindberg, Van Gogh, Hölderlin, Swedenborg*, préface de Maurice Blanchot, Paris, Minuit, 1953, p. 232-236.
18. *Ibid.*, p. 12.
19. Michel Foucault, *Folie et déraison*, Paris, Plon, 1961. Préface, p. X.
20. *Ibid.*, p. XI. 夏赫的這些詩句引自 *Partage formel* (Cf. *Œuvres complètes*, Paris, Gallimard, « Pléiade », p. 160).
21. Maurice Blanchot, *Michel Foucault tel que je l'imagine*, Fata Morgana, 1986, p. 9.
22. *Ibid.*, p. 10.
23. Paul Veyne, *René Char en ses poèmes*, Paris, Gallimard, 1990. 關於傅柯與夏赫，參見 p. 498-500.

6 愛情的不協和音

1. Michel Foucault, *Introduction* à *Le Rêve et l'existence*, *op. cit.*, p. 9-10.
2. *Ibid.*, p. 9.
3. Jean-Paul Aron, *Les Modernes*, *op. cit.*, p. 64-65.
4. Michel Foucault/Pierre Boulez, « La musique contemporaine et le public », *CNAC Magazine*, mai-juin 1983. (Et *Dits et écrits*, texte 333, t. 4, p. 488-495.)

5. Lette citée dans la « Chronologie » des *Dits et écrits*, *op. cit.*, t. 1.

6. Jean Barraqué, « Propos impromptus », *Courrier musical de France*, n° 26, 1969, p. 78. 關於巴拉凱，可參見一九八七年《此間》（*Entretemps*）特刊，特別是蘿絲瑪麗・詹森（Rose-Marie Janzen）所寫的生平略述，此處引述關於巴拉凱的文字參考了她的著述。

7. Interview, *Ethos*, automne 1983, p. 7 (et *Dits et écrits*, texte 336, t. 4, p. 534).

8. Michel Foucault, « Pierre Boulez, l'écran traversé », *Le Nouvel Observateur*, 2 octobre 1982. (et *Dits et écrits*, texte 305, t. 4, p. 219-220.)

9. Paolo Caruso, entretien avec Michel Foucault, *La Fiera Leteraria*, 28 septembre 1967. (Et *Dits et écrits*, texte 50, t. 1, p. 613.)

10. Archives Jean Barraqué.

11. Jean Barraqué, *art. cit.*, p. 80. 我對於傅柯和巴拉凱的關係的較長分析請見*Réflexions sur la question gay*, *op. cit.*, p. 351-359.

12. Michel Foucault, *Maladie mentale et personnalité*, PUF, 1954, p. 12.

13. *La Nouvelle Critique*, avril 1951.

14. *Maladie mentale…*, *op. cit.*, p. 100-101.

15. *Ibid.*, p. 86.

16. *Ibid.*, p. 104.

17. *Ibid.*, p. 83.

18. *Ibid.*, p. 108-110.

19. *Ibid.*, p. 23-26.

20. 關於一九五四年的版本和這兩個版本之間的變化所做的分析，請參考德雷弗斯為「加州版」的《精神疾病與心理學》所寫的序：*Mental Illness and Psychology*, University of California Press, Berkeley, 1987.

21. Michel Foucault, *Maladie mentale et psychologie*, PUF, coll. « Quadrige », 1995. 版權頁所列的「初版」時間是一九五四年，這會讓讀者以為此處所指的是這本書最初的版本（譯按：指《精神疾病與人格》）。還是應該以一九六二年代替一九五四年才對。

22. Jean Hyppolite, *Figures de la pensée philosophique*, PUF, t. II, p. 885-890.
23. Cf. Élisabeth Roudinesco, *Histoire de la psychanalyse en France*, t. II, p. 310-311.
24. Michel Foucault, « La Recherche scientifique et la psychologie », in *Des chercheurs français s'interrogent*, *op. cit.*, p. 193 et 201. (Et *Dits et écrits*, texte 3, t. 1, p. 153 et 158.)

7 烏普薩拉、華沙、漢堡

1. 杜梅齊勒寫給傅柯的信，一九五四年十月十五日。
2. 傅柯寫給杜梅齊勒的信，一九五四年十月二十二日。
3. 「可不要沒來看我就走了（在放假的時候）。」一九五四年十二月十六日杜梅齊勒對傅柯說。傅柯則於一九五五年一月十一日寫信給杜梅齊勒：「親愛的先生，多虧有您，現在我已經熟悉烏普薩拉的小宇宙了。」之後是二月二十七日，傅柯又寫了一封信給他，先是宣布自己被錄取了，然後問道：「我可否於近日再去打擾您一次，再向您多請益一些關於烏普薩拉的生活方式——和生存方式——這方面的問題。」由此可知他們已見過第一次面，所以，他們應該也見到了第二次面。一月初的第一次談話顯然不只跟瑞典的生活有關。從一月十一日的這封信看來，杜梅齊勒反過來向他打聽巴黎的同性戀生活，傅柯在信中提到：「我很樂意與您同去巴黎我所知的那些祕境尋幽訪勝：我只擔心這些地方會令您失望，而且會讓我在不堪的惡名之下無所遁形。」
4. Cf. Louis-Jean Calvet, *Roland Barthes, 1915-1980*, Flammarion, 1990, p. 154.
5. 關於傅柯離開法國遠赴瑞典以及他和杜梅齊勒相識的過程，更清楚的敘述我放在« À la naissance de l'*Histoire de la folie* (L'ascendance dumézilienne, I) » in *Michel Foucault et ses contemporains*, *op. cit.*.
6. Interview, *Ethos*, n° 2, automne 1983, p. 4. (Et *Dits et écrits*, texte 336, t. 4, p. 526.)
7. Michel Foucault, « Probleme und Leistungen moderner französischer Wissenschaft, IV, Die französischer Anthropologie », Sender Freies Berlin, Nachtprogramm, 25 juin 1957. 這篇文章是波拉克請傅柯以法文寫的，譯成德文之後，由節目工作人員朗讀。

8. Michel Foucault, *Folie et déraison*, *op. cit.*, préface, p. X.
9. *Le Monde*, 22 juillet 1961. (Et *Dits et écrits*, texte 5, t. 1, p. 168.)
10. *L'Ordre du discours*, p. 73.
11. Voir Michel Foucault, *Le Gouvernement de soi et des autres. Cours au Collège de France, 1982-1983*, Paris, Gallimard/Seuil, 2008, « Leçon du 26 janvier 1983 », p. 105-121, et *Le Courage de la vérité. Cours au Collège de France, 1984*, Paris, Gallimard/Seuil, 2009, « Leçons du 15 et du 22 février 1984 », p. 87-130.
12. 這些課程的內容從未出版。傅柯過世時，杜梅齊勒在《新觀察家》週刊上的文章之所以提到「出版的課程」，其實是手民誤植，他原本寫的是「公開的課程」。
13. 歐貝里寫給本書作者的信，一九八八年十月十日。
14. Louis-Jean Calvet en évoque plusieurs, citant différents témoins (Cf. L.-J. Calvet, *Roland Barthes, 1915-1980*, *op. cit.*, p. 172-173.)
15. 弗杭索瓦・瓦勒寫給本書作者的信，一九八九年十月一日。
16. 未出版文字。我從傅柯推薦羅蘭・巴特進入法蘭西公學院的這些報告中摘錄了好幾段，收錄於*Michel Foucault et ses contemporains*, *op. cit.*, p. 211-232.
17. Michel Foucault, « Roland Barthes, 1915-1980 », *Annuaire du Collège de France*, année 1979-1980 (80e année). (Et *Dits et écrits*, texte 288, t. 4, p. 124-125.)
18. 這是一九六九年由波恩弗瓦（Claude Bonnefoy）進行的訪談，但從未出版。片段摘錄由兩位演員朗讀（Eric Ruf 和 Pierre Lamandé），收錄於CD：« Michel Foucault à Claude Bonnefoy », coll. « À voix haute », Gallimard/France Culture, 2006.
19. 傅柯寫給杜梅齊勒的信，一九五七年五月二十九日。
20. Étienne Burin des Roziers, « Une rencontre à Varsovie », *Le Débat*, n° 41, septembre-novembre 1986, p. 133.
21. *Ibid.*, p. 134.
22. *Ibid.*, p. 136.

23. Entretien avec Michel Foucault, *Bonniers Literära Magasin*, Stockholm, mars 1968, p. 204. (Et *Dits et écrits*, texte 54, t. 1, p. 651-652).

24. Michel Foucault, *Folie et déraison*, préface, p. I-V.

25. *Ibid.*, p. IX.

26. Michel Foucault, « Entretien avec Roger-Pol Droit », en 1975. 未出版文字。書中文句（原文為英文）引自Lynne Huffer, *Mad for Foucault. Rethinking the Foudation of Queer Theory*, New York, Columbia University Press, 2009, p. 237-238.

27. *Histoire de la folie*, Gallimard, 1972, p. 58-59. 為統一參考資料，此處引用的是Gallimard的版本，只有〈初版序〉不在這個版本，這篇文章只存在一九六一年Plon出版的版本裡 (et désormais dans *Dits et écrits*, texte 4, t. 1, p. 159-171).

28. P. 100.（繁體中文版：《古典時代瘋狂史》，林志明譯，時報，二〇一六，二版，p. 123。）

29. P. 96.（《古典時代瘋狂史》，p. 118。）

30. P. 117-119.（《古典時代瘋狂史》，p. 146-147。）對這幾段的較長分析請見我的*Réflexions sur la question gay, op. cit.* 傅柯這本書的重點之一正是在展現「不正常的」性在道德和制度上，經由哪些過程被驅逐（並且在慈善救濟所與「精神失常者」為鄰而「被感染」），繼而在精神醫學的目光下成為病理化的對象。所以《瘋狂史》可以當成一部同性戀的歷史來讀——在它寫作的年代，這部歷史不敢說出自己的名字。

31. P. 522-525.（《古典時代瘋狂史》，p. 614-615。）

32. P. 548-557.（《古典時代瘋狂史》，p. 654。）

第二部　事物的秩序

1　詩人的才華

1. *Folie et déraison*, Préface, p. XI.

2. Cf. Georges Canguilhem, « Sur *L'Histoire de la folie* en tant qu'événement », *Le Débat*, n° 46, p. 38.

3. 修訂版，以法文出版：Michel Foucault, « La Vie : l'expérience et la science », *Revue de métaphysique et de morale*, janvier-mars 1985, p. 3. (Et *Dits et écrits*, texte 361, t. 4, p. 763, et, pour la première version, texte 219, t. 3, p. 429.)
4. Georges Canguilhem, « Mort de l'homme ou épuisement du cogito », *Critique*, n° 242, juillet 1967, p. 599-618.
5. G. Canguilhem, « Sur l'*Histoire de la folie* en tant qu'événement », *art. cit.*
6. 未出版文字。
7. Georges Dumézil, *Entretiens avec Didier Eribon*, Gallimard, Folio-Essais, 1987, p. 95-97.
8. Claude Lévi-Strauss, Didier Eribon, *De près et de loin*, éd. Odile Jacob, 1988, p. 100-101.（繁體中文版：《咫尺天涯：李維史陀對話錄》，廖仁義譯，桂冠出版，一九九四。）
9. Michel Foucault, « Le Style de l'histoire », Entretien, *Le Matin*, 21 février 1984. (Et *Dits et écrits*, t. 4, texte 348, p. 649.)
10. Philippe Ariès, *Un historien du dimanche*, Seuil, 1982, p. 145.
11. Michel Foucault, « Le Souci de la vérité », *Le Nouvel Observateur*, 17 février 1984. (Et *Dits et écrits*, t. 4, texte 347, t. 4, p. 647-648.)
12. *Ibid.*
13. Repris in Daniel Lagache, *Œuvres*, t. 1, PUF, 1977, p. 439-456.
14. 關於創造與學院之間的對立，參見Geoffroy de Lagasnerie, *Logique de la création*, Paris, Fayard, 2011.
15. 這篇導論和康德《人類學》的譯文於二〇〇八年由弗杭書店（librairie Vrin）出版。
16. Michel Foucault, « La folie, l'absence d'œuvre », *La Table Ronde*, mai 1964. Repris en appendice à l'*Histoire de la folie*, 2e édition, Gallimard, 1972, p. 575-582.
17. Michel Foucault, *Histoire de la folie*, 2e édition. Gallimard, 1972, p. 8.
18. 借用康紀言的« l'*Histoire de la folie* en tant qu'événement », art. cité.

2 書和它的分身

1. « Sur la sellette », entretien, *Les Nouvelles littéraires*, 17 mars 1975 (et *Dits et écrits*, texte 152, t. 2, p. 720).

2. « Du pouvoir », *L'Express*, 6 juillet 1984 (entretien réalisé en 1978).
3. Cf. « Entretien avec Michel Foucault », in A. Fontana et P. Pasquino, *Microfisica del potere*, Einaudi, 1977. (Et *Dits et écrits*, texte 192, t. 3, p. 140-142.)
4. 傅柯寫給杜梅齊勒的信，一九六一年九月三十日。
5. Maurice Blanchot, « L'oubli, la déraison », *NRF*, octobre 1961, p. 676-686. Repris in *L'Entretien infini*, Gallimard, 1969.
6. Roland Barthes, « Savoir et folie », *Critique*, n° 17, 1961, p. 915-922. Repris in *Essais critiques*, Seuil, 1964.
7. Michel Serres, « Géométrie de la folie », *Mercure de France*, n° 1188, août 1962, p. 683-696 et n° 1189, septembre 1962, p. 63-81. Repris in *Hermès ou la communication*, Minuit, 1968.
8. Robert Mandrou, « Trois clés pour comprendre "l'histoire de la folie à l'époque classique" », *Annales*, ESC, 17e année, n° 4, juillet-août 1962, p. 761-771.
9. Fernand Braudel, « Note », *ibid.*, p. 771-772.
10. Michel Serres, *Hermès…*, *op. cit.*, p. 167.
11. P. 176.
12. *Ibid.*
13. P. 178.
14. Roland Barthes, *Essais critiques*, Points-Seuil, p. 168.
15. *Ibid.*
16. P. 172.
17. P. 174.
18. Maurice Blanchot, *op. cit.*, p. 291.
19. Robert Mandrou, art. cité, p. 762.
20. *Ibid.*
21. *Ibid.*, p. 771.

22. Fernand Braudel, art. cité, p. 771-772.
23. 收錄於*Michel Foucault, une histoire de la vérité*, éd. Syros, 1985, p. 119.
24. 傅柯寫給德希達的信，一九六三年一月二十七日，收錄於Cahier de l'Herne, *Derrida*, Paris, éditions de l'Herne, 2004.
25. 德希達寫給傅柯的信，一九六三年二月三日，*Ibid*。
26. 德希達寫給傅柯的信，一九六二年二月二日，引自Benoît Peeters, *Derrida*, Paris, Flammarion, 2010, p. 166.
27. Jacques Derrida, *Cogito et histoire de la folie*, in *L'Écriture et la différence*, Points-Seuil, 1967, p. 52-53.
28. *Ibid.*, p. 51.
29. P. 51.
30. P. 52.
31. P. 95.
32. 關於杜梅齊勒的研究方法如何影響《瘋狂史》的寫作，參見l'*Histoire de la folie*, voir Didier Eribon, *Michel Foucault et ses contemporains*, *op. cit.*, p. 139-161.
33. P. 88.
34. 信件內容出自« Chronologie », *Dits et écrits*.
35. 傅柯寫給德希達的信，一九六三年三月十一日，引自Cahier de l'Herne, *Derrida*, *op. cit.*
36. *Revue de métaphysique et de morale*, 1963, n° 4, octobre-décembre.
37. 傅柯寫給德希達的信，一九六三年十月二十五日，引自Benoît Peeters, *Derrida*, *op. cit.*, p. 168. 關於德希達，本書一般參考這部傳記。
38. 傅柯寫給德希達的信，一九六四年二月十一日，*ibid*。
39. *L'Écriture et la différence, op. cit.*
40. Gérard Granel, « Jacques Derrida et la rature de l'origine », *Critique*, n° 246, novembre 1967, cité in Benoît Peeters, *op. cit.*, p. 229.
41. Cf. « Chronologie », in *Dits et écrits*.

42. Michel Foucault, « Réponse à Derrida », *Paideia*, n° 11, 1er février 1972，後收錄於 *Dits et écrits*, t. 2, texte 104, p. 281-295.
43. M. Foucault, *Histoire de la folie*, p. 583-603.
44. P. 602.
45. *Ibid.*
46. Citée in Benoît Peeters, *Derrida, op. cit.*, p. 299.
47. 尚皮耶・莫弘（Jean-Pierre de Morant）所做的紀錄，一九八一年十一月二十日大會，法蘭西學院檔案。
48. 關於德希達與塞爾持續多年的論戰，見 Benoît Peeters, *op. cit.*
49. Michel Foucault, « Politique, polémiques et problématisations », in *Dits et écrits*, t. 4, texte n° 342, p. 591-598.
50. Jacques Derrida, « "Être juste avec Freud" : l'histoire de la folie à l'âge de la psychanalyse », in Elisabeth Roudinesco et al., *Penser la folie. Essais sur Michel Foucault*, Paris, Galilée, 1992, p. 139-195.
51. *Le Monde*, art. cit.
52. Richard Howard, "The Story of Unreason" , *TLS*, 6 octobre 1961, p. 653-654.
53. Claude Mauriac, *Et comme l'espérance est violente*, Grasset, 1977, p. 375.
54. Cf. le numéro spécial de *La Nef*, consacré à l'antipsychiatrie, n° 42, janvier-mai 1971.
55. Michel Foucault, *Histoire de la folie, op. cit.*, p. 7-8.
56. Ducio Trombadori, *Colloqui con Foucault, op. cit.*, p. 39.
57. Robert Castel, « Les aventures de la pratique », *Le Débat*, n° 41, 1986, p. 43.
58. « La conception idéologique de l'« Histoire de la folie » de Michel Foucault », Journées annuelles de l'évolution psychiatrique, 6 et 7 décembre 1969, *Évolution psychiatrique, Cahiers de psychopathologie générale*, 36, n° 2, 1971.
59. Voir notamment : Henri Baruk, *La Psychiatrie sociale*, PUF, 1974.
60. Robert Castel, art. cité, p. 47.
61. « La folie encerclée. Dialogue sur l'enfermement et la répression psychiatrique », *Change*, nos 32-33, 1977 (et *Dits et écrits*, t. 3,

texte n° 209, p. 332-360).

62. Einaudi, 1973 (traduction française : PUF, 1980).

63. « Entretien avec Michel Foucault », 1977, in *Dits et écrits*, t. 3, texte 192, p. 140-160.

64. Michel Foucault, « Prisons et asiles dans le mécanisme du pouvoir », *Avanti*, n° 53, mars 1974 (Et *Dits et écrits*, t. 2, texte 136, p. 524.)

65. Ducio Trombadori, *Colloqui con Foucault*, *op. cit.*, p. 77-78.

3 貴公子和改革

1. 「候選名單」分為兩個類別：「嚴格名單」為教授職缺而設，候選人都已通過論文答辯。「寬鬆名單」則是為講師職缺而設。

2. Étienne Burin des Roziers, « Une rencontre à Varsovie », art. cit., p. 135-136.

3. Jean-Claude Passeron, « 1950-1980. L'université mise à la question : changement de décor ou changement de cap », in J. Verger (éd.), *Histoire des universités en France*, Privat, 1986, p. 373-374.

4. Cf. « Chronologie », in *Dits et écrits*.

5. 這則軼事是傅柯自己笑著告訴德勒達勒（Gérard Deledalle）的，他是傅柯後來在突尼斯的同事。

4 剖開軀體

1. 與若厄斯（Charles Ruas）對談，充作美國版《黑蒙・胡瑟勒》的後記 (et *Dits et écrits*, t. 4, texte n° 343, p. 599-618).

2. In Raymond Roussel, *Comment j'ai écrit certains de mes livres*, 10/18.

3. Michel Foucault, *Raymond Roussel*, Paris, Gallimard, 1963, p. 10.

4. Michel Foucault, « Pourquoi réédite-t-on Raymond Roussel ? Un précurseur de notre littérature moderne », *Le Monde*, 22 août 1964 (Et *Dits et écrits*, t. 1, texte n° 26, p. 421-424).

5. Michel Foucault, *Raymond Roussel*, *op. cit.*, 1963, p. 71.

6. Michel Leiris, *Roussel l'ingénu*, Fata Morgana, 1988.
7. Alain Robbe-Grillet, « Énigmes et transparence chez Raymond Roussel », *Critique*, décembre 1963, p. 1027-1033.
8. Cf. Maurice Blanchot, « Le problème de Wittgenstein », *NRF*, n° 131, 1963. Repris in *L'Entretien infini*, Gallimard, 1969, p. 493.
9. Michel Foucault, « Préface à la transgression », *Critique*, nos 195-196, août-septembre 1963, p. 758.
10. *Ibid.*, p. 768.
11. *Ibid.*, p. 767. (Et *Dits et écrits*, t. 1, texte n° 13, p. 233-250).
12. Michel Foucault, « Présentation », in Georges Bataille, *Œuvres complètes*, t. 1, Gallimard, 1970, p. 5. (Et *Dits et écrits*, t. 2, texte n° 74, p. 25-27.)
13. Michel Foucault, « La pensée du dehors », *Critique*, n° 229, juin 1966. Réédité chez Fata Morgana sous le même titre, en 1987, p. 15 (et *Dits et écrits*, t. 1, texte n° 38, p. 518-519).
14. 這些信件都收錄於*Pierre Klossowski. Cahiers pour un temps*, Centre Georges-Pompidou, 1985, p. 85-90.
15. Michel Foucault, « Nietzsche, Marx, Freud », *Cahiers de Royaumont, Nietzsche*, Minuit, 1968, p. 182-192. 這段討論出現在p. 193-200，書中引文摘自p. 199。(Et *Dits et écrits*, t. 1, texte n° 46, p. 564-579.)
16. Michel Foucault, « Theatrum philosophicum », *Critique*, n° 282, septembre 1970, p. 908. (Et *Dits et écrits*, t. 2, texte n° 80, p. 75-99.)
17. « Michel Foucault à Claude Bonnefoy », *op. cit.*
18. Michel Foucault, *Naissance de la clinique. Une archéologie du regard médical*, PUF, 1963. Préface, p. V.
19. *Ibid.*, p. 149.
20. P. 146.
21. P. 200.
22. *Ibid.*, p. 200-201.
23. P. 202.

5 資產階級的堡壘

1. 關於梅洛龐蒂的這本書，參見勒佛（Claude Lefort）為一九六九年版的《世界的散文》（*La Prose du monde*）所寫的導讀。
2. « Foucault comme des petits pains », *Le Nouvel Observateur*, 10 août 1966.
3. Jean-Luc Godard. « Lutter sur deux fronts », *Cahiers du Cinéma*, n° 194, octobre 1967.
4. Michel Foucault, *Introduction à l'« Anthropologie » de Kant*. Thèse complémentaire pour le doctorat ès lettres, université de Paris, faculté des lettres, p. 126-128. 本論文於二〇〇八年出版：Kant, *Anthropologie du point de vue pragmatique*, et Foucault, *Introduction à l'*Anthropologie, Paris, Vrin, 2008, p. 78-79.
5. *Les Mots et les choses*, p. 396-397.
6. Gérard Lebrun, « Note sur la phénoménologie dans *Les Mots et les choses* ». Communication au colloque « Foucault philosophe », Paris, 9-11 janvier 1988，發表在研討會文件上的版本略有不同（Seuil, 1989）。
7. *Les Mots et les choses*, p. 377-378.
8. *Ibid.*, p. 378.
9. *Ibid.*, p. 390-393.
10. *Ibid.*, p. 393-395.
11. *Ibid.*, p. 398.
12. Jean Lacroix, « La fin de l'humanisme », *Le Monde*, 9 juin 1966.
13. Robert Kanters, « Tu causes, tu causes, c'est tout ce que tu sais faire », *Le Figaro*, 23 juin 1966.
14. Gilles Deleuze, « L'homme, une existence douteuse », *Le Nouvel Observateur*, 1er juin 1966.
15. François Châtelet, « L'Homme, ce Narcisse incertain », *La Quinzaine littéraire*, n° 2, 1er avril 1966.
16. Pierre Bourdieu, *Le Sens pratique*, Minuit, 1980, p. 8.
17. 就我所知，很可惜的是，嚴格的結構主義史並不存在。關於傅柯對此思潮的興趣，拙著有更多分析：« La dépendance du sujet », *Michel Foucault et ses contemporains*, *op. cit.*, p. 233-264.

18. « Entretien », *La Quinzaine littéraire*, n° 5, 16 mai 1966 (et *Dits et écrits*, t. 1, texte n° 37, p. 513-518).
19. « L'homme est-il mort ? », *Arts et loisirs*, 15 juin 1966 (et *Dits et écrits*, t. 1, texte n 39, p. 540-544).
20. Jacques Milhau, « Les Mots et les choses », *Cahiers du communisme*, février 1968. 關於共產黨如何面對「結構主義者」的論點，可參見珍寧・維迭斯勒胡（Jeannine Verdès-Leroux）的評論，*Le Réveil des somnambules*, Fayard-Minuit, 1987.
21. Jeannette Colombel, « Les Mots de Foucault et les choses », *La Nouvelle Critique*, avril 1967.
22. *Les Lettres françaises*, n° 1125, 31 mars 1966, et n° 1187, 15 juin 1967 (Repris in *Dits et écrits*, t. 1, textes n° 34 et 48, p. 498-504 et 585-600).
23. Jean-Marie Domenach, « Une nouvelle passion », *Esprit*, juillet-août 1966.
24. Michel Foucault, « Réponse à une question », *Esprit*, mai 1968 (Et *Dits et écrits*, t. 1, texte n° 58, p. 673-695, citation p. 693).
25. François Mauriac, « Bloc-notes », *Le Figaro*, 15 septembre 1966.
26. « Jean-Paul Sartre répond », *L'Arc*, n° 30, 1966.
27. Simone de Beauvoir, *Les Belles Images*, Paris, Gallimard, 1966, rééd. coll. « Folio », p. 94. Voir aussi p. 149-150，另一人高呼：「『過時』，您滿口只有這個字眼。古典小說，過時了。人道主義，過時了。可是當我為巴爾札克和人道主義辯護時，我或許代表明日的時尚〔……〕不，時尚之外還有其他東西，還有價值，還有真理。」
28. « Simone de Beauvoir présente *Les Belles Images* », interview recueillie par Jacqueline Piatier, *Le Monde*, 23 décembre 2006.
29. Robert Castel, *Introduction*, in Herbert Marcuse, *Raison et révolution*, Minuit, 1968.
30. *La Quinzaine littéraire*, 1er mars 1968 (repris in *Dits et écrits*, t. 1, texte n° 55, p. 662-668). 傅柯的澄清在下一期：15 mars 1968 (et *Dits et écrits*, t. 1, texte n° 56, p. 669-670).
31. Georges Canguilhem, « Mort de l'homme ou épuisement du cogito », *Critique*, n° 242, juillet 1967. 我們可以從一九六九年十月二十八日康紀言在法國文化電臺紀念卡瓦耶思的節目裡所說的話發現，他的立場非常清楚：「談起他，多少會有點羞愧感，畢竟，如果我們是跟隨他的腳步，那我們做的比他少。可是如果我們不談他呢？他知道如何區辨這種毫無保留的積極介入，這種沒有背後意圖的行動，和那些知識分子地下反抗軍的抵抗運動之間的差別，這些反抗者那麼常談論自己，因為只有他們可以談論抵抗運動，畢竟這場運動是那麼不張揚。此刻，若干哲學家發出怒吼，因為有一些哲學家想出了一種無主體的哲學概念。卡瓦耶思的哲學著作或許可以拿來支持這種概念。他的數學哲學並未參照可能會在短暫又不確定的情況下被認為是卡瓦耶思的某個主體。卡瓦耶思根本不在其中的這種哲學左右了一種行動的形式，經由邏輯的狹仄小徑引導卡瓦耶思，一直走到這條沒有回頭路的通道。卡瓦耶思，就是一直到死前所經歷的反抗運動的邏輯。但願那些思考存在與斯人的哲學家們下次也可以做得一樣好，如果可以的話。」(Cf. Georges Canguilhem, *Vie et mort de Jean Cavaillès*, Ambialet, Tarn, Pierre Laleure libraire-éditeur, 1984, p. 38-39).

32. 「認識論社團」向傅柯提出的關於《詞與物》的問題很明顯援引了康紀言的文章。傅柯的回答刊登在一九六八年七月的《分析筆記》，是《知識考古學》的先聲。

33. Cf. Jeannine Verdès-Leroux, *Le Réveil des somnambules*, p. 282-302. 亦可參見阿圖塞身後出版的自傳 *L'avenir dure longtemps*, *op. cit.*.

34. *Bonniers litterära Magasin*, Stockholm, mars 1968 (et *Dits et écrits*, t. 1, texte n° 54, p. 651-662 – trad. très légèrement différente).

35. *La Quinzaine littéraire*, 1er juillet 1967.

36. *La Presse de Tunis*, 2 avril 1967 (et *Dits et écrits*, t. 1, texte n° 47, p. 580).

37. Gilles Deleuze, « À quoi reconnaît-on le structuralisme ? » in François Châtelet, *Histoire de la philosophie*, t. 4, *La Philosophie au XXe siècle*, Marabout-Université, p. 293-329 ; repris in Gilles Deleuze, *L'Ile déserte et autres textes*, Paris, Minuit, 2002, p. 238-269.

38. Michel Foucault, « La naissance d'un monde », *Le Monde*, 3 mai 1969 (et *Dits et écrits*, t. 1, texte n° 68, p. 788).

39. Hubert Dreyfus et Paul Rabinow, *Michel Foucault. Un parcours philosophique*, Gallimard, 1984.

40. Ducio Trombadori, *Colloqui con Foucault*, p. 49-60 (et *Dits et écrits*, t. 4, texte n° 281, p. 41-95). Je cite ici le texte de l'enregistrement original en français.

41. *Naissance de la clinique*. Préface, p. XIV et XV.

42. *L'Archéologie du savoir*, Paris, Gallimard, 1969, p. 28.
43. Michel Foucault, « Ceci n'est pas une pipe », *Cahiers du Chemin*, janvier 1968. Réédité (avec les deux lettres de Magritte) chez Fata Morgana, 1973. La lettre de Foucault est publiée dans les *Œuvres complètes* de René Magritte, Flammarion, 1979, p. 521.

6 外海

1. 德勒達勒寫給作者的信，一九八八年四月二十七日。
2. Jelila Hafsia, « Quand la passion de l'intelligence illuminait Sidi Bou Saïd », *La Presse de Tunis*, 6 juillet 1984.
3. Jean Daniel, « La Passion de Michel Foucault », *Le Nouvel Observateur*, 29 juin 1984.
4. 德勒達勒寫給作者的信，一九八八年四月二十七日。
5. 杜穆（Guy Dumur）的訪談（一九七〇年末），至今未發表。這次訪談是為《新觀察家》所做的，杜穆將訪談稿給了我，但是當初沒有刊登的原因已不復記憶。
6. 突尼斯的這場演講，潔莉拉・哈夫霞讓我聽了錄音，後來這卷錄音帶的逐字稿出版了(Cf. Michel Foucault, *La peinture de Manet*, Paris, Seuil coll. « Traces écrites », 2004).
7. Cf. « Chronologie », in *Dits et écrits*.
8. *L'Archéologie du savoir*, *op. cit.*.
9. Cf. « Chronologie », in *Dits et écrits*, *op. cit.*
10. John Dewey, *Logique. La théorie de l'enquête*, traduction et présentation de Gérard Deledalle, Paris, PUF, 1994, dos de couverture.
11. Cf. Thierry Voeltzel, *Vingt ans et après...*, *op. cit.*, p. 72-73. 或許因為傅柯是以匿名方式訪談渥爾澤勒，所以他並未直接點出他在這裡談到的國家和城市之名。
12. Ducio Trombadori, *Colloqui con Foucault*, p. 71-75. 這裡也一樣，我用的是當初錄音的法文文字稿。
13. Cf. Maurice Blanchot, *Michel Foucault tel que je l'imagine*, Fata Morgana, 1986, p. 9.

第三部　「法蘭西公學院的抗爭者兼教授」

1　插曲：凡森大學

1. *Paris-Presse – L'intransigeant*, 8 octobre 1968.
2. *Action*, novembre 1968.
3. *Le Monde*, 12 janvier 1968.
4. Michel Foucault, « Le piège de Vincennes », *Le Nouvel Observateur*, 9 février 1970. (Et *Dits et écrits*, t. 2, texte n° 78, p. 67-73.)
5. In Thierry Voeltzel, *Vingt ans et après*, *op. cit.*, p. 76.
6. Jules Vuillemin, « Michel Foucault (1926-1984) », *Annuaire du Collège de France*, 1984-1985, 85e année.
7. 日期和說法依據« Chronologie », *Dits et écrits*.
8. Michel Foucault, « Qu'est-ce qu'un auteur ? », suivi de la discussion, dans *Bulletin de la Société française de philosophie*, juillet-septembre 1969, p. 73-104. (Et *Dits et écrits*, t. 1, texte 69, p. 789-821.) Voir aussi Didier Eribon, *Michel Foucault et ses contemporains*, *op. cit.*, p. 251-255.
9. Lettre citée dans la « Chronologie » des *Dits et écrits*.
10. Cf. Ducio Trombadori, « Entretien avec Michel Foucault », *Dits et écrits*, t. 4, texte n° 281, p. 67.
11. 關於凡森大學的故事，現在可以參考Jean-Michel Djian (sous la direction de), *Vincennes, une aventure de la pensée critique*, Paris, Flammarion, 2009，其中有一篇艾蓮・西蘇的記述，還有大量文獻。

2　特技演員的孤獨

1. Pierre Daix, *Les Lettres françaises*, 9 décembre 1970.
2. Georges Dumézil, « Un homme heureux », *Le Nouvel Observateur*, 29 juin 1984.

3. 杜梅齊勒寫給李維史陀的信，一九六九年四月十九日。關於杜梅齊勒在傅柯職業生涯的進程裡扮演的角色，我的另一本書有更多敘述：*Michel Foucault et ses contemporains*, *op. cit.*, p. 125 sv.

4. Georges Dumézil, *Entretiens avec Didier Eribon*, *op. cit.*, p. 217.

5. 我們可以看到多斯（François Dosse）提出的解釋有多麼荒唐（荒唐的想法對他來說是司空見慣了），他寫道，傅柯獲選為法蘭西公學院教授，是因為那裡正在舉辦「結構主義的盛宴」（如果只是像他那樣把一些現成的句子——更像是新聞用語，而非分析——串起來，真不知道認真的「思想史」要如何書寫）：「結構主義的『盛宴』正在法蘭西公學院舉辦，李維史陀、杜梅齊勒已經在那裡任教，之後還會有羅蘭・巴特（一九七五年）。所以傅柯當然會獲選。呂格爾會怎麼看這個獅子窩呢？」這位多產的傳記作家如是寫道（François Dosse, *Paul Ricœur. Les sens d'une vie*, Paris, La découverte, 1997, p. 518）。問題是杜梅齊勒那時已經退休，所以沒有投票，羅蘭・巴特要等六年之後才會通過遴選，所以也沒辦法投票給傅柯，而李維史陀並沒有投給傅柯！至於讓傅柯通過遴選的維耶曼，他根本不是結構主義者。大家都知道，他在轉向科學哲學之前，跟梅洛龐蒂比較近。跟維耶曼一同助選的伊波利特就更別提了，他是黑格爾派，是存在主義者。

6. Michel Foucault, *Titres et travaux*. Plaquette éditée pour la candidature au Collège de France, Paris, 1969 (et *Dits et écrits*, t. 1, texte n° 71, p. 842-846).

7. *Ibid.*

8. *Ibid.*

9. *Ibid.*

10. *Ibid.*

11. *Ibid.*

12. 未發表文字。

13. *L'Ordre du discours*, *op. cit.*, p. 10.

14. *Ibid.*, p. 10-11.

15. *Ibid.*, p. 51-53.

16. *Ibid.*, p. 22-23.
17. *Ibid.*, p. 43.
18. *Ibid.*, p. 46.
19. *Ibid.*, p. 62-70.
20. Jean Lacouture, *Le Monde*, 4 décembre 1970.
21. Gérard Petitjean, « Les grands prêtres de l'université française », *Le Nouvel Observateur*, 7 avril 1975.

3 來自黑暗的教訓

1. *Intolérable*, n° 1, éd. Champ libre, 1971. Tous ces textes sont reproduits dans *Le Groupe d'intervention sur les prisons. Archives d'une lutte,* documents réunis et présentés par Philippe Artières, Laurent Quéro et Michelle Zancarini-Fournel, Paris, Institut Mémoires de l'édition contemporaine, 2003.
2. « Création d'un groupe d'information sur les prisons », *Esprit*, mars 1971, p. 531-532 (repris in *Dits et écrits*, t. 2, texte n° 86, p. 174-175).
3. 這些〈課程摘要〉依發表日期收錄於 *Dits et écrits.*
4. *Intolérable*, n° 1. Cf. *Le Groupe d'information sur les prisons...*, *op. cit.*, p. 80-82.
5. Jean Genet, Préface à *L'Assassinat de George Jackson,* repris in Jean Genet, *L'Ennemi déclaré, textes et entretiens*, Paris, Gallimard, 1991, p. 111-117.
6. 這些信件收錄於 *Le Groupe d'information sur les prisons*, *op. cit.*, p. 276-306.
7. 這篇文章由德勒茲和德費共同執筆，收錄於 Deleuze, *L'Ile déserte et autres textes*, *op. cit.*, p. 340-343.
8. Claude Mauriac, *Le Temps immobile*, t. 3, *Et comme l'espérance est violente*, Grasset, 1977. Et les autres volumes du *Temps immobile.*
9. Claude Mauriac, *Et comme l'espérance est violente*, p. 283.
10. Michel Foucault, « Le discours de Toul », *Le Nouvel Observateur*, 27 décembre 1971. (Et *Dits et écrits*, t. 2, texte n° 99, p.

236-238.)

11. Claude Mauriac, *Et comme l'espérance...*, p. 334.
12. Michel Foucault, « La prison partout », *Combat*, 5 mai 1971 (et *Dits et écrits*, t. 2, texte n° 90, p. 193-194).
13. 這齣「戲」的劇本發表於 *Esprit*, octobre 1972. Et aussi dans *Le Groupe d'intervention sur les prisons...*, *op. cit.*, p. 237-254.
14. Serge Livrozet, *De la prison à la révolte*. Préface de Michel Foucault, Mercure de France, 1973, p. 14 (et *Dits et écrits*, t. 2, texte n° 116, p. 394-399).
15. Serge Livrozet, « Le droit à la parole », *Libération*, 19 février 1979.
16. Daniel Defert et Jacques Donzelot, « La charnière des prisons », *Le Magazine littéraire*, nos 112-113, 1976.
17. Gilles Deleuze, « *Foucault and the Prison* », *History of the Present*, n° 2, printemps 1986. Repris in *Deux régimes de fous*, *Textes et entretiens, 1975-1995*, Paris, Minuit, 2003, p. 254-262.
18. *Ibid.*
19. Michel Foucault, « Présentation », in *Moi Pierre Rivière, ayant égorgé ma mère, ma sœur et mon frère*, Gallimard-Julliard, coll. « Archives », 1973, p. 9.
20. *Ibid.*, p. 13.
21. Michel Foucault, *Surveiller et punir*, Gallimard, 1975, p. 35.
22. *Ibid.* Texte de couverture.
23. Michel Foucault, « Des supplices aux cellules », *Le Monde*, 21 février 1975 (et *Dits et écrits*, t. 2, texte n° 151, p. 716-720).
24. *Ibid.*
25. *Surveiller et punir*, p. 315.

4 人民正義與工人記憶

1. Claude Mauriac, *Et comme l'espérance est violente*, t. 3, *Le temps immobile*, *op. cit.*, p. 291. 所有關於「杰拉里委員會」的歷史，請參考《靜止的歲月》第三卷，以及第九卷，*Mauriac et fils*。亦可見凱特琳・馮・畢羅和班・阿里所寫的書（參

見下一則注釋）。當然也可參見《世界報》合訂本。

2. Catherine Von Bülow et Fazia Ben Ali, *La Goutte d'Or ou le mal des racines*, Stock, 1979.

3. 傅柯在一九七三年的一次訪談中提及他在七〇年代與惹內的往來，以及他年輕時對惹內作品的仰慕之情（cf. « De l'archéologie à la dynastie » in *Dits et écrits*, t. 2, texte n° 119, p. 413-414）。但是一九八二年，薛侯（Patrice Chéreau）在楠泰爾的扁桃樹劇院（Théâtre des Amandiers）將惹內的劇作《屏風》（*Les Paravents*）搬上舞臺時，傅柯和德費、藍東（Mathieu Lindon）、吉伯（Hervé Guibert）和他的伴侶朱諾（Thierry Junot）去看了一場演出。傅柯被這場演出激怒，想在中場休息時離去，可是當時吉伯正在跟薛侯一起寫《受傷的男人》（*L'Homme blessé*）電影劇本，他堅持要留到最後。其後數日，傅柯不斷痛批惹內的作品。當我反駁他說：「您說他戲劇的部分或許是真的，那已經變成沒辦法演了，可是他的小說肯定不是這樣，他的小說還是很精采。」他笑著回答：「您再重新讀讀看，您會明白的。」

4. Claude Mauriac, *Les Espaces imaginaires*, t. 2, *Le Temps immobile*. Livre de poche, p. 293-294.

5. *La Vérité Rhône-Alpes*, n° 3, décembre 1972. 傅柯的訪談也被節錄引用於n° 33 de *La Cause du peuple-J'accuse*, du 1er décembre 1972. 這段節錄文字有若干處略為不同，文章配上一張照片，圖說：米歇爾．傅柯站上群眾集會講臺。（這段文字也收錄在*Dits et écrits*, t. 2, n° 112 et 113, p. 383-386）。

6. 關於沙特與維多之間的關係，以及波娃的反應，見Annie Cohen-Solal, *Sartre, 1905-1980*, Gallimard, 1985, p. 628-656. Également : Simone de Beauvoir, *La Cérémonie des adieux*, Gallimard, 1981.

7. Michel Foucault, « Sur la justice populaire. Débat avec les maos ». Dossier : « Nouveau fascisme, nouvelle démocratie », *Les Temps modernes*, n° 310 *bis*, 1972, p. 336-366 (et *Dits et écrits*, t. 2, texte n° 109, p. 340-369).

8. « De la nature humaine : justice contre pouvoir », débat entre Michel Foucault et Noam Chomsky, enregistré en 1971 à Eindhoven et publié in Fons Elders, *Reflexive Water : The Basic Concerns of Mankind*, Londres, Souvenir Press, 1974 (et *Dits et écrits*, t. 2, texte n° 132, p. 471-512).

9. Noam Chomsky, *Language and Responsibility. Conversations with Mitsou Ronat*, Hassocks, Sussex, Harverster Press, 1979, p. 80.

10. Jean-Paul Sartre, « À propos de la justice populaire », Entretien paru dans la revue *Pro justicia*. Première année, n° 2, premier trimestre 1973, p. 22-23.

11. 關於「布虛埃昂納圖瓦事件」，可參見Henri Pascal, *Une certaine idée de la justice*, Fayard, 1973. 亦可參見Jacques Batigne, *Bruay, un juge vous fait juge*, Plon, 1972.

12. *La Cause du peuple*, nouvelle série, n° 23, 1er mai 1972.

13. *La Cause du peuple*, nouvelle série, n° 24, 17 mai 1972.

14. *Ibid.*《人民事業報》回應是集體署名，而阿蒙（Hervé Hamon）和侯盟（Patrick Rotman）則標示作者為皮耶・維多，見*Génération*, t. 2, *Les Années de poudre*, Seuil, 1988, p. 434.

15. Entretien enregistré et qui, à ma connaissance, n'a jamais été publié ou diffusé.

16. Claude Mauriac, *Et comme l'espérance…*, *op. cit.*, p. 373-374.

17. Claude Mauriac, *Une certaine rage*, Robert Laffont, 1977, p. 73.

18. Claude Mauriac, *Et comme l'espérance…*, p. 418-419.

19. *La Liberté de l'esprit*, n° 1, février 1949.

20. 譬如，在一九六八年四月三日的《新觀察家》週刊，克拉維勒為杜夫海納（Mikel Dufrenne）的《人論》（*Pour l'homme*）寫過一篇書評，他意在捍衛人道主義的價值，對抗「結構主義」的潮流。他提到杜夫海納時非常熱切，非常認同，但卻非常明確地譴責他意欲修復古老的哲學價值對照表，而這是傅柯的《詞與物》所粉碎的觀念。

21. 關於《解放報》的誕生過程，我參考的是這本內容完整、資訊充分的著作：François-Marie Samuelson, *Il était une fois Libé…* Seuil, 1979.

22. 根據前引書的說法，標號「00」的報紙一共有五期。

23. Michel Foucault, *Pour une chronique de la mémoire ouvrière, Libération*, n° 00, 22 février 1973 (et *Dits et écrits*, t. 2, n° 117, p. 399-400).

24. *Libération*, première année, n° 16, samedi 26 mai 1973 (Et *Dits et écrits*, t. 2, texte n° 123, p. 421-422).

25. Maurice Clavel, *Ce que je crois*, Grasset, 1975, p. 98.

26. 一九七九年底，我完成哲學學位之後，成為一個年輕的新聞記者，在《解放報》工作。一九八〇年在一位共同朋友藍東的引介下認識了傅柯。此後我邀他做了數次訪談，也固定向他邀稿（像是一九八二年評論多佛〔K.J. Dover〕《希臘的同性戀》〔*Homosexualité grecque*，原文為英文〕一書）。

27. Maurice Clavel, *op. cit.* Voir notamment p. 122-148. La lettre de Foucault se trouve aux p. 138-139.

28. Maurice Clavel, « Vous direz trois rosaires », *Le Nouvel Observateur*, 27 décembre 1976.

29. Michel Foucault, « Vivre autrement le temps », *Le Nouvel Observateur*, 30 avril 1979 (Et *Dits et écrits*, t. 3, texte n° 268, p. 788-790).

30. Pierre Bourdieu, « Travaux et projets », 1980, p. 7-8. Texte inédit.

31. 這則軼事是傅柯自己告訴我的。傅柯討厭布迪厄在這次遴選中的對手杜漢（Alain Touraine），他的著作傅柯完全看不上眼，而布迪厄的作品傅柯倒是讀得很仔細。怪的是，維納在他二〇〇八年為傅柯而寫的書中說，傅柯「不讀布迪厄，也不讀《費加洛報》」。（參見：Paul Veyne, *Foucault, sa pensée, sa personne*, Paris, Albin Michel, 2008, p. 201）。《費加洛報》的部分確實如此，可是布迪厄的部分顯然是錯的。當年布迪厄在參加法蘭西公學院教授遴選時致電傅柯，要去「進行」傳統的「拜訪」（候選人得去拜訪投票人，向他們做自我介紹，並且向他們報告自己過去、現在、未來的研究），傅柯告訴布迪厄，他們之間沒有必要進行這個程序，而從傅柯的聲音聽來，顯然是完全贊成布迪厄的，可惜的是，沒有一本布迪厄的傳記（總之沒有一本認真寫的書可以稱得上是布迪厄的傳記）重現法蘭西公學院教授遴選的這一節。遴選會上，布迪厄是由米凱勒（André Miquel）推薦，獲得杜比（Georges Duby）的積極支持，而傅柯、維納、布列茲、凡爾農（Vernant）都投給他，可是李維史陀沒有，他不喜歡《區辨》（*La Distinction*），也不喜歡《實作感》（*Le Sens pratique*），他在這本書裡感受到太多對他的嚴酷攻擊。一九八一年二月二十二日，進行第一輪投票（決定教席的創立）。由米凱勒提出，杜比與達格隆（Gilbert Dagron）發言支持的「社會學」教席案在四十三位投票人當中，得到二十二票；而由德呂繆（Jean Delumeau）提出，貝爾克（Jacques Berque）、裘斯特（Alfred Jost）、利希內羅維奇（André Lichnérowicz）支持的「社會品行分析」（Analyse des conduites sociales）教席案（為杜漢而設）得到十一票；空白票或畫叉（不接受所有被推薦的候選人）十票。一九八一年六月二十八日，第二輪投票是針對單一候選人的記名投票，布迪厄在三十九名投票人當中得到三十五票，有三票打叉，一票棄權。依照慣例，第二輪投票必須有一名「第二線候選人」（所以是一個虛設的候選人），這個白忙一場的角色落在波彤斯基（Luc Boltanski）身上。

32. Pierre Bourdieu, *Leçon inaugurale*, 23 avril 1982, Paris, Collège de France, 1982, p. 6.

33. Michel Foucault, *Le Courage de la vérité. Cours au Collège de France, 1984*, Paris, Gallimard/Seuil, p. 30.

34. *Les Machines à guérir. Aux origines de l'hôpital moderne*, Dossiers et documents d'architecture, Institut de l'environnement, 1976.

35. Tous ces éléments viennent de l'*Annuaire du Collège de France*. On peut les trouver réunies dans le volume de *Résumés des cours de Michel Foucault*, Paris, Julliard, 1989. Et désormais dans les *Dits et écrits*, classés à l'année de leur publication dans l'*Annuaire*.

36. Gilles Deleuze, « Raymond Roussel ou l'horreur du vide », *Arts*, 23 octobre 1963.

37. Gilles Deleuze, « L'homme, une existence douteuse », *Le Nouvel Observateur*, 1er juin 1966.

38. Gilles Deleuze, « Un nouvel archiviste », *Critique*, n° 274, mars 1970. Repris in Gilles Deleuze, *Foucault*, Paris, Minuit, 1986.（繁體中文譯本：《德勒茲論傅柯》，楊凱麟譯，麥田出版，二〇〇〇）。

39. Gilles Deleuze, « Écrivain non : un nouveau cartographe », *Critique*, n° 343, décembre 1975. Repris in *Foucault, op. cit.*

40. Michel Foucault, « Ariane s'est pendue », *Le Nouvel Observateur*, 31 mars 1969. (Et *Dits et écrits*, t. 1, texte n° 64, p. 767-770).

41. Michel Foucault, « Theatrum philosophicum », *Critique*, n° 282, septembre 1972. (Et *Dits et écrits*, t. 2, texte n° 80, p. 75-99.)

42. Michel Foucault, « La scène de la philosophie », *Sekai*, juillet 1978 (et *Dits et écrits*, t. 3, texte 234, p. 571-595).

43. Gilles Deleuze et Michel Foucault, « Les Intellectuels et le pouvoir », *L'Arc*, n° 49, 1972. (Et *Dits et écrits*, t. 2, texte n° 106, p. 306-315.)

44. Michel Foucault, « Va-t-on extrader Klaus Croissant ? », *Le Nouvel Observateur*, 14 novembre 1977. (Et *Dits et écrits*, t. 3, texte n° 210, p. 361-363.)

45. Michel Foucault, « Lettres à quelques leaders de la gauche », *Le Nouvel Observateur*, 28 novembre 1977. (Et *Dits et écrits*, t. 3, texte n° 214, p. 388-390.)

46. « Alain Peyreffitte s'explique… Et Michel Foucault répond », *Le Nouvel Observateur*, 23 janvier 1978. (Et *Dits et écrits*, t. 3, texte n° 226, p. 505-506.)

47. Claude Mauriac, *Le Temps immobile*, t. 9, *Mauriac et fils*, Grasset, 1986, p. 388.

48. 當時我在布迪厄和德勒茲之間充當中間人，而當布迪厄的努力顯然就要失敗的時候，德勒茲打電話給我，要我對布迪厄所做的一切轉達熱切的感謝。在這次談話中，德勒茲極度失望之情給我留下很深的印象。

49. 反對德勒茲最強烈的人當中，有一位古代迷阿鐸（Pierre Hadot）——他在這件事上與布迪厄發生激烈口角。數年前在遴選會上支持阿鐸最力的就是維納以及傅柯。傅柯把閱讀阿鐸關於古代哲學的作品當成「精神鍛鍊」，而且從中得到對他自己的希臘羅馬思想研究的啟發。這是他向維納推薦阿鐸這個名字的原因，而維納考慮事情一向站在傅柯這邊（他們不想讓波拉克〔Jean Bollack〕獲選）。可是阿鐸是個非常保守的人，他反對德勒茲獲選（後來又反對德希達）。

50. Michel Foucault, « Nous nous sentions comme une sale espèce », *Der Spiegel*, 19 décembre 1977. (Et *Dits et écrits*, t. 3, texte n° 217, p. 415-418.)

51. Michel Foucault, Préface à Peter Bruckner et Alfred Krovosa, *Ennemi de l'État*, Claix, La Pensée sauvage, 1979.

52. Gilles Deleuze, *À propos des nouveaux philosophes et d'un problème plus général*, 5 juin 1977. Supplément à la revue *Minuit*, n° 24, mai 1977.

53. Michel Foucault, « La grande colère des faits », *Le Nouvel Observateur*, 9 mai 1977. (Et *Dits et écrits*, t. 3, texte n° 204, p. 277-281).

54. 時間是一九八一或一九八二年，有天晚上我在傅柯家吃飯，電話鈴響了，是格魯克斯曼打來的，他拜託傅柯為他剛出版的一本評價不高的書寫一篇文章。收到如此失禮的請託，傅柯很尷尬，一直說（因為對方一直堅持）：「不行，我沒辦法，我沒辦法……這種事，是因為誤會。」事實上，傅柯在一九七九年寫的那篇文章之所以讓他遭受猛烈的抨擊，當然是因為一些政治理由，但也是因為他幫忙推銷了一本爛書——倘若不是剛好受到政治動機的驅使，傅柯會認為這本書蹩腳得要命。

55. Gilles Deleuze, « La vie comme une œuvre d'art », *Le Nouvel Observateur*, 29 août 1986.

5 我們都是被管治者

1. Claude Mauriac, *Le Temps immobile*, t. 3, *Et comme l'espérance*…, p. 540.
2. *Ibid.*, p. 542.
3. *Ibid.*, p. 561.
4. *Libération*, 24 septembre 1975. (Et *Dits et écrits*, t. 2, texte n° 158, p. 760-762).
5. Claude Mauriac, *op. cit.*, p. 562.
6. Jean Lacouture, « Le cadavre bafouille », *Le Nouvel Observateur*, 29 septembre 1975.
7. *Libération*, 24 septembre 1975. (Et *Dits et écrits*, *op. cit.*).
8. Claude Mauriac, *op. cit.*, p. 581.
9. In Thierry Voeltzel, *op. cit.*, p. 141.
10. « Questions à Michel Foucault sur la géographie », *Hérodote*, n° 1, janvier-mars 1976 (Et *Dits et écrits*, t. 3, texte n° 169, p. 28-40). 傅柯於再版時刪除了這個說法。
11. Préface de Michel Foucault à Roger Knobelspiess, *QHS*, Paris, Stock, 1980, p. 13-14. (Et *Dits et écrits*, t. 4, texte 275, p. 7-9).
12. Michel Foucault, « Vous êtes dangereux », *Libération*, 10 juin 1983. (Et *Dits et écrits*, t. 4, texte 335, p. 522-524). 諾貝爾斯皮斯於一九八三年成為被告，於一九八六年被宣告無罪。但他於一九八七年搶劫銀行時與警方發生槍戰，再度被捕。
13. Michel Foucault, « Je suis un artificier », in Roger-Pol Droit, *Michel Foucault, entretiens*, *op. cit.*, p. 94-95.
14. Michel Foucault, *La Volonté de savoir*, Gallimard, 1976, p. 13-14.
15. *Ibid.*, p. 13-17.
16. *Ibid.*, p. 19-20.

17. *Ibid.*, p. 21-22.
18. *Ibid.*, p. 14.
19. 關於此書，關於傅柯想法的演變，參見 *Réflexions sur la question gay*, « Les Hétérotopies de Michel Foucault », *op. cit.*
20. *Ibid.*, p. 124.
21. *Ibid.*, p. 172.
22. 這些觀點我在以下兩本書中有更多的陳述：*Une morale du minoritaire*, Paris, Fayard, 2001 et *Échapper à la psychanalyse*, Paris, Leo Scheer, 2005.
23. *La Volonté de savoir*, p. 84.
24. Maurice Blanchot, *Michel Foucault*…, p. 58.
25. *La Volonté de savoir*, p. 46.
26. *Ibid.*, p. 87.
27. Michel Foucault, « À propos des faiseurs d'histoire », *Libération*, 21 janvier 1983. (Et *Dits et écrits*, t. 4, texte n° 328, p. 412-415).
28. 要找到傅柯和歷史學家們之間的回應與辯論，可參見 *L'Impossible prison. Recherches sur le système pénitentiaire au XIXe siècle*, édité par Michelle Perrot, Seuil, 1980. 傅柯在合集中貢獻的文字亦收錄於 *Dits et écrits*, t. 4, textes n° 277, 278 et 279, p. 10-41.
29. Gilles Deleuze, « Désir et plaisir », in *Deux régimes de fous. op. cit.*, p. 112-122. Citations : p. 119.
30. Jean Baudrillard, *Oublier Foucault*, Galilée, 1977.
31. 關於布希亞作為反動意識形態專家及其可疑的文風（他下流的反女性主義和他病態的反同等等），可參見這份既清楚又具殺傷力的整理：Thomas Florian, *Bonjour Baudrillard (Baudrillard sans simulacres)*, Paris, Éditions Cavatines, 2004.
32. Jean-Paul Aron, Roger Kempf, *Le Pénis ou la démoralisation de l'Occident*, Grasset, 1977.
33. Préface à l'édition allemande de *La Volonté de savoir*, Francfort, Suhrkamp, 1977. (Et *Dits et écrits*, t. 3, texte 190, p. 136-137).

34. *Herculine Barbin dite Alexina B*. Présenté par Michel Foucault, Gallimard, 1978.
35. 美國版序：Pantheon Books, 1980。這篇序文以法文發表時做了若干增補，標題改為〈真實的性〉（Le vrai sexe）：*Arcadie*, en novembre 1980. (Et *Dits et écrits*, t. 4, texte n° 287, p. 115-123).
36. 傅柯署名的封面文案：*Herculine Barbin*...(Et *Dits et écrits*, t. 3, texte n° 223, p. 499).
37. *My Secret Life*. Préface de Michel Foucault, éd. Les Formes du secret, 1977. (Et *Dits et écrits*, t. 3, texte n° 188, p. 131-132).
38. Michel Foucault, « La Vie des hommes infâmes », *Cahiers du chemin*, n° 29, 15 janvier 1977.(Et *Dits et écrits*, t. 3, texte n° 198, p. 237-253).
39. *Le Désordre des familles. Lettres de cachet des archives de la Bastille*. Éditées et présentées par Arlette Farge et Michel Foucault, Gallimard-Julliard, coll. « Archives ».
40. *Un procès ordinaire en URSS*. Enregistrement clandestin. Gallimard, coll. « Témoins », 1976.
41. Simone de Beauvoir, *La Cérémonie des adieux*, *op. cit.*, p. 144.
42. Cité in Annie Cohen-Solal, *Sartre, 1905-1980*. Gallimard, 1985, p. 650.
43. Simone de Beauvoir, *op. cit.*, p. 146. Voir aussi : Raymond Aron, *Mémoires*, Julliard, 1983, p. 711-712. Et Claude Mauriac, *Le Temps immobile*, t. 7, *Le Rire des pères dans les yeux des enfants*, Grasset, 1981, p. 503-505.
44. « Face aux gouvernements, les droits de l'homme », texte publié dans *Libération*, 30 juin 1984 (Et *Dits et écrits*, t. 4, texte n° 355, p 707-708).
45. 德費在他「寫給朗茲曼（Claude Lanzmann）的信」上說他問傅柯是否打算要去參加沙特的葬禮，傅柯以相當魯莽的態度回答：「幹嘛要去？我什麼都沒欠他。」是德費說服他去參加的，理由是沙特是法國在國際上的代表人物，他代表的是介入政治的知識分子（In *Les Temps Modernes*, n° spécial *Témoins de Sartre*, oct-déc. 1990, t. 2, p. 1201-1206）。

6 赤手空拳的造反

1. 傅柯有不少出身毛派的門徒（格魯克斯曼、埃瓦爾德、芬基爾克羅還有其他人），去探究這些人的同質軌跡是滿有意思的，這些軌跡同時具有偏向最反動的右派以及智識水平崩毀的特質。（所謂最外圍的思想家的水平——如果這樣的情況還可以用「思想家」這個說法的話！）我們也可以想想，這些言必稱傅柯的衰人，如何拿傅柯當他們的後盾。傅柯——別忘了，他在一九八四年就過世了——他很早就意識到這種狐假虎威的現象，他經常為了埃瓦爾德的研究缺乏嚴謹的態度而大發雷霆，而他卻早已輕率地跟他有些信任關係了，他也嚴厲批評芬基爾克羅發表的東西：正當許多人很驚訝，那些抱持「歷史否定主義」理論的人都是出身左派的時候，傅柯卻給了芬基爾克羅一個想法，要他寫一本書研究某些左派傳統（特別是十九世紀的左派傳統）與反猶太主義之間的關係。幾個月後，傅柯看到書的時候，他對我說：「我相信他再來就會投入認真的研究了，我已經看到這個，這個草草了事的小把戲！」《世界報》為這個小冊子刊出一篇過度吹捧的文章，傅柯的評語是：「我想到如果書是我寫的，《世界報》應該會說：『這什麼鬼東西啊！』」

2. Michel Foucault, « Les Reportages d'idées », *Corriere della sera*, 12 novembre 1978. 這些文字是為了介紹芬基爾克羅所寫的一篇文章——關於卡特總統的美國。（Et *Dit et écrits*, t. 3, texte n° 250, p. 706-707）根據《言談書寫集》為傅柯這篇文章所寫的說明，當初其實規劃了一系列報導：蘇珊．桑塔格（Susan Sontag）關於越南的報導，森普倫（Jorge Semprun）關於西班牙的報導等等。但後來發表的除了傅柯關於伊朗的報導、芬基爾克羅關於美國的報導之外，只有一篇格魯克斯曼關於船民的報導。

3. 這幾行文字原本是十月一日《晚郵報》刊登的文章結尾，可是基於技術原因（文章太長）而被刪掉（經傅柯同意），當時並未見報。

4. Michel Foucault, « L'armée. Quand la terre tremble », *Corriere della sera*, 28 septembre 1978. 我引用的是法文原稿。(Et *Dits et écrits*, t. 3, texte 241, p. 662-669.)

5. Michel Foucault, « Le shah a cent ans de retard », *Corriere della serra*, 1er octobre 1978. 法文原稿。標題是《晚郵報》編輯下的。傅柯在文章開頭標示的是「現代化的重擔」（Le poids mort de la modernisation）。(Et *Dits et écrits*, t. 3, texte n° 243, p. 679-683.)

6. Michel Foucault, « À quoi rêvent les Iraniens ? », *Le Nouvel Observateur*, 16 octobre 1978，刊登了即將於十月二十二日《晚郵報》刊登的同篇文章，並加上九月二十八日與十月八日的文章當中的若干段落。(*Dits et écrits*, t. 3, texte n° 245, p.

688-694.)

7. Michel Foucault, « Téhéran : la foi contre le shah », *Corriere della sera*, 8 octobre 1978. 傅柯原本提供的標題是：« Iran. Dans l'attente de l'Imam. » (*Dits et écrits*, t. 3, texte n° 244, p. 683-688.)

8. Michel Foucault, « L'armée. Quand la terre tremble », *Corriere della sera*, 28 septembre 1978 ; « Le shah a cent ans de retard », *Corriere*, 1er octobre ; « Téhéran : la foi contre le shah », *Corriere*, 8 octobre ; « Retour au prophète », *Corriere*, 22 octobre.(Et *Dits et écrits*, texte n° 241, 243, 244, 245.)

9. Michel Foucault, « À quoi rêvent les Iraniens ? », art. cité.

10. *Ibid.*

11. Michel Foucault, « Une révolte aux mains nues », *Corriere della sera*, 5 novembre 1978 ; « Défi à l'opposition », 7 novembre ; « La révolte iranienne se propage sur les rubans des cassettes », 19 novembre ; « Le chef mythique de la révolte », 26 novembre (et *Dits et écrits*, t. 3, textes n° 248, 249, 252, 253).

12. Michel Foucault, « Le chef mythique de la révolte », *Corriere della sera*, 26 novembre 1978. 傅柯原本提供的標題是：« La folie de l'Iran ». 我引用的是法文原稿。(*Dits et écrits*, t. 3, texte 253, p. 713-716.)

13. « Une Iranienne écrit », *Le Nouvel Observateur*, 6 novembre 1978. Et Michel Foucault, « Réponse à une lectrice iranienne », *Le Nouvel Observateur*, 13 novembre 1978 (et *Dits et écrits*, texte n° 251, p. 708).

14. *Corriere della sera*, 26 novembre 1978. Texte original français. (Et *Dits et écrits*, texte n° 253.)

15. Michel Foucault, « Une poudrière nommée Islam », *Corriere della sera*, 13 février 1979. Texte original français. (Et *Dits et écrits*, texte n° 261, p. 759-761.)

16. Michel Foucault, « L'esprit d'un monde sans esprit », in Claire Brière et Pierre Blanchet, *Iran. La révolution au nom de Dieu*, Seuil, 1979. (Et *Dits et écrits*, t. 3, texte n° 259, p. 743-755.) Et compte rendu du livre dans *L'Express*, 20 avril 1979.

17. Claudie et Jacques Broyelle, « À quoi pensent les philosophes ? », *Le Matin*, 24 mars 1979. Et réponse de Michel Foucault, « Michel Foucault et l'Iran », *Le Matin*, 26 mars 1979. (*Dits et écrits*, t. 3, texte n° 262, p. 762.)

18. Michel Foucault, « Lettre ouverte à Mehdi Bazargan », *Le Nouvel Observateur*, 14 avril 1979. (Et *Dits et écrits*, t. 3, texte n°

265, p. 780-782.)

19. Michel Foucault, « Inutile de se soulever ? », *Le Monde*, 11 mai 1979. (Et *Dits et écrits*, t. 3, texte n° 269, p. 790-794.)

20. Michel Foucault, « Pour une morale de l'inconfort », *Le Nouvel Observateur*, 23 avril 1979. (Et *Dits et écrits*, t. 3, texte n° 266, p. 783-787.)

21. « Michel Foucault et l'Iran », *Le Matin*, 26 mars 1979 (*art. cit.*).

22. 這本書是勾謝（Marcel Gauchet）的《人的精神的實踐》（*La Pratique de l'esprit humain*，諾哈將書寄給傅柯，請他寫一篇書評刊登在《世界報》。這顯然是大錯特錯，有一次諾哈甚至在我面前說這本書是「新雷蒙艾宏派的大爛貨」）。這個反動意識形態專家後來利用《辯論》期刊發動一場系統性——甚至像強迫症、歇斯底里——的戰爭，對象是跟批判思想沾上邊的一切，六〇年代與七〇年代的傳承、左派知識分子的形象，而且他還贊助或啟發一些書（不太考慮品質）去對抗六八年五月思想，對抗結構主義（他當然也在自己的期刊裡推銷他贊助或啟發的這些摻水造假的成果，由多斯〔Dosse〕、尤內〔Yonnet〕、費希〔Ferry〕、何諾〔Renaut〕還有其他同流合汙、同一水準的這些小戰士將這些思想與文字粗俗程度不相上下的作品推送上市，再由強大的媒體網絡接棒，以如此方式讓形塑一九八〇年代和一九九〇年代特質的知識分子場域結構崩毀）。我在另一本書裡提過這一段，見*D'une révolution conservatrice et de ses effets sur la gauche française*, Paris, Leo Scheer, 2007.

23. Cf *Dits et écrits*, t. 4, texte n° 324, p. 366.

24. In Paul Veyne, *Les Grecs ont-ils cru à leurs mythes ?*, Seuil, 1983. 在這本書上預告的「傅柯的書」應該就是後來成為《性史》其中一卷的那本書，傅柯最初想要獨立出版此書，後來又把它放進整合的計畫裡。關於這一段，參見本書第三部第九章。

25. *Ibid.*

26. 德勒達勒寫給作者的信，一九九一年五月十一日。

27. Michel Foucault, « Pour en finir avec les mensonges »，一九八三年的訪談，傅柯過世後刊登於*Le Nouvel Observateur*, 21 juin 1985. 訪談相關內容與背景，可參見Geoffroy de Lagasnerie, *L'Empire de l'université. Sur Bourdieu, les intellectuels et le journalisme*, Paris, Éditions Amsterdam, 2007. 亦見同一作者*Logique de la création*, *op. cit.*

7 爽約

1. Michel Foucault, « Est-il donc important de penser ? », *Libération*, 30-31 mai 1981. (Et *Dits et écrits*, t. 4, texte n° 296, p. 178-182.)
2. *Ibid.*
3. *Ibid.*
4. *Ibid.*
5. 那時候我跟布迪厄和傅柯有直接的聯繫，所以今天我可以說，他們把剛剛寫好的文字傳給我，讓我可以刊登在當時我工作的《解放報》。我打電話給莒哈絲還有薛侯，問他們要不要連署。我也撥了電話給德勒茲，我很驚訝他會拒絕我（這事讓傅柯非常惱火，他很氣憤像德勒茲和瓜達希一樣的那些人——一年前支持喜劇演員柯呂煦〔Coluche〕『參加總統大選』，藉此質疑整個政治體系，之後又來對人們是否能批評密特朗政府說三道四。他對我說：「我們必須在兩種立場之中擇一。同時選擇兩種立場，這實在讓人無法理解。」）
6. *Libération*, 15 décembre 1981.
7. *Libération*, 18 décembre 1981.
8. *Les Nouvelles littéraires*, numéro spécial Pologne. Supplément au n° 2817, décembre 1981.
9. *Le Matin*, 21 décembre.
10. Claude Mauriac, *Le Temps immobile*, t. 9,*Mauriac et fils*, *op. cit.*, p. 359-360.
11. *Libération*, 23 décembre.
12. *Libération*, 15 décembre.
13. Seweryn Blumsztajn, in *Michel Foucault, une histoire de la vérité*, éd. Syros, 1985, p. 98.
14. Bernard Kouchner, « Un vrai samouraï », in *Michel Foucault, une histoire de la vérité*, *op. cit.*, p. 85-89.
15. *Ibid.*
16. « En abandonnant les polonais, nous renonçons à une part de nous-mêmes », Entretien avec Bernard Kouchner, Simone Signoret et Michel Foucault, *Le Nouvel Observateur*, 9 octobre 1982. (Et *Dits et écrits*, t. 4, texte n° 320, p. 340-343.)

17. Edmond Maire, Michel Foucault, « La Pologne et après », *Le Débat*, n° 25, mai 1983, p. 5-6. (Et *Dits et écrits*, t. 4, texte n° 334, p. 496-522.)

18. Michel Foucault, « Un système fini face à une demande infinie », entretien avec R. Bono, in *Sécurité sociale, l'enjeu*, Paris, Syros, 1983. (Et *Dits et écrits*, t. 4, texte n° 325, p. 367-383.)

19. *Michel Foucault, une histoire de la vérité*, *op. cit.*

20. *Le Monde*, 26 juillet 1983.

21. Michel Foucault, « Le souci de la vérité », *L e Magazine littéraire*, n° 207, mai 1984. (Et *Dits et écrits*, t. 4, texte n° 350, p. 668-678.)

8 禪宗與加州

1. *In* Thierry Voeltzel, *Vingt ans et après*, *op. cit.*, p. 157.

2. « Michel Foucault et le Zen », *Shunjuu*, n° 197, 1978. (Et *Dits et écrits*, t. 3, texte 236, p. 618-624.)

3. « Michel Foucault on Attica », *Telos*, n° 19, 1974 (et *Dits et écrits*, t. 3, texte n° 137, p. 525-536).

4. 這些文字是洛特杭傑（Sylvère Lotringer）交給我的。

5. Hubert Dreyfus et Paul Rabinow, *Michel Foucault, un parcours philosophique*, Gallimard, 1984. L'édition américaine, *Michel Foucault. Beyond Structuralism and Hermeneutics*, a été publiée en 1982, Chicago University Press.

6. *The Foucault Reader*, édité par Paul Rabinow, Pantheon Books, 1984. 不曾以法文出版的文字後來都收錄於 *Dits et écrits*.

7. Keith Gandal et Stephen Kotkin, « Foucault in Berkeley », *History of the Present*, n° 1, février 1985.

8. Otto Friedrich, « France's Philosopher of Power », *Time Magazine*, 16 novembre 1981.

9. Michel Foucault, « Monstrosities in Criticism », *Diacritics*, I, 1, automne 1971 (Et *Dits et écrits*, t. 2, texte 97, p. 214-223). 傅柯在文中回應史坦納的這篇文章：« The Mandarin of the Hour – Michel Foucault », *New York Times Book Review*, le 28 février 1971. 兩人的論辯持續發展，史坦納再度回應，之後傅柯又寫了一篇文章（*Diacritics*, I, 2. hiver 1971, et *Dits et écrits*, t. 2, texte n° 100, p. 239-240）。後續論辯可參見傅柯於一九八三月三十一日《紐約時報書評》回應史東

（Lawrence Stone）於一九八二年十二月十六日發表於同一刊物的文章。

10. 這幾場柏克萊大學的講座從錄音帶謄寫之後出版：*Fearless Speech* (New York, Semiotext(e), 2001).（繁體中文譯本：《傅柯說真話》，鄭義愷譯，群學，二〇〇五）

11. Michel Foucault, « Sex, Power and the Politics of Identity ». 一九八二年十月的訪談錄音，傅柯過世後，於一九八四年八月七日刊登於洛杉磯出版的同性戀報刊 *The Advocate* (et *Dits et écrits*, t. 4, texte n° 358, p. 735-746).

12. 有一次他告訴我，他在「凱勒」(Keller）酒吧遇到一個男孩子，他原本很想帶他回家，可是他才戴上眼鏡開車，就聽到那個男孩子對他說：「您不是……您不是那位……」這一刻，他所有的性慾都消失了。

13. Claude Mauriac, *Le Temps immobile*, t. 9, *Mauriac et fils*, *op. cit.*, p. 227.

14. Edmund White, *Mes vies*, Paris, Plon, 2006, p. 207.

15. Thierry Voeltzel, *op. cit.*, p. 117-120

16. Michel Foucault, « Sex, Power and the Politics of Identity », *art. cit.*

9「生命作為一件藝術品」

1. Michel Foucault, *L'Usage des plaisirs*, Gallimard, 1984. Introduction, p. 9.

2. Michel Foucault, *Résumés des cours*. 1970-1982, Julliard, 1989, p. 123-128. (Et *Dits et écrits*, t. 4, texte n° 269, p. 125-129).

3. *Ibid.*, p. 136-137. (Et *Dits et écrits*, t. 4, texte n° 304, p. 213-218).

4. *Ibid.*, p. 150. (Et *Dits et écrits*, t. 4, texte n° 323, p. 353-365.) 這堂課的內容如今已可完整閱讀：*L'Herméneutique du sujet. Cours au Collège de France, 1981-1982*, Paris, Seuil/Gallimard, 2001.

5. 德雷弗斯和拉比諾跟傅柯進行了很長時間的訪談，特別是在一九八三年四月傅柯旅居柏克萊的時候。我在這裡提到的，出自四月十九日的訪談錄音。在此我要感謝拉比諾、德雷弗斯和霍恩將這些訪談的內容全數交給我（一共有幾十頁）。拉比諾和德雷弗斯將其中一部分用在他們法文版的書裡，出現在三二三至三四六頁的對話裡。他們當然是將軼事的面向擱在一旁，不過我們會在這對話裡看到《性史》分成兩卷，再加上另外一本書，這本似乎是已經寫好的。這就說明了為什麼傅柯在一九八二年發表一篇〈為貞節而戰〉(Le combat de la chasteté）時，可以介紹這篇文章「摘錄自《性史》第三卷」。顯然這裡指的是《肉身的告白》。參見 *Communications*, n° 35, 1982.

6. Michel Foucault, « Preface to *The History of Sexuality* », in Paul Rabinow, *The Foucault Reader*, New York, Pantheon Books, 1984, p. 333-339 (Et *Dits et écrits*, t. 4, texte 340, p. 578-584).
7. Maurice Blanchot, *Michel Foucault tel que je l'imagine*, p. 62.
8. Hervé Guibert, « Les Secrets d'un homme », in *Mauve le vierge*, Paris, Gallimard, 1988, p. 108.
9. Michel Foucault, *L'Usage des plaisir*, *op. cit.*, p. 13.
10. Gilles Deleuze et Michel Foucault, *Introduction générale*, in Nietzsche, *Le Gai Savoir*, Gallimard, 1967, p. 11.
11. Edmund White, *Mes vies*, *op. cit.*, p. 212.
12. Hervé Guibert, *À l'ami qui ne m'a pas sauvé la vie*, Paris, Gallimard, 1990, p. 21.（繁體中文譯本：《給那沒有救我的朋友》，謝忠道譯，時報文化，一九九七。）
13. 文章刊登於一九八二年七月十二日的《解放報》。波德希剛將「世外桃源協會」解散，傅柯想評論波德希的一篇訪談，於是我錄下他準備好的這段文字，可是他不想要署名，他要我把我姓名的首字母放在這段文字底下，但這段文字其實是他的。完整文章與事件前後，見 Didier Eribon, *Michel Foucault et ses contemporains*, *op. cit.*, p. 274-281.
14. Hervé Guibert, *À l'ami qui ne m'a pas sauvé la vie*, *op. cit.*, p. 36.
15. 見德費於一九九六年的訪談，主題是傅柯之死以及數月後創立的「愛滋病協會」（Aides），出自 *Libération*, 19 juin 2004.
16. Michel Foucault, *Le Courage de la vérité, Le gouvernement de soi et des autres*, II, *Cours au Collège de France (1983-1984)*, « Leçon du 1er février 1984 », Paris, Gallimard/Seuil, 2009, p. 3.
17. Hervé Guibert, *op. cit.*.
18. 傅柯在他一九八四年二月二十二日的課剛開始的時候，提及這段對話——關於「*epitemeleia*」這個字的詞源。(Cf. *Le Courage de la vérité*, *op. cit.*, p. 109).
19. 傅柯出殯之後，我送杜梅齊勒回家，我們聊了幾個小時，杜梅齊勒對我說了他對傅柯的回憶，有舊有新，他也提到這通關於愛滋病的電話。他知道傅柯的很多事，甚至包括他們認識之前的事，因為傅柯經常跟他聊到自己的過去、童年和青少年時期，傅柯跟朋友在一起的時候也很喜歡這麼做。

20. 維納的這段文字是他刊登在《批評》月刊的特刊文章結尾（*Critique*, nos 471-472, août-septembre 1986）。當然，我是依維納所囑刊登這幾頁文字。後來他將這些文字略做修改，收錄在他的 *Foucault, sa pensée, sa personne*, *op. cit.*, p. 210-211.
21. « Hier à 13 heures… », *Libération*, 26 juin 1984.
22. Paul Veyne, « La fin de vingt-cinq siècles de métaphysique », *Le Monde*, 27 juin 1984.
23. Pierre Bourdieu, « Le plaisir de savoir », *ibid.*
24. Jean Daniel, « La Passion de Michel Foucault », *op. cit.*, 29 juin 1984.
25. « Le témoignage de Fernand Braudel », *ibid.*
26. Georges Dumézil, « Un homme heureux », *ibid.* 我和杜梅齊勒在一九八六年一起出版了一本訪談書，題獻辭是「回憶米歇爾．傅柯」，他在訪談中花了很長時間談他和傅柯的友誼。參見 Georges Dumézil, *Entretiens avec Didier Eribon*, Gallimard, Folio-Essais, 1987.
27. Maurice Blanchot, *Michel Foucault tel que je l'imagine*, p. 63.
28. Gilles Deleuze, « La vie comme une œuvre d'art », *op. cit.*.
29. Maurice Blanchot, *op. cit.*, p. 63.
30. Gilles Deleuze, art. cité.
31. 德雷弗斯和拉比諾的訪談，出自 Dreyfus, Rabinow, *Michel Foucault…*, *op. cit.*, p. 331.

資料來源

Archives nationales de France
Rectorat de l'Académie de Paris
Ministère de l'Éducation nationale
Ministère des Affaires étrangères
Archives du lycée Henri-IV (Poitiers) et archives départementales de la Vienne
Archives du collège Saint-Stanislas (Poitiers)
Lycée Henri-IV (Paris)
École normale supérieure (Paris)
Institut de psychologie (Paris)
Fondation Thiers (Paris)
Université de Lille
Alliance française d'Uppsala (Suède)
Université d'Uppsala
Bibliothèque Carolina Rediviva d'Uppsala
CNRS (Paris)

Bibliothèque de la Sorbonne
Université de Clermont-Ferrand
Université de Tunis
Université de Paris VIII
Collège de France
New York University
Columbia University (New York)
University of California (Berkeley)
Éditions Flammarion
Éditions Gallimard
Éditions de Minuit
Éditions Plon

Archives de l'INA
Archives d'« Apostrophes » (Antenne 2)
Archives du Corriere della sera
Archives du Nouvel Observateur

Archives Raymond Aron
Archives Jean Barraqué

主要私人檔案：

Pierre Bourdieu、Paule Braudel、Georges Canguilhem、Georges Dumézil、Anne Foucault、Henri Gouhier、Jelila Hafsia、Marguerite Hyppolite、Jean Knapp、Claude Lévi- Strauss、Assia Melamed、Jean-Christophe Oberg、Jean-Claude Passeron、Jacqueline Verdeaux、Paul Veyne、Jules Vuillemin

像這樣的一本書，如果沒有這麼多人的見證、協助和建議，是不可能存在的。我的感謝名單（建立於一九八九年）如下：

Maurice Agulhon、Michel Albaric、Éliane Allo、Louis Althusser、Gilbert Amy、Didier Anzieu、Jean-Paul Aron、Pierre Aubenque、Suzanne Bachelard、Abol-Hassan Bani Sadr、Jean-François Battail、François Bédarida、Jacques Bellefroid、Renée Bernard、Leo Bersani、Tom Bishop、Pierre Blanchet、Maurice Blanchot、Howard Bloch、Olivier Bloch、Pierre Boulez、Jean-Marcel Bouguereau、Christian Bourgois、Paule Braudel、Yvon Brès、Claire Brière、Jacques Brunschwig、Catherine Von Bülow、Étienne Burin des Roziers、Robert Castel、Maurice Caveing、François Chamoux、Jean Charbonnel、Hélène Cixous、Maurice Clavelin、Francis Cohen、Annie Cohen-Solal、Michel Crouzet、Raoul Curiel、Pierre Daix、Jean Daniel、Marie-Josèphe Dhavernas、Régis Debray、Guy Degen、Jean Delay、Gérard Deledalle、Gilles Deleuze、Jean Deprun、Jacques Derrida、Jean-Toussaint Desanti、Jacques Dolly、Jean-Marie Domenach、Hubert Dreyfus、Claude Dumézil、Élisabeth Dutartre、Jean et Antoinette Erhard、Dr Etienne、François Ewald、Michel Fano、James Faubion、Jean-Pierre Faye、Sylvie Ferrand-Mignon、Anne Foucault、Robert Francès、Norihiko Fukui、Keith Gandal、Maurice de Gandillac、Pierre Ganter、Jean-Louis Gardies、Jean Gattegno、Antoine de Gaudemar、Philippe Gavi、Gérard Genette、Bronislaw Geremek、Louis Girard、André Gisselbrecht、Henri Gouhier、François Gros、Georges Gusdorf、Fathma Haddad、Else Hammar、Ahmed Hasnaoui、Clemens Heller、Stenn-Gunnar Hellström、Malou Höjer、Denis Huisman、

Marguerite Hyppolite、Rose-Marie Janzen、Jean-François Josselin、Madeleine Julien、Serge July、Gilbert Kahn、Jérôme Kanapa、Pierre Kaufmann、Hugues de Kerret、Pierre Klossowski、Jean Knapp、Bernard Kouchner、Arthur Krebs、Annie Kriegel、Sylvia Lacan、Agnès Lagache、Jean et Nadine Laplanche、Olivier Laude、Gérard Lebrun、Serge Leclaire、Victor Leduc、Bernard Legros、Michel Leiris、Emmanuel Le Roy Ladurie、Claude et Monique Lévi-Strauss、Marc Lévy、Jérôme Lindon、Sylvère Lotringer、Roberto Machado、Pierre Macherey、Alexandre Matheron、Claude Mauriac、Robert Mauzi、Louis Mazauric、Essaied Mazouz、Assia Melamed、Suzanne Merleau-Ponty、Philippe Meyer、Jean Michon-Bordes、Jacques-Alain et Judith Miller、Jean-François Miquel、Jean Molino、Yves Montand、Jean-Pierre de Morant、Jacques Morel、Yann Moulier、Georg Nagy、Jacques Narbonne、Paule Neuvéglise、Marcel Neveux、Érik Nilsson、Pierre Nora、Jean-Christophe et Birgit Oberg、Jean d'Ormesson、Ahmed Othmani et Simone Othmani-Lellouche、Guy Papon、Jean-Claude et Francine Pariente、Jean-Claude Passeron、Michelle Perrot、Pierre Petitmengin、Françoise Peyrot、Pierre Pichot、Jean Piel、Dom Pierrot、Maurice Pinguet、Bernard Pivot、Raymond Polin、Jean-Bertrand Pontalis、Jacques Proust、Lucette Rabaté、Érik Rankka、Philippe Rebeyrol、Pierre Rivière、Alain Robbe-Grillet、Régine Roche、Daniel Rocher、Ahmad Salamatian、Jean-Marc Salmon、François-Marie Samuelson、Jean Sarvonnat、André Schiffrin、Jurgen Schmidt-Radefeldt、Dominique Schnapper、John Searle、Jacques Seebacher、Richard Sennett、Michel Serres、Lucien Sève、Margareta Silenstam、John K. Simon、Michel Simon、Jean Sirinelli、Jean-François Sirinelli、Roger Stéphane、Stig Strömholm、Emmanuel Terray、Anne Thalamy、Jacqueline Tomaka、Fathi et Rachida Triki、Jean-Louis Van Regemorter、Georges Vallet、Paul et Nelly Viallaneix、Jacqueline Verdeaux、Jeannine Verdès-Leroux、André Vergez、Étienne Verley、Guy Verret、Michel Verret、Thierry Voeltzel、Maurice Vouzelaud、Jules Vuillemin、Raymond Weil、Marc Zamansky、Jean-Marie Zemb、Maciej Zurowski……

以及：

Marthe Burais、Corinne Deloy、Thérèse Richard et service de documentation du Nouvel Observateur ;
service de documentation de la Fondation nationale des sciences politiques ;
centre Michel-Foucault de Paris et à la bibliothèque du Saulchoir ;
centre Michel-Foucault de Berkeley et à la revue History of the present ;
services culturels des ambassades de France à Stockholm, Tunis et Varsovie.

還有：

Francine Fruchaud和Denys Foucault授權我出版他們與兄弟通信的摘錄；
David Horn和Dominique Seglard珍貴且慷慨的協助；
Mathieu Lindon，他知道我對他的所有虧欠；
Pierre Bourdieu、Georges Canguilhem、Paul Rabinow、Paul Veyne，他們不只從記憶和檔案裡汲取大量的資料，還以持續不懈的支持與友情陪伴我寫作，如此的親切與有求必應令人難以忘懷；

最後要感謝喬治．杜梅齊勒，他是本書的緣起，他鼓勵我踏出最初的步履，但卻未能得見本書出版。

Vian, Francis	維昂
Vian, Michelle	維昂（米榭兒）
Victor, Pierre	維多
Vidal-Naquet, Pierre	維達納凱
Vincent de Paul, Saint	文生・德・保祿（聖）
Vitez, Antoine	維德志
Voeltzel, Thierry	渥爾澤勒
Vouzelaud, Maurice	伍澤婁
Vuillemin, Jules	維耶曼
Waelhens, Alphonse de	威隆
Wahl, François	瓦勒（弗杭索瓦）
Wahl, Jean	瓦勒（尚）
Wałęsa, Lech	華勒沙
Waller, Erik	渥勒
Wallon, Henri	瓦隆
Weber, Alfred	韋伯（艾弗列）
Weber, Henri	韋伯（亨利）
Weber, Max	韋伯（馬克斯）
Weil, Éric	韋爾
Weil, Raymond	韋爾（黑蒙）
Weil, Simone	韋伊（西蒙娜）
Weizsäcker, Victor von	維薩克
White, Edmund	懷特
Wittgenstein, Ludwig	維根斯坦
Wolff, Étienne	渥甫
Wurmser, André	烏姆塞赫
Xenakis, Iannis	澤納基斯
Zamansky, Marc	札曼斯基
Zemb, Jean-Marie	宗博
Zurowski, Maciej	祖洛夫斯基

Stockhausen, Karlheinz	史托克豪森
Strehler, Robert	斯特列雷
Strindberg, August	史特林堡
Svedberg, Theodor	斯維德貝格
Swedenborg, Emanuel	史威登堡
Szasz, Thomas	薩斯
Téchiné, André	泰希內
Thibaud, Paul	蒂博
Thiers, Adolphe	提耶赫
Thorez, Maurice	多列士
Timsitt, Dr	提姆希特
Tiselius, Arne	蒂塞利烏斯
Touraine, Alain	杜漢
Tournier, Michel	圖尼埃
Tran Duc Thao	陳德滔
Trombadori, Ducio	圖隆巴多利
Trotski, Léon	托洛斯基
Troubetzkoy, Nikolai	特魯別茨柯依
Vadrot, Claude-Marie	瓦鐸
Van Gogh, Vincent	梵谷
Van Regemorter, Jean-Louis	凡赫傑莫帖
Vedel, Georges	韋德爾
Velázquez, Diego	維拉斯奎茲
Vercors	韋科爾
Verdeaux, Georges	維鐸（喬治）
Verdeaux, Jacqueline	維鐸（賈克琳）
Verdès-Leroux, Jeannine	維迭斯勒胡（珍寧）
Vergez, André	維杰
Verley, Étienne	韋爾雷
Vernant, Jean-Pierre	凡爾農
Verne, Jules	凡爾納
Vernier, Jean-Claude	韋尼耶
Verret, Guy	維黑（紀）
Verret, Michel	維黑（米歇爾）
Veyne, Paul	維納
Viallaneix, Nelly	維亞蘭內（聶莉）
Viallaneix, Paul	維亞蘭內（保羅）

Rousseau, Jean-Jacques	盧梭
Roussel, Raymond	胡瑟勒
Rousset, David	胡榭
Roy, Claude	華伊
Royer, Jean	華業
Burin des Roziers, Étienne	侯吉耶
Russel, Bertrand	羅素
Sade, Marquis de	薩德
Saïd, Edward	薩伊德
Salamatian, Ahmad	薩拉馬提安
Salmon, Jean-Marc	薩勒蒙
Santelli	松特利
Sartre, Jean-Paul	沙特
Sauron, Bruno	索弘
Sautet, Claude	梭特
Schérer, René	謝黑
Schmidt, Jürgen	施密特
Schuhl, Pierre-Maxime	舒勒
Schwartz, Laurent	舒瓦茲
Searle, John	塞爾
Semprún, Jorge	森普倫
Sénèque	塞內卡
Sérres, Michel	塞荷
Signoret, Simone	仙諾（西蒙）
Simon, Claude	西蒙（克洛德）
Simon, John K.	西蒙（約翰）
Simon, Michel	西蒙（米歇爾）
Sirinelli, Jean	西里內利（尚）
Sirinelli, Jean-François	西里內利
Sogen, Omori	大森曹玄
Soljénitsyne, Alexandre	索忍尼辛
Sollers, Philippe	索萊爾斯
Spinoza, Baruch	斯賓諾莎
Staps, Irène	許達普斯（伊蓮）
Stéphane, Roger	斯特凡
Stendhal	斯湯達爾
Stern, Mikhaïl	斯特恩

Pivot, Bernard	畢佛
Pleven, René	普列文
Pliouchtch, Leonid	普利烏奇
Polac, Christian	波拉克
Polin, Raymond	波朗
Pompidou, Georges	龐畢度
Pontalis, Jean-Bertrand	彭大歷斯
Poujade, Robert	蒲賈德
Poyer, Georges	波耶
Proust, Jacques	普魯斯特（雅克）
Proust, Marcel	普魯斯特
Queneau, Raymond	格諾
Rabaté, Lucette	哈巴特（露榭特）
Rabinow, Paul	拉比諾
Racine, Jean	拉辛
Raimond, Jean-Bernard	黑蒙
Rancière, Danièle	洪席耶（丹妮葉勒）
Rancière, Jacques	洪席耶
Ranucci, Christian	蘭努奇
Rat, Maurice	哈特
Reagan, Ronald	雷根
Rebeyrol, Philippe	何貝侯
Regnault, François	黑紐
Reich, Wilhelm	賴希
Revel, Jean-François	何威勒
Richard, Jean-Claude	希加（尚克洛德）
Richard, Jean-Pierre	希加（尚皮耶）
Ricœur, Paul	里格爾
Riggins, Stephen	瑞根斯
Rivière, Pierre	希維業
Robbe-Grillet, Alain	霍格里耶
Rocard, Michel	侯卡
Rodrigues, Gilberte	侯特利格斯（吉蓓特）
Roncayolo, Marcel	宏凱尤婁
Rosanvallon, Pierre	霍桑瓦隆
Rose, Dr Édith	侯斯（艾荻特）
Roudinesco, Élisabeth	胡迪涅斯寇（伊麗莎白）

Musset, Alfred de	繆塞
Narbonne, Jacques	納波恩
Nédoncelle, Maurice	涅東謝勒
Nerval, Gérard de	內瓦爾
Neveux, Marcel	訥沃
Nietzsche, Friedrich	尼采
Nilsson, Erik	尼爾森
Nizan, Paul	尼贊
Nora, Pierre	諾哈
Nora, Simon	諾哈（西蒙）
Oberg, Jean-Christophe	歐貝里
Ombredane, André	翁布赫旦
Ormesson, Jean d'	端木松
Overney, Pierre	歐維內
Palmade, Guy	帕勒瑪德
Panofsky, Erwin	潘諾夫斯基
Papet-Lépine, Jacques	帕培列頻
Papon, Jean	帕朋
Paradjanov, Andreï	帕拉贊諾夫
Parain, Brice	帕杭
Pariente, Francine	帕希雍特（芙蘭欣）
Pariente, Jean-Claude	帕希雍特
Pascal, Blaise	巴斯卡
Pascal, Henri	帕斯卡法官（亨利）
Passeron, Jean-Claude	帕瑟宏
Pasquali, Costanza	帕斯夸利（寇絲坦莎）
Paul, Vincent de	保祿（文生・德）
Pauvert, Jean-Jacques	波維
Pavlov, Ivan	巴夫洛夫
Pecker, Jean-Claude	沛克
Perse, Saint-John	佩斯
Peyrefitte, Alain	佩雷菲特
Pichot, Pierre	皮修
Piel, Jean	皮業勒
Pierrot, Dom	皮耶侯修士
Pingaud, Bernard	潘構
Pinguet, Maurice	龐格

Manet, Édouard	馬內
Mannoni, Octave	馬儂尼
Marcuse, Herbert	馬庫色
Martin, Jacques	馬當
Marx, Karl	馬克思
Masson, André-	馬松
Matheron, Alexandre	馬特宏
Maubert, Jean-Pierre	牟貝
Mauriac, Claude	莫里亞克（克洛德）
Mauriac, François	莫里亞克（弗杭索瓦）
Mauriac, Marie-Claude	莫里亞克（瑪莉克洛德）
Mauzi, Robert	牟茲
Mazauric, Louis	瑪佐希克
Mazon, Paul	瑪宗
Méla, Charles	梅拉
Melamed, Assia	梅拉美德（阿希雅）
Mendès France, Pierre	孟戴斯・弗朗斯（皮耶）
Merleau-Ponty, Marianne	梅洛龐蒂（瑪莉安）
Merleau-Ponty, Maurice	梅洛龐蒂
Messiaen, Olivier	梅湘
Métraux, Alfred	梅特侯
Mignon, (Ferrand-) Sylvie	米尼翁（希爾薇）
Mignon, Thierry	米尼翁
Milhau, Jacques	米婁
Miller, Judith	米勒（茱蒂特）
Milou, Jean-Paul	米盧
Minkowski, Eugène	閔可夫斯基
Miquel, André	米凱勒
Miquel, Jean-François	米格勒
Mitterrand, François	密特朗
Mnouchkine, Ariane	莫努盧金（亞莉安）
Molière	莫里哀
Molino, Jean	莫林諾
Montand, Yves	尤蒙頓
Montsabert, (Père de)	德孟薩貝神父
Morant, Jean-Pierre de	莫弘
Moreau-Reibel, Jean	莫侯赫貝

Le Bris, Michel	勒布希斯
Lebrun, Gérard	勒布杭
Leclaire, Serge	勒克萊
Leclerc, Henri	雷克勒克
Le Clézio, Jean-Marie	勒克萊喬
Le Dantec, Jean-Pierre	勒東帖克
Leduc, Victor	勒杜克
Lefebvre, Henri	列斐伏爾
Le Garrec, Évelyne	勒葛黑克（伊芙琳）
Le Goff, Jacques	勒高夫
Le Guillant, Louis	勒吉雍
Leiris, Michel	雷希斯
Leroy, Pierre	勒華
Le Roy Ladurie, Emmanuel	勒華拉杜里
Levaï, Ivan	勒瓦伊
Lévi, Sylvain	列維
Lévi-Strauss, Claude	李維史陀
Lévy, Benny	列維（班尼）
Lichnérowicz, André	利什內羅維奇
Lindon, Jérôme	藍東（杰宏）
Lindon, Mathieu	藍東（馬提厄）
Lindroth, Stirn	林卓斯
Livrozet, Serge	利沃侯澤
Lotringer, Sylvère	洛特杭傑
Lucien, (Père)	呂熹揚神父
Lyotard, Jean-François	李歐塔
Macciocchi, Maria-Antonietta	馬裘基（瑪麗亞安托涅塔）
Madari, Ayatollah	馬達里
Magritte, René	馬格利特
Maire, Edmond	梅赫
Malapert, Dr	馬拉佩醫師
Malaurie, Jean	瑪婁希
Malebranché, Nicolas	馬勒布宏胥
Mallarmé, Stéphane	馬拉美
Malraux, André	馬勒侯
Manceaux, Michèle	曼索（米榭兒）
Mandrou, Robert	蒙德胡

Kaufmann, Pierre	考夫曼
Kempf, Roger	孔孚
Khomeiny, Ayatollah	何梅尼
Kiejman, Georges	基耶茲曼
Klein, Melanie	克萊恩（梅蘭妮）
Klossowski, Pierre	克洛索夫斯基
Knapp, Jean	柯納普
Knobelspiess, Roger	諾貝爾斯皮斯
Kojève, Alexandre	科耶夫
Koffka, Kurt	考夫卡
Kotarbinski, Pr	寇塔賓斯基
Kotkin, Stephen	寇欽
Kouchner, Bernard	庫希內
Koyré, Alexandre	夸黑
Kramer, Larry	克萊默
Kriegel, Annie	克里格爾（安妮）
Kuhn, Roland	庫恩
Labiche, Eugène Marin	拉比盧
Lacan, Jacques	拉岡
Lacan, Sylvia	拉岡（希薇雅）
Lacombe, Olivier	拉孔布
Lacouture, Jean	拉庫居赫
Lacroix, Jean	拉夸
Lagache, Daniel	拉葛許
Laing, Ronald	連恩
Lambrichs, Georges	隆布希克斯
Lang, Jack	朗恩
Lange, Monique	朗治（莫妮克）
Langlois, Denis	隆格盧瓦
Lapassade, Georges	拉帕薩德
Laplanche, Jean	拉普朗虛
Laporte, Roger	拉波特
Lardreau, Guy	拉德侯
Las Vergnas, Raymond	拉斯維赫納斯
Laudouze, R.P.	婁杜茲神父
Lebas, Jacques	勒巴
Le Bon, Sylvie	勒邦（希爾薇）

Halbwachs, Pierre	阿勒瓦克斯
Hasselroth, Pr	哈榭洛斯
Hedrich, (Pasteur)	埃德里希牧師
Hegel, Georg Wilhelm Friedrich	黑格爾
Heidegger, Martin	海德格
Heller, Clemens	海勒
Henry, Maurice	亨利（莫希斯）
Hörlderlin, Friedrich	賀德林
Horn, David	霍恩
Huisman, Denis	于斯蒙
Husserl, Edmund	胡塞爾
Hyppolite, Jean	伊波利特
Hyppolite, Marguerite	伊波利特夫人
Ionesco, Eugène	尤涅斯科
Jacob, François	雅各布
Jakobson, Roman	雅各布遜
Jambet, Christian	鍾貝
Janet, Pierre	賈內
Jankélévitch, Vladimir	楊凱列維奇
Jaspers, Karl	雅思培
Jaubert, Alain	裘貝
Joly, Henri	裘里
Jospin, Lionel	喬斯班
Jost, Alfred	裘斯特
Juin, Hubert	儒安
Julliard, Jacques	朱里亞
July, Serge	朱利
Jung, Carl	榮格
Junot, Thierry	朱諾
Juquin, Pierre	朱岡
Kafka, Franz	卡夫卡
Kahn, Gilbert	康恩
Kanapa, Jean	卡納帕（尚）
Kanapa, Jérôme	卡納帕（傑宏）
Kant, Emmanuel	康德
Kanters, Robert	孔特斯
Kastler, Alfred	卡斯特勒

Gardies, Jean-Louis	加爾迪
Gattegno, Jean	葛特紐
Gauchet, Marcel	勾謝
Gavi, Philippe	戈維
Gay, Peter	蓋伊
Geerz, Clifford	紀爾茲
Geismar, Alain	杰斯瑪
Genet, Jean	惹內
Genette, Gérard	哲內特
Giesbert, Franz-Olivier	季斯貝
Girard, Louis	吉哈
Giraudoux, Jean	季侯杜
Giscard, d' Estaing, Valéry	季斯卡
Glucksmann, André	格魯克斯曼
Godard, Jean-Luc	高達
Goffman, Erving	高夫曼
Goldmann, Lucien	戈德曼
Goldstein, Kurt	郭爾斯坦
Gomulka, Wladyslaw	哥穆爾卡
Gouhier, Henri	古義耶
Gouyon	辜雍
Goya, Francisco de	哥雅
Granel, Gérard	格哈內勒
Granet, Marcel	葛蘭言
Green, André	葛林
Grimaux, Yvette	格希牟（伊薇特）
Grosrichard, Alain	葛侯希加
Guattari, Félix	瓜達希
Guéroult, Martial	格胡
Guibert, Hervé	吉伯
Guichard, Olivier	季夏赫
Guitton, Jean	吉東
Gurvitch, Georges	古爾維奇
Gusdorf, Georges	古斯朵夫
Haddad, Fatma	哈達德（法特瑪）
Hadot, Pierre	阿鐸
Hafsia, Jelila	哈夫夏（潔莉拉）

Erasme	伊拉斯謨
Erhard, Jean	葉哈爾
Etcherelli, Claire	埃切黑利（克萊兒）
Etienne, Dr	艾堤彥醫師
Ewald, François	埃瓦爾德
Ey, Pr Henri	艾伊
Falk, Paul	伐勒克
Fano, Michel	范諾
Farge, Arlette	法居（阿蕾特）
Faure, Edgar	佛賀
Fauroux, Roger	佛胡
Fauvet, Jacques	佛維
Faye, Jean-Pierre	菲耶
Febvre, Lucien	費夫爾
Fernandez, Dominique	費儂德茲
Fessard, Alfred	費薩
Finkielkraut, Alain	芬基爾克羅
Flacelière, Robert	弗拉瑟利業
Flaubert, Gustave	福樓拜
Flon, Suzanne	弗隆（蘇珊）
Follin, Sven	佛林
Ford, John	福特（約翰）
Foucault, Mme Anne	傅柯夫人（安）
Foucault, Denys	傅柯（德尼）
Foucault, Francine	傅柯（芙蘭欣）
Foucault, Dr Paul	傅柯醫師（保羅）
Fouchet, Christian	傅雪
Francès, Robert	弗杭榭斯
Freud, Sigmund	佛洛伊德
Furet, François	傅黑
Fyson, Peter	斐森
Gallimard, Claude	伽利瑪
Galien	蓋倫
Gallo, Max	蓋洛
Gandal, Keith	甘斗
Gandillac, Maurice De	龔迪亞克
Garaudy, Roger	葛侯迪

Debray, Régis	德布黑
Defert, Daniel	德費
Degen, Guy	德真
Deguy, Michel	德紀
Delay, Pr Jean	德雷
Deledalle, Gérard	德勒達勒
Deleuze, Gilles	德勒茲
Delumeau, Jean	德呂繆
Deprun, Jean	德普杭
Derrida, Jacques	德希達
Desanti, Jean-Toussaint	德松提
Descartes, René	笛卡兒
Dewey, John	杜威
Dez, Gaston	戴茲
Diab, Mohamed	迪亞布
Diderot, Denis	狄德羅
Dieny, Jean	狄翁尼
Domenach, Jean-Marie	多孟納
Donzelot, Jacques	東茲洛
Drach, Michel	德哈克
Dreyfus, Hubert	德雷弗斯
Dreyfus-Lefoyer, M.	德雷弗斯勒法耶
Droz, Jacques	杜霍茲
Duby, Georges	杜比
Duhamel, Colette	杜亞梅勒（柯蕾特）
Duhamel, Georges	杜亞梅勒
Dumas, Georges	杜馬
Dumayet, Pierre	杜馬業
Dumézil, Georges	杜梅齊勒
Duras, Marguerite	莒哈絲（瑪格麗特）
Dürer, Albrecht	杜勒
Duret, Chanoine	杜黑
Duroselle, Jean-Baptiste	杜羅澤勒
Durry, Marcel	杜希（馬塞爾）
Durry, Marie-Jeanne	杜希（瑪麗珍）
Eluard, (Veuve Paul)	艾呂雅
Epictète	愛比克泰德

Chamoux, François	夏穆
Chancel, Jacques	雄塞爾
Chapsal, Madeleine	夏普薩（瑪德蓮）
Char, René	夏赫
Charbonnel, Jean	夏幫內勒
Chardonne, Jacques	夏赫東
Chateaubriand, François-René de	夏多布里昂
Châtelet, François	夏特列
Chéreau, Patrice	薛侯
Cheval	舍伐勒
Chevalier, Louis	舍瓦利耶
Chevalier, Maurice	雪佛萊
Cheysson, Claude	謝松
Chomsky, Noam	喬姆斯基
Cixous, Hélène	西蘇（艾蓮）
Clarac, Pierre	克拉哈克
Clavel, Maurice	克拉維勒
Clavelin, Maurice	克拉夫朗
Cocteau, Jean	考克多
Cohen, Francis	柯恩
Colombel, Jeannette	柯隆貝（珍內特）
Coluche	柯呂煦
Comolli, Jean-Louis	寇莫里
Cooper, David	庫珀
Copeau, Jacques	寇波
Corti, José	廓堤
Costa-Gavras, Constantin	科斯塔加夫拉斯
Courcelle, Pierre	庫赫賽勒
Croissant, Klaus	柯羅桑
Crouzet, Michel	克魯杰
Curiel, Raoul	居希耶勒
Dagron, Gilbert	達格隆
Daix, Pierre	戴克斯
Dampierre, Éric de	東皮耶赫
Daniel, Jean	丹尼爾（尚）
Daumézon, Georges	竇梅宗
Davy, Georges	達維

Boltanski, Luc	波彤斯基
Bonnafé, Lucien	波納費
Bonnefoy, Claude	波恩弗瓦
Bosch, Gérôme	鮑許
Boudout, Jean	布杜
Boukovski, Vladimir	布科夫斯基
Boulez, Pierre	布列茲
Bourdieu, Pierre	布迪厄
Bourilly, Jean	布希儀
Bouvier, Jean	布威耶
Braudel, Fernand	布勞岱爾
Brès, Yvon	布黑斯
Breton, André	布賀東
Breughel, Pieter	布魯格爾
Bridoux, André	布希杜
Bröberg, Gunnar	布若貝格
Broch, Hermann	布洛赫（赫曼）
Brown, Peter	布朗
Broyelle, Jacques et Claudie	布侯業勒（夫婦）
Bruckner, Peter	布魯克納
Brunschvicg, Léon	布蘭希維克
Bülow, Catherine Von	畢羅（凱特琳・馮）
Burin des Roziers, Étienne	侯吉耶
Butor, Michel	布鐸
Caillois, Roger	凱瓦（侯杰）
Caillois, Roland	凱瓦（羅蘭）
Calvino, Italo	卡爾維諾
Camus, Albert	卡繆
Canguilhem, Georges	康紀言
Cartan, Henri	嘉當
Caruso, Paolo	卡魯索
Castaigne, Paul	卡斯田
Castel, Robert	卡斯特
Cavaillès, Jean	卡瓦耶斯
Caveing, Maurice	柯溫格
Certeau, Michel de	塞托
Cesari, M.	瑟薩希

Bastide, Georges	巴斯提德
Bataille, Georges	巴代伊
Bateson, Gregory	貝特森
Baudrillard, Jean	布希亞
Baudry, André	波德希
Bayle, Pierre	貝爾
Bazargan, Mehdi	巴扎爾干
Beauchamp, René	博雄
Beaufret, Jean	博弗黑
Beauvillard, Michelle	波維亞（米榭兒）
Beauvoir, Simone de	波娃（西蒙）
Beckett, Samuel	貝克特
Bédarida, François	貝達希達
Bedos, Guy	貝多斯
Bélaval, Yvon	貝拉瓦
Bellefroid, Jacques	貝勒弗瓦
Bellon, Loleh	貝隆（羅蕾）
Bellour, Raymond	貝路
Ben Ali, Djellali	班・阿里
Bénassy, Maurice	本納西
Ben Othman, Ahmed	賓・歐斯曼
Bentham, Jeremy	邊沁
Benveniste, Émile	班維尼斯特
Berger, Gaston	貝傑
Bernanos, Georges	貝爾納諾思
Bernard, Claude	貝爾納
Berque, Jacques	貝爾克
Bersani, Leo	博薩尼
Beyssade, Jean-Marie	貝薩德
Binswanger, Ludwig	賓斯萬格（路德維希）
Binswanger, Otto	賓斯萬格（奧圖）
Blanchet, Pierre	布隆榭
Blanchot, Maurice	布朗修
Bloch, Jules	布洛赫（儒勒）
Bloch, Marc	布洛赫
Blumsztajn, Seweryn	布蘭斯坦
Bollack, Jean	波拉克

譯名對照

Agulhon, Maurice	阿居隆
Aigrain, Abbé	艾格漢神父
Ajuriaguerra, Julian	亞朱利亞格拉
Alba, André	阿爾巴
Albaric, Michel	阿爾巴希克
Allio, René	阿利歐
Althusser, Louis	阿圖塞
Amalrik, André	阿瑪爾利克
Amiot, Michel	阿密歐
Amy, Gilbert	艾米
Anouilh, Jean	阿努伊
Anzieu, Didier	翁基厄
Aragon, Louis	阿哈貢
Ariès, Philippe	阿希業斯
Aron, Jean-Paul	艾宏（尚保羅）
Aron, Raymond	艾宏（雷蒙）
Artaud, Antonin	亞陶
Astruc, Alexandre	阿斯楚克
Aubenque, Pierre	歐班克
Augustin, Saint	奧古斯丁
Bachelard, Gaston	巴舍拉（加斯東）
Bachelard, Suzanne	巴舍拉（蘇珊）
Bacon, Francis	培根
Badinter, Robert	巴丹戴爾
Badiou, Alain	巴迪烏
Balibar, Étienne	巴里巴
Balzac, Honoré de	巴爾札克
Bamberger, Jean-Pierre	邦貝傑
Bani Sadr, Abol-Hassan	巴尼薩德爾
Barraqué, Jean	巴拉凱
Barthes, Roland	巴特
Baruk, Pr Henri	巴胡克
Basaglia, Franco	巴薩格利亞

Summit

春山之巔　014

傅柯

Michel Foucault

作　　者　迪迪耶・艾希邦 Didier Eribon
譯　　者　尉遲秀（正文）、王紹中（附錄）
審　　訂　萬毓澤
總 編 輯　莊瑞琳
責任編輯　吳崢鴻
行銷企畫　甘彩蓉
封面設計　王璽安
內文排版　藍天圖物宣字社
出　　版　春山出版有限公司
地址：11670 台北市文山區羅斯福路六段297號10樓
電話：02-29318171
傳真：02-86638233
總 經 銷　時報文化出版企業股份有限公司
地址：33343 桃園市龜山區萬壽路二段351號
電話：02-23066842
製　　版　瑞豐電腦製版印刷股份有限公司
初版一刷　2022年3月

定　　價　新臺幣760元

本書獲法國在臺協會《胡品清出版補助計劃》支持出版。/ Cet ouvrage, publié dans le cadre du Programme d'Aide à la Publication « Hu Pinching », bénéficie du soutien du Bureau Français de Taipei.

填寫本書線上回函

春山

Email　SpringHillPublishing@gmail.com
Facebook　www.facebook.com/springhillpublishing/

國家圖書館出版品預行編目資料

傅柯 / 迪迪耶. 艾希邦（Didier Eribon）著 ; 尉遲秀譯. -- 初版. -- 臺北市 : 春山出版有限公司, 2022.03
面；　公分. --（春山之巔 ; 14）
譯自 : Michel Foucault.
ISBN 978-626-95639-0-6（平裝）

1.CST: 傅柯（Foucault, Michel）2.CST: 學術思想 3.CST: 哲學 4.CST: 傳記

146.79　　111000765

World as a Perspective

世界做為一種視野